Führungsorientierte Betriebswirtschaftslehre

Führungsorientierte Betriebswirtschaftslehre

von

Dr. Richard Hammer

o. Universitätsprofessor in Salzburg

Wien 2007
Manzsche Verlags- und Universitätsbuchhandlung

Zitiervorschlag: *Hammer,* Führungsorientierte Betriebswirtschaftslehre (2007)

Alle Rechte, insbesondere das Recht der Vervielfältigung und Verbreitung sowie der Übersetzung, vorbehalten. Kein Teil des Werkes darf in irgendeiner Form (durch Photokopie, Mikrofilm oder ein anderes Verfahren) ohne schriftliche Genehmigung des Verlages reproduziert oder unter Verwendung elektronischer Systeme gespeichert, verarbeitet, vervielfältigt oder verbreitet werden.

Sämtliche Angaben in diesem Werk erfolgen trotz sorgfältiger Bearbeitung ohne Gewähr; eine Haftung des Autors sowie des Verlages ist ausgeschlossen.

Kopierverbot/Vervielfältigungsverbot
Die für Schulen und Hochschulen vorgesehene freie Werknutzung „Vervielfältigung zum eigenen Schulgebrauch" gilt für dieses Werk nicht, weil es seiner Beschaffenheit und Bezeichnung nach zum Unterrichtsgebrauch bestimmt ist (§ 42 Abs 6 UrhG).

ISBN 978-3-214-00259-6

© 2007 MANZ'sche Verlags- und Universitätsbuchhandlung GmbH, Wien
Telefon: (01) 531 61-0
eMail: verlag@MANZ.at
World Wide Web: www.MANZ.at
Satz: **BuX.** Verlagsservice, www.bux.cc
Druck: MANZ CROSSMEDIA, 1051 Wien

Vorwort

Die einzige Konstante in der heutigen schnelllebigen Zeit ist die Dynamik der Veränderung. Gesellschaft und Politik, und vor allem die Wirtschaft müssen sich tagtäglich neuen Herausforderungen stellen. Insbesondere ist es die Internationalisierung/Globalisierung von Absatz- und Beschaffungsmärkten und der damit im Zusammenhang stehende steigende Wettbewerbsdruck, der die Anforderungen an die Führung von Unternehmungen steigert. Aber auch die Rasanz technologischer Entwicklungen, der überall spürbare Trend zu schlanken Strukturen und effizienteren Wertschöpfungsketten, die Erfordernis, die Mitarbeiter laufend neu zu motivieren, die Kundenorientierung im Rahmen der strategischen Ausrichtung zu verstärken uam gilt es auf den verschiedenen Managementebenen einer Unternehmung auf professionelle Art und Weise mitzuberücksichtigen.

Diesen neuen Herausforderungen muss auch eine zeitgemäße Aus- und Weiterbildung im wirtschaftswissenschaftlichen Bereich Rechnung tragen. Eine moderne Betriebswirtschaft hat sich daher vor allem an den Aufgaben- und Problembereichen der Führung zu orientieren, um den Anforderungen für ein erfolgreiches Betreiben von Unternehmungen gerecht zu werden.

Die Ausrichtung betriebswirtschaftlich relevanter Inhalte auf eine verbesserte Bewältigung der Aufgaben und Problemfelder der Führung ist auch das Ziel des vorliegenden Buches, das sich in fünf Kapitel gliedert.

- Kapitel A „Betriebswirtschaft als wissenschaftliche Disziplin" bearbeitet Gegenstand und Objektbereiche, Aufgaben, Methoden und Ansätze der Betriebswirtschaftslehre.
- Kapitel B „Basiselemente und Grundbegriffe der Betriebswirtschaftslehre" setzt sich mit den betrieblichen Produktionsfaktoren, dem betrieblichen Entscheidungsfeld und den Orientierungsgrößen unternehmerischen Handelns auseinander.
- Kapitel C „Kernkompetenzen der Führung" ist das zentrale Kapitel dieses Buches. Im Mittelpunkt stehen die Aufgaben der Führung – im Rahmen dieses Buches als Kernkompetenzen bezeichnet – die die Haupterfordernisse eines professionellen Managements von Unternehmungen abdecken. Die Aufgaben der Planung, der Organisation, der Führung und Umsetzung und der Kontrolle und Überwachung werden intensiv beschrieben und charakterisiert. Auch der Aufgabe des Controllings wird hier Rechnung getragen.
- Kapitel D „Kernbereiche der Betriebswirtschaft" beinhaltet die Inhalte der „klassischen" Betriebswirtschaftslehre. Die Bereiche der betrieblichen Leistungen im engeren Sinn beinhaltet die Materialwirtschaft, Produktions- und Absatzwirtschaft, aber auch der Bereich der Finanzwirtschaft, der Bereich der Personalwirtschaft und der Bereich des betrieblichen Rechungswesens werden gegliedert – nach Aufgaben und Problemfeldern, und Methoden und Modellen – zu deren Bearbeitung abgehandelt.

- Kapitel E „Strategische Unternehmensführung – Ein zeitgemäßer Führungsansatz" bildet den Abschluss des Buches mit dem auch ein Rahmen und eine Denke charakterisiert werden soll, in dem eine moderne Betriebswirtschaftslehre agiert.

Nachstehende Übersicht zeigt die einzelnen Kapitel des Buches in ihrem Zusammenhang:

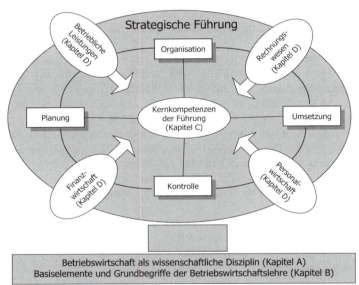

Das Buch beinhaltet zur Unterstützung in den Abhandlungen in den einzelnen Kapiteln auch zahlreiche graphische Darstellungen, Übersichten und Tabellen, die den Zugang und das Verständnis zu den einzelnen Inhalten erleichtern soll.

Die Inhalte des Buches richten sich vor allem an Studierende der Wirtschafts- und Sozialwissenschaften. Aber auch Studierenden der Rechtswissenschaften, der Naturwissenschaften und der Sportwissenschaften und auch anderen wissenschaftlichen Disziplinen soll damit eine inhaltliche Basis vermittelt werden, die den ökonomischen Erfordernissen, die beinahe in allen wissenschaftlichen Disziplinen und Lebensbereichen von zunehmendem Stellenwert sind, Rechnung tragen. Die Inhalte des Buches richten sich auch an Studierende post-gradualer Ausbildungen und damit auch an die Führungspraxis.

An dieser Stelle soll auch noch Dank ausgesprochen werden, an alle, die dazu beigetragen haben, dass dieses Buch zustande gekommen ist. In erster Linie den Initiatoren und Herausgebern, den Professorenkollegen *M. Gruber* und *R. Mosler*, die initiativ wurden, um dem an der Rechtswissenschaftlichen Fakultät der Universität Salzburg neu eingerichteten Studium für Wirtschaft und Recht auch eine unterstützende Schriftenreihe einzurichten. Dank auch den Vertretern des Manz-Verlages Herrn *H. Korntner*, Frau *B. Kern*, die dieses Vorhaben unterstützt und abgewickelt haben. Dank aber vor allem auch an meine Mitarbeiter: In erster Linie hier Frau *M. Dopf*, die nicht nur mit einem Rieseneinsatz die Graphiken vorproduzierte, sondern auch mit vielen Hinweisen wesentlich zum Gelingen dieses Buches beigetragen hat. Auch Frau *K. Kaltenbrunner*, Herrn *T. Geiersperger*, Herrn *T. Mackinger*, Frau *M. Marchet* und Frau *E. Steinacher* sei explizit Dank ausgesprochen.

Dank auch an meine Kollegin *S. Urnik*, die ein unterstützendes und synchrones Vorgehen mit der Erstellung ihres Buches ermöglichte. Dank „last but not least" an meine Familie, die mich in der Zeit der Erstellung dieses Buches noch mehr als sonst entbehren musste und Dank an alle Freunde und „guten Geister", die mich beim Schreiben, beim Denken und Korrigieren unterstützend und motivierend begleitet haben.

Telfes im Stubai/Salzburg
Juni 2007

Inhaltsverzeichnis

Vorwort 5
Literaturverzeichnis 13

I. Betriebswirtschaft als wissenschaftliche Disziplin 19
A. Gegenstand und Objektbereiche der Betriebswirtschaftslehre 20
   1. Wirtschaft und wirtschaftliches Handeln 20
   2. Einzelwirtschaftliche Organisationen 22
      a) Produktionswirtschaft und Konsumtionswirtschaft 22
      b) Betrieb und Unternehmung 24
      c) Zur Gliederung der Betriebe 25
   3. Geschäftsfelder der Betriebswirtschaftslehre 28
B. Aufgaben und Methoden der Betriebswirtschaftslehre 30
   1. Ziele und Aufgaben der Betriebswirtschaftslehre 30
   2. Methoden und Modelle der Betriebswirtschaftslehre 32
C. Ansätze der Betriebswirtschaftslehre 34
   1. Traditionelle Gliederung der Ansätze 35
   2. Shareholder-Value- versus Stakeholder-Prinzip 38
      a) Shareholder-Value-Prinzip 38
      b) Stakeholder-Konzept 39
      c) Shareholder-Value- versus Stakeholder-Prinzip 42
D. Schnittstellen der Betriebswirtschaftslehre zu anderen Wissenschaftsdisziplinen 43

II. Basiselemente und Grundbegriffe der Betriebswirtschaftslehre ... 47
A. Betriebliche Produktionsfaktoren 47
   1. Elementarfaktoren – eine kurze Charakterisierung 48
   2. Dispositive Produktionsfaktoren 50
B. Betriebliches Entscheidungsfeld 52
   1. Arten betrieblicher Entscheidungen – Ein Überblick 52
   2. Konstitutive betriebliche Entscheidungen 54
      a) Gegenstand der betrieblichen/unternehmerischen Tätigkeit 54
      b) Wahl der Rechtsform der Unternehmung 56
      c) Standortwahl der Unternehmung 65
      d) Unternehmungskooperationen und -konzentrationen 69
      e) Unternehmungsverfassung 75
C. Orientierungsgrößen unternehmerischen Handelns 77
   1. Prinzip der Gewinnmaximierung als betriebswirtschaftliche Grundhaltung 77
   2. Betriebliche Zielsetzungen – Zielarten und Zielsysteme 79
      a) Wesen und Charakteristik von betrieblichen Zielen 79
      b) Zielarten und Messgrößen wirtschaftlichen Handelns 81
      c) Betriebliche Ziele und Zielsysteme 88
D. Begriffliche Grundlagen zu den Orientierungsgrößen betrieblichen Handelns 90

III. Kernkompetenzen der Führung 95
A. Einführung in die Führung – der Führungskreislauf 95
  1. Wesen und Charakteristik der Führung 95
  2. Managementfunktionen und Führungskreislauf 98
B. Unternehmungsplanung 102
  1. Grundlegendes zur Unternehmungsplanung 102
    a) Begriff und Wesen der Planung 102
    b) Zweck und Funktionen der Unternehmungsplanung 106
    c) Zeitliche Dimension der Planung 108
    d) Planungssysteme und -prozesse 111
    e) Planungsarten im betrieblichen Planungssystem – eine Übersicht 115
  2. Strategische Unternehmungsplanung 119
    a) Begriff und Wesen der strategischen Planung 119
    b) Prozess der strategischen Planung 123
    c) Gesetzmäßigkeiten der strategischen Planung 129
    d) Aufgaben und Methoden der strategischen Planung 143
    e) Ergebnis der strategischen Planung – strategischer Plan und „Business Plan" 164
  3. Operative Unternehmungsplanung 168
    a) Begriff und Wesen der operativen Planung 168
    b) Operative Planungssysteme und Planungsarten 169
    c) Operative Planung und Budgetierung 174
    d) Methoden der operativen Planung – ein Überblick 178
C. Unternehmungsorganisation 184
  1. Grundlegendes zur Unternehmungsorganisation 184
    a) Begriff und Wesen der Unternehmungsorganisation 184
    b) Ziele und Aufgaben 187
    c) Organisation als Problemlösungsprozess 189
    d) Formale Elemente der Organisation 191
  2. Führungs- und Leitungsstruktur – Aufbauorganisation 194
    a) Horizontale und vertikale Strukturierung der Unternehmung ... 194
    b) Instrumente der Aufbauorganisation 206
    c) Lean-Organisation als Organisations- und Führungsprinzip ... 209
  3. Ablauforganisation – Prozessmanagement 210
    a) Inhalte und Aufgaben 210
    b) Instrumente des Prozessmanagements 212
D. Führung und Umsetzung 215
  1. Grundlegendes zu Führung und Umsetzung 215
    a) Wesen und Charakteristik der Umsetzung 215
    b) Mitarbeiterbezogene Führung und Umsetzung 217
  2. Führungsstile, Führungsverhalten und Führungsgrundsätze 218
    a) Führungsstile und Führungsverhalten 218
    b) Führungsgrundsätze 225
  3. Führungsprinzipien – Managementtechniken 226

E. Kontrolle und Überwachung 229
   1. Grundlegendes zu Kontrolle und Überwachung 229
      a) Wesen und Charakteristik von Kontrolle und Überwachung 229
      b) Objektbereiche und Probleme der Kontrolle 231
      c) Überwachung und Kontrolle – Revision und Prüfung 232
   2. Strategische Kontrolle 233
      a) Grundlegendes zur strategischen Kontrolle 233
      b) Arten der strategischen Kontrolle 234
   3. Operative Kontrolle 236
      a) Grundlegendes zur operativen Kontrolle 236
      b) Ebenen und Arten der operativen Kontrolle 239
F. Exkurs: Controlling und Führung 241
   1. Wesen und Charakteristik des Controlling 241
   2. Aufgaben und Funktionen des Controlling 242
      a) Generelle Aufgaben und Funktionen 242
      b) Strategisches und operatives Controlling 245
   3. Instrumente des Controlling 247
      a) Budgetierungssysteme 249
      b) Kennzahlen- und Kennzahlen(Ziel)-Systeme 251
      c) Break-Even-Analyse 257
   4. Zur Organisation des Controlling 259

IV. Kernbereiche der Betriebswirtschaft 261
A. Bereiche der betriebliche Leistung (im engeren Sinn) 262
   1. Bereich der Materialwirtschaft 262
      a) Problem- und Aufgabenfelder 262
      b) Methoden und Modelle der Materialwirtschaft 264
   2. Bereich der Produktionswirtschaft 271
      a) Problem- und Aufgabenfelder 271
      b) Methoden und Modelle der Produktionswirtschaft 276
   3. Bereich der Absatzwirtschaft 278
      a) Problem- und Aufgabenfelder 278
      b) Methoden und Modelle der Absatzwirtschaft 283
B. Bereich der Finanzwirtschaft 291
   1. Grundlegendes zu Investition und Finanzierung 291
   2. Problem- und Aufgabenfelder der Investition 292
   3. Problem- und Aufgabenfelder der Finanzierung 295
   4. Methoden und Modelle der betrieblichen Finanzwirtschaft 299
C. Bereich der Personalwirtschaft 312
   1. Problem- und Aufgabenfelder 312
   2. Methoden und Modelle der Personalwirtschaft 316
D. Bereich des betrieblichen Rechnungswesens 320
   1. Problem- und Aufgabenfelder generell 320
   2. Externes Rechnungswesen 321
   3. Internes Rechnungswesen 322
      a) Kosten- und Leistungsrechnung 323

      b) Planungsrechnung 328
      c) Betriebsstatistik 330
  4. Neue Entwicklungen im betrieblichen Rechnungswesen 331

V. Strategische Unternehmungsführung – ein zeitgemäßer Führungsansatz 333
  A. Zur Historie der strategischen Unternehmungsführung 333
  B. Ansatz der strategischen Unternehmungsführung 338
    1. Wesen und Charakteristik der strategischen Unternehmungsführung 338
    2. Konzepte der strategischen Unternehmungsführung 338
  C. Aktuelle Trends der strategischen Unternehmungsführung 342

Verzeichnis der Abbildungen 345
Sachregister 355

Literaturverzeichnis

Adam, Kurzlehrbuch Planung² (1983)
Andrews, The concept of corporate strategy³ (1987)
Ansoff, Implanting Strategic Management (1991)
Ansoff, Corporate strategy (1966)
Ansoff, Corporate strategy, an analytic approach to business policy for growth and expansion (1965)
Anthony, The management control function (1988)

Bailom/Tschermernjak, Kundenorientierte Strategieentwicklung erfordert neue Wege der Marktsegmentierung, in: *Handlbauer/Matzler/Sauerwein/Stumpf* (Hrsg.) Perspektiven im Strategischen Management (1998)
Bamberger/Wrona, Strategische Unternehmensführung (2004)
Bea/Dichtl/Schweitzer, Allgemeine Betriebswirtschaftslehre 1. Bd (1982)
Behrens, Allgemeine Standortbestimmungslehre² (1971)
Bernasconi/Galli, Der Business-Plan – für KMU immer noch ein Thema, in: Der Schweizer Treuhänder 4/99, 345–348
Bertl/Mandl, Rechnungswesen und Controlling. Festschrift für Anton Egger zum 65. Geburtstag (1997)
Bertl/Mandl, Betriebs- und Bilanzanalyse-Handbuch (1981)
Beschorner/Peemöller, Allgemeine Betriebswirtschaftslehre, Grundlagen und Konzepte² (2006)
Bleicher, Das Konzept Integriertes Management, Visionen – Missionen – Programme⁷ (2004)
Brauchlin, Konzepte und Methoden der Unternehmensführung, Ergebnisse, Folgerungen und Empfehlungen aus einer empirischen Umfrage in der Schweizer Industrie (1981)

Dambrowski, Budgetierungssysteme in der deutschen Unternehmenspraxis (1986)
Day/Wensley, Assessing Advantage, A Framework for diagnosing Competitive Superiority, in Journal of Marketing Vol 52 (April) 1988, 1–20
Deyhle/Bösch, Arbeitshandbuch Gewinn-Management⁴ (1978)
Dillerup/Stoi, Unternehmensführung (2006)
Dowling/Ouchi, Defining Span of Control, in: Administrative Sciences Quarterly, Vol 19 (1974)
Drucker, The Practice of Management (1986)
Dust, Portfolio Management (1979)
Dyllick, Ökologisch bewusstes Management, Die Orientierung (1990)

Eisler/Müller-Freinfels, Eislers Handwörterbuch zur Philosophie² (1922)

Freeman, Strategic Management, A stakeholder approach (1984)
Friedl, Controlling (2003)

Gälweiler, Strategische Geschäftseinheiten (SGE) und Aufbauorganisationen der Unternehmung, in: ZfO 5/1979, 183-190
Gaugler, Handwörterbuch des Personalwesens (1992)
Geisbüsch/Neumann, Allgemeine Betriebswirtschaftslehre, 2. Bd Funktionsbereiche des betrieblichen Ablaufs (1999)
Gonschorrek U./Gonschorrek N., Managementpraxis von A-Z: Leitfaden durch die aktuellen Managementkonzepte (1999)
Goronzy, Praxis der Budgetierung (1975)
Grant/Nippa, Strategisches Management, Analyse, Entwicklung und Implementierung von Unternehmensstrategien^5 (2006)
Gutenberg, Grundlagen der Betriebswirtschaftslehre (1961)
Gutenberg, Grundlagen der Betriebswirtschaftslehre, 2. Bd, Der Absatz^{17} (1984)
Gutenberg, Grundlagen der Betriebswirtschaftslehre, 1. Bd, Die Produktion^{24} (1983)

Haberstock, Kostenrechnung I. Einführung^{10} (1998)
Haberstock, Grundzüge der Kosten- und Erfolgsrechnung^3 (1982)
Hahn, Planungs- und Kontrollrechnung^3 (1985)
Hahn/Hungenberg, PuK, Planung und Kontrolle, Planungs- und Kontrollsysteme, Planungs- und Kontrollrechnung^6 (2001)
Hahn/Taylor, Strategische Unternehmensplanung (1980)
Hammer, Performance Mesurement, Balanced Scorecard und das Problem der Strategieimplementierung, in: *Seicht* (Hrsg.): Jahrbuch für Controlling und Rechnungswesen (2003)
Hammer, Strategische Planung und Frühaufklärung (1988)
Hammer, Strategische Planung und Frühaufklärung^2 (1992)
Hammer, Unternehmungsplanung, Lehrbuch der Planung und strategischen Unternehmungsführung^5 (1992)
Hammer, Unternehmungsplanung, Lehrbuch der Planung und strategischen Unternehmungsführung^7 (1998)
Hammer/Kindermann-Knapp, Grundlagen des Managements (2002)
Handlbauer/Matzler/Sauerwein/Stumpf, Perspektiven im Strategischen Management (1998)
Handlbauer/Matzler/Sauerwein/Stumpf, Perspektiven im Strategischen Management (1998)
Hansmann, Industrielles Management^6 (1999)
Heinen, Grundlagen betriebswirtschaftlicher Entscheidungen, Das Zielsystem der Unternehmung^2 (1971)
Heinen, Industriebetriebswirtschaftslehre. Entscheidungen im Industriebetrieb (1991)
Henderson, Die Erfahrungskurve in der Unternehmensstrategie (1974)
Hersey/Blanchard, Management of organizational behaviour, utilizing human resources^4 (1982)
Hill/Fehlbaum/Ulrich, Organisationslehre (1981)

Hinterhuber, Strategische Unternehmungsführung² (1980)
Hinterhuber, Strategische Unternehmungsführung³ (1984)
Hinterhuber, Strategische Unternehmungsführung, 1. Bd, Strategisches Denken⁵ (1992)
Hinterhuber, Strategische Unternehmungsführung, 1. Bd, Strategisches Denken⁶ (1996)
Hinterhuber, Strategische Unternehmungsführung, 1. Bd, Strategisches Denken⁷ (2004)
Hinterhuber, Strategische Unternehmungsführung, 2. Bd, Strategisches Handeln⁴ (1989)
Hinterhuber, Strategische Unternehmungsführung, 2. Bd, Strategisches Handeln⁷ (2004)
Hinterhuber/Krauthammer, Wettbewerbsvorteil Einzigartigkeit, vom guten zum einzigartigen Unternehmen (2002)
Hofer/Schendel, Strategy Formulation: Analytical Concepts³ (1989)
Horvarth, Controlling⁹ (2003)
Horvarth, Controlling¹⁰ (2006)

Jung, Personalwirtschaft⁶ (2005)

Kaplan/Norton, The balanced scorecard, measures that drives performance, in: Harvard Business Review (January – February) 1992, 71–79
Kaplan/Norton, The balanced scorecard, translating strategy into action (1997)
Käser, Controlling im Bankbetrieb, konkretisiert am Beispiel schweizerischer Großbanken (1981)
Kieser, Organisation (1978)
Kieser, Organisationstheoretische Ansätze (1981)
Kirsch, Entscheidungsprozesse. Verhaltenswissenschaftliche Ansätze der Entscheidungstheorie (1979)
Kirsch, Die verhaltenswissenschaftliche Fundierung der Betriebswirtschaftslehre, in: *Raffee/Abel* (Hrsg.), Wissenschaftstheoretische Grundfragen der Wirtschaftswissenschaften (1979)
Koontz/O'Donnel, Principles of Management (1955)
Koontz/Weihrich, Management a global perspective (1993)
Kosiol, Organisation der Unternehmung (1962)
Kosiol, Die Unternehmung als wirtschaftliches Aktionszentrum, Einführung in die Betriebswirtschaftslehre (1969)

Lechner/Egger/Schauer, Einführung in die Allgemeine Betriebswirtschaftslehre²² (2005)
Luger, Allgemeine Betriebswirtschaftslehre, 1. Bd., Der Aufbau des Betriebes⁴ (1998)
Luger/Geisbüsch/Neumann, Allgemeine Betriebswirtschaftslehre, 2. Bd., Funktionsbereiche des betrieblichen Ablaufs⁴ (1999)

Macharzina, Unternehmensführung, Das Internationale Managementwissen, Konzepte – Methoden – Praxis³ (1999)

Macharzina, Unternehmensführung, Das Internationale Managementwissen, Konzepte – Methoden – Praxis⁴ (2003)

Mackenzie, The management process 3-D, in: Harvard Business Review 47 1969, Nr. 6, 81-86

McKinsey & Company, Inc.:, Meeting the Competitive Challenge (1977)

Mintzberg, Of Strategies: Deliberate and Emergent Strategic Management Journal 6 (1985), 257-272

Möller/Zimmermann/Hüfner, Erlös- und Kostenrechnung (2005)

Moltke, Über Strategie, in: Großer Generalstab (Hrsg.), Kriegsgeschichtliche Einzelschriften (1925)

Müller-Stewens/Lechner, Strategisches Management, Wie strategische Initiativen zum Wandel führen (2001)

Müller-Stewens/Lechner, Strategisches Management, Wie strategische Initiativen zum Wandel führen² (2003)

Niklisch, Budgetierung und Rechnungswesen, in: Zeitschrift für Handelswissenschaft und -praxis, 22. Jg., 1929

Pechtl/Schmalen, Grundlagen und Probleme der Betriebswirtschaft¹³ (2006)

Pfeiffer/Bischof, Produktlebenszyklen, Instrumente jeder strategischen Produktplanung, in: Steinmann (Hrsg.): Planung und Kontrolle, Probleme der strategischen Unternehmensführung (1981)

Porter, Competitive Strategy, Techniques for Analyzing Industries and Competitors (1980)

Porter, Competitive Advantage creating and sustaining superior performance (1998)

Porter, Wettbewerbsvorteile, Spitzenleistungen erreichen und behaupten⁶ (2000)

Pümpin, Management strategischer Erfolgspositionen: Das SEP-Konzept als Grundlage wirkungsvoller Unternehmungsführung³ (1986)

Pümpin, Strategische Unternehmungsführung, in: Die Orientierung Nr. 76 (1980)

Raffee/Abel (Hrsg.), Wissenschaftstheoretische Grundfragen der Wirtschaftswissenschaften (1979)

Rappaport, Creating Shareholder Value, The New Standard for Business Performance (1986)

Rappaport, Shareholder Value, Ein Handbuch für Manager und Investoren² (1999)

Reichmann, Controlling mit Kennzahlen und Managementberichten, Grundlagen einer systemgestützten Controlling Konzeption⁶ (2001)

Sandt, Management mit Kennzahlen und Kennzahlensystemen, Bestandsaufnahme, Determinanten und Erfolgsauswirkungen (2004)

Schäffer/Weber, Einführung in das Controlling[11] (2006)
Schertler, Unternehmungsorganisation (1982)
Schertler, Unternehmungsorganisation[7] (1998)
Schierenbeck, Grundzüge der Betriebswirtschaftslehre[15] (2000)
Schillinglaw, Managerial Cost Accounting[5] (1982)
Schmalen/Pechtl, Grundlagen und Probleme der Betriebswirtschaft[13] (2006)
Schneider, Geschichte betriebswirtschaftlicher Theorie (1981)
Schoeffler/Buzzell/Heany, Impact of Strategic Planning on Profit Performance, in: Harvard Business Review 52 1974, Nr. 2, 137-145
Schubert/Küting, Unternehmungszusammenschlüsse (1981)
Steiner, Top Management Planung (1971)
Steinmann, Planung und Kontrolle, Probleme der strategischen Unternehmensführung (1981)
Steinmann/Schreyögg, Management, Grundlagen der Unternehmensführung. Konzepte – Funktionen – Fallstudien[6] (2005)
Steinmann/Schreyögg, Management, Grundlagen der Unternehmensführung. Konzepte – Funktionen – Fallstudien[4] (1999)
Szyperski/Winand, Grundbegriffe der Unternehmungsplanung (1980)

Thommen, Allgemeine Betriebswirtschaftslehre, Umfassende Einführung aus managementorientierter Sicht (1991)

Ulrich, Die Unternehmung als produktives soziales System[2] (1970)

Weber/Sandt, Erfolg durch Kennzahlen, Neue empirische Erkenntnisse, in: Schriftenreihe Advanced Controlling, 21. Bd (2001)
Weber/Schäffer, Einführung in das Controlling[11] (2006)
Weihrich, H., Koontz, H., Management[10] (1993)
Welge/Al-Laham, Strategisches Management: Grundlagen – Prozess – Implementierung[4] (2003)
Wheelen/Hunger, Strategic management and business policy: Concepts and cases[10] (2006)
Wild, Unternehmungsplanung[2] (1981)
Wittek, Strategische Unternehmensführung bei Diversifikation (1980)
Wittmann, Unternehmung und unvollkommene Information (1959)
Wöhe, Einführung in die Allgemeine Betriebswirtschaftslehre[21] (2002)
Wunderer/Grünwald, Führungslehre, 2. Bd (1980)

Zeis/Naumann, Businesspläne im Lebenszyklus von Unternehmen, Haufe-Index: 659279.
Zünd, Revisionslehre (1982)

I. Betriebswirtschaft als wissenschaftliche Disziplin

Diskutiert man einführend die Betriebswirtschaft als wissenschaftliche Disziplin so ist vom Wissenschaftsbegriff bzw vom Wesen und von den Charakteristiken der Wissenschaften auszugehen. Wissenschaft generell ist nach vorherrschender Meinung (vgl *Lechner, Egger, Schauer*, 2005, 31) ein dynamisches System von allgemeingültigen Aussagen über reale Sachverhalte und Phänomene. Die Erforschung von Kausalbeziehungen zur Beschreibung und Erklärung von Sachverhalten steht im Mittelpunkt. Als wissenschaftlich zu bezeichnen ist die systematische Erforschung dieser Kausalbeziehungen dann, wenn ihre Aussagen auf logische und materielle Richtigkeit hin überprüft werden können und laufend überprüft werden. Wissenschaft schafft Wissen und leistet damit einen Beitrag zum Erkenntnisfortschritt. Wissenschaft ist „systematisches Wissen" und nach *Eisler* „der Inbegriff zusammengehöriger, auf ein bestimmtes Gegenstandsgebiet sich beziehender oder durch den gleichen Gesichtspunkt der Betrachtung verbundener, zu systematischer Einheit methodisch verknüpfter, zusammenhängender Erkenntnisse" (*Eisler*, 1922, 761 f). Jede Wissenschaft enthält – außer den positiven Erkenntnissen – Theorien und Hypothesen und verarbeitet ihren Stoff mittels der allgemeinen logischen als auch mit Hilfe spezieller Methoden. *Wöhe* fasst die Charakteristiken einer Wissenschaft wie folgt zusammen (vgl *Wöhe*, 2002, 23):

(1) Durch die Frage nach der Wahrheit und das Suchen nach Antworten, also einem Streben nach Erkenntnis;
(2) durch Konstituierung eines Erkenntnisobjekts und von Erkenntniszielen, durch das sich eine wissenschaftliche Disziplin von anderen unterscheidet. Ist das Objekt wie in der Betriebswirtschaftslehre im Zeitablauf dauernden Veränderungen unterworfen, so ist das Ziel der restlosen Erfassung des Erkenntnisobjekts ein dynamischer Prozess ohne endliche Begrenzung;
(3) durch Anwendung spezifischer Forschungsmethoden zur Gewinnung von Erkenntnissen;
(4) durch das Bestreben, alle Urteile über das Erkenntnisobjekt in ihrer Wahrheit zu sichern und in eine systematische Ordnung (System) zu bringen.

Besonders wesentlich für ihn ist, dass Wissenschaft nicht nur ein Bestand an endgültigen Wahrheiten ist, sondern ein dynamischer Erkenntnisprozess. Dieser dynamische Prozess der Erkenntnisgewinnung im Wege vieler kleiner Schritte ist insbesondere im Bereich der Erfahrungswissenschaften typisch, zu denen die Betriebswirtschaftslehre gehört. *Wöhe* gibt den Wirtschaftswissenschaften, und dazu zählt auch die Betriebswirtschaft, eine Sonderstellung zwischen den Kultur- und Naturwissenschaften. Die Nähe zu den Kulturwissenschaften ist begründet dadurch, dass Wirtschaften bewusstes oder unbewusstes Handeln des Menschen voraussetzt – Objektbereich der Kulturwissenschaften –

die Nähe zu den Naturwissenschaften ergibt sich aus dem Umstand, dass sich die Wirtschaftswissenschaften wissenschaftlicher Forschungsmethoden bedienen, die auch die Naturwissenschaften verwenden.

A. Gegenstand und Objektbereiche der Betriebswirtschaftslehre

1. Wirtschaft und wirtschaftliches Handeln

Wie schon festgestellt, ist die Betriebswirtschaft den Wirtschaftswissenschaften zugehörig. Gegenstand und Objektbereich der Wirtschaftswissenschaften ist die Wirtschaft, definiert als der Bereich, der der Befriedigung menschlicher Bedürfnisse dient. Im Mittelpunkt der Wirtschaft und damit auch des Wirtschaftens steht der Mensch. Er ist auf vielfältige Art und Weise (vgl *Schierenbeck*, 2000, 2) – als Arbeitgeber oder Arbeitnehmer, als Unternehmer, Produzent oder Konsument, als Privatperson oder öffentliche Institution, als Hausfrau, Student oder Rentner, als Sparer oder als Investor, als Arzt oder Industriekaufmann, um nur einige der wesentlichen Möglichkeiten aufzuzählen, – mit der Wirtschaft verbunden. Er wirtschaftet, indem er wertet, wählt und entscheidet, wagt. Essenziell in der definitorischen Auseinandersetzung mit der Wirtschaft und dem Begriff des Wirtschaftens ist die Bedürfnissituation: Die menschlichen Bedürfnisse sind beinahe unbegrenzt (vgl *Wöhe*, 2002, 2), die zur Bedürfnisbefriedigung erforderlichen Mittel bzw Güter stehen hingegen nur in beschränkter Menge zur Verfügung. Sie sind in der Regel knapp oder werden knapp gehalten. Diese Knappheit der Mittel ist es auch, die den Menschen zwingt zu wirtschaften, dh die vorhandenen Mittel – das Angebot – so einzusetzen, dass ein möglichst hoher Deckungsgrad der Nachfrage erreicht wird. Wirtschaft und wirtschaftliches Handeln kann also charakterisiert werden als „Disponieren über knappe Güter, soweit sie als Handelsobjekte – Waren – Gegenstand von Marktprozessen sind oder potenziell sein können" (*Schierenbeck*, 2000, 2). Voraussetzung für den Warencharakter eines knappen Gutes ist aber, dass es

- verfügbar und übertragbar ist und
- eine bestimmte Eignung zur Befriedigung menschlicher Bedürfnisse gegeben ist.

Weisen Güter diese Eigenschaften auf, so werden sie zu „Wirtschaftsgütern", die sich nach verschiedenen Merkmalen weiter unterteilen lassen in:

(a) *Input- und Outputgüter:* Inputgüter wie Rohstoffe, Maschinen, menschliche Arbeit ua werden benötigt, um andere Güter wie zB Nahrungsmittel, Autos zu produzieren. Letztere werden als Outputgüter bezeichnet. Sie stehen als Ergebnis dieser Produktionsprozesse.

(b) *Produktions- und Konsumgüter:* Konsumgüter sind Output von Produktionsprozessen und sie dienen unmittelbar dem Konsum (zB Schuhe, Kleidung). Produktionsgüter stehen als Ergebnis von Produktionsprozessen,

sind aber zugleich Input für nachgelagerte Produktionsprozesse (zB Maschinen, Werkzeuge).
(c) *Gebrauchs- und Verbrauchsgüter:* Gebrauchsgüter werden für die Produktion genutzt (zB Maschinen, Anlagen), Verbrauchsgüter im Produktionsprozess aufgebraucht (zB Energie, Material).
(d) *Real- und Nominalgüter:* Nominalgüter sind immaterieller Natur dh sie sind ohne materielle Substanz (zB Dienste, Rechte), Realgüter beinhalten materielle Güter als Güter mit oder ohne materielle Substanz.

Charakteristisch für wirtschaftliches Handeln ist die Orientierung an materiellen und immateriellen Wirtschaftsgütern. Es ist also nicht nur auf die Produktion und den Vertrieb von Sachgütern konzentriert, sondern auch auf die Erzeugung und die Vermarktung von Dienstleistungen. Charakteristisch für die Wirtschaft und wirtschaftliches Handeln sind jedoch noch zwei weitere Merkmale:

– Die Wertneutralität der Wirtschaft und
– das Rationalprinzip als Basis wirtschaftlichen Handelns.

Die Wertneutralität der Wirtschaft besagt, dass Wirtschaft an sich keinen Eigenwert besitzt. Sie ist, wie *Wöhe* es bezeichnet, „wertneutral" (vgl *Wöhe,* 2002, 1). Ihren Wert erhält sie erst durch

– die Zielsetzungen der wirtschaftenden Personen, die durch die wirtschaftliche Tätigkeit realisiert werden sollen und
– vor allem das Ausmaß der Befriedigung der Bedürfnisse der Wirtschaftenden mit sowohl materiellen als auch immateriellen Gütern.

Das Rationalprinzip, oft auch als allgemeines Vernunftsprinzip bezeichnet, ist vordergründig nicht wirtschaftsbezogen. Es ist ein Prinzip menschlichen Handelns, das grundsätzlich zwei Ausprägungen vorsieht:

– Das Maximalprinzip, das vorgibt mit den verfügbaren, gegebenen Mitteln ein bestmögliches – maximales – Ergebnis zu erreichen und
– das Minimalprinzip, bei dem versucht wird, das bekannte, vorgegebene Ziel mit dem geringsten – minimalen – Mitteleinsatz zu realisieren.

Wirtschaftsbezogen wird das Rationalprinzip menschlichen Handelns als „ökonomisches Prinzip" bezeichnet, wobei auf „Einsatz" und „Ergebnis" des wirtschaftlichen Handelns Bezug genommen wird. Sowohl für den „Einsatz" als auch für die „Ergebnisse" sind daher auch wirtschaftliche Größen anzusetzen (vgl *Lechner, Egger, Schauer,* 2005, 32). Die Betrachtung ist eine mengen- und wertmäßige, Einsatzgrößen sind die Mengen an Produktionsfaktoren, bewertet als Aufwand oder Kosten, Ergebnisgrößen sind Leistungsmengen, Erträge und Nutzenelemente.

Die Charakterisierung des „ökonomischen Prinzips" hat aber noch weitere Merkmale zu berücksichtigen:

– Es ist ein rein formales und normatives Prinzip,
– es gilt für Betriebe und Unternehmungen jeder Zielsetzung
– und es ist Leitmaxime aller Überlegungen in der Betriebswirtschaft.

Als rein formales Prinzip macht es keinerlei Aussagen über die Motive oder die Zielsetzungen wirtschaftlichen Handelns, sondern lediglich über die Art der Durchführung und als normatives Prinzip fordert es nicht, dass sich die Menschen generell an diese Empfehlungen halten bzw es besagt nicht, von welchen Motiven sie sich leiten lassen sollen. Das ökonomische Prinzip verlangt, dass jede Art der Verschwendung von Einsatzfaktoren zu vermeiden ist. Das gilt für private Unternehmungen mit Gewinnstreben genauso wie für öffentliche Unternehmungen und die staatliche Verwaltung, bei der alternative Zielsetzungen wie Gemeinwohl und gesellschaftlicher Nutzen im Vordergrund stehen.

Beim ökonomischen Prinzip als Leitmaxime aller betriebswirtschaftlicher Überlegungen ist zu beachten, dass auch Fristigkeiten eine Rolle spielen: Eine langfristig positive Auswirkung steht vor kurzfristig positiven Ergebnissen. Außerdem sind noch gemeinwirtschaftliche Aspekte mit zu berücksichtigen. Unternehmungen interpretieren das ökonomische Prinzip falsch, wenn eine günstige Ergebnissituation angestrebt und erreicht wird, die zu Lasten der Gesamtwirtschaft geht.

Bei einer Charakterisierung des ökonomischen Prinzips ist schlussendlich noch darauf hinzuweisen, dass der Realisierung in der wirtschaftlichen und unternehmerischen Realität eine Reihe von Problemen entgegenstehen, Probleme die vor allem im Zusammenhang mit der Unvollkommenheit der Information zu sehen sind (vgl *Schierenbeck*, 2000, 4). Damit ist gemeint, dass der wirtschaftende Mensch in der Regel nicht mit Sicherheit weiß, ob

- die von ihm verfolgten (Nah-)Ziele sich später als richtig oder falsch gewählt herausstellen werden,
- er auch alle möglichen Handlungsalternativen zur Erreichung dieser Ziele in seinem Kalkül berücksichtigt hat und schließlich
- er im Rahmen der formulierten Ziele und berücksichtigten Handlungsalternativen auch tatsächlich die im Sinne des ökonomischen Prinzips bestmögliche Entscheidung getroffen hat.

2. Einzelwirtschaftliche Organisationen

a) Produktionswirtschaft und Konsumtionswirtschaft

Wird unter Wirtschaft, wie oben angeführt, die Summe aller Tätigkeiten verstanden, die bewusst der Befriedigung von Bedürfnissen mit Hilfe von Gütern und Dienstleistungen dient, so ist weiter auszuführen, dass die Bedürfnisbefriedigung mit Unterstützung sehr unterschiedlicher Institutionen wirtschaftlicher Art erfolgen kann. Grob lassen sich diese in Einzelwirtschaften und in die Volkswirtschaft als Ganzes gliedern.

Die Volkswirtschaft ist die Gesamtheit aller mit der Bedürfnisbefriedigung befassten Institutionen. Sie ist Gegenstand der Volkswirtschaftslehre in deren Mittelpunkt die Untersuchung der gesamtwirtschaftlichen Zusammenhänge der von den einzelnen Wirtschaftsteilnehmern – Wirtschaftssubjekten – ausgehenden Aktivitäten steht. Die Volkswirtschaftslehre setzt sich mit den wirtschaftli-

A. Gegenstand und Objektbereiche der Betriebswirtschaftslehre

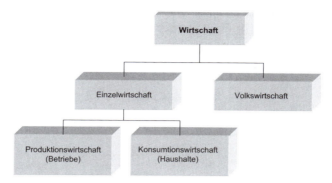

Abbildung 1: Teilbereiche der Wirtschaft

chen Problemen unterschiedlich aggregierter Bereiche auseinander. Zur Diskussion stehen Fragen des Einkommens, der Beschäftigung, des Wachstums, der Inflation sowie der Konjunktur in einzelnen Ländern, Ländergemeinschaften wie die Europäische Union, Marktblöcken, Kontinenten, der ganzen Welt.

Einzelwirtschaften sind hingegen Organisationseinheiten, die durch ein mehr oder weniger geordnetes Zusammenwirken von Menschen, Sachgütern und immateriellen Gütern gekennzeichnet sind (vgl *Lechner, Egger, Schauer,* 2005, 33). Dieses Zusammenwirken bedarf einer besonderen Ordnung bzw dauerhafter Regelungen: Einzelwirtschaften benötigen eine Organisation, die den Aufbau und die Abläufe der Leistungsprozesse festlegt. Die Betriebswirtschaftslehre orientiert sich an diesen einzelwirtschaftlichen Problemstellungen und untersucht die mit dem Aufbau und Ablauf der einzelwirtschaftlichen Organisationseinheiten zusammenhängenden Tatbestände und Vorgänge. Sie befasst sich mit wirtschaftlichen Fragen der Beschaffung, der Herstellung, der Investition, der Finanzierung und der Führung und Verwaltung einzelwirtschaftlicher Organisationseinheiten. Nach *Luger* (vgl *Luger*, 1998, 32) ist dabei aber noch zu berücksichtigen, dass Einzelwirtschaften unterschiedliche Zwecke verfolgen bzw unterschiedlichen Zwecken dienen können und zwar der
- Konsumtionswirtschaft und der
- Produktionswirtschaft.

Die Konsumtionswirtschaft (Haushalt) konsumiert indem sie in erster Linie fremdbezogene und/oder selbst produzierte Güter und Dienstleistungen verbraucht – eigene Produktion erfolgt nur für den Eigenbedarf. *Die Produktionswirtschaft* (Betrieb) hat schwerpunktmäßig produzierende Aufgaben. Sie dient vor allem der Befriedigung von Bedürfnissen. Aus dieser Zwecksetzung heraus resultiert auch die Definition des „Betriebes", die beinhaltet:

„Der Betrieb ist eine wirtschaftliche Einheit, deren Aufgabe die Erstellung und Verwertung von Gütern und Diensten zur Bedürfnisbefriedigung Außenstehender ist."

Daraus ist mit *Luger* ableitbar, dass alle gegen Entgelt Güter und Dienstleistungen anbietende Einheiten als Betriebe gelten müssen. Auch staatliche Stellen sind in diesem Sinne Betriebe, wenn sie – wie oft gegeben – bedürfnisbefriedigende Aufgaben erfüllen.

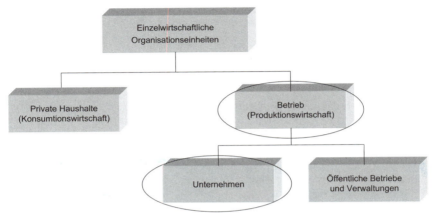

Abbildung 2: Einzelwirtschaftliche Organisationseinheiten (in Anlehnung an Schierenbeck, 2000, 23)

b) Betrieb und Unternehmung

Die Existenz von Betrieben ist sowohl in marktwirtschaftlichen Systemen als auch in zentral geleiteten, planwirtschaftlich organisierten Wirtschaften gegeben. Betriebe des marktwirtschaftlichen Wirtschaftssystems bezeichnet man als „Unternehmungen" (vgl *Wöhe,* 2002, 6), wobei in der Betriebswirtschaftslehre oft auch das Synonym „Unternehmen" Verwendung findet. Der Begriff „Unternehmen/Unternehmung" ist demnach enger als der Begriff des Betriebes, eine Charakterisierung, die nicht ohne Differenzierungen bzw gegensätzlichen Meinungen in der Betriebswirtschaftslehre besteht (vgl *Kosiol,* 1962, Sp. 5540 und weiter *Lehmann,* 1964, 64).

Mehr Konsens herrscht hinsichtlich der Bestimmungsfaktoren des Betriebes. Danach wird der Betrieb von zwei Faktorengruppen beeinflusst:
- Von vom jeweiligen Wirtschaftssystem unabhängigen, systemindifferenten Faktoren und
- vom jeweiligen Wirtschaftssystem abhängigen, systembezogenen Faktoren.

Systemindifferente Faktoren sind in Anlehnung an *Gutenberg* (vgl *Gutenberg,* 1984, 457) die klassischen Produktionsfaktoren Arbeit, Betriebsmittel und Werkstoffe, das Prinzip der Wirtschaftlichkeit (das ökonomische Prinzip) und das Prinzip des finanziellen Gleichgewichtes (beinhaltet die Forderung, den Zahlungsverpflichtungen termingerecht nachzukommen). Vom Wirtschaftssystem *abhängige Faktoren* sind *das Autonomieprinzip,* das die Möglichkeit der Selbst-

bestimmung, des Wirtschaftsplanes beinhaltet, das *erwerbswirtschaftliche Prinzip*, das Bezug nimmt auf das Bestreben bei der Leistungserstellung und -verwertung das Gewinnmaximum zu erreichen. *Weitere Faktoren* sind
- das Prinzip des Privateigentums, nach dem das Eigentum an den Produktionsmitteln grundsätzlich den Personen zusteht, die das Eigenkapital einbringen,
- das Organprinzip,
- das Prinzip der Planerfüllung und
- das Prinzip des Gemeineigentums.

Das Organprinzip, das Relevanz hat bei Betrieben der zentralistischen Planwirtschaft, besagt, dass die Betriebe organisatorisch nicht selbstständig, sondern nur ausführende Organe zentraler Wirtschaftsbehörden sind. Auch *das Prinzip der Planerfüllung* nimmt Bezug auf planwirtschaftlich geführte Betriebe. Deren Steuerung erfolgt durch Vorgabe eines Produktions-Solls durch zentrale Lenkungsbehörden. *Beim Prinzip des Gemeineigentums* ist das Privateigentum an den Produktionsmitteln aufgehoben. Es besteht Gemeineigentum.

Nachstehende Abbildung bringt die Bestimmungsfaktoren des Betriebes in Zusammenhang auch mit dem Begriff der Unternehmung und öffentlichen Betrieben und Verwaltungen bzw der Planwirtschaft.

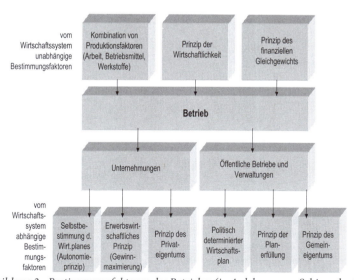

Abbildung 3: Bestimmungsfaktoren des Betriebes (in Anlehnung an Schierenbeck, 2000, 25)

c) Zur Gliederung der Betriebe

Betriebe als Objektbereich der Betriebswirtschaftslehre lassen sich nach verschiedenen Merkmalen gliedern. Eine Gliederung der Betriebe bzw eine Systematisierung hat verschiedene Aufgaben:

- Die Überschaubarmachung der großen Anzahl von unterschiedlichen Betrieben.
- Hilfestellung für die Festlegung der betriebsindividuellen Bedingungen (zB der geeigneten Betriebsformen und Verfahren).

Es gibt viele Gliederungsmöglichkeiten, die eine Strukturierung und sogar Typologisierung der Betriebe ermöglichen. Traditionelle und in der einschlägigen betriebswirtschaftlichen Literatur als relevant erachtet sind die Folgenden:

- *Die Art der erstellten Leistung*: Hier wird unterschieden zwischen Sachleistungsbetrieben und Dienstleistungsbetrieben.
- *Der Wirtschaftszweig*: Hier wird gegliedert in Industrie- und Handwerksbetriebe, Handels-, Bank-, Verkehrs-, Versicherungs- und sonstige Dienstleistungsbetriebe.

Nachstehende Abbildung einer Gliederung der Einzelwirtschaften versucht eine verknüpfte Darstellung der beiden Gliederungsmöglichkeiten:

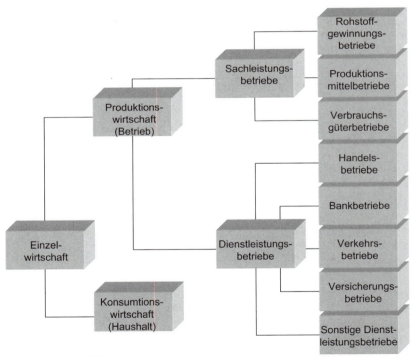

Abbildung 4: *Gliederung der Einzelwirtschaften*

Weitere Gliederungskriterien sind:
- *Die Art der Leistungserstellung*: Zu unterscheiden ist hier die Gliederung nach Fertigungsprinzipien (Massenfertigung, Sortenfertigung, Serien-,

A. Gegenstand und Objektbereiche der Betriebswirtschaftslehre

Partie- und Chargenfertigung sowie Einzelfertigung) und nach Fertigungsarten wie Werkstattfertigung, Reihen- oder Fließfertigung.
- *Der vorherrschende Produktionsfaktor:* Danach lässt sich gliedern in arbeitsintensive, lohnintensive und materialintensive Betriebe.
- *Die Betriebsgröße:* Hier bietet sich eine Gliederung in Klein-, Mittel- und Großbetriebe an. Die Europäische Kommission hat den Mitgliedsstaaten der EU hier eine einheitliche Definition empfohlen, die zwischen Kleinstunternehmungen sowie kleinen und mittleren Unternehmungen unterscheidet.

Unternehmenskategorie	Zahl der Mitarbeiter	Umsatz	oder	Bilanzsumme
Mittleres Unternehmen	< 250	€ 50 Mio		≤ € 43 Mio
Kleines Unternehmen	< 50	€ 10 Mio		≤ € 10 Mio
Kleinstunternehmen	< 10	€ 2 Mio		≤ € 2 Mio

Abbildung 5: Definition von Unternehmungskategorien

- *Die Standortabhängigkeit:* Gliederung in rohstoff-, energie-, arbeitskraft- und absatzabhängige Betriebe.
- *Die Rechtsform:* Auf sie wird im Rahmen der Konstitutiven Unternehmungsentscheidungen gesondert eingegangen.

Neben den traditionellen Gliederungskriterien für Betriebe müssen auch noch Kriterien zur Anwendung gebracht werden, die aktuellen Entwicklungen in der Wirtschaft Rechnung tragen. Zwei Entwicklungen sind hier besonders relevant:
- *Die zunehmende Internationalisierung* bis hin zur Globalisierung und die damit verbundene Dezentralisierung der Unternehmungstätigkeit auf internationalen Märkten und
- *die Dynamik in der Entwicklung bei Kooperationen* und Unternehmungszusammenschlüssen.

Erstere Entwicklung wird in der Gliederung in nationale, internationale und multinationale Betriebe/Unternehmungen berücksichtigt.

Der Dynamik in der Entwicklung bei Kooperationen und Unternehmungszusammenschlüssen wird in Abschnitt II. Pkt B.2.c) Rechnung getragen.

		Nationale Unternehmung →	Internationale Unternehmung →	Multinationale Unternehmung
1.	Geographischer Standort der Betriebsstätten	national	← — — →	weltweit
2.	Anteil der internationalen Aktivitäten am Gesamtgeschäft	niedrig	← — — →	hoch
3.	Ethnische Zusammensetzung des Managements	national	← — — →	multikulturell
4.	Internationalität der Eigentümerstruktur	gering	← — — →	hoch
5.	Tendenz zur Verwendung internationaler Rechnungslegungsstandards	gering	← — — →	hoch

Abbildung 6: Polaritätsprofil zur Abgrenzung nationaler, internationaler und multinationaler Unternehmungen (in Anlehnung an Schierenbeck, 2000, 44)

3. Geschäftsfelder der Betriebswirtschaftslehre

Über die Gliederung der Betriebswirtschaftslehre in eigenständige Untersuchungsbereiche – Geschäftsfelder – sind die Unterschiede der vorherrschenden Lehrmeinungen minimal. Alle relevanten Autoren der betriebswirtschaftlichen Literatur gliedern in die Allgemeine Betriebswirtschaftslehre und in die Besonderen Betriebswirtschaftslehren, wobei das Ziel verfolgt wird, das Fach in seinen großen Untersuchungsbereichen so darzustellen, dass damit eine brauchbare und umfassende Grundlage für die Erforschung einzelwirtschaftlicher Tatbestände und Vorgänge zur Verfügung steht (vgl *Lechner, Egger, Schauer*, 2005, 39). Die Allgemeine Betriebswirtschaftslehre beschränkt sich auf die Beschreibung und Erklärung von betrieblichen Sachverhalten und Tatbeständen, die allen Betrieben und Haushalten eigen sind bzw für Betriebe und Haushalte unabhängig von ihrer Zugehörigkeit zu einem bestimmten Wirtschaftszweig, ihrer Rechtsform und Eigentümerstruktur Gültigkeit haben. Sie gliedert sich – ebenfalls nach vorherrschender Lehrmeinung – in die betriebswirtschaftliche Theorie und in die Betriebspolitik (vgl *Wöhe*, 1998, 8 und 9). Aufgabe der Theorie ist die Feststellung funktionaler Größenbeziehungen und die Gewinnung von Erkenntnissen zur Erklärung von betrieblichen Prozessen. Aufgabe der Betriebspolitik ist es, die in der Theorie gewonnenen Erkenntnisse auf konkrete Fragen der Gestaltung von Betriebsprozessen anzuwenden. Die Allgemeine Betriebswirtschaftslehre bildet sozusagen das Fundament auf dem die Besonderen Betriebswirtschaftslehren aufbauen.

A. Gegenstand und Objektbereiche der Betriebswirtschaftslehre

Die Besonderen Betriebswirtschaftslehren ergeben sich aus der Berücksichtigung einer institutionellen Gliederung einerseits, aus einer funktionalen Gliederung bzw Betrachtung andererseits.

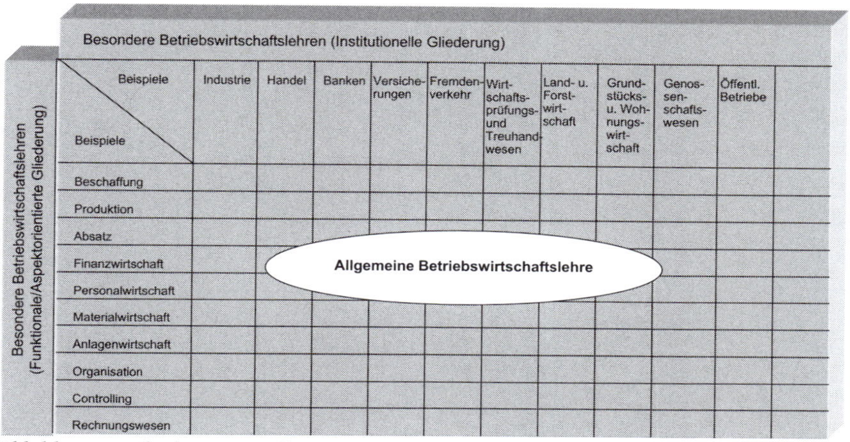

Abbildung 7: Gliederung in Allgemeine und Besondere Betriebswirtschaftslehren (in Anlehnung an Schierenbeck, 2000, 10)

Minimale unterschiedliche Meinungen zu dieser Gliederung bestehen. So wird von manchen Autoren die funktionale Betrachtung der Allgemeinen Betriebswirtschaftslehre zugerechnet (vgl *Luger*, 1998, 27) oder die institutionelle Gliederung wird als eine Einteilung in Spezielle Betriebswirtschaftslehren gesehen, die aber ebenfalls auf betriebliche Sachverhalte Bezug nehmen, die sich aus den spezifischen Problemstellungen der einzelnen Wirtschaftszweige ergeben (vgl *Lechner, Egger, Schauer*, 2005, 41).

Unabhängig von der Gliederung in die Allgemeine und in die Besonderen Betriebswirtschaftslehren haben Lehren, die sich auf den Betrieb/die Unternehmung beziehen, betriebswirtschaftliche Techniken mitzuberücksichtigen bzw abzudecken. Hierzu zählt die Auseinandersetzung mit den Techniken:
- Buchhaltung und Bilanzierung,
- Kostenrechnung,
- Finanzmathematik,
- Operative Research,
- Statistik,
- Organisationstechniken,
- Planungs- und Entscheidungstechniken.

Festzuhalten und ergänzend zu dieser Abhandlung der Geschäftsfelder der Betriebswirtschaftslehre ist die Tatsache, dass sie nicht isoliert zu betrachten sind, sondern dass diese Geschäftsfelder bzw Gliederungsbereiche der Betriebswirtschaft zusammenwirken bzw in engem Zusammenhang stehen.

Alle Bereiche überlagern sich und die noch nicht explizit dargestellten Bereiche – Entscheidungs- und Kostentheorie – überlagern die bereits abgehandelten. Auf sie wird in den weiteren Abschnitten noch eingegangen. Ebenfalls noch explizit zu betrachten sind die konstitutiven Entscheidungen, die die Basis für die laufenden betrieblichen Entscheidungen bilden. Auch sie werden nachstehend abgehandelt.

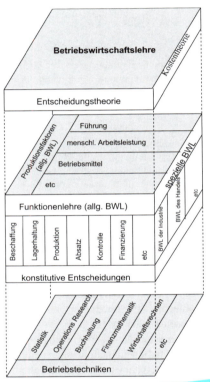

Abbildung 8: Zusammenhang der Geschäftsfelder bzw. Gliederungsbereiche der Betriebswirtschaftslehre (in Anlehnung an Luger, 1998, 28)

B. Aufgaben und Methoden der Betriebswirtschaftslehre

1. Ziele und Aufgaben der Betriebswirtschaftslehre

Von der primären Aufgabe der wissenschaftlichen Forschung – der Erkenntnisgewinnung – ausgehend, lässt sich für die Betriebswirtschaftslehre als wissenschaftliche Disziplin die Aufgabe der Erkenntnisgewinnung in Bezug auf die wirtschaftliche Dimension der Betriebe unmittelbar ableiten. Nach *Wöhe* (vgl *Wöhe*, 2002, 33) gliedert sich die Betriebswirtschaftslehre in einen theoretischen und angewandten Teil.

Die Teile unterscheiden sich vor allem in ihren Zielsetzungen und sie beinhalten dementsprechend auch unterschiedliche Aufgabenstellungen. Erkenntnisziel der theoretischen Betriebswirtschaftslehre ist die nicht an bestimmten Zwecken orientierte reine Erkenntnis des „Seienden", dh die Prüfung und Untersuchung der Zuordenbarkeit und der Zuordnung zum Erkenntnisobjekt der Betriebswirtschaftslehre. Da in der einschlägigen Literatur die Betriebswirtschaftslehre als „angewandte" Wissenschaft forciert wird, ist auch deren Erkenntnisziel – die Beschreibung und Beurteilung von betrieblichen Tatbeständen und Prozessen sowie die Entwicklung neuer Entscheidungsgrundlagen für die Gestaltung betrieblicher Abläufe – bestimmend für die Aufgaben der Betriebswirtschaftslehre. Die Aufgaben der Betriebswirtschaftslehre bestehen daher nach vorherrschender Lehrmeinung darin, das wirtschaftliche Handeln in Betrieben/Unternehmungen zu beschreiben, zu erklären und in der Gestaltung zu unterstützen.

In diesem Zusammenhang spricht man von der
- Beschreibungsfunktion,
- Erklärungs- und
- Gestaltungsfunktion

der Betriebswirtschaftslehre. Letztere beinhaltet die Aufgabe, auf Grund der im Rahmen der Beschreibungs- und Erklärungsfunktion erkannten Regel- und Gesetzmäßigkeiten der betrieblichen Tatbestände und Prozesse, wirtschaftliche Verfahren zur Realisierung der Zielsetzungen der Betriebe und Unternehmungen zu entwickeln. Da jedoch die Existenz eines Betriebes auch von den Beziehungen zu den Absatz- und Beschaffungsmöglichkeiten maßgebend beeinflusst wird, ist der Fokus der Betriebswirtschaftslehre auch auf diese wichtigen Umfelder des Betriebes auszudehnen und zu erweitern.

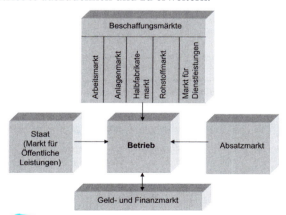

Abbildung 9: **Teilbereiche der Wirtschaft**

Es wird immer wichtiger, die Märkte zu beobachten, zu analysieren und das Marktgeschehen auch zu beeinflussen. Von der Betriebswirtschaftslehre wird hier erwartet, dass sie Beiträge liefert, entsprechende Instrumente zu entwickeln und die Betriebe unterstützt, sie auch zielorientiert einzusetzen.

Neben dieser Aufgabe der Betriebswirtschaftslehre die Beziehung Betrieb und Märkte bzw sonstige Umfelder verstärkt zu berücksichtigen, zählt zu ihren Kernaufgaben auch die Mitbearbeitung – Analyse und Gestaltung – der betrieblichen Güter- und Finanzbewegungen. Der Fokus liegt dabei auf den Güter- und Geldströmen, die in die Betriebe hineingehen, auf den Umwandlungsprozessen im Betrieb bzw der Unternehmung und auf den aus dem Betrieb herausgehenden Güter- und Geldflüssen. Eng damit verknüpft sind viele betriebswirtschaftlich relevante Begriffe, die beitragen, die Geld- und Güterströme entsprechend den Aufgaben der Betriebswirtschaftslehre zu beschreiben, zu erklären und zu gestalten.

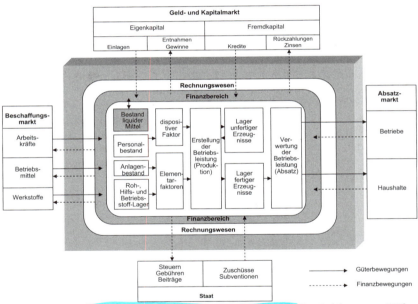

Abbildung 10: Die betrieblichen Güter- und Finanzbewegungen (in Anlehnung an Wöhe, 2002, 11)

2. Methoden und Modelle der Betriebswirtschaftslehre

Die Wahrnehmung der Aufgaben der Betriebswirtschaftslehre wird durch betriebswirtschaftliche Methoden und Modelle unterstützt. Betriebswirtschaftliche Methoden sind dabei definiert als „systematisch aufgebaute Verfahrensregeln zur Darstellung von betrieblichen Sachverhalten und zur Lösung der sich daraus ableitenden Probleme" (vgl *Lechner, Egger, Schauer*, 2005, 44 f).

Ziel des Methodeneinsatzes ist
- die Nachvollziehbarkeit der Verfahrensschritte,
- die Überprüfbarkeit der Methodenanwendung
- und die Verifizierung der Ergebnisse.

Modelle hingegen sind Mittel, die dazu beitragen, sich an betriebswirtschaftliche, komplexe Realitäten heranzutasten. Dabei ist allerdings zu berücksichtigen, dass Modelle immer vereinfachte Abbilder der Wirklichkeit darstellen, weil kein Modell die Vielfalt der im Betrieb ablaufenden Prozesse, Vorgänge, Handlungen und Tatbestände wiederzugeben imstande ist. Die Reduktion der Komplexität zählt zu den Wesensmerkmalen eines Modells auch in der Betriebswirtschaft.

(a) *Zu den Methoden:* Betriebswirtschaftlich relevant und vielfach in Anwendung sind die Methoden der
- Hermeneutik,
- Induktion,
- Deduktion.

Die Hermeneutik ist die Methode der Wahrnehmung und des Verstehens von betrieblichen Sachverhalten. Annahmen spielen dabei eine essenzielle Rolle, indem sie zum Zwecke eines besseren Verständnisses eingesetzt werden, um sich schrittweise – heuristisch – an das Untersuchungsziel heranzutasten. Bei der Methode *der Induktion* wird von der Beobachtung von Einzelfällen ausgehend auf das Allgemeine, generell Gültige geschlossen, um zu Regel- oder Gesetzmäßigkeiten zu gelangen. Die Methode der Induktion hat insbesondere für die Hypothesenbildung für betriebswirtschaftlich relevante Erhebungen und Untersuchungen Bedeutung. Bei *der Deduktion* als betriebswirtschaftlich relevante Untersuchungsmethode zur Erkenntnisgewinnung erfolgt der Umkehrschluss zur Induktion: Man schließt vom Allgemeinen auf den Einzelfall, dh es wird mit Hilfe eines logischen Schlusses aus allgemein festgestellten Regel- bzw Gesetzmäßigkeiten eine Aussage für den Einzelfall abgeleitet.

(b) *Zu den Modellen:* Generell ist dazu anzuführen, dass Modelle hypothetischen Charakter im Sinne von Arbeitshypothesen haben. Sie dienen der Beschreibung und Erklärung von realen Zusammenhängen, die auf empirisch-induktivem Wege nicht zu erfassen sind. Betriebswirtschaftlich relevant sind folgende Modellformen (vgl *Wöhe*, 2002, 36 und 37):
- Reduktiv- und Konstruktivmodelle,
- Beschreibungs-, Erklärungs- und Entscheidungsmodelle,
- Deterministische und stochastische Modelle,
- Formale und verbale Modelle.

Reduktivmodelle sind Modelle, die die für die Charakterisierung eines betrieblichen Tatbestandes oder Ablaufes wesentlichen Zusammenhänge abbilden. Sie ergeben sich aus der schrittweisen Abstraktion von tatsächlich beobachteten Einzelheiten. Die Konzentration auf das Wesentliche steht im Vordergrund. Beim *Konstruktivmodell* wird aus bestimmten Elementen und Grundformen betrieblicher Tatbestände und Abläufe ein Ganzes konstruiert, um bestimmte Zusammenhänge und Wirkungen sichtbar zu machen.

Beschreibungs-, Erklärungs- und Entscheidungsmodelle leisten einen unmittelbaren Beitrag für die Erfüllung der Aufgaben der Betriebswirtschaftslehre. *Beschreibungsmodelle* dienen der Abbildung empirisch festgestellter betrieblicher Erscheinungen. Es erfolgt damit noch keine Analyse und Erklärung. Analysen von Ursache-/Wirkungsbeziehungen im betrieblichen Geschehen und das Aufstellen von Hypothesen werden im Rahmen von *Erklärungsmodellen* geliefert. Prognosemodelle sind eine Ausprägungsform von Erklärungsmodellen. *Entscheidungsmodelle* – auch als Gestaltungsmodelle bezeichnet – stellen den Versuch dar, die im Rahmen von Erklärungsmodellen gewonnenen Erkenntnisse auf die Bearbeitung konkreter Zielsetzungen und betrieblicher Problemstellungen anzuwenden. Sie haben die Aufgabe, die Bestimmung der optimalen Handlungsmöglichkeiten zu unterstützen.

Deterministische und stochastische Modelle unterscheiden sich vor allem durch die Annahmen über das Eintreten von Ereignissen und von Ergebnissen. *Bei deterministischen Modellen* wird eine 100%-ige Eintrittswahrscheinlichkeit unterstellt. *Stochastische Modelle* beschreiben eine Risikosituation. Die Variablen des Modells können dabei differieren bzw können verschiedene Werte annehmen, die Eintrittswahrscheinlichkeiten dafür sind jedoch als bekannt bzw als gegeben anzusehen. Sind die Eintrittswahrscheinlichkeiten nicht bekannt, spricht man von Spieltheoretischen Modellen. Sie führen im Gegensatz zu den Stochastischen Modellen, die Entscheidungsfindungen unter Risiko unterstützen, zu Entscheidungen unter „Unsicherheit". Deterministische Modelle führen zu Entscheidungen, die mit „Sicherheit" bestimmte Ergebnisse sichtbar machen.

Formale und verbale Modelle unterstützen die Darstellung betrieblicher Zusammenhänge in Erklärungsmodellen. *In formalen Modellen* werden dabei die erkannten Zusammenhänge in Form von mathematischen Funktionen begründet. *Bei verbalen Modellen* hingegen erfolgt die Begründung und Erklärung verbal. Verbale Modelle können damit formale Modelle solange ersetzen, solange nicht eine funktionale Darstellung der Ursache-/Wirkungsbeziehungen im Sinne einer Berechnung erfolgen kann.

C. Ansätze der Betriebswirtschaftslehre

Die Diskussion über die verschiedenen Ansätze der Betriebswirtschaftslehre hat Geschichte. Seit *Schmalenbach,* den man durchaus als Begründer der Betriebswirtschaftslehre im engeren Sinn bezeichnen kann – er erweiterte die

„Handelsbetriebslehre" um die Dimension der industriellen Produktion, er gab dem Fach seinen heutigen Namen – wird eine Diskussion um die richtige Ausgestaltung der Forschungskonzeption der Betriebswirtschaftslehre geführt (vgl *Bea, Dichtl, Schweitzer*, 1982, 43 f). Zwei Richtungen prägen diese Diskussion besonders:
- Die Richtung der am erwerbswirtschaftlichen Prinzip ausgerichteten, an Effizienz und Rentabilität orientierten Betriebswirtschaftslehre.
- Die vornehmlich sozialwissenschaftlich ausgerichtete Betriebswirtschaftslehre, die den Betrieb als soziales Konstrukt sieht und deshalb die verhaltenswissenschaftliche, soziologische und psychologische Dimension in den Mittelpunkt ihrer Forschungsbemühungen stellt.

In diesem Spannungsfeld bewegt sich die Diskussion nach wie vor. Der alte Richtungsstreit zwischen einer eher verhaltenswissenschaftlich orientierten Forschung und Lehre in den Bereichen Organisation, Personalwirtschaft und Marketing und einer ökonomischen Orientierung in den Bereichen Investition, Finanzierung und Rechnungswesen ist nach wie vor im Gange (vgl *Wöhe*, 2002, 60).

1. Traditionelle Gliederung der Ansätze

Unabhängig vom „Richtungsstreit" lassen sich im Rahmen des skizzierten Spannungsfeldes folgende nach vorherrschender Lehrmeinung wichtige Ansätze anführen:
- Der produktivitätsorientierte, faktortheoretische Ansatz von *Gutenberg*,
- der entscheidungsorientierte Ansatz von *Heinen*,
- der systemorientierte Ansatz von *Ulrich*,
- der verhaltenswissenschaftliche Ansatz von *Kirsch*,
- der situative Ansatz von *Kieser/Kubicek*.

(a) *Der produktivitätsorientierte, faktortheoretische Ansatz*: *Gutenberg* als der wesentliche Vertreter dieses Ansatzes sieht den Betrieb bzw die Unternehmung als ein System produktiver Faktoren. Nicht der Mensch steht dabei im Mittelpunkt, sondern die Kombination bzw der Kombinationsprozess der Produktionsfaktoren (siehe dazu auch Abschnitt II.). Es geht vor allem um die Ausgestaltung der Produktivitätsbeziehung zwischen Faktoreinsatz und Faktorertrag. Essenziell dabei ist die Orientierung an übergeordneten Zielen, die außerhalb der betrieblichen Prozedur liegen, ihr aber erst den Sinn geben (vgl *Gutenberg*, 1961, 25). Essenziell sind auch die mikroökonomischen Modelle zur Preis- und Kostentheorie, die *Gutenberg* so weiterentwickelte, dass sie den realen technischen Gegebenheiten der Produktion in Betrieben und auch dem realen Käuferverhalten am Absatzmarkt stärker gerecht wurden. Der produktivitätsorientierte, faktortheoretische Ansatz wird deshalb oft auch als mikroökonomischer Ansatz der Betriebswirtschaftslehre bezeichnet.

(b) *Der entscheidungsorientierte Ansatz*: *Heinen,* als der wesentliche Vertreter dieses Ansatzes, stellt das menschliche Entscheidungsverhalten auf allen Ebenen der betrieblichen Hierarchie und in allen Teilbereichen der Betriebswirtschaftslehre in den Mittelpunkt der Forschungsbemühungen. Ausgangspunkt für die Schaffung eines einheitlichen theoretischen Rahmens und die damit verbundene Erklärung und Gestaltung betriebswirtschaftlicher Probleme ist der Entscheidungsprozess mit den Phasen der Willensbildung und Willensdurchsetzung. Darauf aufbauend werden betriebswirtschaftliche Entscheidungstatbestände aufgelistet, systematisiert und auf ihre rationale Bearbeitungs- und Lösungsmöglichkeit hin untersucht. Als Ergebnis stehen vor allem mathematische Entscheidungsmodelle, die das Treffen von Entscheidungen unter Berücksichtigung verschiedener Risikograde (Sicherheit, Risiko, Unsicherheit) unterstützen. Beispiele dafür sind lineare und nicht lineare Planungsrechnungen, statistische Prognoserechnungen, spieltheoretische Modelle sowie verschiedene Entscheidungsbaumverfahren. Neu an der entscheidungsorientierten Betriebswirtschaftslehre ist also die realitätsnahe Berücksichtigung konkreter Entscheidungssituationen. Relativ neu sind aber noch zwei weitere Punkte (vgl *Bea, Dichtl, Schweitzer,* 1982, 65):
- Die Öffnung hin zu sozialwissenschaftlichen Fragestellungen und
- die Übernahme auch von Elementen der Systemtheorie.

In methodologischer Hinsicht verfolgte *Heinen* das Ziel der Integration der Betriebswirtschaftslehre in die Sozialwissenschaften. Daneben betrachtete er die Betriebswirtschaftslehre als äußerst komplexes, offenes soziales System mit einer Reihe von Subsystemen und berücksichtigt damit auch Erkenntnisse des „systemorientierten Ansatzes der Betriebswirtschaftslehre" (vgl *Heinen,* 1971, 25).

(c) *Der systemorientierte Ansatz:* Nach *Ulrich,* dem Hauptvertreter dieses Ansatzes, ist die Betriebswirtschaftslehre primär eine Gestaltungslehre, die sich von den Naturwissenschaften grundlegend durch ihre auf die Zukunftsgestaltung und nicht auf Erklärung ausgerichtete Zielvorstellung, von den Ingenieurwissenschaften jedoch nur dadurch unterscheidet, dass sie nicht technische, sondern soziale Systeme mit bestimmten Eigenschaften entwerfen will (vgl *Ulrich,* 1971, 47). Ausgangspunkt seiner Überlegungen ist der Systembegriff, demnach ein System eine geordnete Gesamtheit von Elementen darstellt, zwischen denen irgendwelche Beziehungen bestehen oder hergestellt werden können. Aus dieser Charakterisierung eines Systems ist für *Ulrich* klar ableitbar, dass der die Betriebswirtschaftslehre primär interessierende Gegenstand – die Unternehmung bzw der Betrieb, sowie Wirtschaftsorganisationen jeglicher Art – als ein System begriffen werden kann. Auf die Besonderheit betriebswirtschaftlicher Systeme verweist *Ulrich* durch die Merkmale „produktiv" und „sozial". Es ist als kybernetisches System – als Regelsystem – zu begreifen: Der Komplexitätsgrad von Wirtschaftsorganisationen, die Dynamik und die Beziehungsvielfalt und die Vielfalt von „Störungen" von außen und innen erfordern die permanente Lenkung und Steuerung dieser Systeme.

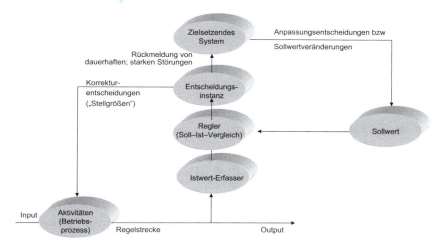

Abbildung 11: *Einfache Anpassung eines Regelsystems durch Anpassungsentscheide eines zielsetzenden Systems*

Die umfassende Umsetzung systemtheoretischer und kybernetischer Erkenntnisse ist im Rahmen des systemorientierten Ansatzes noch nicht festzustellen. Es wird oft gar nicht versucht, Vorgänge systemintern und systemrelevante Vorgänge extern zu erfassen. Oft begnügt man sich mit der Beobachtung und Ermittlung von Inputs und Outputs. Das System selbst – die Wirtschaftseinheit – wird als schwarzer Kasten – als „Black Box" – betrachtet. Ziel dieses Ansatzes ist die Unterstützung des Denkens in Zusammenhängen, um den Vernetzungen innerhalb einer Unternehmung und deren relevanten Umweltbeziehungen Rechnung zu tragen. Auch Rückkoppelungsmechanismen verschiedener Art im sozialen Bereich spielen eine zentrale Rolle.

(d) *Der verhaltenswissenschaftliche Ansatz*: Die Vertreter dieses Ansatzes – Kirsch gilt als einer der Hauptpromotoren dafür im deutschsprachigen Raum – gehen in erster Linie auf Distanz zur Annahme der traditionellen Wirtschaftswissenschaften des ausschließlich rationalen Verhaltens des „homo oeconomicus". Zur Erklärung der Verhaltensmuster in Betrieben, Unternehmungen und Märkten, zur Prognose und zur Ableitung von Handlungsempfehlungen für Führungskräfte, Mitarbeiter und Marktteilnehmer ist nicht nur das Rationalprinzip heranzuziehen, auch psychologische, soziologische und sozialpsychologische Aspekte gilt es zu reflektieren.

Im Rahmen des verhaltenswissenschaftlichen Ansatzes wird also versucht, unter weitgehender Aufgabe des Rationalprinzips das tatsächliche Entscheidungsverhalten von Einzelpersonen und Organisationen mit Hilfe von Erkenntnissen der Verhaltenswissenschaften – eben der Psychologie, Soziologie und der Sozialpsychologie – zu modellieren (vgl *Wöhe*, 2002, 629). Für *Kirsch* (vgl *Kirsch,* 1979, 105 ff) erfolgt mit dieser verhaltenswissenschaftlichen „Anreicherung" der primär theoretisch konzipierten Betriebswirtschaftslehre in Deutschland auch eine Annäherung an die auf die Lösung konkreter Managementprobleme ausgerichteten angelsächsischen Managementlehre. Sie bleibt bzw ist allerdings nicht unwidersprochen. Skepsis besteht vor allem hinsichtlich der Komplexität des Erkenntnisobjektes. Es wird kritisiert, dass das Verhalten in Organisationen und Märkten – auf Grund der Vielfalt – in Gesetzmäßigkeiten nicht fassbar ist, insbesondere wenn nicht ein Mensch allein, sondern eine Organisation von Menschen damit in ihrem Verhalten erklärt werden soll. Verhaltenswissenschaftliche Beiträge können die Bearbeitung von praktischen Problemstellungen der Unternehmungs- bzw Betriebsführung unterstützen, die betriebswirtschaftliche Theorie sollte sich jedoch auf die wirtschaftlichen Aspekte menschlichen Handelns beschränken (vgl *Schneider,* 1981, 26).

(e) *Der situative Ansatz*: Im Mittelpunkt dieses Forschungsansatzes steht das Bemühen, reale Organisationsstrukturen zu beschreiben, zu messen und den Einfluss situativer Faktoren wie Technologie, Größe der Organisation und Umweltdynamik auf die formalen Organisationsstrukturen sichtbar zu machen. Nach *Kieser/Kubicek* ist es der Einfluss situativer Faktoren auf das Verhalten der Organisationsmitglieder und der Organisationsstrukturen, die die Effizienz einer Organisation determinieren (vgl *Kieser, Kubicek,* 1978, 35). Die Kombination des situativen Ansatzes mit inhaltlich stärker ausgeprägten Ansätzen – etwa dem systemtheoretischen oder dem entscheidungsorientierten Ansatz – wird für sinnvoll erachtet.

2. Shareholder-Value- versus Stakeholder-Prinzip

Eine Diskussion der Ansätze der Betriebswirtschaftslehre, die die Forschungsrichtungen mitbestimmen, muss unter Berücksichtigung der aktuellen Situation und aktueller Entwicklungen zwei weitere „Orientierungen" der Betriebswirtschaftslehre mitberücksichtigen:
- Die Shareholder-Value-Orientierung und
- die Stakeholder-Orientierung.

a) Shareholder-Value-Prinzip

In der zitierfähigen Literatur ist *der Shareholder-Value* eine Bewertungsgröße für Unternehmungen, Geschäftseinheiten und auch von Unternehmungsstrategien. Die Bewertung im Grundmodell erfolgt durch die Diskontierung – Abzinsung – aller zukünftig in der Unternehmung zu erwartenden Zahlungsüberschüsse. Entscheidungen vor allem strategisch, langfristiger Natur werden danach bewertet, welche Auswirkungen sie auf zu erwartende Zahlungsüberschüsse und damit auf den Shareholder-Value haben. Der Begriff des Shareholder-Values ist eng verknüpft mit dem Begriff des Unternehmungswertes. *Rappaport,* der als Begründer des Shareholder-Value-Konzeptes gilt (vgl *Rappaport,* 1986) bezeichnet den Anteil des Eigenkapitals am Unternehmungswert als Shareholder-Value – eine bis vor einigen Jahren nur im angloamerikanischen Raum vertraute Größe, an der sich strategische und operative Entscheidungen und Handlungen in den Unternehmungen in erster Linie orientieren. Die Steigerung des Unternehmungswertes – nicht die kurzfristige Gewinnerzielung – stand ganz oben in der Hierarchie unternehmerischer Zielsetzungen. Mitte der achtziger Jahre verhalf Rappaport der Unternehmungsorientierung – dem Shareholder-Value-Konzept – auch international zum Durchbruch, indem er unter anderem aufzeigte, dass Manager von Unternehmungen, die von einer „feindlichen" Übernahme bedroht waren, die Aktienkurse ihrer Betriebe durch eine Steigerung des Unternehmungswertes in die Höhe trieben und so den maximalen Wert für ihre Anteilseigner (Shareholders) realisierten und gleichzeitig Übernahmeinteressenten verstärkt forderten bzw vom Kauf abschreckten (vgl *Hinterhuber,* 1996, 45). Auch im deutschsprachigen Raum gewinnen dieses Denken und die dem Ansatz von *Rappaport* zugrunde liegenden Berechnungsmodelle des Unternehmungswertes und der Unternehmungswertsteigerung vor allem als strategisches Kalkül zunehmend an Bedeutung. Zudem finden sie Anwendung und Umsetzung im Rahmen der Unternehmungsplanung, der Aktienanalyse sowie im „Consulting-Business".

Der Ansatz der Unternehmungswertsteigerung hat damit verstärkt Eingang gefunden in die Begriffs- und Handlungswelt der Betriebswirtschaftslehre generell, des Strategischen Managements im Besonderen. Er ist ein aktueller und immanenter Bestandteil strategischen Denkens und Handelns, der sich vor allem in zwei Elementen sichtbar macht:

- Das erste Element ist eine auf Wertsteigerung zielende Denkweise. Wertsteigerung ist eine Sache der Einstellung, ein Grundverhalten, das eine Unternehmung charakterisiert und auszeichnet. Sie ist auf sämtlichen Ebenen einer Unternehmung zu implementieren und zu leben.
- Das zweite Element sind Managementprozesse und -systeme. In allen Prozessstufen und -systemen, der Strategieentwicklung und -bewertung, der Zielfestlegung, der Entwicklung von Aktionsplänen und Budgets und auch der Leistungsbeurteilungs- und Anreizsysteme muss eine auch methodische Ausrichtung auf die Philosophie der Wertsteigerung erfolgen.

Das Modell bzw der Ansatz der Unternehmungswertsteigerung, dem das Shareholder-Value-Prinzip zugrunde liegt, wird damit zu einem umfassenden Führungsinstrument.

b) Stakeholder-Konzept

Das Stakeholder-Konzept wird vielfach als die konzeptionelle Weiterentwicklung des Shareholder-Value-Ansatzes bezeichnet, weil dort die Zielvorstellungen der Stakeholder und nicht nur der Shareholder Berücksichtigung finden. Stakeholder sind dabei Anspruchsgruppen, die in unternehmerische Entscheidungen bzw Problemlösungsprozesse miteinzubeziehen bzw davon betroffen sind.

Abbildung 12: Bezugs- bzw Anspruchsgruppen (Stakeholders) (in Anlehnung an Freeman, 1984, 37)

Ein weiteres charakteristisches Merkmal besteht in der Maxime der längerfristig-strategischen Ausrichtung der Unternehmung als Zielrichtung im Rahmen des stakeholderorientierten Ansatzes. An die Stelle der in vielen Fällen an der kurzfristigen Gewinnerzielung orientierten Führung tritt das Bestreben der Stärkung der nachhaltigen Überlebensfähigkeit der Unternehmung bzw des Betriebes. Im interessenspluralistischen Modell erfährt der Stakeholder-Ansatz seine besondere Prägung. Die Unternehmung wird hier als Koalition aufgefasst, in der unterschiedliche Interessensgruppen ihre Ziele bestmöglich zu erreichen versuchen.

Allerdings stimmen die Interessen der beteiligten Gruppen nur teilweise überein. Das Stakeholder-Modell ist daher in der Regel nicht so einfach in die unternehmerische Realität umzusetzen, zu unterschiedlich sind die Visionen, Ziele, Werte, Grundeinstellungen und Grundverhaltensmuster, zu vielfältig sind die Interessen der Stakeholder. Eine möglichst umfassende Berücksichtigung al-

Koalitionspartner	Typische Interessen
Top-Management	Einfluss auf das Unternehmen und seine Umwelt (Macht); Prestige; hohes Einkommen; Verwirklichung schöpferischer Ideen
Bereichsleitung/ Spezialisten	Einfluss auf den eigenen und andere Unternehmensbereich(e) sowie das Top-Management; Anwendung und Erweiterung professioneller Kenntnisse und Fähigkeiten; Prestige; hohes Einkommen
übrige Mitarbeiter	hohes Einkommen; soziale Sicherheit; Selbstentfaltung am Arbeitsplatz; zufriedenstellende Arbeitsbedingungen und zwischenmenschliche Beziehung
Eigenkapitalgeber	hohe Gewinnausschüttung; Teilnahme an Wertsteigerung durch Kursentwicklung und günstige Angebote bei Kapitalerhöhungen; Einfluss auf das Top-Management
Fremdkapitalgeber (Gläubiger)	hohe Verzinsung; pünktliche Rückzahlung und Sicherheit des zur Verfügung gestellten Kapitals
Lieferanten	günstige Lieferkonditionen; Zahlungsfähigkeit; anhaltende Liefermöglichkeiten
Kunden	qualitativ hoch stehende Leistungen zu günstigen Preisen; Nebenleistungen wie Konsumentenkredite; Service; Ersatzteile oder Beratung; gesicherte Versorgung
Kommunalbehörden	Bereitstellung von Arbeitsplätzen; Beiträge zur Infrastruktur und zu Kultur- und Bildungsinstitutionen
Staat	Einhaltung gesetzlicher Vorschriften; hohes Exportniveau, Steuereinnahmen
Gewerkschaften	Anerkennung der Gewerkschaftsvertreter als Verhandlungspartner; Verhandlungsfairness; Möglichkeit, Gewerkschaftsanliegen im Unternehmen zu artikulieren und Mitglieder zu werben
Arbeitsverbände	Ausrichtung unternehmerischer Entscheidungen an eigenen Interessen; Beitragszahlung

Abbildung 13: Interessen interner und externer Koalitionspartner (in Anlehnung an Macharzina, 1998, 8)

ler Ansprüche und der faire Interessensausgleich sind das offensichtliche Grundproblem. Trotzdem ist es dem Stakeholder-Ansatz zuzurechnen, dass der analytische Blick für die Vielfalt der Ansprüche und Interessensgruppen einer Unternehmung geschärft und damit versucht wird, Entscheidungen gemeinsam vorzubereiten und möglichst konsensual zu treffen. Setzt man als Bestimmungsgrößen für die mitzuberücksichtigenden Stakeholder noch den Maßstab der Entscheidungs-, Fach- und Umsetzungskompetenz, so kann damit auch die Entscheidungsqualität und die Umsetzungsquote gesteigert werden (vgl *Hammer, Kindermann*, 2002, 20).

c) Shareholder-Value- versus Stakeholder-Prinzip

Kern des Shareholder-Value-Ansatzes ist es wertsteigernde Entscheidungen zu treffen und zur Umsetzung zu bringen. Voraussetzung dafür sind nicht nur umfassende Berechnungsmethoden, ein entsprechendes Berichtswesen und andere Managementtechniken zur Effizienzsteigerung der betrieblichen Aktivitäten, sondern auch die grundsätzliche Möglichkeit, wertschaffende und wertvernichtende Unternehmungsteile festzustellen. Eine weitere darüber hinausgehende gesellschaftliche Verantwortung wird im Shareholder-Value-Ansatz nur wenig thematisiert. Hier setzt auch die Kritik an diesem Ansatz an (vgl *Gonschorrek, Gonschorrek*, 1999, 37 ff):

– Die reine Effizienzideologie führt zur Verantwortungslosigkeit gegenüber der Volkswirtschaft als Ganzes, gegenüber der Gesellschaft und auch gegenüber den eigenen Mitarbeitern bzw den weiteren Stakeholdern.
– Fähigkeiten und kreative Potenziale der Mitarbeiter werden vernachlässigt, womit sich jede Unternehmung im Wettbewerb langfristig schadet.
– Die zentrale Macht der Spitze wird absolut. Das fördernde Prinzip sowie das Prinzip der Subsidiarität werden vernachlässigt. Über Maßnahmen sollte dort entschieden werden, wo der größte Sachverstand liegt.
– Langfristig sind die Unternehmungen produktiver, wenn sie zu selbstbestimmenden Gemeinschaften werden und Erfolgsanteile sowohl an Aktionäre als auch an Mitarbeiter ausgeben.
– Unternehmung und Mitarbeiter bilden eine Interessensgemeinschaft. Maßnahmen der alleinigen Effizienzsteigerung auf Kosten der Mitarbeiter führen zur Störung des sozialen Friedens in der Unternehmung und zur Unterminierung der Loyalität.

Diese Kritik lässt sich zusammenfassen zu folgendem Fazit: Reines Kostenmanagement als alleiniges Instrument der Wertsteigerung der Unternehmung ist nicht zielführend. Wertsteigerung im Sinne des Stakeholder-Konzeptes erfordert die Miteinbindung sämtlicher Stakeholder in die Planungs-, Entscheidungs- und Umsetzungsprozesse. Die Diskussion von im Wettbewerb erforderlichen Rationalisierungen, effizienzsteigernden Maßnahmen und flachen Hierarchien muss gemeinsam geführt werden. Nur dann sind die Lösungen tragfähig und nachhaltig in ihrer Wirkung.

D. Schnittstellen der Betriebswirtschaftslehre zu anderen Wissenschaftsdisziplinen

Die Diskussion der Schnittstellen der Betriebswirtschaft als Einzeldisziplin im Rahmen der Wirtschaftswissenschaften zu anderen wissenschaftlichen Disziplinen bzw Wissenschaftsbereichen muss davon ausgehen, dass alle – also die Volks- und Betriebswirtschaft – die Aufgabe der restlosen Erfassung und Erklärung des gesellschaftlichen Teilbereichs „Wirtschaft" zu erfüllen haben. Diese Aufgabe zu bewältigen verlangt aber, dass man sich bei der Bearbeitung im Betrieb bzw in der Unternehmung auftretender Probleme nicht nur auf die Vorstellung/Annahme eines ausschließlich nach wirtschaftlichen Zweckmäßigkeitsüberlegungen handelnden Menschen – dem homo oeconomicus – stützt. Das heißt im Einzelnen, dass man bei der Bearbeitung der Probleme nicht allein davon ausgehen kann, dass (vgl *Wöhe*, 2002, 26)

– der in der Unternehmung tätige Mensch – unabhängig ob Unternehmer, Manager oder Mitarbeiter – immer nur rational denkt und handelt,
– das Ziel der in der Unternehmung Tätigen nur in der Erreichung und Maximierung wirtschaftlicher Vorteile besteht,
– die Mitarbeiter einer Unternehmung nur auf die von der Unternehmungsleitung angebotenen Anreize reagieren,
– Menschen ebenso wie Maschinen nach einer mechanistischen, standardisierten Methode behandelt und Mitarbeiter und Maschinen zusammen als Teil der Betriebsausrüstung angesehen werden können,
– in der Unternehmung tätige Menschen von anderen Menschen isolierte Individuen sind.

Der Betrieb oder die Unternehmung als Institution und die darin ablaufenden Prozesse sind also nicht nur hinsichtlich ihrer wirtschaftlichen Problemstellungen zu betrachten. Auch Probleme technischer, rechtlicher, soziologischer, psychologischer, physiologischer und ethischer Natur entstehen bzw sind im Zusammenhang mit den wirtschaftlichen Problemen zu bearbeiten und zu lösen. Dies erfordert die Mitberücksichtigung der Erkenntnisse und Forschungen auch anderer Wissenschaftsdisziplinen. Wesentlich zu nennen sind die Sozialwissenschaften, die Rechtswissenschaften, die Technikwissenschaften (mit den Computerwissenschaften) und die Medizinwissenschaften.

Eine ganz wesentliche Schnittstelle der Betriebswirtschaft hin zu anderen wissenschaftlichen Disziplinen ist die zu *den Rechtswissenschaften*. Jeder Betrieb ist in eine bestimmte Rechtsordnung eingebettet. Alle rechtlichen Problemstellungen, die über den gesamten Lebenszyklus einer Unternehmung – also von der Gründung, der planerischen operativen und strategischen Ausrichtung, während des Betreibens, der Übergabe bis zur Auflassung und Liquidation – auftreten bzw wirksam werden können, gehören zum Aufgabenbereich der Rechtswissenschaften. Rechtsbereiche, die die betriebliche Entscheidungsfindung im Rahmen der Bearbeitung der betrieblichen Problemstellungen unterstützen sind hier vor allem das

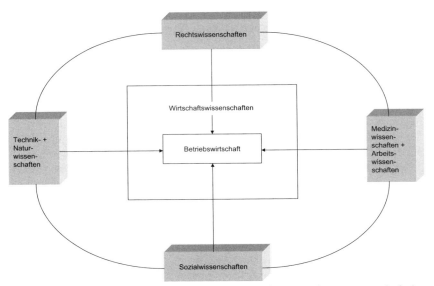

Abbildung 14: Schnittstellen der Wirtschaftswissenschaften zu anderen Wissenschaftsdisziplinen

- Handelsrecht,
- Gesellschaftsrecht,
- Bilanz- und Steuerrecht,
- Finanzrecht,
- Arbeits- und Sozialrecht,
- Wettbewerbsrecht,
- Wertpapierrecht,
- Vertragsrecht,
- Kartellrecht,
- die wirtschaftsrelevanten Bereiche des öffentlichen Rechts und des Privatrechts,

um nur die Wesentlichen zu nennen.

Eine weitere wesentliche Schnittstelle der Betriebswirtschaft zu anderen Disziplinen ist die zu *den Technik- und Naturwissenschaften*. Sie spielen für die Analyse und Ausgestaltung der betrieblichen Abläufe und auch der maschinellen und infrastrukturellen Ausstattung der Betriebe eine zentrale Rolle. Mathematisch-statistische Gesetzmäßigkeiten, Methoden und Modelle, Erkenntnisse der Physik und der Computerwissenschaften können beitragen, die technisch/infrastrukturellen Zielsetzungen der Unternehmung – wie zB die technologische Führerschaft – und auch die wirtschaftlichen Zielsetzungen wie zB die Kosten-, Ertrags- und Prozessoptimierung – zu erreichen.

D. Schnittstellen zu anderen Wissenschaftsdisziplinen

Die Sozialwissenschaften, die eine weitere Schnittstelle der Betriebswirtschaftslehre zu anderen Wissenschaften darstellen, subsumieren alle wissenschaftlichen Disziplinen, die sich mit dem Menschen als soziales Phänomen und mit den institutionellen und organisatorischen Voraussetzungen für menschliches Handeln und des Zusammenlebens in Gemeinschaften und Gesellschaften beschäftigen. Im Zentrum steht die Soziologie, die Sozialpsychologie, die Sozialpädagogik und auch die Sozialgeschichte. Dem arbeitenden Menschen im Betrieb und den Erfordernissen des Zusammenwirkens der Menschen im Betrieb ist in der Betriebswirtschaft eine herausragende Stellung einzuräumen. Bei der Berücksichtigung von Erkenntnissen aus den einzelnen sozialwissenschaftlichen Disziplinen, darf allerdings nicht darüber hinweggesehen werden, dass der Mensch aus der Sicht der Betriebswirtschaftslehre nicht Zweck, sondern Mittel – ein Produktionsfaktor – ist, das zur Realisierung der betrieblichen Ziele eingesetzt wird (vgl *Wöhe*, 2002, 32). Die Betriebswirtschaftslehre muss bei der Berücksichtigung von Erkenntnissen der Betriebssoziologie, der Betriebspsychologie, der Wirtschaftsethik ua daher ihre rein wirtschaftliche Betrachtungsweise beibehalten. Bei allen Maßnahmen, die beispielsweise zu einer Verbesserung der Arbeitsbedingungen führen könnten, ist zu überprüfen, ob diese auch die Wirtschaftlichkeit der Leistungserstellung und/oder die Rentabilität des Kapitaleinsatzes erhöhen oder zumindest nicht vermindern.

Mit der Schnittstelle zur Medizin bzw *den Medizinwissenschaften* soll der Betriebswirtschaft der Zugang zu den Erkenntnissen eröffnet werden, die so wie die Sozialwissenschaften den Faktor Mensch – hier aber vor allem hinsichtlich der physiologischen Erfordernisse – in seiner Leistungsfähigkeit unterstützen und entwickeln helfen. Zusammen mit der Disziplin der Arbeitswissenschaften können sie beitragen, Erkenntnisse für die optimale Gestaltung des Einsatzes der körperlichen, geistigen und seelischen Kräfte des Menschen zu liefern (vgl *Böhrs*, 1955, 178). Vor allem in den Teildisziplinen der Arbeitsmedizin, Arbeitsphysiologie und Arbeitspsychologie sind Erkenntnisse realisierbar, die dazu vieles einzubringen imstande sind.

II. Basiselemente und Grundbegriffe der Betriebswirtschaftslehre

A. Betriebliche Produktionsfaktoren

Wie schon im Rahmen der Charakterisierung der wichtigsten Ansätze der Betriebswirtschaft herausgearbeitet bzw dargestellt, ist für die Leistungserbringung im Betrieb der Einsatz von betrieblichen Produktionsfaktoren erforderlich. Nach vorherrschender Lehrmeinung – basierend nach wie vor auf der Gliederung der Produktionsfaktoren nach *Gutenberg* (vgl *Gutenberg*, 1983, 5 ff) – ist dabei zwischen sogenannten
- Elementarfaktoren (dazu zählen die ausführende Arbeit, Betriebsmittel und Werkstoffe) und
- dem dispositiven Faktor Führung (umfasst die Teilfunktionen Leitung, Planung, Organisation und Überwachung)

zu unterscheiden.

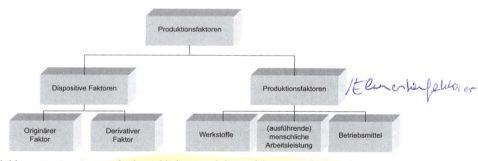

Abbildung 15: Das System der betrieblichen Produktionsfaktoren nach *Gutenberg*

In Ergänzung dazu ist aber anzuführen, dass jede von Mitarbeitern eines Betriebes ausgeführte Arbeit zweifelsfrei auch dispositive Elemente der Planung, Organisation und Überwachung beinhaltet. Das führt in Anlehnung an *Lechner et al.* (vgl *Lechner, Egger, Schauer,* 2005, 63) zu nachstehender Gliederung der Produktionsfaktoren (siehe Abb 16).

Die Produktionsfaktoren Werkstoffe und Betriebsmittel im Sinne von *Gutenberg* bilden nach dieser Gliederung einen Teil des Vermögens.

Zu ergänzen sind diese einführenden Ausführungen zu den Produktionsfaktoren noch um drei weitere Punkte:
- Die im System genannten Produktionsfaktoren sind nicht unabhängig voneinander, sie sind teilweise austauschbar und ergänzen sich bei der jeweiligen Erfüllung betrieblicher Aufgaben.

II. Basiselemente und Grundbegriffe der Betriebswirtschaftslehre

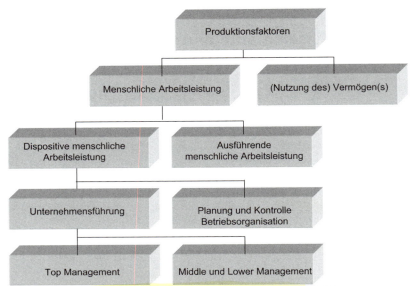

Abbildung 16: Das System der betrieblichen Produktionsfaktoren *(in Anlehnung an Lechner/Egger/Schauer, 2005, 63)*

- Von einigen Vertretern der Betriebswirtschaftslehre werden Dienstleistungen im Sinne von von Fremdbetrieben erbrachten Leistungen, die in der Unternehmung um- bzw eingesetzt werden – Beispiel hier sind Beratungsleistungen – den Elementarfaktoren zugerechnet (vgl *Luger*, 1998, 86).
- Im Rahmen der Volkswirtschaftslehre erfolgt eine Dreiteilung der Produktionsfaktoren in die Faktoren Arbeit, Boden und Kapital. Die dispositive Arbeit wird nicht als gesonderter Faktor angesehen.

1. Elementarfaktoren – eine kurze Charakterisierung

Die Elementarfaktoren gliedern sich wie bereits angeführt in die
- (ausführende) menschliche Arbeitsleistung,
- die Betriebsmittel und
- die Werkstoffe.

(a) *Die (ausführende) menschliche Arbeitsleistung:* Im Rahmen der Ausgestaltung dieses Teilfaktors geht es in erster Linie um die Sicherstellung der Qualität der Arbeitsleistung unter Berücksichtigung des Prinzips der Wirtschaftlichkeit. Leistungsfähigkeit und Leistungswille des arbeitenden Menschen spielen dabei eine entscheidende Rolle. Während die Leistungsfähigkeit abhängig ist von der Begabung bzw dem Talent des Mitarbeiters, der Ausbildung, der Erfahrung und von der körperlichen Verfassung, wird der Leistungswille beeinflusst von den Arbeitsbedingungen, dem Ausmaß der Bedürfnisbefriedigung und dem Grad der Motivation.

Zur Steuerung der menschlichen Arbeitsleistung als elementarem Produktionsfaktor stellt die Betriebswirtschaftslehre eine Fülle von Instrumenten zur Verfügung. Steuerungswirksam sind vor allem die „hard facts"
- Arbeitsentgelt,
- Arbeitsbedingungen,
- Betriebliche Sozialleistungen.

Aber auch rein motivationsfördernde Instrumente, „soft facts", sind leistungsbeeinflussend. Zu nennen sind hier
- Information und Kommunikation,
- Aus- und Weiterbildung,
- Instrumente zur Konfliktsteuerung,
- Integration und Anerkennung,
- Führungsstil und Führungsverhalten.

Auf diese Instrumente wird im Abschnitt IV. noch gesondert und vertiefend eingegangen.

(b) *Betriebsmittel:* Modern gestaltete betriebliche Prozesse sind besonders dadurch zu charakterisieren, dass die Bedeutung der menschlichen Arbeitsleistung immer mehr durch den Faktor Betriebsmittel abnimmt. Dies trifft natürlich auf den industriellen Bereich der Wirtschaft mehr zu als auf den Bereich der handwerklich orientierten Unternehmungen. Trotzdem ist generell festzustellen, dass sich die Betriebsmittel als Produktionsfaktor – definiert als längerfristig nutzbare Güter wie zB Maschinen und Anlagen – weitgehend verselbstständigen, das heißt, dass der Anteil der menschlichen Arbeitsleistung an der gesamten zu erbringenden Leistung immer mehr zurückgedrängt wird. Sie produzieren, transportieren, steuern und regeln, registrieren und rechnen „vollautomatisch". Die menschliche Arbeitsleistung besteht nur mehr aus den Elementen Einstellung, Kontrolle und Überwachung dieser Maschinen und Anlagen. Mit dieser Problematik verbunden sind natürlich nicht nur neue technische, sondern vor allem auch neue Aufgabenstellungen rein betriebswirtschaftlicher Natur:
- Die mit der Lebensdauer einer Anlage zusammenhängende Frage der wirtschaftlichen Nutzungsdauer ist zu beantworten.
- Dies bedeutet Schätzung der Dauer und der Wertminderung und das Ansetzen der dadurch verursachten Kosten.
- Die Bearbeitung der Abschreibungsproblematik (bilanziell und kalkulatorisch).
- Die Bewältigung der Finanzierungsproblematik im Zusammenhang mit der „künstlichen" Alterung (Obsoleszenz) von Maschinen und Anlagen.
- Betriebsorganisatorische Aufgabenstellungen.
- Die Bewältigung der Problematik der optimalen Kapazität und der Kapazitätsauslastung.
- uam.

(c) *Werkstoffe:* Darunter sind jegliche Arten von im Betrieb eingesetzten Materialien zu subsumieren aus denen durch Umformung, Weiterbearbeitung, Substanzänderung oder Einbau neue Fertigprodukte entstehen. Sie bilden die Basis der Güter- und Leistungsproduktion und lassen sich gliedern in Roh-, Hilfs- und Betriebsstoffe. Rohstoffe sind dabei diejenigen Stoffe, die zu Hauptbestandteilen der Fertigfabrikate mutieren. Hilfsstoffe spielen im Fertigfabrikat/-produkt wert- und mengenmäßig eine geringere Rolle. Betriebsstoffe gehen nicht ein in das Fertigprodukt, sie werden im Prozess der Leistungserstellung verbraucht.

Neben technischen, ökologischen Problemstellungen, die mit dem Produktionsfaktor Werkstoffe zusammenhängen, sind die Werkstoffe analog zu den Betriebsmitteln auch Verursacher betriebswirtschaftlicher Problemstellungen. Zu nennen sind (vgl *Wöhe,* 2002, 262 ff):

- Die Problematik der Werkstoffzeit (Lager- und Liegezeiten, Veränderungszeiten).
- Die Nutzung der Möglichkeiten der „Just-in-Time-Produktion".
- Die Problematik der optimalen Ausnutzung der Werkstoffe (Materialverluste, -abfälle, Recycling).

Auch die Frage der optimalen Bestellmenge, des Bestellrhythmus und auch strategische Fragen wie „Single Sourcing" (Beschränkung auf eine Beschaffungsquelle), alternative Beschaffungsstrategien ua sind im Zusammenhang mit dem Produktionsfaktor Werkstoffe zu bearbeiten.

2. Dispositive Produktionsfaktoren

Zu den dispositiven Produktionsfaktoren zählen, wie bereits angeführt
- die Geschäfts- und Betriebsleitung
- und der Bereich der Planung, Betriebsorganisation und Kontrolle.

Ihr Einsatz ist erforderlich um sicherzustellen, dass die oberste Zielsetzung einer marktwirtschaftlich agierenden Unternehmung – die Gewinnmaximierung unter Einhaltung von Nebenbedingungen (vgl *Hinterhuber,* 2002, 58) – realisiert werden kann. Erst durch ein zielorientiertes, geplantes, organisiertes und kontrolliertes bzw gesteuertes Zusammenwirken der der Unternehmung zur Verfügung stehenden Produktionsfaktoren wird diese Realisierung entsprechend unterstützt. Aufgabenträger der dispositiven Produktionsfaktoren ist die Führung der Unternehmung, auch im deutschsprachigen Raum immer öfter als Management bezeichnet, wobei zwischen

- dem Top-Management (der obersten Führungsebene, zB Vorstand, Geschäftsführung, CEO (Chief Executive Officer)),
- dem Middle-Management (der mittleren Führungsebene, zB die Leiter der funktionalen Bereiche Einkauf, Produktion oder Verkauf) und
- dem Lower-Management (der unteren Führungsebene zB Meister, Vorarbeiter)

A. Betriebliche Produktionsfaktoren

zu unterscheiden ist. Sie sind verantwortlich für die Wahrnehmung sämtlicher Aufgaben des dispositiven Faktors. Im Einzelnen sind dies die Aufgabenfelder (vgl dazu auch die vertiefenden Ausführungen im Abschnitt III.)
- Planung (Zielplanung, strategische und operative Planung),
- Organisation (Aufbau- und Ablauforganisation),
- Umsetzung (Realisation),
- Kontrolle und Überwachung.

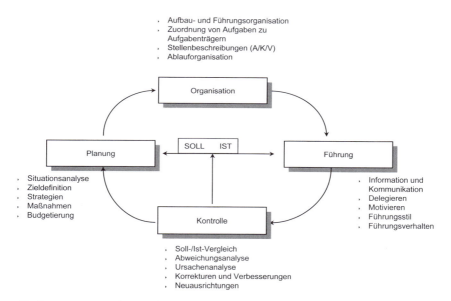

Abbildung 17: Der Führungs- bzw Management-Kreislauf (in Anlehnung an Hammer/Kindermann, 2002, 27)

Das Aufgabenfeld Umsetzung beinhaltet im Rahmen des dispositiven Faktors nicht die ausführende menschliche Arbeit, sondern nur die die Durchführung bzw Umsetzung veranlassenden Tätigkeiten, wie zB informieren, kommunizieren, delegieren und motivieren. Zentral ist die Aufgabe der Zielplanung. Hier geht es darum, alle Ziele und Teilziele zusammenzufassen, aufeinander abzustimmen und zu entscheiden. Man nennt dies die Zielfunktion des dispositiven Faktors (vgl *Wöhe*, 2002, 84 f).

Neben der Entscheidung über die Ziele hat die Führung bzw das Management auch die Mittel zu entscheiden mit denen die Ziele realisiert werden sollen (Mittelfunktion). Ziel- und Mittelentscheidungen sind Führungsentscheidungen für deren Planung, Organisation, Veranlassung und Realisierung, Kontrolle und Überwachung der dispositive Produktionsfaktor Kompetenz und Verantwortung hat.

B. Betriebliches Entscheidungsfeld

1. Arten betrieblicher Entscheidungen – Ein Überblick

Das Management eines Betriebes/einer Unternehmung ist, wie bereits bei der Charakterisierung des dispositiven Produktionsfaktors dargestellt, unabhängig von der Führungsebene vor allem für das Treffen von Entscheidungen verantwortlich. Entscheidungen stehen am Abschluss der Planung und beinhalten die endgültige Auswahl der Problemlösungsvorschläge nach erfolgter Bewertung der alternativen Möglichkeiten. Betriebliche Entscheidungen können sehr vielfältiger Natur sein und dementsprechend gibt es in der betriebswirtschaftlichen Literatur auch eine Fülle von unterschiedlichen Arten und Gliederungen von Entscheidungen. Eine sehr brauchbare Gliederung liefert *Heinen* (vgl *Heinen*, 1991, 37) mit Unterstützung der Kriterien Entscheidungsträger, Entscheidungsobjekt, Entscheidungskonsequenz und Entscheidungsprozess.

Entscheidungsträger (1)	Entscheidungsobjekt (2)	Entscheidungskonsequenz (3)	Entscheidungsprozess (4)
– Individual- und Kollektiventscheidungen – zentrale und dezentrale Entscheidungen – Führungs- und Ressortentscheidungen – Selbst- und Fremdentscheidungen	– Meta- und Objektentscheidungen – gelegentliche und laufende Entscheidungen – konstitutive und situationsbedingte Entscheidungen – Total- und Partialentscheidungen	– Entscheidungen unter Sicherheit, Risiko und Unsicherheit – lang-, kurz- und mittelfristige Entscheidungen – Entscheidungen bei monovariabler und multivariabler Zielsetzung	– simultane und sukzessive Entscheidungen – programmierbare und nicht programmierbare Entscheidungen

Abbildung 18: Eine Typologie betriebswirtschaftlicher Entscheidungen (in Anlehnung an Heinen, 1991, 37)

Je nachdem ob eine Person oder eine Gruppe von Personen Träger betrieblicher Entscheidungen ist wird zwischen Individual- und Kollektiventscheidungen differenziert. Wird die Entscheidungsbefugnis auf mehrere Abteilungen und/oder Personen verteilt, liegt eine dezentrale Entscheidungsorganisation vor. Ist die Entscheidung auf eine Abteilung oder Person konzentriert spricht man von zentralisierten Entscheidungen. In der Delegierbarkeit von Entscheidungsbefugnissen liegt das Charakteristikum von Führungs- oder Ressortentscheidungen. Nichtdelegierbare Entscheidungen – darunter zu verstehen sind Entscheidungen, die die Vermögens- und Ertragslage des Betriebes als Ganzes betreffen –

sind Führungsentscheidungen auf der Ebene des Top-Managements. Entscheidungen, die diesem Merkmal nicht entsprechen, sind delegierbar und sogenannte *Ressortentscheidungen*.

Die Differenzierung zwischen Selbst- und Fremdentscheidungen nimmt Bezug auf den Entscheidungsspielraum des Entscheidungsträgers. Bei *der Selbstentscheidung* ist der Entscheidungsträger auch für die Ausführung zuständig, bei *Fremdentscheidungen* nicht. Meta- und Objektentscheidungen trennen das Entscheidungsfeld zeitlich: *Metaentscheidungen* sind *den Objektentscheidungen* zeitlich vorgelagert zB Zielentscheidungen sind vor den Mittelentscheidungen zu treffen. Die Differenzierung zwischen gelegentlichen und laufenden Entscheidungen nimmt hingegen Bezug auf den Lebenslauf eines Betriebes/einer Unternehmung. Gründung und Liquidation sind nicht der Regelfall, daher Anlassfall für *gelegentliche Entscheidungen,* während Entscheidungen in der Phase des Betreibens der Unternehmung zu *den laufenden* betrieblichen *Entscheidungen* zu rechnen sind. Eng damit im Zusammenhang steht die Unterscheidung in konstitutive und situationsbedingte Entscheidungen. *Konstitutive Entscheidungen* prägen das „Profil" der Unternehmung auf längere Sicht, *situationsbedingte Entscheidungen* sind laufende Entscheidungen, die getroffen werden müssen, um die Unternehmung innerhalb des gesetzten Rahmens jeweils an die sich dauernd ändernden Umwelten – Kunden, Märkte, Wettbewerb etc – anzupassen. *Totalentscheidungen* betreffen die Unternehmung als Ganzes, *Partialentscheidungen* nur betriebliche Teilbereiche.

Essenziell ist die Unterscheidung zwischen Entscheidungen unter
- Sicherheit,
- Risiko und
- Unsicherheit.

Basis für die Feststellung des Unterschiedes ist der Grad der Informiertheit des Entscheidungsträgers. *Bei Entscheidungen unter Sicherheit* sind die Konsequenzen eindeutig, bekannt und absehbar. *Risikoentscheidungen* liegen dann vor, wenn dem Entscheidungsträger die Wahrscheinlichkeitsfunktion des Eintretens bestimmter Konsequenzen und Ergebnisse bekannt ist. *Bei Entscheidungen unter Unsicherheit* können in Bezug auf Konsequenzen und Ereignisse keine Aussagen gemacht werden. Auch Eintrittswahrscheinlichkeiten liegen nicht vor.

In der Unternehmungspraxis relevant ist die Unterscheidung in *lang- und kurzfristige Entscheidungen*. Sie korreliert mit den der Entscheidung zugrunde liegenden Planungszeiträumen: Langfristig sind Planungszeiträume zwischen 3 bis 7 Jahren, mittelfristig zwischen 1 bis 3 Jahren und kurzfristig sind Planungszeiträume bis zu einem Jahr (vgl *Hammer,* 1998, 19).

Eine betriebliche Entscheidung iS einer Auswahl zwischen mehreren alternativen Handlungsmöglichkeiten kann unter Bezugnahme auf ein Ziel – dann liegt *eine monovariable Entscheidung* vor – oder auf mehrere Ziele getroffen werden. Letztere Situation charakterisiert *eine multivariable Entscheidung*.

Unterscheidungskriterium für *simultane* und *sukzessive Entscheidungen* ist die Art der Festlegung der Entscheidungstatbestände im Zeitablauf: Im sukzessiven Prozess erfolgt ein stufenweises, zeitlich nacheinander angeordnetes Treffen von Entscheidungen, bei simultanen Entscheidungen hingegen passiert die Festlegung der Entscheidungstatbestände gleichzeitig – simultan.

Die Unterscheidung in programmierbare und nicht programmierbare Entscheidungen schlussendlich nimmt Bezug auf die Wiederholung bzw Wiederholbarkeit von Entscheidungen und deren Regelungen. *Programmierbare Entscheidungen* können nicht nur weitgehend delegiert werden, sondern unterliegen in der Regel auch einer starken Prozessbindung mit der Möglichkeit auch der EDV-unterstützten Abwicklung. *Nicht programmierbar* sind Entscheidungen eher komplexer, situativer Natur und Entscheidungen, die in der Regel keinen Wiederholcharakter haben.

2. Konstitutive betriebliche Entscheidungen

Bei der Darstellung und Charakterisierung der verschiedenen Arten von Entscheidungen ist den „Konstitutiven Entscheidungen" ein besonderer Stellenwert zu geben. Mit dem Treffen von konstitutiven Entscheidungen erfolgt eine Art Weichenstellung für das zukünftige betriebliche Geschehen. Konstitutive Entscheidungen

- befassen sich sowohl mit den Aufbauproblemen von Unternehmungen im Gründungsstadium als auch mit grundlegenden Entscheidungen beim Betreiben,
- sind alle Entscheidungen, die eine grundlegende Bestimmung der prinzipiellen Arbeitsweise des Betriebes darstellen (vgl *Luger*, 1998, 92).

In der relevanten betriebswirtschaftlichen Literatur sind vor allem folgende konstitutive Tatbestände genannt und bearbeitet:
- Der Gegenstand der betrieblichen Tätigkeit.
- Die Wahl der Rechtsform.
- Die Bestimmung des betrieblichen Standortes.
- Unternehmungskooperationen und -konzentrationen.
- Die Unternehmungsverfassung.

a) Gegenstand der betrieblichen/unternehmerischen Tätigkeit

Die Entscheidung über den Gegenstand der betrieblichen Tätigkeit kann als Basisentscheidung schlechthin bezeichnet werden. Erst mit ihrer endgültigen Festlegung ist die Voraussetzung geschaffen, Fragen der Rechtsform, des unternehmerischen Standortes, der Kooperations- oder Konzentrationsformen und der Unternehmungsverfassung fundiert anzugehen.

Ausgangspunkt für die Festlegung der betrieblichen Tätigkeit – sie erfolgt in erster Linie im Gründungsstadium einer Unternehmung – ist die sogenannte „Geschäftsidee", die in Verbindung mit einer unternehmerischen Vision konzep-

tionell weiterzuentwickeln ist. Wesentliche Anforderungen an eine erfolgreiche Geschäftsidee dabei sind die
- Bedürfnis- bzw Bedarfsorientierung,
- Berücksichtigung von Trends und Entwicklungen,
- Reflexion der eigenen Kompetenzen und Fähigkeiten, die Geschäftsidee Erfolg versprechend auszugestalten und gewinnmaximierend zur Wirkung zu bringen.

Die Geschäftsidee muss geeignet sein, ein bereits bestehendes oder in Entstehung befindliches Markt- bzw Kundenbedürfnis abzudecken bzw zu befriedigen. Der Bedürfnisumfang – das Marktvolumen – ist dabei ebenso wichtig wie die Kontinuität der Bedarfsentwicklung – die Wachstumsstabilität und -rate – in Zukunft. Grundsätzlich soll sich eine Geschäftsidee aus wachsenden Bedürfnissituationen ableiten bzw auf die Abdeckung wachsender Markt- und Kundensegmente ausgerichtet sein. Besonders im Falle einer Neugründung aber auch bei einer expansiven Weiterentwicklung einer bestehenden Unternehmung erscheint es sinnvoll, den Gegenstand der betrieblichen Tätigkeit auf Wachstumsbranchen hin zu konzentrieren. Aber nicht nur Marktvolumen bzw Marktgröße und Marktwachstum sind entscheidungsbeeinflussende Größen, sondern auch die Marktqualität im Sinne der potenziellen Rentabilität der beabsichtigten betrieblichen Geschäftstätigkeit ist mitzuberücksichtigen.

Zu prüfen im Zusammenhang mit der Festlegung der betrieblichen Geschäftstätigkeit ist aber auch, ob die eigene erreichbare Kompetenz so ausgestattet werden kann, dass der in der Regel starken Konkurrenz auf attraktiven Märkten wirksam entgegengetreten werden kann.

Inhaltlich sind für die Festlegung des Gegenstandes der betrieblichen/unternehmerischen Tätigkeit neben der Entscheidung für ein bestimmtes Markt- oder Kundensegment noch weitere Entscheidungen mit grundlegendem konstitutiven Charakter aufzubereiten und zu treffen (vgl *Hinterhuber*, 2002, 18):
- Die grundsätzliche Festlegung der Strategischen Geschäftsfelder (Produkt-Marktkombinationen), die durch den Gegenstand der betrieblichen Tätigkeit abgedeckt bzw bearbeitet werden sollen.
- Die Formulierung der Leitlinien für die konkrete Ausgestaltung des Grundangebotes an Produkten und Dienstleistungen.
- Die Festlegung der Mittel und Verfahren mit denen die Erreichung der Unternehmungsziele gewährleistet werden soll.
- Das Ausmaß und der Umfang der betrieblichen Geschäftstätigkeit (regional, national, international).
- Die Festlegung von Leitlinien für die Ausgestaltung der Produktions-, Vertriebs- und Personalstruktur.
- Die Grundhaltung zur Marktposition und zur Wettbewerbsstrategie der Unternehmung.
- Die grundsätzliche Festlegung der Messgrößen und Messstandards für die betriebliche Tätigkeit.

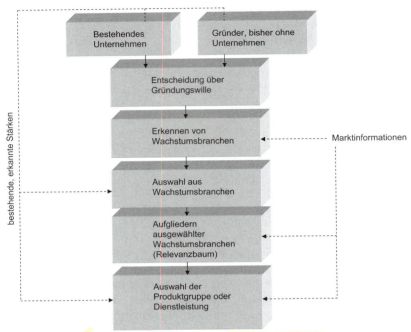

Abbildung 19: Entscheidungsweg über den Gegenstand der betrieblichen Tätigkeit (in Anlehnung an Luger, 1998, 97)

All diese Punkte bedeuten allerdings nicht nur Festlegungen konstitutiven Entscheidungscharakters, sondern sind „Eckpfeiler", die bei der Entwicklung und Ausformulierung sowohl der Unternehmungspolitik und des Unternehmungsleitbildes – diese werden im Abschnitt V. explizit abgehandelt – als auch der Entwicklung der Unternehmungsstrategie und der Businessplanung Berücksichtigung finden müssen.

Ein Businessplan ist das Instrument zur Beschreibung der zukünftigen Geschäftstätigkeit schlechthin (vgl Abschnitt III., Pkt B.2.e)).

b) Wahl der Rechtsform der Unternehmung

Betriebliche/unternehmerische Aktivitäten können in verschiedenen Rechtsformen realisiert werden. Dabei ist zu berücksichtigen, dass mit der Wahl der Rechtsform eine Rahmengebung sowohl hinsichtlich der Gestaltung der Außenbeziehungen als auch der inneren Organisation erfolgt. Es werden damit rechtliche Regelungen festgelegt, die den Beziehungen zwischen (vgl *Lechner, Egger, Schauer*, 2005, 171)

– den Eigentümern und der Unternehmung,
– der Unternehmung und den Außenstehenden,
– sowie den Eigentümern untereinander

eine formale Basis geben. Die juristische Grundlage der Rechtsformen liefert das Gesellschaftsrecht, das aus einer Vielzahl von Gesetzesteilen und Gesetzen insbesondere dem Unternehmensgesetzbuch, dem bürgerlichen Gesetzbuch, dem Aktiengesetz, GmbH-Gesetz und dem Genossenschaftsgesetz besteht. Bei der Wahl der Rechtsform ist der Entscheidungsträger in der Regel eingebunden, das heißt er kann unter Berücksichtigung der Charakteristiken und der Vor- und Nachteile der einzelnen möglichen Rechtsformen frei wählen. Er hat eine weitgehende Wahlfreiheit in der Gestaltung der Innen- und Außenbeziehungen der Unternehmung, die nur durch die Schutzwürdigkeit von Partnern der Unternehmung, denen aus der Wahlfreiheit Nachteile entstehen könnten, ohne dass sie in der Lage sind diese zu erkennen, begrenzt wird.

Zur Auswahl stehen der aktuellen Gesetzeslage entsprechend – mit 1.1.2007 wurde das bis dahin gültige Handelsgesetzbuch (HGB) durch das neue Unternehmungsgesetzbuch (UGB) ersetzt – die folgenden Rechtsformen (vgl *Lechner, Egger, Schauer,* 2005, 171 ff):

- Einzelunternehmungen,
- Personengesellschaften (im weiteren Sinn),
- Kapitalgesellschaften und sonstige Körperschaften des Privatrechts,
- Rechtsformen nach dem öffentlichen Recht.

Nachstehende Abbildung bringt eine Übersicht über diese Möglichkeiten der Wahl der Rechtsform, wobei ergänzend noch zwischen Rechtsformen unterschieden wird, die verschiedene Grundideen – erwerbswirtschaftlich, nicht erwerbswirtschaftlich – verfolgen.

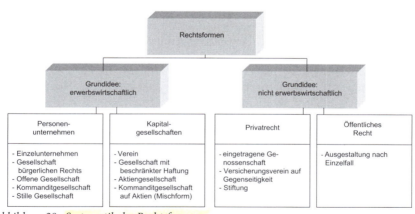

Abbildung 20: Systematik der Rechtsformen

(a) *Einzelunternehmungen:* Stehen im Alleineigentum einer natürlichen Person durch die alleinig die Aufbringung des Eigenkapitals erfolgt. Die natürliche Person ist rechtlich und praktisch identisch mit der Unternehmung und verkörpert daher auch alle Rechte und Pflichten, sie haftet mit ihrem gesamten

Vermögen, führt in der Regel die Geschäfte selbst und hat auch allein sämtliche Gewinnansprüche. Die Einzelunternehmung ist rechtlich unproblematischer als andere Rechtsformen, weil keine Innenbeziehungen zu anderen Gesellschaftern bestehen und daher auch nicht geregelt werden müssen.

(b) *Personengesellschaften:* Sie bestehen in der Regel aus mehreren Gesellschaftern und stehen in verschiedenen Ausprägungen zur Wahl, als

- Offene Gesellschaft (OG),
- Kommanditgesellschaft (KG),
- Gesellschaft bürgerlichen Rechts (GesbR),
- Stille Gesellschaft.

Die bisherige Offene Erwerbsgesellschaft (OEG) und die Kommandit-Erwerbsgesellschaft (KEG), für deren Errichtung gewerbe- bzw steuerrechtliche Gründe den Ausschlag gaben, wurden analog zur Offenen Handelsgesellschaft (OHG) im Zuge des UGB in die Offene Gesellschaft (OG) sowie Kommanditgesellschaft (KG) zusammengeführt.

- *Eine Offene Gesellschaft* ist eine Personengesellschaft. Zweck ist der Betrieb eines Handelsgewerbes unter einem gemeinsamen Namen (Firmenname). Alle Gesellschafter haften gegenüber den Gläubigern der Gesellschaft mit ihrem gesamten Vermögen – unbeschränkt.
- *Die Kommanditgesellschaft* ist ebenfalls eine Personengesellschaft, deren Zweck im Betrieb eines Handelsgewerbes unter gemeinsamem Namen liegt. Die Gesellschaft hat zwei unterschiedliche Gesellschafter, die Komplementäre – sie haften wie die Gesellschafter einer OG – und die Kommanditisten, deren Haftung auf ihre Kapitaleinlage beschränkt ist.
- *Die Gesellschaft bürgerlichen Rechts* kann als Grundform aller Personengesellschaften angesehen werden. Mindestens zwei Personen schließen sich auf Basis eines Gesellschaftsvertrages zur Erreichung bestimmter Zwecke – müssen nicht erwerbswirtschaftlich-betrieblich sein – zusammen. Alle Personen der Gesellschaft haften gegenüber Gläubigern unbeschränkt mit ihrem gesamten Vermögen.
- *Bei der Stillen Gesellschaft* beteiligt sich eine Person am Handelsgewerbe eines Kaufmannes indem sie eine Vermögenseinlage leistet, die in das Eigentum der Gesellschaft eingeht. Der Stille Gesellschafter tritt nach außen nicht in Erscheinung, und er ist am Gewinn und allenfalls auch an den Stillen Reserven und am Firmenwert beteiligt. Eine Beteiligung an einem etwaigen Verlust kann vertraglich ausgeschlossen werden.

(c) *Kapitalgesellschaften:* Sie unterscheiden sich von Personengesellschaften dadurch, dass die enge Bindung der beteiligten Personen an die Unternehmung in derselben Form und Intensität im Regelfall nicht gegeben ist. Die Trennung von Kapital und Personen steht dabei im Vordergrund. Daneben gibt es weitere Unterschiede zu den Personengesellschaften (siehe dazu nachstehende Abbildung):

Abgrenzungskriterien	Kapitalgesellschaften	Personengesellschaften inkl die Einzelunternehmung
• Regelungen betreffend der Existenz der Gesellschaft	• Unternehmung existiert unbefristet, unabhängig von der Existenz der Gesellschafter • ein Wechsel der Gesellschafter ist vorgesehen und hat keinen Einfluss auf den Bestand der Gesellschaft • der Konkurs eines Gesellschafters hat keinen Einfluss (idR) auf die Gesellschaft	• Unternehmung existiert rechtlich nur solange der Inhaber/ Gesellschafter lebt • ein Wechsel der Gesellschafter ist nicht vorgesehen • der Konkurs eines Gesellschafters führt zum Konkurs der Unternehmung hinsichtlich seines Anteiles
• Regelungen betreffend den persönlichen Kontakt	• Führung durch angestellten Geschäftsführer (kann identisch mit einem Gesellschafter sein) • abgestimmt wird nach der Höhe der Kapitalanteile • Anzahl der Gesellschafter kann hoch sein • Beschränkte Einsichts- und Mitspracherechte	• die Gesellschafter arbeiten mit und führen die Unternehmung • abgestimmt wird nach der Kopfzahl • Anzahl der Gesellschafter gering • Einsicht und Mitsprache für alle
• Regelungen betreffend der Haftung	• die Gesellschafter haften nur mit einem limitierten Betrag (idR der Einlage/Beteiligung) • Gläubiger können nur die Gesellschaft und nicht die Gesellschafter verklagen, vollstreckt werden kann nur bei der Gesellschaft	• Gesellschafter haften persönlich • Gläubiger können wahlweise Gesellschaft oder Gesellschafter verklagen

Abbildung 21: Kapitalgesellschaften und Personengesellschaften im Vergleich (in Anlehnung an Luger, 1998, 122 und 136)

==Kapitalgesellschaften== und sonstige Körperschaften nach dem Privatrecht lassen sich gliedern in
- Aktiengesellschaft (AG),
- Gesellschaft mit beschränkter Haftung (GmbH),
- Genossenschaft (Gen),
- Verein (V),
- Stiftung (ST).

  - *Eine Aktiengesellschaft* ist dabei eine Gesellschaft mit eigener Rechtspersönlichkeit. Die Gesellschafter sind in Höhe ihrer Einlage an dem in Aktien zerlegten Grundkapital beteiligt. Die persönliche Haftung für Verbindlichkeiten der Gesellschaft ist ausgeschlossen. Diese Rechtsform ist vor allem eine Rechtsform für Großunternehmungen bei denen die Sammlung großer Beteiligungssummen im Vordergrund steht.
  - *Bei der Gesellschaft mit beschränkter Haftung* sind die Gesellschafter wie bei der Aktiengesellschaft am in Stammeinlagen zerlegten Stammkapital beteiligt, ohne persönlich für die Verbindlichkeiten der Gesellschaft zu haften. Die Gesellschaft hat ebenfalls eigene Rechtspersönlichkeit. Die GmbH ist eine sehr beliebte Rechtsform, weil sie wegen ihres einfachen Gründungsablaufes und des geringen einzubringenden Kapitals schon für sehr kleine Unternehmungen vorteilhaft ist.
  - *Die Genossenschaft ist ein Verein* mit einer offenen, wechselnden Anzahl von Mitgliedern. Ziel ist die Förderung des Erwerbes oder der Wirtschaft der Mitglieder. Beispiele dafür sind Einkaufs-, Verkaufs-, Bau- und Siedlungsgenossenschaften mit idR gemeinwirtschaftlichen Zielen dh es wird nicht nach Gewinn für die Eigentümer gestrebt. Die Genossenschaft gilt deshalb als die gemeinwirtschaftliche Form im Sinne des Privatrechts.
  - *Der Verein* ist entsprechend dem Vereinsgesetz ein freiwilliger, auf Dauer angelegter Zusammenschluss von mindestens zwei Personen zur Verfolgung eines bestimmten ideellen Zwecks. Charakteristikum ist das Nicht-ausgerichtet-Sein auf die Erzielung von Gewinnen. Das Vermögen des Vereins darf nur im Sinne des Vereinszweckes eingesetzt werden.
  - *Die Stiftung* zählt ebenfalls zu den Kapitalgesellschaften. Ihr Anliegen ist es einen bestimmten Zweck mit Hilfe eines rechtlich verselbstständigten, eigentümerlosen Vermögens zu verfolgen. Die Verwendung des Vermögens richtet sich nach dem einmal erklärten Willen des Stifters, der aber mit der Stiftungserklärung den Einfluss auf das gestiftete und auf das Stiftungsvermögen verliert. Jede Stiftung hat Begünstigte. Sie sind die Adressaten für die Realisierung des Stiftungszweckes. Die Rechtsform der Stiftung hat besonders bei Unternehmungsvermögen im Eigentum von Familien eine große Bedeutung (vgl *Lechner, Egger, Schauer,* 2005, 173).

Im Zusammenhang mit der Charakterisierung der einzelnen Rechtsformen ist es wesentlich auch Bezug zu nehmen auf *die Bestimmungsgründe für die Wahl der Rechtsform*. Ihre Berücksichtigung hat konstitutive Konsequenzen und ist daher besonders wichtig in der Phase
- der Gründung,
- bei Überführung eines bereits bestehenden Betriebes in eine andere Rechtsform,
- bei der Übertragung des Betriebes bzw der Unternehmung im Vererbungsfall.

Folgende Bestimmungsgründe bzw Kriterien, die bei der Wahl der Rechtsform einen Vergleich und die Herausarbeitung der Vor- und Nachteile der in Betracht zu ziehenden Alternativen ermöglichen, sind relevant und in der Literatur unstrittig (vgl *Wöhe*, 2002, 269): Die
- Rechtsgestaltung insbesondere die Haftungsverhältnisse,
- Leitungsbefugnisse (Vertretung nach außen, Geschäftsführung, Mitbestimmung),
- Gewinn- und Verlustbeteiligung sowie Entnahmerechte,
- Finanzierungsmöglichkeiten und -erfordernisse,
- steuerliche Belastung,
- gesetzlichen Vorschriften über Umfang, Inhalt, Prüfung, Offenlegung des Jahresabschlusses,
- Aufwendungen der Rechtsform (zB Gründungs- und Kapitalerhöhungskosten).

Diese Kriterien und Faktoren sind sowohl bei der Wahl als auch bei Änderungen der Rechtsform gegeneinander abzuwägen. Nachstehende Abbildung leistet anhand ausgewählter Kriterien Unterstützung in dieser Richtung.

Abbildung 22: Zu den Haftungsverhältnissen

Einzelunternehmung	Geschäftsinhaber sowie von ihm ernannte Prokuristen und Handlungsbevollmächtigte
Offene Gesellschaft	Jeder Gesellschafter, sofern er nicht ausdrücklich durch den Gesellschaftsvertrag von der Vertretung ausgeschlossen ist
Kommanditgesellschaft	Nur Komplementäre; Kommanditisten sind von der Vertretung ausgeschlossen
Gesellschaft mit beschränkter Haftung	Geschäftsführung
Aktiengesellschaft	Vorstand
Genossenschaft	Vorstand

Abbildung 23: Handelsrechtlichen Geschäftsführungs- & Vertretungsrechte

Einzelunternehmung	Gewinne frei verfügbar
Offene Gesellschaft	Verteilung entsprechend der Kapitalbeteiligung, Entfall der Verteilung nach Köpfen, Entfall des 4%igen gewinnunabhängigen Entnahmerechts
Kommanditgesellschaft	Verteilung entsprechend der Kapitalbeteiligung, Komplementäre erhalten vorweg eine angemessene Haftungsprovision
Stille Gesellschaft	Angemessener Teil des Gewinns, Verlustbeteiligung kann im Gesellschaftsvertrag ausgeschlossen werden
Gesellschaft mit beschränkter Haftung	Gewinnverteilung im Verhältnis der eingezahlten Stammeinlagen, Gesellschaftsvertrag kann andere Verteilung festlegen
Aktiengesellschaft	Gewinnverteilung im Verhältnis der Aktiennennbeträge, Satzung kann andere Art der Gewinnverteilung festlegen
Genossenschaft	Gewinnverteilung wird von der Gesamtheit der Gesellschafter in der Generalversammlung vorgenommen

Abbildung 24: Zu den Gewinnansprüchen

B. Betriebliches Entscheidungsfeld

Einzelunternehmung	Kreditwürdigkeit beruht auf betrieblicher Ertragskraft und Liquidität bzw auf der Einschätzung der Persönlichkeit des Unternehmers durch die Kreditgeber
Offene Gesellschaft	Kreditwürdigkeit beruht auf betrieblicher Ertragskraft und Liquidität bzw auf der Einschätzung der Gesellschafter durch die Kreditgeber
Kommanditgesellschaft	Beschaffung neuer finanzieller Mittel durch Aufnahme von Kommanditisten
Gesellschaft mit beschränkter Haftung	Bei starker Personenorientierung gelten für die Beschaffung von Fremdmitteln die Kriterien der Personengesellschaften
Aktiengesellschaft	Hat über den Kapitalmarkt die größten Möglichkeiten die Kapitalbasis breit zu gestalten

Abbildung 25: Finanzierungserfordernisse & -möglichkeiten

Gesellschaft mit beschränkter Haftung	Pflicht zur Veröffentlichung des Jahresabschlusses, wenn nach dem Gesetz oder Gesellschaftervertrag ein Aufsichtsrat bestellt werden muss
Aktiengesellschaft	Verpflichtung des Vorstandes den Jahresabschluss unverzüglich zum Firmenbuch einzureichen und im Amtsblatt zur Wiener Zeitung zu veröffentlichen

Abbildung 26: Publizitätsvorschriften

Zu den besonders wichtigen Bestimmungsgründen für die Wahl der Rechtsform zählen die Haftung bzw die Haftungsverhältnisse und die steuerliche Belastung (vgl *Lechner, Egger, Schauer*, 2005, 190). Vor allem steuerliche Gegebenheiten waren der Anstoß auch zu neuen Rechtsformkombinationen. Die GmbH & Co KG ist eine derartige Rechtsformkombination, die sowohl Merkmale der Personengesellschaften als auch Merkmale der Kapitalgesellschaften auf sich vereinigt. Von Vorteil ist die Haftungsbeschränkung durch die Rolle der GmbH als Komplementär der Gesellschaft – als reine Arbeitsgesellschaft.

Charakteristisch für die GmbH & Co KG in den meisten Fällen ist die „Personalunion" der Gesellschafter der GmbH mit den Kommanditisten der Gesellschaft, oft auch in derselben Relation der Einlagen konzipiert.

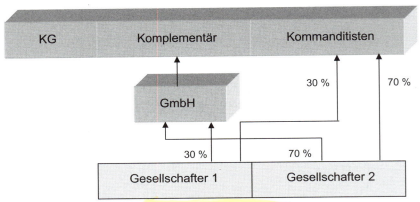

Abbildung 27: Beispiel einer GmbH & Co KG-Konstellation (in Anlehnung an Luger, 1998, 165)

Neben der Grundidee der Steuerersparnis und der Haftungsbeschränkung bei Rechtsformkombinationen besteht bei der GmbH & Co KG der Zweck der Kombination auch darin, die Gesellschafter der Unternehmung als Kommanditisten zu beteiligen, sie also auch gleichzeitig mit der vollen Entscheidungskompetenz auszustatten.

Abschließend zur Wahl der Rechtsform soll eine Übersicht über die Relevanz der einzelnen Rechtsformen in der österreichischen betrieblichen Realität Auskunft geben.

Rechtsform[1])	aktive[2]) Mitglieder		ruhend	Mitglieder insgesamt	
	Anzahl	Anteil in %	Anzahl	Anzahl	Anteil in %
Einzelunternehmung	250.925	70,1	92.120	343.045	75,1
nicht protokollierte	247.965	69,3	91.736	339.701	74,4
protokollierte	2.960	0,8	384	3.344	0,7
GmbH	68.905	19,3	3.012	71.917	15,8
Kommandit-Erwerbsgesellschaft (KEG)	12.576	3,5	1.522	14.098	3,1
Kommanditgesellschaft (KG)	10.498	2,9	347	10.845	2,4
Offene Erwerbsgesellschaft (OEG)	6.446	1,8	655	7.101	1,6

Abbildung 28: Relevanz der einzelnen Rechtsformen – Statistik der WKO März 2006

Rechtsform[1]	aktive[2] Mitglieder		ruhend	Mitglieder insgesamt	
Verein	2.937	0,8	562	3.499	0,8
Aktiengesellschaft (AG)	1.796	0,5	51	1.847	0,4
Offene Handelsgesellschaft (OHG)	921	0,3	81	1.002	0,2
Erwerbs- und Wirtschaftsgenossenschaften	989	0,3	24	1.013	0,2
GmbH & Co KG	801	0,2	155	956	0,2
Ausländische Rechtsform	559	0,2	25	584	0,1
(Nicht) prot. Unternehmung jurist. Person	180	0,1	62	242	0,1
Andere Rechtsformen	323	0,1	55	378	0,1
Insgesamt	**357.856**	**100,0**	**98.671**	**456.527**	**100,0**

Abbildung 28: Relevanz der einzelnen Rechtsformen – Statistik der WKO März 2006
[1]) Mehrfachzählung bei Mitgliedschaft in mehreren Bundesländern
[2]) ohne „ruhende" Mitgliedschaften (Nichtbetrieb, Verpächter)

c) Standortwahl der Unternehmung

Die Frage des Unternehmungsstandortes ist in erster Linie eine Frage nach dem geographischen Ort des betrieblichen Geschehens. Mit deren Beantwortung wird die Entscheidung getroffen, wo der Betrieb bzw die Unternehmung als Gesamtheit anzusiedeln ist, oder wenn die Unternehmung aus mehreren eigenständigen Teilbetrieben besteht, wo diese aufzubauen sind. Erstmals stellt sich die Standortfrage bei der Betriebsgründung, später im Lebenslauf einer Unternehmung geht es um den Ausbau zusätzlicher Standorte, um Standortverlagerungen und/oder -aufspaltungen. Erfahrungsgemäß mit Blick in die unternehmerische Realität wird die Bedeutung des Standortes in der Gründungsplanung unterschätzt. Erst im Zusammenhang mit Wachstumsstrategien und Betriebserweiterungen wird der Standortfrage das entsprechende Augenmerk zuerkannt, werden Standortfaktoren berücksichtigt und Standortanalysen im erforderlichen Ausmaß durchgeführt.

Die betriebswirtschaftliche Standorttheorie ergänzt diese Fragestellungen noch um die Aspekte der
– internationalen Standortwahl,
– der nationalen und
– der regional/lokalen Standortwahl,
wobei vorgeschlagen wird, die betriebliche Standortwahl mit zunehmender räumlicher Einengung aufzubereiten (vgl *Behrens,* 1971, 103 ff). Unabhängig

aber ob international, national, regional oder lokal, sind im Rahmen der Standortwahl vor allem drei Punkte essenziell:
- Es sind Standorte zu bestimmen, in denen die Anforderungen an den Standort und die Bedingungen des Standortes aufeinander abgestimmt sind.
- Es sind Standorte zu bestimmen, die räumliche und zeitliche Rationalisierungseffekte ermöglichen.
- Es sind Standorte zu bestimmen, die der erwarteten Entwicklung der betreffenden Unternehmungen Rechnung tragen.

Es geht also bei der Standortwahl um *die Erfüllung der Standortanforderungen*, um *die Ermöglichung von Rationalisierungseffekten* und um *die Berücksichtigung von Expansionsmöglichkeiten* bei positiven wirtschaftlichen Entwicklungen (vgl *Heinen*, 1991, 125 f). Die Berücksichtigung dieser Punkte ist essenziell und macht umfassende Standortanalysen erforderlich, um dem konstitutiven Charakter der Standortwahl entsprechend Rechnung zu tragen. Ausgangspunkt dafür ist die Überlegung (vgl *Behrens*, 1971, 103), dass auch bei Standortentscheidungen ein Abwägen von Aufwendungen und Erträgen alternativer Standorte zu erfolgen hat. Es ist die Frage zu beantworten, welcher Standort die Erstellung und Verwertung eines vorgegebenen Produktions- und/oder Dienstleistungsprogrammes optimal bzw zumindest in ausreichendem Ausmaß gestattet. Die Beantwortung der Frage findet betriebswirtschaftliche Unterstützung durch die Möglichkeit der Bezugnahme auf sogenannte *Standortfaktoren*. Darunter zu verstehen sind alle Einflussgrößen, die auf die langfristige Gewinnerzielung einer

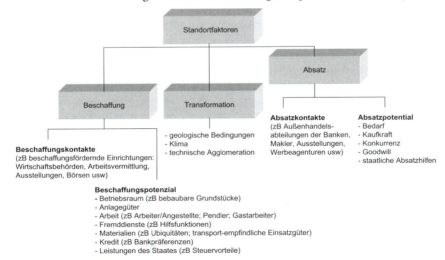

Abbildung 29: Standortfaktorenschema nach Behrens (in Anlehnung an Heinen, 1991, 128)

Unternehmung Einfluss haben und je nach dem gewählten Standort unterschiedlich wirken können (vgl *Luger*, 1998, 101).

In der relevanten betriebswirtschaftlichen Literatur finden sich zahlreiche Systematisierungen dieser Einflussfaktoren. Die meisten nehmen Bezug auf das Schema von Behrens, das bei der Systematisierung zwischen Faktoren, die den Gütereinsatz und damit die Aufwendungen beeinflussen und Faktoren, die den Absatz und damit schwerpunktmäßig die Erträge beeinflussen können.

Aktuelle Systematisierungen gliedern etwas weitergehend und ergänzen die Faktorgruppen insbesondere um umweltbezogene Faktoren, denen bei der Standortwahl eine immer größere Bedeutung zukommt (vgl *Thommen*, 1991, 82 ff).

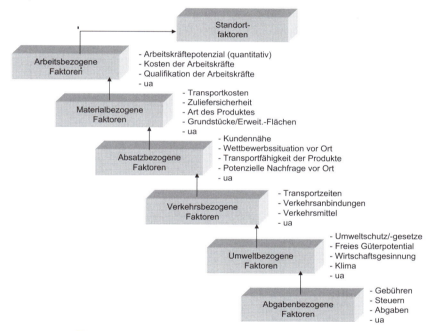

Abbildung 30: Standortfaktoren (in Anlehnung an Thommen, 1991, 82)

Wesentlich ist die Feststellung, dass die Bedeutung einzelner Faktorgruppen oder Einzelfaktoren je nach Art der Unternehmung unterschiedlich ist. Unterschiedlich zu gewichten sind bestimmte Standortfaktoren besonders in Abhängigkeit ihrer Zugehörigkeit zu einem bestimmten Wirtschaftssektor oder Branche. Gewerbebetriebe stellen hier andere Erfordernisse als Industrie-, Handels- oder Dienstleistungsbetriebe. Hat eine Faktorgruppe für eine Unternehmung eine herausragende Bedeutung spricht man von

- arbeitsbezogenen,
- materialbezogenen,
- absatzbezogenen,
- verkehrsbezogenen,
- umweltbezogenen,
- abgabenbezogenen

Unternehmungen. Das heißt, dass dieser Faktorgruppe bei der Bewertung und Auswahl des Standortes eine gewichtige Rolle zukommt. Dieser besonderen Gewichtung kann insbesondere durch den Einsatz der Nutzwertanalyse als spezifisches Verfahren der Entscheidungsvorbereitung im Rahmen der Standortwahl Rechnung getragen werden. Bei einer Nutzwertanalyse werden alle relevanten Standortfaktoren aufgelistet und entsprechend ihrer Bedeutung gewichtet. Dann erfolgt die Bewertung der einzelnen Faktoren getrennt für jeden Standort an Hand in der Regel einer Punkteskala. Durch Multiplikation des Punktwertes mit dem Gewichtungsfaktor wird der gewichtete Faktorwert ermittelt. Die Summe der Faktorwerte ergibt den Gesamtwert für jede Standortoption.

Standortfaktor	GEW.	STANDORT (A)		STANDORT (B)	
		PKT. (1–10)	GEW. PKT.	PKT. (1–10)	GEW. PKT.
• Arbeitskräfte-Potenzial (quant.)	20	5	100	10	200
• Verfügbarkeit von Grundstücken	20	10	200	2	40
• Verkehrsanbindung	20	7	140	5	100
• Umweltschutz	20	10	200	10	200
• Wirtschaftsgesinnung	10	2	20	5	50
• Kundennähe	10	8	80	3	30
	100		740		620
			RANG I		RANG II

Abbildung 31: Nutzwertanalyseunterstützte Standortbewertung

Neben der Nutzwertanalyse als qualitatives Verfahren der Standortwahl ist noch das „Branch and Bound"-Verfahren – ein Vorgehen der Standortbewertung mit Checklisten – zu nennen. Beide qualitativen Verfahren haben jedoch die Schwäche der Subjektivität der Gewichtung und Bewertung. Diese Schwäche wird nicht sichtbar bei den quantitativen Modellen der Standortwahl. Sie basieren auf mathematischen Berechnungen, die den Grad der Erreichung des postulierten Zieles „Maximierung des Überschusses der standortspezifischen Erträge

über die standortabhängigen Aufwendungen" aufzeigen. Hier ist zu unterscheiden zwischen (vgl *Hansmann*, 1999, 104)
– *Partialmodellen,* die beispielsweise einseitig ausgerichtet sind auf die Maximierung der Transportkosten und
– *Totalmodellen,* die weniger einseitig sind und isoliert Aufwendungen und Erträge, die im Zusammenhang mit den wichtigsten Standortfaktoren für die einzelnen Standortoptionen in einer einperiodigen Nettogewinnvergleichsrechnung ermittelt werden, gegenüberstellen und so den optimalen Standort aufzeigen.

Berücksichtigt werden muss bei einer Standortbewertung aber, dass immer mehr oder minder messbare Faktoren eine Entscheidungssituation charakterisieren, so dass quantitative Modelle und qualitative Modelle sinnvoll zu kombinieren sind.

d) Unternehmungskooperationen und -konzentrationen

Generell widerspricht das Eingehen einer Unternehmungsverbindung dem Selbstverständnis des freien Unternehmertums. Die Realisierung einer Kooperations- oder Konzentrationsstrategie im Rahmen des Vollzuges einer konstitutiven Entscheidung bedeutet in der Regel Verzicht auf Autonomie, bedeutet Einengung des eigenen unternehmerischen Handlungsspielraumes, bedeutet in vielen Fällen die Zurücknahme eigener Zielsetzungen gegenüber gemeinsam mit den Kooperations- oder Konzentrationspartnern gesetzten Zielen.

Zwei Gründe können ausschlaggebend sein, diese „unternehmerischen Nachteile" einer Unternehmungsverbindung in Kauf zu nehmen:
– Die Erfordernis der Absicherung der Lebensfähigkeit der Unternehmung.
– Die Möglichkeit der Nutzung von Synergiepotenzialen, die eine effektivere und effizientere Erreichung des langfristigen Zieles der Gewinnmaximierung gewährleistet.

Immer mehr zwingt die generelle wirtschaftliche Entwicklung bedingt durch vor allem
– die Globalisierung der Märkte und des Wettbewerbs,
– die zunehmende Technologisierung der gesamten betrieblichen Abläufe,
– die Situation in der Rohstoff- und Energieversorgung,
– die immer kürzeren Lebenszyklen von Produkten und Dienstleistungen und die damit verbundene Notwendigkeit der Intensivierung der Forschungs- und Entwicklungsaktivitäten
– und nicht zuletzt die zunehmende „Shareholder-Value-Orientierung" im Management der Unternehmungen
zu immer größeren, straff geführten Wirtschaftseinheiten. Nur durch verstärkte Kooperation oder durch Zusammenschlüsse können kleinere und mittlere Unternehmungen diesen geänderten Rahmenbedingungen entgegenwirken. Syner-

giepotenziale liegen vor allem auch in den funktionalen Bereichen einer Unternehmung (vgl *Luger,* 1998, 170):
– Der Beschaffung: ZB durch gemeinsame Abwicklung oder Einkaufskonzentration zur Schaffung von Nachfragemacht.
– Der Produktion: ZB durch bessere Auslastung, Abstimmung der Produktionslinien, Rationalisierungen.
– Im Absatz: ZB durch Abstimmung in der Bearbeitung der Märkte, gemeinsame Vertriebe, Schaffen einer Marktmacht.
– Der Finanzierung: ZB gemeinsame Finanzierungen von Großprojekten – Joint Ventures.
– In der Verwaltung und der elektronischen Datenverarbeitung (EDV): ZB durch die Einrichtung und Nutzung eines gemeinsamen Rechenzentrums.
– In der Forschung und Entwicklung: ZB durch Zusammenarbeit in der Grundlagenforschung und der experimentellen Entwicklung.
– Der Aus- und Weiterbildung: ZB durch Zusammenlegung von Schulungsprogrammen, Ausbildungszentren.
– Im Marketing und der Öffentlichkeitsarbeit: ZB durch gemeinsame Marktauftritte und gemeinsame PR-Aktivitäten.

Neben der Nutzung von Synergiepotenzialen nennt die relevante Literatur *die Erhöhung der Wirtschaftlichkeit, die Stärkung der Wettbewerbsfähigkeit* durch *eine verbesserte Marktstellung, die Minderung der Produktions- und Marktrisiken, das Erreichen einer wirtschaftlichen Machtposition* und *eine professionelle Interessensvertretung durch die Bildung von Wirtschaftsfachverbänden* als Ziele einer Unternehmungsverbindung oder eines -zusammenschlusses.

Die Erreichung dieser Ziele kann in verschiedenen Formen der Unternehmungsverbindung realisiert werden, wobei die Differenzierung auf Basis unterschiedlicher Bindungsintensitäten erfolgt.

Die Kooperationsformen sind charakterisiert dadurch, dass die Zusammenarbeit der Unternehmungen auf freiwilliger Basis erfolgt und die kooperierenden Unternehmungen dabei weitgehend wirtschaftlich und rechtlich selbstständig bleiben. Ausgenommen davon ist natürlich die vertraglich geregelte Zusammenarbeit, die sich in der Regel auf bestimmte Bereiche – zB der funktionalen Zusammenarbeit in der Produktion – beschränkt. *Bei der Form bzw den Formen der Konzentration* hingegen, geben die beteiligten Unternehmungen ihre wirtschaftliche Selbstständigkeit auf, bleiben aber rechtlich selbstständige Wirtschaftseinheiten. Ausgenommen in der Form der Fusion (Verschmelzung) wird die rechtliche Selbstständigkeit aufgegeben.

In der Diskussion der Unternehmungsverbindungen sind alle der aufgezeigten Formen gleichermaßen relevant für die unternehmerische Praxis und nicht nur theoretische Konstrukte. Eine häufig anzutreffende und praktizierte Form ist *die Arbeitsgemeinschaft.* Arbeitsgemeinschaften sind Zusammenschlüsse von rechtlich und wirtschaftlich selbstständigen Gesellschaften. Ziel des Zusammenschlusses ist in der Regel die gemeinsame Bearbeitung eines

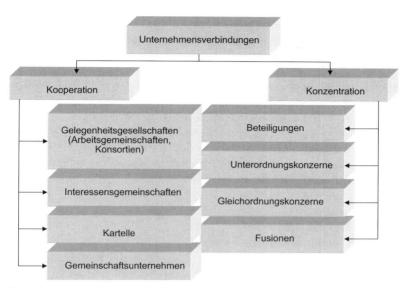

Abbildung 32: Unternehmungsverbindungen nach der Bindungsintensität (in Anlehnung an Wöhe, 2002, 302)

zeitlich befristeten Vorhabens mit klar definierten Aufgaben. Die Gründe für eine derartige Kooperation können mehrfach sein. Zu nennen sind vor allem:
- Kompetenzgewinn in quantitativer und qualitativer Hinsicht (eine einzelne Unternehmung wäre überfordert),
- Risikosplitting indem die zB finanziellen Risiken, Haftungsrisiken auf die Kooperationspartner der Arbeitsgemeinschaft gleichmäßig verteilt werden, dasselbe gilt für Haftungs- und Gewährleistungsrisiken,
- gesteigerte Akzeptanz beim (potenziellen) Auftraggeber, dessen Risiken ebenfalls verringert werden.

Rechtlich ist die Arbeitsgemeinschaft eine Außengesellschaft, die einen eigenen Namen führt, ein Gesellschaftsvermögen haben kann und in der Regel als Gesellschaft bürgerlichen Rechts geführt wird. Ein Vertragsverhältnis besteht nur zwischen dem Auftraggeber und der Arbeitsgemeinschaft (bei Vorliegen einer echten Arbeitsgemeinschaft, bei unechten sind Differenzierungen möglich). Anzutreffen und praktiziert werden Arbeitsgemeinschaften vor allem im Rahmen von zB großen Bauvorhaben, wo sich Bauunternehmungen zur gemeinsamen Durchführung zusammenschließen. Aber auch im Bankenbereich findet diese Form der Kooperation häufig Anwendung indem sich Banken zu sogenannten *Konsortien* zusammenschließen, um beispielsweise große Finanzierungsprojekte gemeinsam zu gestalten und abzuwickeln.

Eine weitere, im System der Marktwirtschaft relevante und viel praktizierte Form der Kooperation ist *das Kartell*. Ein Kartell stellt ebenso wie die Arbeitsgemeinschaft einen vertraglichen Zusammenschluss rechtlich selbstständiger Unternehmungen dar. In der Zielsetzung besteht jedoch ein essenzieller Unterschied darin, dass mit dem Kartell eine wettbewerbsbeschränkende Marktbeherrschung durch Einengung der wirtschaftlichen Eigenständigkeit der beteiligten Unternehmungen beabsichtigt ist (vgl *Wöhe*, 2002, 312). Das Kartell ist in der Regel wie die Arbeitsgemeinschaft als Gesellschaft bürgerlichen Rechts geführt (GesbR).

Je nach inhaltlicher Ausgestaltung des Vertrages oder der Abmachungen lassen sich folgende Arten von Kartellen unterscheiden, die auch für die Wirtschaftspraxis Bedeutung haben:
– Konditionenkartelle,
– Preiskartelle,
– Produktionskartelle,
– Absatz- und Beschaffungskartelle.

Hier ist noch auf *das Syndikat* als Sonderform des Kartells zu verweisen. Das Syndikat ist eine Einrichtung, die als zentralistisch agierende Einheit für die einzelnen Kartellmitglieder Aufgaben zB Beschaffungs- oder Absatzaufgaben, wahrnimmt, so dass die einzelnen Mitglieder des Kartells daher am Markt nicht selbstständig tätig werden bzw tätig werden müssen.

Problematisch im Zusammenhang mit der Kooperationsform des Kartells sind jedoch die rechtlichen Rahmenbedingungen. Kartelle verfolgen ja das Ziel einer wettbewerbsbeschränkenden Marktbeherrschung und widersprechen daher auch den wirtschaftspolitischen Zielsetzungen der marktwirtschaftlichen Wertordnung. In Deutschland und auch vielfach auf europäischer Ebene sind Kartelle gemäß § 1 des Gesetzes gegen die Wettbewerbsbeschränkungen (GWB) verboten. Nur in Ausnahmefällen gestattet das GWB Kartellvereinbarungen.

Das österreichische Kartellrecht gestattet grundsätzlich die Kartellbildung, sieht aber staatliche Kontrollen vor (vgl *Lechner, Egger, Schauer*, 2005, 199). Anzumerken ist hier allerdings, dass die künftige Ausgestaltung und das Verhältnis zu den nationalen und internationalen Einrichtungen zur Kartellüberwachung weiterhin in Diskussion bleibt.

Aktuell immer öfter in der unternehmerischen Praxis sichtbar ist die Kooperationsform des „*Joint Ventures*" definiert als „eine Form der wirtschaftlichen Zusammenarbeit zwischen zwei oder mehreren voneinander unabhängigen Unternehmungen, die sich darin niederschlägt, dass eine rechtlich selbstständige Unternehmung gemeinsam gegründet oder erworben wird mit dem Ziel, Aufgaben im gemeinsamen Interesse aller Beteiligten – der Gesellschaftsunternehmungen – auszuführen" (*Schubert, Küting*, 1981, 219).

Die Rechtsform von Joint-Venture-Gesellschaften ist beliebig unter Berücksichtigung des Gesellschaftszweckes zu wählen. Typisch für Joint-Venture-Ge-

B. Betriebliches Entscheidungsfeld

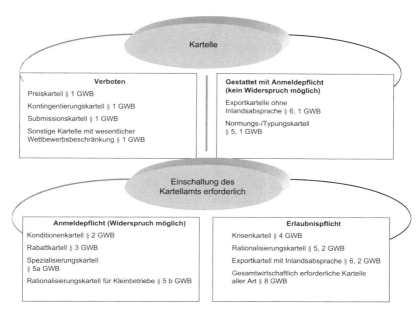

Abbildung 33: Systematik der Kartelle (in Anlehnung an Luger, 1998, 180)

sellschaften ist, dass keine einheitliche Leitung vorgesehen ist, sondern die Leitung von den beteiligten Unternehmungen durchgeführt wird. Die Ziele dieser Kooperationsform sind ähnlich denen von Arbeitsgemeinschaften im Risikosplitting, im Know How-/Kompetenz-Sharing und in der Möglichkeit einer konzertierten Aktion zur Bearbeitung gemeinsamer Aufgaben zu sehen.

Die Beteiligung zählt zu den Konzentrationsformen, die zu einer engeren Bindung der beteiligten Unternehmungen führt, wodurch insbesondere die wirtschaftliche Eigenständigkeit nur in eingeschränkter Form weiter besteht. Entscheidend dabei ist das Ausmaß der Beteiligung.

Bis zu einer Beteiligung von < 25 % ist der Einfluss auf das Betriebsgeschehen relativ gering und beschränkt auf Informationsrechte. Eine Beteiligung von mindestens 25 % schafft aber bereits die Möglichkeit, satzungsändernde Beschlüsse zu verhindern. Mit einer Beteiligung von mehr als 50 % kann eine Einflussnahme auf die Geschäftspolitik der Unternehmung ausgeübt werden. Mit einer Beteiligung von 75 % und darüber besteht das Potenzial, Satzungsänderungen herbeizuführen.

Die Form des Konzerns ist verbunden mit dem Verlust der wirtschaftlichen Selbstständigkeit bei Beibehaltung der rechtlichen Selbstständigkeit der Unternehmung. Eine Konzernunternehmung ist wie die anderen Unternehmungen im Konzern einer einheitlichen Leitung unterstellt. Die einheitliche Leitung obliegt entweder einem der Konzernunternehmungen – als beherrschende Gesellschaft – oder

II. Basiselemente und Grundbegriffe der Betriebswirtschaftslehre

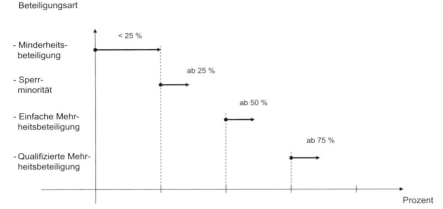

Abbildung 34: Beteiligungsarten und -quoten

einer *Holdinggesellschaft* (Dachgesellschaft), die als bloße Leitungsgesellschaft fungiert oder auch produktions- oder vertriebstechnisch inhaltlich die Charakteristiken eines Betriebes aufweist. Ausschlaggebend in Bezug auf die Möglichkeit der Beeinflussung des wirtschaftlichen Geschehens der Konzernunternehmungen ist natürlich auch hier das Beteiligungsverhältnis.

Im Zusammenhang mit der Konzentrationsform des Konzerns ist noch auf die Möglichkeit der Ausgestaltung in horizontaler und in vertikaler Hinsicht zu verweisen. *Vertikale Konzerne* sind charakterisiert durch den Zusammenschluss von Unternehmungen aufeinanderfolgender Produktionsstufen zur Sicherung der Absatz- und/oder Beschaffungswege. *Horizontale Konzerne* sind Zusammenschlüsse von Unternehmungen mit artverwandtem Leistungsangebot zur Erreichung von Komplementär- und Komplettierungseffekten in Beschaffung, Produktion und Absatz.

Erwähnenswert ist noch *die Form des Mischkonzerns*. Unternehmungen schließen sich aus Gründen der Risikostreuung im Sinne eines risikoausgleichenden Portfolios unabhängig von der Brancheneinheitlichkeit zusammen.

Nachstehende Abbildung zeigt die relevanten Organisationsformen eines Konzerns (siehe Abb 35).

Die Fusion ist die engste Form einer Unternehmungsverbindung. Ergebnis ist sowohl eine rechtliche als auch wirtschaftliche Einheit, die durch entweder (vgl *Wöhe*, 2002, 319)
- Verschmelzung durch Neugründung oder
- Verschmelzung durch Aufnahme
  zustande kommt.

Bei der Verschmelzung durch Neugründung bringen die alten Unternehmungen ihr Vermögen in eine neu gegründete Gesellschaft ein. *Bei der Verschmelzung*

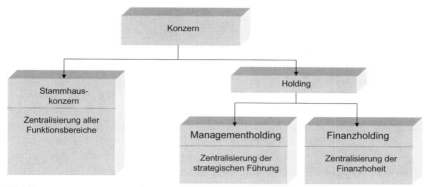

Abbildung 35: Organisationsformen eines Konzerns

durch Aufnahme geht das Vermögen der aufzunehmenden Unternehmung in das Vermögen der bereits bestehenden Unternehmung ein.

e) Unternehmungsverfassung

Einige Autoren der relevanten betriebswirtschaftlichen Literatur sehen auch in den Festlegungen einer „Unternehmungsverfassung" konstitutiven Entscheidungscharakter (vgl ua *Lechner, Egger, Schauer,* 2005, 207 f). Darunter subsumiert ist die Gesamtheit aller grundlegenden, das Wesen einer Unternehmung bestimmenden und langfristig gültigen Strukturregeln. Die Unternehmungsverfassung ist ein analoges Konstrukt zur Wirtschaftsverfassung – Wirtschaftsordnung – auf gesamtwirtschaftlicher Ebene und der Staatsverfassung auf gesamtstaatlicher Ebene. Die Regelungen zur Unternehmungsverfassung sind nur *zum Teil gesetzesbasierend* – zB im Handelsrecht, im Wettbewerbsrecht, im Arbeitsrecht – zum Teil entspringen sie *vertraglichen Vereinbarungen* auf überbetrieblicher Ebene (zB der Kollektivvertrag enthält derartige Regelungen im Lohnbereich) und auch auf der Ebene von einzelwirtschaftlichen Organisationseinheiten (zB dem Gesellschaftsvertrag). Daneben gibt es auch noch sogenannte *faktische Regelungen,* die insbesondere die Trennung von Eigentum und Unternehmungsleitung sowie die Regelungen betreffend der Machtausübung des Managements beinhalten. Drei Elemente der Unternehmungsverfassung finden sich besonders abgehandelt, die
- Marktverfassung,
- Organisationsverfassung und
- Finanzverfassung.

Die Marktverfassung nimmt in der Regel einen besonderen Bezug auf das Prinzip des Leistungswettbewerbs, aber auch das Postulat der Konkurrenzfähigkeit und die Berücksichtigung staatlicher Regulierungen sind Aspekte, die Eingang finden. *Die Organisationsverfassung* enthält vor allem Regelungen hinsichtlich des Zusammenwirkens von Mitarbeitern und Führungskräften im Rahmen von Entscheidungsprozessen und hat dabei den Interessen und

Erwartungshaltungen der Organisationsmitglieder entsprechenden Stellenwert einzuräumen. *Die Finanzverfassung* hat in erster Linie die Vorgaben der staatlichen Rahmenregelungen zu berücksichtigen. Sie ist in der Regel geprägt von der staatlichen Geldordnung (Währungseinheiten, Zahlungsmittel etc), der staatlichen Ordnung des Privateigentums an den Produktionsmitteln und der Tatsache, dass eine Unternehmung Besteuerungsobjekt ist, das im Normalfall keine Subventionen bzw staatliche Hilfen in Anspruch nehmen kann. Neben den staatlichen Rahmenregelungen sind für die Finanzverfassung einer Unternehmung aber auch noch Regelungen zur Erzielung und Verteilung von Markteinnahmen von Bedeutung. Beispiel dafür ist die Berücksichtigung von Marktrisikoregelungen und auch von Regeln betreffend die Einkommensverteilung. Weitere Elemente sind Regeln zur Einhaltung des Gleichgewichts zwischen Gütereinsatz und Güterabsatz – zu erzielen ist ein finanzieller Überschuss – und Regeln zur Erhaltung des finanziellen Gleichgewichts – der Liquidität – der Unternehmung.

Besonderer Impulsgeber rund um die konstituierende Wirkung der Unternehmungsverfassung ist der Ansatz der „*Corporate Governance*". Definiert wird die Corporate Governance als die Ausgestaltung von Informations-, Entscheidungs- und Kontrollprozessen in den Beziehungen zwischen Eigentümern – den Aktionären – und den gesellschaftsrechtlichen Organen einer Aktiengesellschaft – der Hauptversammlung, dem Aufsichtsrat und dem Vorstand. Intention dieser Regelungen ist vor allem die Stärkung der Aktionärsrechte gegenüber der Unternehmungsleitung. Mit ihnen werden Grundsätze einer „best practice" proklamiert, die immer mehr auch eine wichtige Orientierungshilfe für Investoren darstellen. Die Konstruktion eines derartigen Regelwerkes ist freiwillig ebenso das Leben dieser „selbstbindenden" Regelungen.

International sind Corporate-Governance-Regelwerke bereits vielfach erarbeitet und in Anwendung. Auch Österreich hat einen „Österreichischen Corporate Governance Kodex" bereits seit 2002 in Anwendung und stellt damit einen Ordnungsrahmen für börsennotierte Aktiengesellschaften zur Verfügung. Dieser Kodex umfasst drei Regelkategorien:
- Das „Legal Requirement", darin enthalten sind die Regeln, die sich auf zwingende Rechtsvorschriften beziehen.
- Die Kategorie „Comply or Explain" deren Regeln grundsätzlich einzuhalten sind bzw Abweichungen davon müssen erläutert werden.
- Die „Recommendations", das sind Regeln mit Empfehlungscharakter, deren Nichtberücksichtigung weder offengelegt noch begründet werden muss.

Im Zusammenhang mit der konstitutiven Entscheidung die Inhalte der Unternehmungsverfassung betreffend, soll auch noch die *„Theorie der Verfügungsrechte"* Erwähnung finden. Der Theorie der Verfügungsrechte – der „Property Rights Theory" – zugrunde gelegt ist die volkswirtschaftliche Frage, welchen Einfluss institutionelle Regelungen auf das Handeln von Wirtschaftssubjekten haben. Dahinter verborgen ist der Anspruch, den Weg zu effizienten Institutionen aufzeigen und mitgestalten zu können. Die Verfügungstheoretiker erheben diesen Anspruch und berühren in ihrem institutionellen Denken auch den einzelwirtschaftlichen Bereich der Unternehmungsverfassung (vgl *Lechner, Egger, Schauer,* 2005, 214 f): Nicht das Eigentum oder der Besitz eines Gutes ist von ökonomischem Interesse, sondern die mit den Gütern verbundenen Rechte, das Recht

- ein Gut zu nutzen,
- die Erträge aus der Nutzung des Gutes einzubehalten,
- ein Gut formal und materiell zu verändern
- und ein Gut vollständig und teilweise zu veräußern.

Ein unterschiedliches wirtschaftliches Handeln stellt demnach das Ergebnis unterschiedlicher Verfügungsrechtstrukturen dar und muss Eingang finden in den Regelungen der Unternehmungsverfassung.

C. Orientierungsgrößen unternehmerischen Handelns

1. Prinzip der Gewinnmaximierung als betriebswirtschaftliche Grundhaltung

Bereits bei der Charakterisierung von Betrieb und Unternehmung erfolgte der Hinweis auf die Gewinnmaximierung als oberste Leitmaxime wirtschaftlichen Handelns bzw als oberste betriebliche/unternehmerische Zielsetzung. Bei der Abhandlung der Produktionsfaktoren wurde der Stellenwert der Gewinnmaximierung im Rahmen einer marktwirtschaftlich agierenden Wirtschaftseinheit ebenfalls sichtbar gemacht.

Im Rahmen der Betriebswirtschaft als wissenschaftliche Disziplin ist jedoch das „Streben nach dem maximalen Gewinn" bzw der Gewinnmaximierung als das einzige Ziel des wirtschaftlichen Handelns bzw einer erwerbswirtschaftlichen Unternehmung im System der Marktwirtschaft nicht außer jeder Diskussion. Einige Fachvertreter lehnen dieses Prinzip der Gewinnmaximierung als Auswahlprinzip der Betriebswirtschaftslehre sogar ab, weil mit der Orientierung am maximalen Gewinn eine optimale Güterversorgung und damit auch eine optimale Bedürfnisbefriedigung aller in Frage kommenden Marktteilnehmer nicht möglich ist (vgl *Schmalenbach,* 1931, 94). Die meisten Fachvertreter, die den Betrieb als eine geplante und organisierte Wirtschaftseinheit verstehen, in dem die eingesetzten Produktionsfaktoren in ihrem Zusammenwirken gemäß den Gesetzmäßigkeiten des marktwirtschaftlichen Systems zur Wirkung gebracht werden, anerkennen aber das Prinzip der Gewinnmaximierung. Allerdings nicht ganz ohne gewisse Vorbehalte und Einschränkungen:

- Die Erzielung des maximalen Gewinns verlangt bei vollkommener Information und unendlich rascher Anpassungsfähigkeit eine ausschließlich rationale Handlungsweise im Sinne des „homo oeconomicus", die in der Realität nicht gegeben ist.

- Die Problematik der Gewinnmaximierung besteht auch darin, dass diese generell nur unter Berücksichtigung von bestimmten Nebenbedingungen zB ökologischer oder sozialer Natur, akzeptiert wird.
- Der zu allgemeine Charakter der „Gewinnmaximierung" verlangt nach einer Konkretisierung bzw Quantifizierung.
- Die Problematik des Prinzips besteht auch darin, dass in der Regel die Gewinne allein den „Shareholder", also den Eigentümern, Kapitalgebern und Managern zufließen, die damit ihre Machtstellung noch weiter einseitig ausbauen können.

Diese Einschränkungen und Vorbehalte dürfen jedoch eines nicht negieren: Jede Unternehmung, die erfolgreich ihre Produktionsfaktoren einsetzt, die erfolgreich Ressourcen in marktfähige Produkte und/oder Dienstleistungen umwandelt, deren Strategien und Maßnahmen wertsteigernde Wirkung haben, muss Gewinne erzielen, um auch weiterhin Kapital anzuziehen und attraktive Arbeitsplätze zu schaffen, die die besten Mitarbeiter akquirieren lässt. Die Herausforderung mit der die Betriebsführung konfrontiert ist, besteht darin, Gewinne in einem Ausmaß zu erwirtschaften, das es erlaubt, die Beziehungen zu den wichtigsten Umweltgruppen – Stakeholder – unter Kontrolle zu halten (vgl *Hinterhuber*, 2002, 3 und 4).

Umweltgruppen	Bedingungen für den Austausch von Ressourcen
Mitarbeiter	Sinnvolle Aufgaben, Sicherheit des Arbeitsplatzes, gerechtes Entgelt, Aufstiegsmöglichkeiten, Gewährung von Aus-, Weiter- und Fortbildung, Teilhabe an Gewinn und Kapital, Mitbestimmung, nichtmonetäre Gratifikationen usw
Abnehmer	Produktqualität, Lieferbedingungen, Kundendienst, akzessorische Leistungen, Güte der Dienstleistungen usw
Lieferanten	Kontinuierliche, langfristige Absatzmärkte, sichere termingerechte Zahlungen, vernünftige Lieferzeiten, von den Anlagen erfüllbare Qualitätsstandards usw
Verbündete Unternehmungen	Austausch von Informationen, Beteiligungen, gemeinsame Projekte, Joint Ventures usw
Kapitalgeber	Sicherheit und Angemessenheit der Dividende, eventuell Anteil an der Unternehmungsführung, angemessene Rendite, Zinsen usw
Gesellschaft	Umweltschutz, urbane Organisation, Angemessenheit der Steuerleistung, sichere Güter- und Energieversorgung, Freistellung von Mitarbeitern für öffentliche Aufgaben, energie- und rohstoffsparende Maßnahmen, Beiträge zur Lösung gesellschaftlicher Probleme, Schaffung von Arbeitsplätzen usw

Abbildung 36: Die Bedingungen für den Austausch von Ressourcen zwischen Unternehmung und Umwelt (in Anlehnung an Hinterhuber, 2002, 3)

Dies gelingt nur dann, wenn den aufgezeigten Bedingungen für den Austausch der Ressourcen entsprechend Rechnung getragen wird. Das Konzept der langfristigen Gewinnmaximierung impliziert die Berücksichtigung dieser Bedingungen und leistet so einen Beitrag auch zur langfristigen Wertsteigerung der Unternehmung. Aktuell wird das Konzept der langfristigen Gewinnmaximierung daher auch als *„value based management"* bezeichnet, welches den Marktwert des Eigenkapitals in den Mittelpunkt der unternehmerischen Entscheidungen stellt. Dieser Marktwert des Eigenkapitals steigt mit einer langfristigen Maximierung des betrieblichen Gewinns (vgl *Gomez*, 1993, 90 f).

2. Betriebliche Zielsetzungen – Zielarten und Zielsysteme

a) Wesen und Charakteristik von betrieblichen Zielen

Ziele sind wesentliche Elemente der Unternehmungen im System der Marktwirtschaft (vgl *Thommen*, 1991, 89). Ohne Zielsetzung für die Unternehmung fehlt die Orientierung – die Richtung – für eine positive Entwicklung der Unternehmung. Ohne Zielsetzung besteht keine Möglichkeit eines Soll-Ist-Vergleiches bzw der Kontrolle der Zielerreichung, es fehlt die Möglichkeit, Abweichungen von einer „Sollentwicklung" (Wunschentwicklung) festzustellen und den Ursachen für Abweichungen auf den Grund zu gehen und damit besteht auch nicht die Möglichkeit, einer bewussten Steuerung der Unternehmung in eine geplante Richtung. *Macharzina* definiert Ziele in diesem Sinne „als Maßstäbe, an denen künftiges Handeln gemessen werden kann. Man braucht Ziele, um sagen zu können, wie gut oder wie schlecht Aktionen sind und inwieweit sich Aktionen unterscheiden. Man braucht Ziele, um optimale Aktionen zu erkennen: Optimale Entscheidungen sind eben zielentsprechende Entscheidungen" (*Macharzina*, 1999, 153). Ziele sind damit wesentliche Elemente der Unternehmungsführung, die die Führung und Steuerung einer Unternehmung effektiv – auf der Basis strategischer Zielsetzungen – und effizient – auf der Basis operativer Ziele – im erwerbswirtschaftlichen Sinn wirksam werden lassen.

Im Gegensatz zum System der Zentral- und Planwirtschaft können sich Unternehmungen im System der Marktwirtschaft ihre Ziele weitgehend autonom setzen. Die Festlegung der Ziele erfolgt durch die wichtigsten „Stakeholder" – Anspruchsgruppen – einer Unternehmung. Wesentlich ist, dass die Zielbildung in der Regel kein *unipersonaler* sondern ein *multipersonaler* Vorgang ist, an dem eine Mehrzahl von Personen einer Unternehmung aktiv beteiligt ist (vgl *Lechner, Egger, Schauer,* 2005, 67). Das Ausmaß der Beteiligung der verschiedenen Interessens- bzw Anspruchsgruppen wird jedoch mit charakterisiert von den Eigentums- und Machtverhältnissen in einer Unternehmung. Führen die Eigentümer selbst die Geschäfte, wie das in Eigentümerunternehmungen (Einzelunternehmungen und Personengesellschaften) der Fall ist, so liegt der Schwerpunkt der Zielbildung bei diesen. In von Managern geführten Unternehmungen, wo von den Eigentümern beauftragte Personen verantwortlich sind für die Führung der Geschäfte, erfolgt die Zielbildung durch diese Personen. Die Rolle des Eigentümers dabei ist die, die durch die gesetzlichen Regelungen in Bezug auf die Art der Einflussnahme darauf, vorgesehen ist. Dies hat vor allem Gültigkeit bei Kapitalgesellschaften. Auch der Einfluss der Mitarbeiter bzw Arbeitnehmer einer

Unternehmung auf die Zielbildung bzw deren Mitwirkung in den Zielbildungsprozessen ist gesetzlich durch kollektivvertragliche Regelungen bzw Betriebsvereinbarungen festgelegt.

Neben den rechtlichen Möglichkeiten der Mitgestaltung und Mitwirkung bzw Mitbestimmung bei der Formulierung und Festlegung der Zielsetzungen einer Unternehmung wird die Art der Mitwirkung auch beeinflusst vom
- Führungsstil und Führungsverhalten,
- der Zielart.

In *partizipativ* oder *integrativ* geführten Unternehmungen erfolgt die Zielbildung sicher auf einer viel breiteren Basis und mit einer viel stärkeren Einbindung der für die Zielerreichung mitverantwortlichen Ebenen als in eher *autoritär* oder *patriarchalisch* geführten Unternehmungen. Auch muss unterschieden werden zwischen Prozessen der Formulierung strategischer Ziele und der Formulierung der daraus für die Umsetzung erforderlichen operativen Ziele. Je strategischer der Charakter einer Zielsetzung – zu verstehen darunter ist die langfristige, existenzsichernde bzw wertsteigernde Wirkung – umso mehr ist die Mitwirkung und Mitgestaltung den oberen Führungsebenen und/oder den Eigentümern vorbehalten. Je operativer der Charakter der Zielsetzung – mit kurzfristiger, umsetzungsorientierter Wirkung – umso sinnvoller und vor allem notwendiger wird die Einbindung der für die Umsetzung verantwortlichen Führungsebenen und Mitarbeiter.

Unabhängig jedoch ob es um strategische oder operative Zielsetzungen geht, unabhängig ob partizipativ, integrativ oder autoritär fixiert bzw entwickelt, sind im Zusammenhang mit betrieblich/unternehmerischen Zielsetzungen noch folgende Charakteristiken wesentlich zu nennen. Ziele müssen
- visions- und leitbildkonform,
- realistisch und erreichbar,
- messbar

sein. *Visions- und Leitbildkonformität* ist gegeben, wenn sich die Zielsetzungen an den übergeordneten Zielen und Zukunftsbildern und an den Grundwerten der Unternehmungsleitung orientieren (vgl *Hinterhuber,* 2002, 246). *Realistisch und erreichbar* sind sie, wenn sowohl die Kompetenzen und Fähigkeiten der Unternehmung – Stärken und Schwächen – als auch Entwicklungen und Trends in der unternehmungsrelevanten Umwelt – Chancen und Risiken – bei der Zielbestimmung mitberücksichtigen. Nachstehende Abbildung zeigt die zielbeeinflussenden, zielbestimmenden Größen in ihrem Zusammenhang.

Die *Messbarkeit* von Zielen wird erreicht durch die exakte Definition eines Zieles, das die Zieldimensionen
- Zielinhalt (zB Umsatz, Marktanteil),
- Umfang oder das Ausmaß des Zieles (zB 5 Mio € Umsatz, 20 % Marktanteil) und
- zeitliche Dimension der Zielerreichung (zB 5 Mio € Umsatz in drei Jahren) sichtbar macht und festlegt.

C. Orientierungsgrößen unternehmerischen Handelns

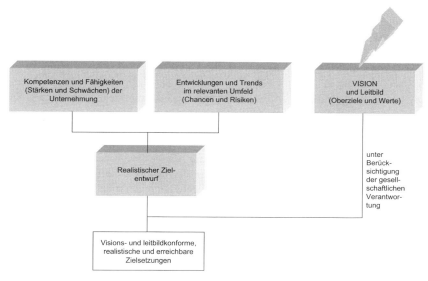

Abbildung 37: Zur Zielbestimmung in der Unternehmung

Es ist einsichtig, dass im Zusammenhang mit der Anforderung der Messbarkeit, quantitativ festgelegten betrieblichen Zielen in Form von Kennzahlen gegenüber qualitativen Zielen, die mit Unterstützung sogenannter Indikatoren zur Messung definiert werden, der Vorzug zu geben ist.

b) Zielarten und Messgrößen wirtschaftlichen Handelns

Im Zusammenhang mit dem Wesen und den Charakteristiken von betrieblichen Zielen bzw Unternehmungszielen und deren Bestimm- bzw Messbarkeit ist zwischen verschiedenen Zielarten zu unterscheiden. Außer Diskussion dabei stehen die sogenannten *Grundziele* ohne deren Erreichung der Bestand einer jeden Unternehmung auf Dauer nicht gewährleistet ist. Grundziele sind (vgl *Lechner, Egger, Schauer,* 2005, 69)
- das Streben nach ausreichendem Gewinn,
- die Erreichung und Erhaltung des finanziellen Gleichgewichtes.

Nach *Deyle/Bösch* ist eine ausreichende Gewinnerzielung unbedingt notwendig, um (vgl *Deyle, Bösch,* 1979, 35 f)
- bei Einzelunternehmungen und Personengesellschaften einen angemessenen Familienunterhalt zu gewährleisten,
- bei Kapitalgesellschaften trotz Einbehaltung der erforderlichen Selbstfinanzierungsmittel Dividende in einem Ausmaß ausschütten zu können, die den Kapitalgebern (aktuell und potenziell) die Attraktivität ihrer Geldanlage aufzeigen,

- die Fremdkapitalzinsen abzudecken, wenn das Gewinnziel definiert ist als Gewinn vor Fremdkapitalzinsen,
- eine Grundlage, eine gesunde Basis für den Fortbestand der Unternehmung durch ausreichende Investitionen in Infrastrukturen, Betriebsmittel, in Forschung und Entwicklung und in die Qualifikation der Mitarbeiter zu gewährleisten,
- einen Risikopolster für die Sicherstellung des finanziellen Gleichgewichts und der Stabilität zu schaffen im Sinne einer Vorsorge,
- die Unabhängigkeit gegenüber externen Gruppen – Banken, Lieferanten etc – aufrechtzuerhalten.

Das Grundziel der Aufrechterhaltung des finanziellen Gleichgewichts beinhaltet die Erreichung und Aufrechterhaltung der Fähigkeit, fällige Schulden zeitgerecht und ohne den Betriebsablauf zu stören, begleichen zu können.

Neben der Definition und Charakterisierung der Grundziele erfolgt in der Literatur häufig die Unterscheidung zwischen Sachzielen und Formalzielen.

(a) *Sachziele:* Sachziele sind jene betrieblich unternehmerischen Ziele, die sich auf das konkrete Handeln bei der Ausübung der betrieblichen Funktionen und somit auf die Steuerung des güter- und finanzwirtschaftlichen Umsatzprozesses beziehen.

Sie werden generell gegliedert in
- leistungswirtschaftliche,
- finanzwirtschaftliche und
- soziale/ökologische

Ziele. *Thommen* ergänzt diese Gliederung durch die „Führungs- und Organisationsziele" (vgl *Thommen*, 1991, 90 ff).

Leistungswirtschaftliche Ziele sind dabei in erster Linie *Produkt- und Marktziele*, die als Resultat der Leistungserstellung und -verwertung stehen. Beispiele dafür sind
- definierte Märkte und Marktsegmente, die man erobern will,
- die Marktstellung bzw die Marktposition, die man auf den definierten Märkten erreichen will,
- die Optimierung der Abläufe in der Produktion,
- die Art der Produkte, die erstellt werden sollen,
- das Qualitätsniveau, das angestrebt wird
- uÄm.

Finanzwirtschaftliche Ziele sind Ziele, die sich unmittelbar aus dem finanzwirtschaftlichen Umsatzprozess ableiten. Zu nennen sind hier die Folgenden:
- Die Versorgung der Unternehmung mit ausreichendem Kapital,
- die Aufrechterhaltung der Zahlungsfähigkeit bzw der Liquidität der Unternehmung,
- die Optimierung der Kapital- und Vermögensstruktur
- uÄm.

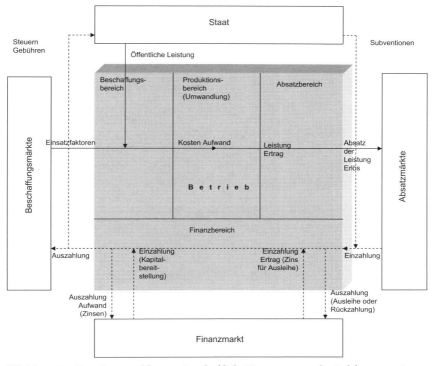

Abbildung 38: Der güter- und finanzwirtschaftliche Umsatzprozess (in Anlehnung an Luger, 1998, 35)

Während die leistungs- und finanzwirtschaftlichen Ziele der Unternehmung ökonomisch orientierter Natur sind und die Interessen der Eigenkapitalgeber zum Ausdruck bringen, sind *die sozialen und ökologischen Zielsetzungen* der Unternehmung in der Regel *mitarbeiterbezogene* bzw *gesellschaftsbezogene* Ziele, also Ziele, die die Interessen der Stakeholder im weiteren Sinne betreffen. Beispiele für mitarbeiterbezogene Ziele sind (vgl dazu Abschnitt IV. Pkt C)

- gerechte Entlohnung,
- Gewinnbeteiligung,
- gute Arbeitsbedingungen,
- Arbeitsplatzsicherheit,
- Weiterbildungsmöglichkeiten,
- gute Sozialleistungen.

Beispiele für gesellschaftsbezogene Ziele zeigt die nachstehende Abbildung. Gesellschaftsbezogene Ziele sind vor allem auf die Wahrnehmung der gesellschaftlichen Verantwortung der Unternehmung hin ausgerichtet.

84   II. Basiselemente und Grundbegriffe der Betriebswirtschaftslehre

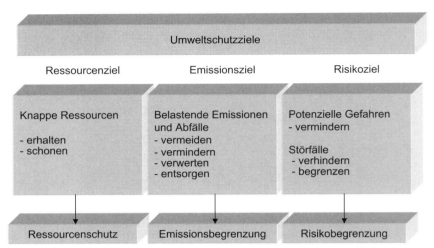

Abbildung 39: Umweltschutz als Unternehmungsziel (in Anlehnung an Dyllick, 1990, 25)

Führungs- und organisations(wirtschaftliche) Ziele von *Thommen* ergänzend eingebracht, sollen eine optimale Gestaltung und Steuerung des güter- und finanzwirtschaftlichen Umsatzprozesses realisieren helfen. Im Vordergrund dabei stehen Ziele betreffend (vgl *Thommen*, 1991, 92)
- die Gestaltung des Problemlösungsprozesses,
- die einzusetzenden Führungsfunktionen (Planung etc),
- die anzuwendenden Führungsstile,
- die Arbeitsteilung und die Zusammenarbeit der verschiedenen Abteilungen und Stellen.

(b) *Formalziele:* Während sich die Sachziele auf das konkrete Handeln im güter- und finanzwirtschaftlichen Umsatzprozess beziehen, weisen die Formalziele in Richtung *der Resultate* des güter- und finanzwirtschaftlichen Umsatzprozesses. Sie haben nicht wie die Sachziele „Instrumentalcharakter", sondern sie bestimmen nach *Wöhe* die Grundlinie des unternehmerischen Handelns (vgl *Wöhe*, 2002, 99). Sie sind den Sachzielen deshalb übergeordnet und sie sind auch die konkreten Messgrößen, die die Erreichung der Ziele bestimmen und kontrollieren helfen.

Als wesentlich und für die unternehmerisch/betriebliche Praxis als besonders bedeutsam erachtet, sind die folgenden Formalziele (Messgrößen):
- Wirtschaftlichkeit,
- Gewinn und Rentabilität,
- Produktivität.

Mit der Wirtschaftlichkeit wird ein Wertverhältnis zum Ausdruck gebracht, das die Messung der Einhaltung des ökonomischen Prinzips mitermöglicht und zwar sowohl auf der Seite des Faktoreinsatzes als auch der Faktorausbringung. Das hat auch dazu geführt, dass bei der Charakterisierung dieses Formalzieles der Begriff der „Wirtschaftlichkeit" unterschiedlich definiert wird. Einmal durch die Gegenüberstellung von Vorgabewerten und den realisierten Werten und durch die Gegenüberstellung von Faktoreinsatz und Faktorertrag.

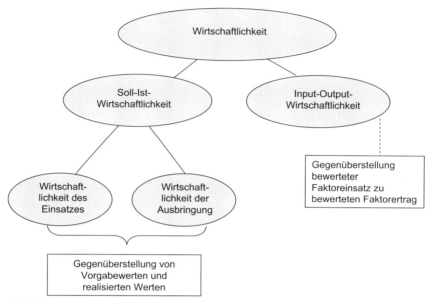

Abbildung 40: Formen der Wirtschaftlichkeit (in Anlehnung an Luger, 1998, 58)

Demgemäß ist zu unterscheiden zwischen der
○ Soll-Ist-Wirtschaftlichkeit und der
○ Input-Output-Wirtschaftlichkeit.

Im Rahmen der Soll-Ist-Wirtschaftlichkeit als Zielgröße und Maßstab unternehmerischen Handelns soll die Einführung von Sollgrößen als Beurteilungsmaßstab in Kombination mit den Ist-Werten konkrete Feststellungen zur Wirtschaftlichkeit ermöglichen. Daraus abgeleitet ergeben sich die

$$\text{Wirtschaftlichkeit des Faktoreinsatzes} = \frac{\text{Soll-Aufwand}}{\text{Ist-Aufwand}}$$

$$\text{Wirtschaftlichkeit der Faktorausbringung} = \frac{\text{Soll-Ertrag}}{\text{Ist-Ertrag}}$$

Bei der Ermittlung der Input-Output-Wirtschaftlichkeit erfolgt die Gegenüberstellung des Faktor-Ist-Ausbringungswertes mit dem Faktor-Ist-Einbringungswert.

$$\text{Wirtschaftlichkeit} = \frac{\text{Ist-Ausbringungswert}}{\text{Ist-Einsatzwert}}$$

Gewinn und Rentabilität erfordern nach vorherrschender Lehrmeinung eine gemeinsame Betrachtung wenn es um die Messung und Steuerung erwerbswirtschaftlichen Handelns im Sinne des Prinzips der Gewinnerzielung geht.

Entscheidend ist die Relation des Gewinns zum eingesetzten Kapital. Die Rentabilität wird daher in der Grundform als Relation von Gewinn zum eingesetzten Kapital ermittelt. Ausgangspunkt dafür können dabei, entsprechend der Zielsetzung der Rentabilitätsermittlung, unterschiedliche Gewinndefinitionen sein und man erhält damit auch unterschiedliche Rentabilitätsformen.

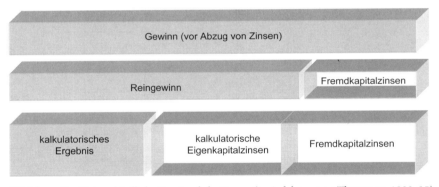

Abbildung 41: Unterschiedliche Gewinndefinitionen (in Anlehnung an Thommen, 1998, 95)

Eine erweiterte Rentabilitätsbetrachtung ergibt sich durch die Ermittlung des sogenannten *„Return on Investment"* (ROI). Dabei wird durch die Mitberücksichtigung der Umsatzgröße sowohl bei der Ermittlung der Umsatzrentabilität als auch des Kapitalumschlages die Aussagekraft dieser Messgröße wirtschaftlichen Handelns gesteigert.

$$\text{Rentabilität (ROI)} = \underbrace{\frac{\text{Gewinn}}{\text{Umsatz}}}_{\text{Umsatzrentabilität}} \times \underbrace{\frac{\text{Umsatz}}{\varnothing \text{Kapital}}}_{\text{Kapitalumschlag}} \times 100$$

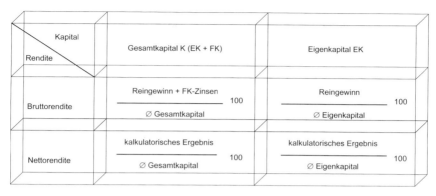

Abbildung 42: Unterschiedliche Rentabilitätsformen (in Anlehnung an Thommen, 1991, 95)

Die Umsatzrentabilität dabei ist ein wichtiger Maßstab für die Beurteilung der Positionierung im Markt. Ein hoher Kapitalumschlag hingegen ist ein Indikator für eine gute Nutzung des eingesetzten Kapitals, eine günstige Kapitalrentabilität und eine gute Flexibilität in der Unternehmung.

Mit der „*Produktivität*" wird dem betrieblichen, erwerbswirtschaftlichen Handeln ein mengenmäßiger Maßstab für die Einhaltung des ökonomischen Prinzips zur Verfügung gestellt. Gemessen wird also die Relation zwischen mengenmäßigem Aufwand und Ertrag.

$$\text{Produktivität} = \frac{\text{Ausbringungsmenge}}{\text{Faktoreinsatzmenge}}$$

Die Messung der Produktivität für die Unternehmung als Ganzes gestaltet sich in der Regel problematisch. Sinnvoll ist die Ermittlung von Teilproduktivitäten, die Bezug nehmen auf einzelne Produktionsfaktoren zB Arbeitsstunden, Maschinenstunden, Materialeinsatz, Verkaufsfläche uÄm.

Abschließend soll hier noch kurz auf die Maßgröße „Liquidität" – obwohl eher den Sachzielen als den Formalzielen zugeordnet – eingegangen werden.

Die Definition der Liquidität charakterisiert die Fähigkeit der Unternehmung, den Zahlungsverpflichtungen fristgerecht zu entsprechen. Diese Fähigkeit ist grundsätzlich abhängig von folgenden Faktoren:

- Dem Bestand an finanziellen Mitteln – Geld und den Guthaben auf den diversen Bankkonten der Unternehmung,
- der Höhe der zu erwartenden Geldflüsse, -eingänge, die mit relativer Sicherheit realisiert werden,
- der Höhe der in Zukunft – im Planungszeitraum – zu erwartenden Abflüsse – Abgänge – finanzieller Mittel, denen bereits bekannte Verpflichtungen oder auch Freiwilligkeiten zugrunde liegen.

Ist diese Zahlungsfähigkeit mit Bezug auf diese Faktoren nicht mehr gegeben, liegt Illiquidität vor, die, wenn es der Unternehmung nicht gelingt, trotz erstreckter Zahlungsfristen durch die Gläubiger, die Liquidität wiederherzustellen, einen Konkursgrund gibt. Die Feststellung der Liquidität erfolgt auf der Basis sogenannter Liquiditätskennzahlen, die je nach den der Berechnung zugrunde liegenden oder zugrunde gelegten Zeitspannen verschiedene Liquiditätsgrade zum Ausdruck bringen. Unterschieden wird hier zwischen einer

$$\text{Liquidität 1. Grades} = \frac{\text{sofort verfügbare Zahlungsmittel}}{\text{sofort fällige Ausgaben}}$$

$$\text{Liquidität 2. Grades} = \frac{\text{sofort bis kurzfristig verfügbare Zahlungsmittel}}{\text{sofort bis kurzfristig fällige Ausgaben}}$$

$$\text{Liquidität 3. Grades} = \frac{\text{sofort bis mittelfristig verfügbare Zahlungsmittel}}{\text{sofort bis mittelfristig fällige Ausgaben}}$$

Beispiele für sofort verfügbare Zahlungsmittel sind Kassa und Bank, für kurzfristig zur Verfügung stehende Zahlungsmittel Forderungen aus Lieferungen und Leistungen, für mittelfristig zu realisierende Zahlungsmittel Warenbestände an Fertigfabrikaten, Halbfabrikaten und Rohstoffen.
Die Sicherstellung der Liquidität auf Basis dieser Kennzahlen ist jedoch nicht unproblematisch. Sie enthalten Bilanzpositionen, die statisch bzw zeitpunktbezogen sind. Zahlungen sind jedoch dynamische Größen, die als solche in diesen Kennzahlen nicht entsprechend zum Ausdruck gebracht werden können. Liquiditätsgradermittlungen unterstützen daher maximal eine grobe Beurteilung der Liquiditätssituation der Unternehmung.

c) Betriebliche Ziele und Zielsysteme

Im Zusammenhang mit der Darstellung von Zielarten und Messgrößen für betrieblich wirtschaftliches Handeln ist auch noch auf die in der Regel bestehenden Zweck-Mittel-Beziehungen zwischen verschiedenen Zielebenen und Zielarten einzugehen. Die Erreichung der von der Unternehmungsführung gesetzten Ziele – der sogenannten Oberziele – macht eine Operationalisierung dieser Ziele auf den nachgelagerten Führungsebenen bis auf die Ebene der Ausführung erforderlich. Das heißt die Oberziele sind in Teilziele in Form von Zielen für die einzelnen Strategischen Geschäftsfelder, Profit Center oder Unternehmungsbereiche – man nennt sie auch Zwischenziele – und diese wiederum entsprechend der Organisationsstruktur der Unternehmung zB in Abteilungsziele – zu gliedern. Letztere nennt man auch Unterziele.

Ein Zielsystem dieser Art nennt man auch *Zielpyramide*. Die einzelnen Ziele in der Pyramide sind dabei die jeweiligen Mittel zur Erreichung der jeweiligen Oberziele.

C. Orientierungsgrößen unternehmerischen Handelns 89

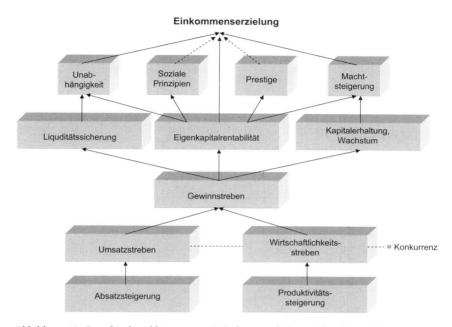

Abbildung 43: Bsp. für die Ableitung von Zwischen- und Unterzielen (in Anlehnung an Wöhe, 2002, 218)

Die wohl bekannteste derartige Zielpyramide, die die Betriebswirtschaft kennt, ist das „*Du Pont'sche Zielsystem*", das bereits 1919 von der Fa. Du Pont entwickelt wurde und seither in vielen Unternehmungen analoge Anwendung als Zielsystem zur Steigerung des betrieblich/unternehmerischen Geschehens gefunden hat (vgl *Mandl, Bertl,* 1981, 163).

Dieses Zielsystem geht vom Oberziel der Gesamtkapitalrentabilität bzw des Return on Investments aus und beinhaltet die davon abgeleiteten Zwischen- und Unterziele bis zur Ebene der operationalen Teilziele. Aussagefähig ist die besonders weitgehende Aufspaltung der Kennzahl „Kapitalumschlag" und „Umsatzrentabilität". Sie ermöglicht in der betrieblichen Anwendung eine umfassende Analyse der Haupteinflussfaktoren auf das Oberziel Return on Investment (ROI). Wird der Management-Erfolg bzw das Betriebsergebnis an das in der Unternehmung investierte Kapital gebunden, so entsteht das Bild des Kapitalertrag-Stammbaumes. Die Faktoren Kapitalumschlag und Umsatzrentabilität lassen sich verästeln und verzweigen. Mit diesem Stammbaum ist letztlich ein „Schrittmacher" konzipiert, der es erlaubt, ein Budget systematisch auf Verbesserungen im Sinne des Gewinn-Managements zu analysieren (siehe Abb 44).

Die Intentionen des ROI-Managements lassen sich wie folgt zusammenfassen:

90 II. Basiselemente und Grundbegriffe der Betriebswirtschaftslehre

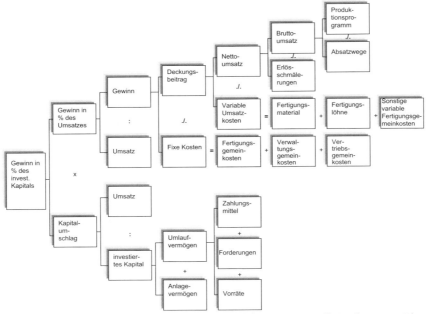

Abbildung 44: Das Du Pont´sche Zielsystem (in Anlehnung an Mandl, Bertl, 1981, 163)

- Systematisches Vorgehen der Analyse,
- Abbildung der Erfolgskomponenten und -determinanten im rechnerischen Zusammenhang,
- Transparenz der „Durchschlagswirkung" von Veränderungen der Einflussgrößen,
- Bewusstmachung der *vielfältigen* Ansatzpunkte und ihres kumulativen Gesamteffektes.

D. Begriffliche Grundlagen zu den Orientierungsgrößen betrieblichen Handelns

Die betrieblich/unternehmerischen Ziele sind, wie bereits ausführlich dargestellt, die Orientierungsgrößen des betrieblich wirtschaftlichen Handelns. Mit einer exakten Definition dieser Ziele wird eine fundierte Basis für eine effiziente Steuerung der güter- und finanzwirtschaftlichen Umsatzprozesse geschaffen (vgl dazu die Ausführungen in Pkt II.C.2.b)). Dazu ist es erforderlich, auch die begrifflichen Grundlagen für ein vertiefendes Verständnis dieser Prozesse zu schaffen. Betriebswirtschaftlich relevant in diesem Sinn sind die Begriffspaare (vgl *Luger*, 1988, 34 ff):
- Einzahlungen und Auszahlungen,
- Erlöse/Leistungen und Kosten,

D. Begriffliche Grundlagen zu den Orientierungsgrößen

- Erträge und Aufwendungen.

Diese Gliederung ist *eine sehr pragmatische,* sie entspricht auch der Gliederung der betrieblichen Rechenkreise in den
- pagatorischen (Betrachtung der finanziellen Flüsse),
- buchhalterischen (Bilanz- und Gewinn- und Verlustrechnungs-relevante Betrachtung) und
- kalkulatorischen Rechenkreis (Betrachtung unter Berücksichtigung kalkulatorischer Elemente der Kostenrechnung).

Einzahlungen und Auszahlungen sind charakteristisch für *den pagatorischen Rechenkreis, Einzahlungen* werden daher definiert als alle Zugänge an liquiden finanziellen Mitteln in einer Periode, *Auszahlungen* als Abgänge an liquiden finanziellen Mitteln in der Periode. Alles was wirklich zu Geldflüssen führt wird berücksichtigt.

Erlöse/Leistungen und Kosten sind Begriffe, die *der kalkulatorischen Betrachtung* entsprechen: *Erlöse* (Umsätze) sind dabei die in einer Periode umgesetzten (verkauften) Leistungen, unabhängig davon wann diese Leistung erstellt wurde, *Leistungen* das bewertete marktwerte Ergebnis der betrieblichen Tätigkeit einer Periode. *Kosten* hingegen sind gewöhnlicher bewerteter Güterverzehr für die Erstellung und den Vertrieb der betrieblichen Leistung einer Periode. Ihre Definition ist losgelöst von der handels- und steuerrechtlichen Seite und auch der geldorientierten finanziellen Betrachtung und eine rein betriebswirtschaftliche.

Erträge und Aufwendungen sind Begriffe, die *dem buchhalterischen Rechenkreis* zuzurechnen sind. *Erträge* dabei sind definiert als der einer wirtschaftlichen Einheit zuzurechnende Wertzuwachs einer Periode. In Ausnahmefällen – wenn kein neutraler Ertrag zu berücksichtigen ist – entspricht der Ertrag dem Erlös des Betriebes.

Aufwendungen sind die in einer wirtschaftlichen Einheit entstehenden Wertverzehre in einer Periode. Analog zur Abgrenzung der Erträge zu den Erlösen kann auch die Abgrenzung des buchhalterischen Aufwandsbegriffes zum kalkulatorischen Begriff der Kosten dargestellt werden.

92   II. Basiselemente und Grundbegriffe der Betriebswirtschaftslehre

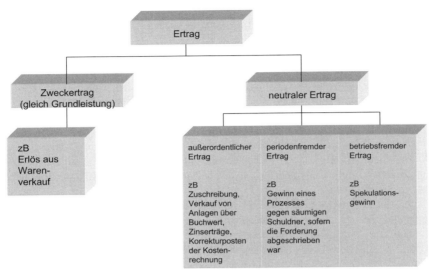

Abbildung 45: Aufgliederung des Ertrages (in Anlehnung an Möller, Zimmermann, Hüfner, 2005, 71)

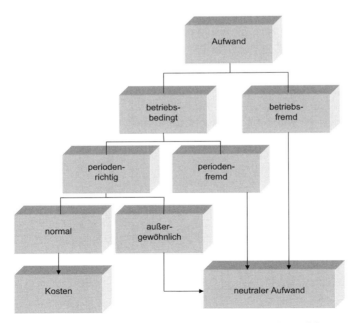

Abbildung 46: Abgrenzung von Aufwendungen und Kosten (in Anlehnung an Möller, Zimmermann, Hüfner, 2005, 73)

D. Begriffliche Grundlagen zu den Orientierungsgrößen

Eine zusammenfassende Übersicht, in der die bisher abgehandelten Begriffe des Güter- und Geldstromes (-flusses) noch um die Begriffe Einnahmen und Ausgaben, die die beschaffungsorientierte Sicht von Einzahlungen und Auszahlungen darstellen, ergänzt wird, zeigt die nachstehende Abbildung.

Stromgrößen	
Auszahlung:	Abgang liquider Mittel (Bargeld und Sichtguthaben) pro Periode
Einzahlung:	Zugang liquider Mittel (Bargeld und Sichtguthaben) pro Periode
Ausgabe:	Wert aller zugegangenen Güter und Dienstleistungen pro Periode (= Beschaffungswert)
Einnahme:	Wert aller veräußerten Leistungen pro Periode (Umsatz)
Aufwand:	Wert aller verbrauchten Güter und Dienstleistungen pro Periode (genauer: ..., der aufgrund gesetzlicher Bestimmungen in der Finanzbuchhaltung verrechnet wird)
Ertrag:	Wert aller erbrachten Leistungen pro Periode (genauer: vgl „Aufwand")
Kosten:	Wert aller verbrauchten Güter und Dienstleistungen pro Periode und zwar für die Erstellung der „eigentlichen" (typischen) betrieblichen Leistungen
Betriebsertrag:	Wert aller erbrachten Leistungen pro Periode im Rahmen der „eigentlichen" (typischen) betrieblichen Tätigkeit (= Erlös)

Abbildung 47: Stromgrößen (in Anlehnung an Haberstock, 1998, 17)

III. Kernkompetenzen der Führung

A. Einführung in die Führung – der Führungskreislauf

1. Wesen und Charakteristik der Führung

Im Zusammenhang mit der Darstellung der dispositiven Produktionsfaktoren erfolgte eine erste Charakterisierung der Führung als Aufgabenträger des dispositiven Faktors und auch eine erste Darstellung der Führungsaufgaben im Überblick (vgl dazu die Ausführungen im Abschnitt II., Punkt A.2.). Grundsätzlich ist mit Führung ein Tatbestand gegeben, der in allen Organisationen, also unabhängig davon, ob sie öffentlichrechtlichen oder privatrechtlichen, erwerbswirtschaftlichen oder gemeinnützigen Charakter besitzen, besteht. Er ist ein Tatbestand, der in allen organisierten Gruppen der Gesellschaft von Relevanz ist, die gemeinsame Ziele verfolgen (vgl *Beschorner, Peemöller*, 2006, 75). Der Begriff der Führung, der auch im deutsprachigen Raum immer öfter mit dem zum Synonym gewordenen Begriff des „Managements" ersetzt wird, ist aber nach wie vor mehrdeutig. Diese Mehrdeutigkeit charakterisiert auch den aus dem angloamerikanischen Raum stammenden Begriff des Managements, der sich aus dem englischen Verb „to manage" ableitet und für „etwas handhaben, durchführen, erledigen oder verwalten, aber auch etwas leiten oder zustande bringen", steht (*Dillerup, Stoi*, 2006, 6). Zur pragmatischen Bewältigung der Mehrdeutigkeit des Begriffes der Führung/des Managements haben sich jedoch im deutschsprachigen Raum zwei Erklärungsansätze herausgebildet:
– Der institutionelle und
– der funktionale Ansatz.

Der institutionelle Ansatz versteht Management als Institution und subsumiert darunter die Gruppe von Personen, die in einer Organisation mit Anweisungsbefugnissen betraut sind. Zum Management gehören demnach alle Firmenmitglieder, die Vorgesetztenfunktion wahrnehmen, angefangen vom Meister auf der Ebene des „Lower Managements" bis zum Vorstandsvorsitzenden auf der Ebene des „Top Managements" (siehe Abb 48).

Dieses Managementverständnis, das geprägt ist vom angloszchsischen Sprachraum, geht also weit über die oberen Führungsebenen hinaus, für die im deutschen Sprachgebrauch oft der Begriff des „Managers" reserviert ist.

Noch eine ergänzende Charakterisierung ist in diesem Zusammenhang wesentlich. Auch Eigentümer und Unternehmer zählen nach diesem begrifflichen Verständnis zu den Managern einer Unternehmung. Manager in diesem Sinne ist also nicht nur die Gruppe von kapitallosen Funktionären, die von den Kapitaleignern zur Führung einer Unternehmung bestellt wurden, sondern die Eigentümer, die durch das eingebrachte Kapital ja bereits als Unternehmungsführer

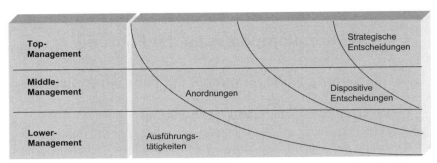

Abbildung 48: Ausgewählte Tätigkeitsschwerpunkte des Managements auf verschiedenen Managementebenen (in Anlehnung an Schierenbeck, 2000, 85)

legitimiert sind, gehören ebenso zu dieser sprachlichen Kategorie (vgl *Steinmann, Schreyögg*, 2005, 6).

Der funktionale Ansatz geht von den Aufgaben und Funktionen, die zur Steuerung der betrieblichen Leistungsprozesse erforderlich sind aus und zwar unabhängig von der Position bzw der Führungsebene. Die Planung, die Organisation, die Initiierung der Umsetzung und Kontrolle dieser Prozesse bilden dabei die Grundstruktur dieser Aufgaben und Funktionen. Beinhaltet in diesem funktionalen Ansatz für die Charakterisierung des Managementbegriffes ist damit die Tatsache, dass im Prinzip auch jeder Mitarbeiter, der einen eigenen Aufgabenbereich ergebnismäßig zu verantworten hat, der Manager seines Aufgabenbereiches ist. Zu berücksichtigen dabei ist allerdings, dass in der Regel der Anteil der Wahrnehmung von Führungsaufgaben/-funktionen in Relation zu ausführenden Tätigkeiten von oben – von den oberen Führungsebenen – nach unten abnehmend ist.

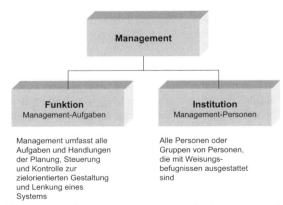

Abbildung 49: Differenzierung des Managementbegriffes (in Anlehnung an Dillerup, Stoi, 2006, 7)

Ergänzend zu den bisherigen Ausführungen zum Wesen und den Charakteristiken von Führung und Management sind noch zwei Aspekte zu nennen:
- Management als Querschnittsfunktion.
- Unternehmungsführung als Weiterentwicklung des Führungsbegriffes.

Die Funktionen bzw Aufgaben des Managements stehen zu den funktionalen betrieblichen Aufgaben – wie dem Einkauf und der Beschaffung, der Forschung und Entwicklung, der Produktion, dem Marketing und Verkauf – in einem komplementären Verhältnis. Sie sind eine Art *Querschnittsfunktion*, die den Einsatz der Ressourcen und die Koordination der Sachfunktionen steuert.

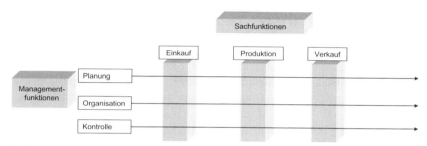

Abbildung 50: Management als Querschnittsfunktion (in Anlehnung an Steinmann, Schreyögg, 2005, 7)

Ein gutes Betriebsergebnis wird nur dann erreicht, wenn Sach- und Managementfunktionen, die auf jeder betrieblichen Ebene und Hierarchiestufe zu bewältigen sind, eng zusammenwirken und gut aufeinander abgestimmt sind.

Zum Aspekt der *Weiterentwicklung des Führungsbegriffes* ist anzumerken, dass eine begriffliche Erweiterung erreicht wird, indem die Begriffe Unternehmung und Führung zum Begriff der „Unternehmungsführung" zusammengeführt werden. Nach neuerem Verständnis der Betriebswirtschaft (vgl *Macharzina*, 2003, 40) geht der Begriff der Unternehmungsführung weiter als der institutionell bzw funktional geprägte Führungsbegriff. Im Zusammenhang damit steht insbesondere *der erhöhte Stellenwert der Mitarbeiterführung* aber auch noch andere Elemente im Wertschöpfungsprozess. Unternehmungsführung umfasst in diesem Sinne alle Aufgaben und Handlungen der Planung, Steuerung und Kontrolle einer zielorientierten Gestaltung und Lenkung einer Unternehmung.

Aber auch der Begriff der Unternehmungsführung ist ebenso wie der Begriff der Führung nicht sehr einheitlich in der Literatur in Gebrauch wie die zusammenfassende Übersicht ausweist (vgl *Macharzina*, 2003, 36):

Ansoff (1966): „Unternehmensführung ist eine komplexe Aufgabe: Es müssen Analysen durchgeführt, Entscheidungen getroffen, Bewertungen vorgenommen und Kontrollen ausgeübt werden."

Anthony (1988): „Management consists of decision making and influence."

Drucker (1986): „Management is the organ of society specifically charged with making resources productive by planning, motivating, and regulating the activities of persons towards the effective and economical accomplishment of a given task."

Hahn (1996): „Unternehmensführung ist ein Prozess der Willensbildung und Willensdurchsetzung zur Erreichung eines Ziels oder mehrerer Ziele gegenüber anderen Personen unter Übernahme der hiermit verbundenen Verantwortung."

Schwaninger (1994): „Unternehmensführung ist zielgerechte Lenkung, Gestaltung und Entwicklung von Strukturen und Prozessen."

Steinmann/Schreyögg (2005): „Unternehmensführung ist ein System von Steuerungsaufgaben, die bei der Leistungserstellung und -sicherung in arbeitsteiligen Systemen erbracht werden müssen."

Stoner et al. (1995): „Management is the process of planning, organizing, leading and controlling the efforts of organizational members and the use of other organizational resources in order to achieve stated organizational goals."

Wild (1971): „Unternehmensführung kann definiert werden als die Verarbeitung von Informationen und ihre Verwendung zur zielorientierten Steuerung von Menschen und Prozessen."

2. Managementfunktionen und Führungskreislauf

Ähnlich wie beim Begriff der Führung ein nicht ganz einheitliches Bild der betriebswirtschaftlichen Diskussion darüber feststellbar ist, lässt sich auch in Bezug auf die Führungs- bzw Managementfunktionen eine Vielzahl unterschiedlicher Gliederungen anführen. Aber auch hier hat sich eine Art „Grundmuster" in Form von Grundfunktionen – Kernkompetenzen – des Managements herausgebildet. Als klassisch zu bezeichnen ist dabei die Gliederung von *Koontz/Donell* (vgl *Koontz, Donnel*, 1955) in:

– Planung (planning),
– Organisation (organizing),
– Personeinsatz (staffing),
– Führung (directing),
– Kontrolle (controlling).

Die Managementfunktionen stehen jedoch nicht nebeneinander oder sind lose nacheinander angeordnet, sondern sind miteinander im Sinne eines Managementprozesses verknüpft und als dynamische Abfolge von in Wechselwirkung stehenden Phasen mit vielen „Forward"- und „Feedback"-Schleifen zu sehen.

Charakteristisch für das Modell – die Modellfunktionen – ist die explizite Hervorhebung des Personaleinsatzes (des staffing) als eigenständige Führungsfunktion. In anderen Grundmodellen wird diese Funktion entweder der vorgelagerten Funktion der Organisation oder der nachgelagerten Führung oft auch der Umsetzung (iS der Umsetzungsvorbereitung) zugeordnet.

Nachstehende Abbildung zeigt in Anlehnung an *Mackenzie* dieses Grundmodell.

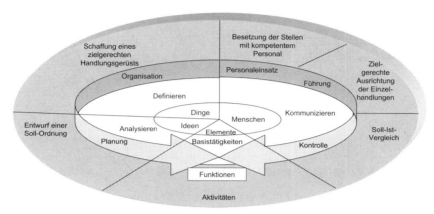

Abbildung 51: Der Management-Prozess (in Anlehnung an Mackenzie, 1969, 81 f)

Die Funktion der Planung bildet dabei den logischen Ausgangspunkt des klassischen Management-Prozesses. Mit der Planung erfolgt quasi der geistige Entwurf der zukünftigen Unternehmungsentwicklung. Im Mittelpunkt der Planung steht daher auch die Definition der Unternehmungsziele, mit ihr erfolgt aber auch eine gedankliche Vorwegnahme und Vorwegfestlegung des gesamten betrieblichen Geschehens unter Berücksichtigung verschiedener Planungshorizonte. Planung beinhaltet also auch Überlegungen hinsichtlich der strategischen Stoßrichtung der Unternehmung gesamt und der einzelnen Geschäftsfelder bzw der Unternehmungsbereiche und auch Überlegungen hinsichtlich der Umsetzungserfordernisse im Sinne konkreter Maßnahmen, Aktionsprogramme und Budgets.

Der Funktion der Planung wird auch die Rolle der „*Primärfunktion*" – auch als Primat der Planung bezeichnet – zugeschrieben. Dieses Primat besteht darin, dass alle anderen Managementfunktionen auf die Erreichung der Planziele unter Berücksichtigung der auch übrigen Planungsüberlegungen hin auszurichten sind (siehe Abb 52).

Die Funktion der Organisation beinhaltet bereits erste Erfordernisse der Umsetzung. In erster Linie dabei geht es um Erfordernisse der Ausgestaltung der Führungs- und Leitungsstruktur – vielfach als Aufbauorganisation der Unternehmung bezeichnet – aber auch um die Gestaltung der Prozesse, die zur Erreichung der Ziele der Unternehmung notwendig sind – der sogenannten Ablauforganisation. Zentral ist die Schaffung von Stellen und Abteilungen und die Aus-

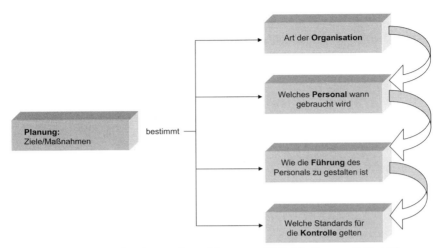

Abbildung 52: Primat der Planung (in Anlehnung an Weihrich, Koontz, 1993, 119)

arbeitung von Stellenbeschreibungen. Ebenso dazugehörig ist die Gestaltung des Kommunikationssystems, das die einzelnen Stellen und Abteilungen mit den zur Aufgabenerfüllung wichtigen Informationen versorgt. Immer mehr wird die Funktion der Organisation zu einer prozessgestaltenden Funktion, der sich die Führungs- und Leitungsstruktur insbesondere auf der Ebene des Middle und Lower Managements anzupassen hat.

Die Ergebnisse der Organisation determinieren wiederum weitgehend die Erfordernisse der Stellenbesetzung in qualitativer und in quantitativer Hinsicht. Aktuell werden diese Erfordernisse angereichert durch Aspekte des „Human Resource Managements", wo es nicht nur um die Abdeckung der kurzfristigen personellen Erfordernisse im Zusammenhang mit der Organisation der Unternehmung geht, sondern um die nachhaltige Sicherstellung der Human-Ressourcen (vgl *Steinmann, Schreyögg,* 2005, 10), das heißt, dass auch Aufgaben wie Personalbeurteilung, Personalentwicklung, aber auch Karriereplanung und leistungsgerechte Entlohnung im Rahmen der Wahrnehmung dieser Funktion thematisiert werden.

Mit der Funktion der Führung verbunden ist die konkrete Initiierung der Umsetzung: Führung hier ist nicht identisch mit dem umfassenderen Führungsbegriff und deshalb als Führung im engeren Sinn zu bezeichnen. Soziale Kompetenz, Information und Kommunikation, Delegation und Motivation sind die Teilfunktionen dieser Grundfunktion, die natürlich in der konkreten Ausgestaltung andere Elemente eines Führungssystems wie zB Führungsstil und Führungsverhalten tangieren. Diese wiederum sind von der Unternehmungskultur, die insgesamt die Unternehmung charakterisiert, abhängig. Der sozialen Kompetenz, die hier als Anforderung an das Management im Rahmen dieser Funktion sichtbar wird, ist unter anderen Gesichtspunkten eine Primatfunktion zuzuordnen, weil sie den Charakteristiken der Unternehmung nicht nur als produktives, sondern in erster Linie als soziales System Rechnung trägt.

Die Funktion der Kontrolle ist die letzte Phase im Führungskreislauf. Im Mittelpunkt dabei steht die Durchführung des Soll-Ist-Vergleiches, die Feststellung von Abweichungen, die Analyse der Ursachen von Abweichungen sowie das Treffen von Korrektur- und Steuerungsmaßnahmen. Die Richtung der Korrektur- und Steuerungsmaßnahmen kann dabei sowohl die Funktion der Planung als auch die Organisation, Führung und Umsetzung als auch die Kontrolle selbst beinhalten.

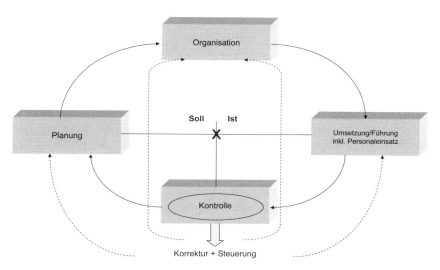

Abbildung 53: Der Führungs-Kreislauf unter Berücksichtigung von Korrektiv- und Steuerungsfunktion

Die Darstellung der Grundfunktionen – der Kernkompetenzen, die eine professionelle Führung auszeichnen sollen – macht Ergänzungen notwendig:
- Mit der Phase der Kontrolle schließt sich der Führungskreislauf. Dies ist jedoch in der Regel mit Konsequenzen verbunden, die Änderungen der Planung, Organisation, Führung und Umsetzung, Kontrolle und damit ein neues Durchlaufen des Führungskreislaufes erforderlich machen.
- Die Phase der Kontrolle unterstreicht das Primat der Planung: Ohne Planung – ohne messbare Zielgrößen – keine Kontrollmöglichkeit und damit auch keine fundierten Korrektur- und Steuerungsimpulse.
- Durch die in der Phase (Funktion) der Kontrolle festgestellten/feststellbaren Ursachen ist auch die Möglichkeit des „Lernens" gegeben, ein Lernen,

das sich in einer Weiterentwicklung der Führungsfunktionen inhaltlich und prozessmäßig positiv auswirken kann.

Der Führungskreislauf wird damit auch zu einem Modell einer systematischen Weiterentwicklung der Unternehmung.

B. Unternehmungsplanung

1. Grundlegendes zur Unternehmungsplanung

a) Begriff und Wesen der Planung

Im Rahmen der Darstellung der Kernaufgaben des Managements (vgl Punkt II.A.2) erfolgte bereits eine kurze Charakterisierung der Planung als wichtige Teilfunktion der Unternehmungsführung. Gerade dieser Stellenwert der Planung macht eine vertiefende Auseinandersetzung mit dem Begriff und dem Wesen der Planung erforderlich (vgl *Hammer*, 1998, 13 f).

- Planung in der Frühzeit der betriebswirtschaftlichen Disziplin war das Synonym für alle betrieblichen Vorschaurechnungen im Rahmen des betrieblichen Rechnungswesens. Beispiele dafür sind Absatz-, Umsatz- und Kostenbudgets, Planbilanzen und Planergebnisrechnungen (vgl *Niklisch*, 1929, 23).
- Eine erste Erweiterung des Planungsbegriffes brachte die Darstellung der Planung als Analyse und Prognose von Handlungsmöglichkeiten im Sinn einer Alternativplanung. Planung in dieser Entwicklungsphase wird als Denkprozess verstanden, der die Fundierung einer Entscheidung durch eine Entscheidungsvorbereitung darstellt (vgl *Wittmann*, 1959, 81).
- In der nächsten Stufe erfolgte eine Miteinbeziehung der Entscheidung als Element der Planung. Planung wird dabei definiert als gedankliche Vorbereitung zielgerichteter Entscheidungen. Planung endet mit der Entscheidung.
- Noch weiter gehen die Auffassungen, die in der Planung auch die Vorgabe von Sollgrößen miteinbeziehen als Basis für eine effiziente Plankontrolle bzw die Analyse festgestellter Abweichungen, die den Prozess der Planung abschließen (vgl *Wild*, 1982, 39). Planung und Kontrolle bilden einen geschlossenen Regelkreis.

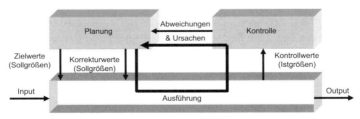

Abbildung 54: Der Planungs- und Kontrollzyklus (in Anlehnung an Dillerup, Stoi, 2006, 323)

Die aktuellen Definitionen der Unternehmungsplanung sind umfassend und berücksichtigen alle Entwicklungsstufen des Begriffes der Planung und alle nehmen mehr oder weniger Bezug auf bzw beinhalten:
- Die Formulierung von Zielen,
- die Bestimmung von Maßnahmen, Mitteln und Verfahren iS der Formulierung von Handlungsalternativen,
- Auswahlentscheidungen,
- Anweisungen zur rationellen Realisierung der gewählten Alternative.

> Planung in diesem Sinn bedeutet vorausschauendes, systematisches Durchdenken und Formulieren von Zielen, Handlungsalternativen und Verhaltensweisen, deren optimale Auswahl sowie die Festlegung von Anweisungen zur rationellen Realisierung der ausgewählten Alternative.

Die verkürzte Version davon

> Planung ist die gedankliche Vorwegnahme des zukünftigen Betriebsgeschehens unter Bezugnahme auf bestimmte Planungshorizonte.

Wesentlich für ein wirkliches Verständnis des Planungsbegriffes ist aber die Betrachtung der Planung unter den vier Perspektiven (vgl *Steiner,* 1971, 297):
- Die generische Natur,
- der Prozessaspekt,
- die Philosophie,
- die Struktur der Planung.

Die generische Natur der Planung ist in ihrer Zukunftsorientiertheit begründet. Planung bedeutet Annahmen über zukünftige Gegebenheiten zu treffen, Schätzungen abzugeben über den Verlauf bestimmter Entwicklungen und das Treffen von notwendigen Maßnahmen, um Chancen zu nützen und Gefahrenpotenzialen auszuweichen.

Planung als Prozess beschreibt das sachlogische und zeitliche Hintereinander der einzelnen Planungsaufgaben, beginnend mit der Analyse der Ausgangssituation bis zur Überprüfung der erreichten Ergebnisse.

Der Aspekt der Philosophie der Planung beinhaltet, dass Planung nicht eine Domäne industrieller Unternehmungen ist. Vorausschauendes Denken, Planungen sind charakteristisch und existent in allen Bereichen der Gesellschaft, des wirtschaftlichen und auch des privaten Lebens. Planung in diesem Sinne ist etwas bereichsübergreifendes, eine Denkart, ein Lebensstil bzw eine Haltung, deren Maxime es ist, auf Basis von Zukunftsüberlegungen zu handeln.

Die Struktur der Planung korreliert mit dem Prozessaspekt der Planung, der in den einzelnen Phasen zu bestimmten Planungsergebnissen führt. Als Ergebnisse stehen Pläne oder Elemente von Plänen, die zueinander interdependent sind. Pläne und ihre Interdependenzen ergeben die Struktur der Planung.

Einen wichtigen Aspekt in der Diskussion um Begriff und Wesen der Unternehmungsplanung behandelt die Unterscheidung in die Tätigkeit der Planung und die Ergebnisse der Planung.

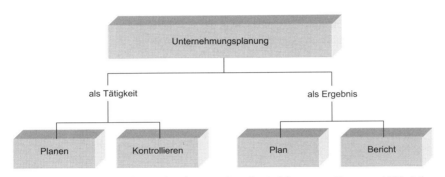

Abbildung 55: Planung als Tätigkeit bzw Ergebnis (in Anlehnung an Hammer, 1998, 14)

Die Tätigkeit des Planens umfasst dabei das systematische Sammeln, Bearbeiten und Erzeugen von Informationen zur
- Analyse der Ausgangssituation der Unternehmung,
- Formulierung von qualitativen und quantitativen Unternehmungszielen,
- Entwicklung von Strategien und Maßnahmen,
- Budgetierung.

Miteingeschlossen in den Begriff der Planung als Tätigkeit ist das Kontrollieren der Plandaten.

Das Ergebnis der Unternehmungsplanung sind Pläne, in denen die schriftliche Festlegung der Ergebnisse der einzelnen Planungsschritte – Ist-Situation, Ziele, Strategien, Maßnahmen – erfolgt. Der Kontrollbericht fasst die Ergebnisse der Kontrolle inklusive der Interpretation der Abweichungen und der Ursachen der Abweichungen zusammen.

Im Einzelnen lassen sich unabhängig von der Planungsart – strategisch oder operativ – folgende Inhalte eines Planes anführen (vgl *Wild*, 1982, 49 ff):
- *Aussagen zur Ist-Situation und Problemstellung* der Unternehmung und zu unternehmungs-, planungsrelevanten Entwicklungen in der Unternehmung und unternehmungsrelevanten Umfeldern.
- *Prämissen-Annahmen* für die Ziel-, Strategie- und Maßnahmenplanung.

- *Ziele* – unter Berücksichtigung der verschiedenen Zielarten, des Zeitumfanges und des Zeitbezuges.
- *Strategien/Maßnahmen:* Je nach Art der Planung ist der Weg der Zielerreichung grob oder detailliert zu beschreiben.
- *Ressourcen:* Angabe der finanziellen und sonstigen Mittel, die für die Zielerreichung bzw die Implementierung der Strategien und/oder Maßnahmen erforderlich sind.
- *Termine:* Exakte Angaben zu den Zeitpunkten bis zu denen die geplanten Ergebnisse erreicht werden sollen.
- *Träger der Planerfüllung:* Dabei gilt es, Aufgaben, Kompetenzen und Verantwortlichkeiten für die Planerfüllung zu definieren.
- *Ergebnisse:* Hier geht es um die Wirkung, die durch die Erreichung der Planziele bzw einzelner Strategien und Maßnahmen erzielt werden soll.

Zur besseren Verständlichmachung dieser Planungsinhalte im Einzelnen sollen abschließend die nachstehenden Beispiele dienen.

Grundbestandteile	Beispiele
Ziele	• Umsatzsteigerung im nächsten Geschäftsjahr um 10% • Erhöhung des Marktanteils bis in drei Jahren auf 20% • Ausweitung des Bekanntheitsgrades in einem Jahr auf 80%
Prämissen	• Konjunkturelle Entwicklung • Devisenkurse • Konkurrenzsituation
Problemstellung	• Stagnierender Umsatz im laufenden Geschäftsjahr • Verzögerungen bei der Entwicklung neuer Produkte • Eintritt neuer Konkurrenten in den Markt
Maßnahmen	• Marketingkampagne • Neueinstellungen von Entwicklungsingenieuren • Expansion ins europäische Ausland
Ressourcen	• 5 Mio Euro für Marketingkampagne • Einstellung von zehn neuen Entwicklungsingenieuren mit einem Bruttogehalt von 60 TEuro • Entsendung von zehn Mitarbeitern und Bereitstellung von 20 Mio Euro zum Aufbau einer Vertriebsgesellschaft in Spanien
Termine	• Marketingkampagne beginnt am 1. März des Planjahres und läuft über einen Zeitraum von zwei Monaten • Einstellung der Entwicklungsingenieure zum Jahresbeginn • Aufbau einer Vertriebsniederlassung zum 1. Juli des Planjahres

Abbildung 56: Beispiele für Planinhalte (in Anlehnung an Dillerup, Stoi, 2006, 325)

Grundbestandteile	Beispiele
Träger der Planerfüllung	• Vertriebsleiter verantwortet die Marketingkampagne • Auswahl der neuen Entwicklungsingenieure durch den Personalleiter und den Entwicklungsleiter • Bestimmung der Vertriebsmitarbeiter, die nach Spanien entsandt werden
Ergebnisse	• 3 % Umsatzerhöhung im zweiten Quartal durch die Marketingkampagne • Beschleunigung der Produktentwicklung durch neue Entwicklungsingenieure um drei Monate • Senkung der Herstellkosten um fünf Prozent durch Rationalisierungsmaßnahmen

Abbildung 56: Beispiele für Planinhalte (in Anlehnung an Dillerup, Stoi, 2006, 325)

b) Zweck und Funktionen der Unternehmungsplanung

Die Erfüllung und Wahrnehmung von Funktionen hat immer zweckorientiert zu erfolgen. Auch die Funktionen der Unternehmungsplanung müssen daher Bezug nehmen auf den Zweck der Unternehmungsplanung. Der Zweck der Unternehmungsplanung besteht darin (vgl *Hammer*, 1988, 16)
- zur nachhaltigen Existenzsicherung der Unternehmung,
- als Orientierungshilfe für unternehmerische Entscheidungen
- und zur Steigerung der Wirtschaftlichkeit der Unternehmung

beizutragen. Die Unternehmungsplanung erfüllt diesen Zweck indem sie beispielsweise hilft,
- Fehlentscheidungen durch ausreichende Entscheidungsvorbereitung zu reduzieren,
- relevante Umweltentwicklungen insbesondere von Markt und Wettbewerb rechtzeitig zu erkennen,
- durch ihre Zielorientiertheit, die Effizienz der Leistungen der Unternehmung als Ganzes und der einzelnen Unternehmungsbereiche zu steigern,
- eine Koordinationsbasis für die Ausrichtung aller Unternehmungsaktivitäten auf die Erreichung der Unternehmungsziele zu schaffen und Koordinationsmängel zu verhindern,
- eine Basis für die Kontrolle des Unternehmungsgeschehens zur Verfügung zu stellen
- uÄm.

In der unternehmerischen Praxis bedeutet Planung auch „*Zwang zum Nachdenken*" über das zukünftige Betriebsgeschehen. Durch den einer systematischen Planung zugrunde liegenden Methodeneinsatz wird dieser Erfordernis verstärkt Rechnung getragen bzw entsprechender Support geleistet.

Dem Zweck der Unternehmungsplanung entsprechend lassen sich folgende Funktionen der Planung anführen (vgl *Hammer*, 1998, 16 f), die

- Führungs- und Steuerungsfunktion,
- Leistungsfunktion,
- Optimierungsfunktion,
- Sicherungsfunktion,
- Ordnungsfunktion,
- Koordinationsfunktion,
- Motivationsfunktion,
- Flexibilitätsfunktion.

Planung ist vor allem geprägt durch ihre *Führungs- und Steuerungsfunktion*. Erst mit den schriftlich fixierten Plänen wird eine Kontrolle des Betriebsgeschehens möglich. Im Rahmen des Soll-Ist-Vergleiches werden Abweichungen vom Plan sichtbar und die Analyse der Abweichungen weist in den meisten Fällen auf die Ursachen hin aus denen sich notwendige Steuerungsmaßnahmen zwingend ergeben. Strategischen und operativen Führungsentscheidungen werden dadurch wichtige Informations- und Steuerungsimpulse gegeben.

Die Leistungsfunktion der Planung besteht darin, dass Planung in der Regel bei den an der Planung partizipierenden Bereichen und Personen Anreize schafft, sich hohe Ziele zu setzen und diese dann auch zu erreichen. Die Mitwirkung der „Betroffenen" am Willensbildungsprozess der Unternehmungsplanung ist daher die Voraussetzung für die erfolgreiche Umsetzung dieser Funktion.

Planung leistet einen Beitrag im Sinne *der Optimierungsfunktion* vor allem durch die Unterstützung beim Treffen von optimalen Auswahlentscheidungen bei Vorliegen von mehreren Handlungsalternativen. Beispiele dafür sind Standortoptimierungen, Optimierung der Lagerhaltung oder Optimierung des Produktionsprogrammes. Die Planung stellt für die Wahrnehmung dieser Funktion eine Vielzahl von Modellen und Methoden zur Verfügung.

Die Sicherungsfunktion der Planung nimmt Bezug auf die Tatsache, dass die Zukunft in der Regel ungewiss und unsicher ist. Planung ist ausgerichtet auf die Bewältigung dieser Problematik indem sie versucht, beizutragen, Risiken und Möglichkeiten, die in Zukunft auftreten können, soweit sichtbar zu machen, dass die Folgen bzw notwendigen Konsequenzen abschätzbar werden. Auch hier besteht ein Angebot an Methoden und Modellen, die hier Unterstützung bieten. Beispiele dafür sind die Szenario-Technik, die Methoden der Entscheidungsfindung bei Unsicherheit, Prognosemodelle uÄm.

Die Ordnungsfunktion besteht darin, dass Planung die Transparentmachung komplexer, unternehmerischer Aufgaben erleichtern hilft. Die Reduktion der Komplexität – durch Systematik und Methodik der Planung unterstützt – macht damit komplexe Situationen beherrschbar. Planung kennt hier Methoden, die das Vorgehen zur Komplexitätsreduktion betreffen und auch – vor allem aus Systemtheorie und Kybernetik abgeleitet – Methoden zur Modellierung komplexer Situationen.

Im Rahmen *der Koordinationsfunktion* wird durch das Aufstellen von Plänen und deren Kontrolle, die Abstimmung und Harmonisierung von Aktivitäten,

Einheiten und Teilbereichen einer Unternehmung im Hinblick auf die gemeinsame Zielerreichung ermöglicht. Die Nutzung von Synergieeffekten und das Vermeiden von Doppelgleisigkeiten stehen als mögliche Ergebnisse der Wahrnehmung dieser Funktion.

Die Motivationsfunktion der Planung besteht darin, dass durch eine entsprechende Miteinbindung der wichtigen Stakeholder im Planungsprozess planungsadäquates und zielorientiertes Verhalten durch mehr Motivation erreicht wird. Auch Mitarbeiterbeurteilung mit Bezug auf die Erreichung von Zielen und eventuell damit verbundener weiterer Anreize können hier motivierende Wirkung zeigen.

Unternehmungsplanung hat Spielräume für alternative Handlungsräume zu schaffen. Diese Aufgabe ist in *der Alternativen- und Flexibilitätsfunktion* begründet. Planung soll vor allem frühzeitig Alternativen aufzeigen, die dann sofort wirksam eingesetzt werden können, wenn sich Planungsannahmen nicht erfüllen. Alternativpläne, Eventualpläne oder auch sogenannte „Schubladenpläne" sind Ausdruck dafür, dass eine Unternehmungsplanung dieser Flexibilitäts- und Alternativenfunktion Rechnung trägt.

Henze ergänzt diese Funktionen der Planung noch um *die Informationsfunktion* und *die Kreativitätsfunktion* (vgl *Henze,* 1993, 36 ff). Planung darf nicht darauf beschränkt sein, traditionell zu sein. Durch Einsatz von Ideenfindungs- und Kreativitätstechniken sind auch neue Möglichkeiten der Existenzsicherung und der Weiterentwicklung der Unternehmung im Rahmen der Unternehmungsplanung berücksichtigbar und forciert. Die Informationsfunktion bedeutet der Tatsache Rechnung zu tragen, dass Pläne dokumentativen und informativen Charakter besitzen.

c) Zeitliche Dimension der Planung

Planung ist zukunftsbezogen. Dieser Zukunftsbezug ist ein konstitutives Merkmal der Planung, der in mehrfacher Hinsicht zur Diskussion steht und zwar in der Diskussion zur Festlegung
- des Planungshorizontes,
- der Fristigkeiten der Pläne,
- der Planungsperiode.

Mit der Festlegung *des Planungshorizontes* erfolgt die Festlegung des *maximalen* Zeitpunktes bis zu dem sich die Planungen – Zielplanungen, Strategien und Maßnahmenplanungen – erstrecken. In der Regel ist der Planungshorizont nicht mit dem zeitlichen Ende der Unternehmung identisch und ist determiniert durch die Möglichkeit und die Kosten, sich über den Planungshorizont hinausgehende Informationen – Prognosen – zu beschaffen.

Die Fristigkeit der Pläne nimmt Bezug auf den Zeitraum, auf den sich ein Plan bezieht. In der Literatur durchgesetzt hat sich hier eine Gliederung in langfristige, mittelfristige und kurzfristige Pläne.
(a) *Die langfristige Planung:* Sie ist in jedem Fall eine Mehrjahresplanung. Im Mittelpunkt steht die Weiterentwicklung von Unternehmungszielen und

Planungsfristigkeit	Üblicher Zeithorizont	Detaillierungsgrad der Pläne
– langfristig – mittelfristig – kurzfristig	≥ 5 Jahre 1–5 Jahre ≤ 1 Jahr	gering mittel hoch

Abbildung 57: Ausprägungen der Planung nach der Fristigkeit

-strategien unter Berücksichtigung der Änderungen der unternehmerischen Rahmenbedingungen. Die strategische Ausrichtung der Gesamtunternehmung und der strategischen Geschäftsfelder und strategischen Geschäftseinheiten, Programmplanungen, die Planung von Investitionen mit langfristiger Wirkung auf die finanziellen Ressourcen u.ä. stehen im Mittelpunkt dieser Planungen, die eher qualitativer Natur sind.

(b) *Die mittelfristige Planung:* Sie steht zwischen der langfristig angelegten Unternehmungsplanung und der kurzfristigen. Mit ihr erfolgt eine Konkretisierung der langfristigen Überlegungen durch ein „Herunterbrechen" der langfristigen Unternehmungsziele und der Umsetzungserfordernisse der Strategien auf die Teilbereiche der Unternehmung. Auch in wert- und mengenmäßiger Hinsicht wird die Basis für die daran anschließende Budgetierungsarbeit gelegt.

(c) *Die kurzfristige Planung:* Sie hat unter Beachtung der lang- und mittelfristigen Vorgaben zu erfolgen, aber sie hat besonders Bezug zu nehmen auf die kurzfristig überschaubaren bekannten Bedingungen. Die kurzfristige Planung hat im Rahmen dieser Gegebenheiten, die Erreichung konkreter Ziele – in der Regel in Form von budgetären Vorgaben – durch optimalen Einsatz von Menschen und Sachmitteln und zweckmäßiger Dispositionen zu gewährleisten. Kurzfristige Pläne sind vornehmlich quantitativer Natur.

Die *Planungs- oder Planperiode* beschreibt den kalendarischen Zeitraum, für den ein Plan mit gegebener Fristigkeit als verpflichtend verabschiedet wird. Man nennt dies auch die Geltungsdauer des Planes. In diesem Zeitraum wird der entsprechende Plan in der Regel nicht mehr geändert. Fristigkeit und Planperiode sind mithin zu unterscheiden. So kann ein langfristiger Plan unter Umständen nur für eine kurze Periode gelten, weil sich die Prämissen für eine längerfristige Gültigkeit verändert haben. Die Periodenlänge ist sachabhängig zu bestimmen und sie ist auch abhängig von Kontroll- und Berichtszeitpunkten.

Im Zusammenhang mit der zeitlichen Dimension der Planung ist aber noch auf drei weitere Punkte einzugehen, auf
– den Gegenwartsbezug der Planung,
– das Prinzip der „Rollierenden Planung"
– und das Ausgleichsgesetz der Planung.

Mit den Begriffen des Planungshorizontes, der Fristigkeit der Pläne und der Planungsperiode wurden zukunftsbezogene Extremwerte der Planung definiert (vgl *Hammer*, 1998, 18). Mit der Erfordernis *des Gegenwartsbezuges* der Planung wird ein weiterer Extremwert (-punkt) beschrieben. Jeder Plan muss die reale Anbindung seiner Realisierung in der Gegenwart zumindest mitbedenken. Pläne, die einerseits Vorstellungen über die Zukunft des Unternehmungsgeschehens enthalten, andererseits aber die Überbrückung der Zeitspanne zwischen Gegenwart und Zukunft ausklammern, laufen Gefahr, zu Scheinplänen zu degenerieren (vgl *Szyperski, Winand*, 1980, 51).

Nicht ganz konform damit gehen die Vertreter der „*Zero-based-Planung*", die den Planungsprozess mit der Analyse und Prognose der zukünftigen zu erwartenden Gegebenheiten starten. Bekannt ist dieser „oppositionelle Ansatz" der Planung durch die im angloamerikanischen Raum sehr häufig angewandte Form des „Zero-based-budgeting".

Die zeitliche Dimension der Unternehmungsplanung bezieht sich auch auf den Rhythmus, in dem ein bestimmter Perioden-Plan neu geplant oder revidiert wird. Nach *dem Prinzip der „Rollenden Planung"*, das auch die Planungssysteme in der unternehmerischen Praxis bestimmt, erfolgt die Aktualisierung und Konkretisierung des Planes mittels Fortschreibung derart, dass zB eine längerfristige Planung nach einer gewissen Frist – zB nach einem Jahr – für wiederum die gleiche Frist wiederholt wird. In der Regel wird dabei die gesamte Planzeit unterteilt in einen kurzfristigen, detailliert geplanten Abschnitt und einen global geplanten, längerfristigen. Nach Abschluss des ersten Abschnittes wird die gesamte Planzeit um gerade diesen Teil zeitlich vorgeschoben. Der essenzielle Effekt dieser Planung besteht darin, dass die kurzfristigen Planungsüberlegungen gezwungenermaßen die langfristige Orientierung des langfristigen, globalen Planes mitberücksichtigen.

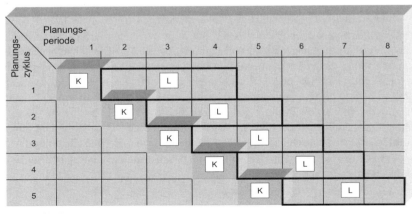

K: Kurzfristplan
L: Langfristplan

Abbildung 58: Rollende Planung für Pläne unterschiedlicher Fristigkeit

So wie der „Gegenwartsbegriff" der Planung und das Prinzip der „Rollenden Planung" unmittelbaren Erfordernissen der Planungspraxis Rechnung trägt, nimmt auch das *Ausgleichsgesetz der Planung* Bezug auf die Gegebenheiten der Realität in den Unternehmungen. Ideal wären sogenannte „Totalmodelle" der Planung, bei denen eine simultane Lösung aller Teilplanungsaufgaben – zB der Beschaffungsplanung, der Produktions-, Absatz-, Investitions- und Finanzplanung – in einem in sich geschlossenen Modell im Sinne einer Optimierung erreicht werden könnte. Solche Totalmodelle haben sich in der betrieblichen Planungspraxis bisher als untauglich erwiesen (vgl *Adam*, 1983, 93f), Teilplanungsaufgaben müssen sukzessive bearbeitet werden. Es muss zunächst ein Teilplan zB der Verkaufsplan verabschiedet werden, erst dann kann die Planung des nächstfolgenden Planes – zB des Produktionsplanes – unter Berücksichtigung der Daten aus dem vorgelagerten Planungsabschnitt, erfolgen. Dabei gilt der Grundsatz, dass kurzfristiger Ausgangspunkt der sukzessiven Planung der betriebliche Engpassbereich sein muss, der alle anderen Planungen determiniert. Langfristig sollte an der Beseitigung des Engpasses im Sinne einer Optimierung der gesamten Wertkette der Unternehmung gearbeitet und *ein Ausgleich* geschaffen werden.

d) Planungssysteme und -prozesse

Das Planungssystem zählt wie aus der Darstellung der Kernaufgaben der Führung bereits ableitbar, neben dem Organisationssystem zu den Hauptbestandteilen eines zeitgemäßen Managementsystems. Begrifflich kann es (*Schierenbeck*, 2000, 116) „als eine geordnete und integrierte Gesamtheit verschiedener Teilplanungen (Pläne), die zwecks Erfüllung bestimmter Planungs- und Kontrollfunktionen nach einheitlichen Prinzipien aufgebaut und miteinander verknüpft sind" angesehen werden. Das Planungs- und Organisationssystem der Unternehmung bedingt sich dabei wechselseitig: Die Planung beeinflusst die Aufbau- und Ablauforganisation der Unternehmung, umgekehrt beeinflusst die bestehende Organisationsstruktur auch das Planungssystem und zwar in mehrfacher Hinsicht:

– Art und Umfang der betrieblichen Teilpläne werden durch die Art und die Größe der betrieblichen Teilbereiche mitbestimmt.
– Die Mitwirkung der einzelnen Hierarchieebenen und Stellen hat unter Berücksichtigung der bestehenden Führungs- und Leitungsstruktur zu erfolgen.

In der unternehmerischen Praxis durchgesetzt hat sich das System der hierarchischen Unternehmungsplanung, das sich in drei organisatorischen Varianten realisieren lässt:

(a) *Top-Down*: Vision, Unternehmungspolitik und Unternehmungsstrategie werden durch die Führungsspitze der Unternehmung festgelegt. Im Verantwortungsbereich der nachgeordneten Managementebenen liegt es, diese Festlegungen und Vorgaben im Rahmen von Teilplanungen umzusetzen bzw „operativ" zu machen dh so zu konkretisieren, dass die Handlungserfordernisse für die Erfüllung der Vorgaben damit sichtbar gemacht werden.

(b) *Bottom-Up:* Die Planung erfolgt dabei durch die untersten mit Planungsaufgaben betrauten Organisationseinheiten, die dann an die jeweils übergeordnete Planungsinstanz weitergegeben wird. Die Planung erfolgt also von unten nach oben bis die derart koordinierten Teilpläne durch wiederum die Führungsspitze endgültig zu einem Gesamtplan zusammengefasst und geformt werden.

(c) *Planung im Gegenstromverfahren:* „Oben" werden Planungsentwürfe ausgearbeitet und den nachgeordneten Führungsebenen zur Reflexion, Konkretisierung und Weiterentwicklung übermittelt. Nach Erreichung der untersten Planungsebene erfolgt in umgekehrter Richtung – von unten nach oben – die schritt- bzw stufenweise Koordination und Zusammenfassung der so laufend weiterentwickelten Pläne. Schlussendlich trifft die Unternehmungsleitung die endgültige Entscheidung über das Gesamtsystem der Pläne.

Neben der Berücksichtigung der Organisationskomponente als Ausgestaltungsdeterminante des Planungssystems ist jedoch auch noch die in der Unternehmung vorherrschende Planungs- und Kontrollphilosophie entscheidend für die Konstruktion des Planungssystems. Diese grundlegenden Einstellungen zu den verschiedenen Aspekten der Planung, dem Nutzen der Planung und deren Funktionen werden weniger von unternehmungs- bzw organisationsspezifischen Faktoren bestimmt, sondern sind vielmehr geprägt von der individuellen Wertorientierung der an der Planung und Kontrolle beteiligten Personen und Persönlichkeiten der Unternehmung.

Nachstehende Abbildung fasst diese, das Planungssystem (und das Kontrollsystem) beeinflussenden Elemente, zusammen (siehe Abb 59).

Bei der Charakterisierung des Planungssystems ist jedoch immer wieder darauf hinzuweisen, dass der ein Planungssystem charakterisierende Planungsprozess mit den Phasen

- Zielbildung,
- Problemanalyse,
- Prognose,
- Alternativensuche,
- Bewertung,
- Auswahl/Entscheidung,
- Kontrolle

essenziell ist in seiner Bedeutung für den gesamten Managementprozess/-zyklus (siehe Abb 60).

Eng mit dem Planungssystem und den im Rahmen des Systems ablaufenden Planungsprozessen verknüpft ist auch die sogenannte „Aufbauorganisation" der Planung. Damit verbunden ist die Fragestellung nach den Trägern der Planungsaufgaben, -kompetenzen und -verantwortlichkeiten. Grundsätzlich steht die Trägerschaft im Zusammenhang mit der Art der Planung: Die Aufgabe der strategischen Planung stellt hier beispielsweise andere Anforderungen als die Aufgabe

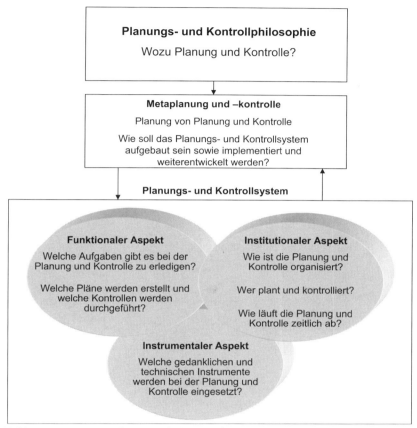

Abbildung 59: Zusammenhänge und Elemente des Planungs- und Kontrollsystems (in Anlehnung an Dillerup, Stoi, 2006, 340)

der operativen Planung. Unabhängig davon lassen sich aber folgende Träger von Planungsaufgaben anführen, denen im Zusammenhang mit bestimmten Planungsarten bestimmte Rollen zukommen:

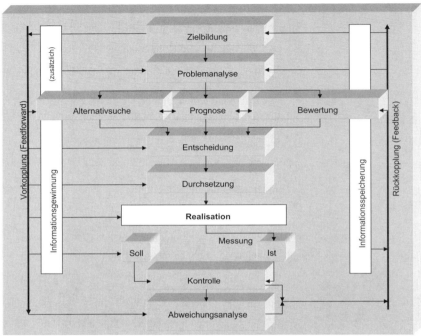

Abbildung 60: Der Planungsprozess im Managementzyklus (in Anlehnung an Schierenbeck, 2000, 87)

– Das Top Management	– Vision, Unternehmungspolitik und Leitbild – Strategische Planung – Verabschiedung von Gesamtplänen
– Das Linienmanagement	– Funktionale Planung und Bereichsplanungen, Teilplanungen
– Planungsstäbe und -abteilungen	– Ausarbeitung des Planungssystems und Ausgestaltung der Planungsprozesse – Unterstützung der Linie und des Top Managements bei der Planung – Koordinationsaufgaben
– Controller und Controlling-Abteilungen	– Unterstützungsfunktion bei der Planung auf allen Ebenen – Kompensieren des Fehlens von Planungsstäben

Abbildung 61: Träger von Planungsaufgaben

– Planungsausschüsse, -komitees u.ä.m.	– auf Dauer installiert – Wahrnehmung ganz bestimmter Planungsaufgaben zB Koordination der Pläne uÄm
– Planungsteams	– temporär eingesetzt ähnlich einer Projektgruppe – Durchführung spezifischer Planungsaufgaben zB Vorbereitung der strategischen Planung
– Externe Experten und Institutionen	– Vergabe von Teilaufgaben der Planung zB Marktforschung – Moderation von Planungsprozessen

Abbildung 61: Träger von Planungsaufgaben

e) Planungsarten im betrieblichen Planungssystem – eine Übersicht

Planungssysteme in Unternehmungen setzen sich in der Regel aus verschiedenen Teilsystemen unterschiedlicher Planungsarten zusammen. Keine Unternehmung kann mit nur einem Plan für alle Entscheidungsbereiche auskommen. Die betriebswirtschaftliche Literatur und auch die Unternehmungsrealität kennt deshalb eine Vielzahl von Planungsarten. Eine Übersicht darüber macht eine Gliederung nach entscheidungsrelevanten Gesichtspunkten erforderlich. Entscheidungsrelevant ist/sind

– die Planungsebene,
– der zeitliche Bezug,
– der Geltungsbereich,
– die Funktionsbezogenheit,
– inhaltliche Kategorien,
– verwendete Planungsgrößen.

(a) In Bezug auf *die Planungsebene* ist die Differenzierung in strategische und operative Planung obligatorisch. Hauptgegenstand der Strategischen Planung dabei ist die Sicherung der bestehenden Erfolgspotenziale, die Erschließung neuer Potenziale und die Verringerung der Risikopotenziale der Unternehmung. Gegenstand der operativen Planung sind beispielsweise die Produktions- und Vertriebsplanung, Beschaffungsplanung, Ergebnis- und Finanzplanung uÄm.

Oft in der Literatur ergänzt wird die Gliederung in die strategische und operative Planung durch das Bindeglied der „taktischen Planung". Mit der taktischen Planung werden die groben Rahmenvorgaben der strategischen Planung konkretisiert. Gegenstand der taktischen Planung sind daher vor allem mittelfristige Überlegungen zB der Absatz-, Produktions-, Investitions- und Finanzplanung (siehe Abb 62).

Im Zusammenhang mit der Einteilung/Gliederung der Planungsarten nach der Planungsebene ist auch das Modell von *Hahn/Hungenberg* anzuführen,

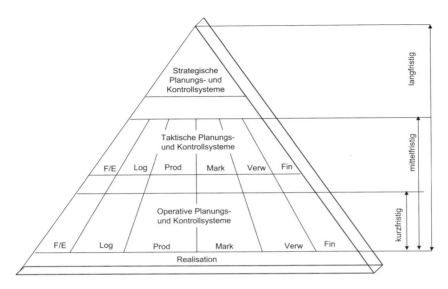

Abbildung 62: Hierarchische Struktur von Planungs- und Kontrollsystemen (in Anlehnung an Bamberger, Wrona, 2004, 231)

das ergänzend zur strategischen und operativen Ebene die Ebene der normativen Planung und Führung einbringt (siehe Abb 63).

In der Planungspraxis durchgesetzt hat sich die Gliederung in die strategische und operative Planung mit den signifikanten Unterscheidungsmerkmalen hinsichtlich

- Hierarchieebene,
- Unsicherheit der Planung,
- Problemstruktur,
- Zeithorizont/Fristigkeit,
- Informationsbedürfnis/-orientierung,
- Umfang,
- Grad der Detaillierung.

(b) *Nach dem zeitlichen Bezug* ist zwischen einer *lang-, mittel- und kurzfristigen Planung* zu unterscheiden (vgl dazu auch die Ausführungen zur zeitlichen Dimension der Planung im Pkt B.1.c) dieses Abschnittes).

(c) *Hinsichtlich des Geltungsbereiches* lassen sich Pläne, die sich auf die Gesamtunternehmung beziehen – *Gesamtunternehmungsplan*, betrieblicher Gesamtplan – *Bereichspläne, Abteilungs- und Stellenpläne* unterscheiden.

(d) *Die Funktionsbezogenheit* führt zur Gliederung der Pläne unter Berücksichtigung der funktionalen Bereiche der Unternehmung zB *Beschaffungs-, Produktions-, Absatzpläne*.

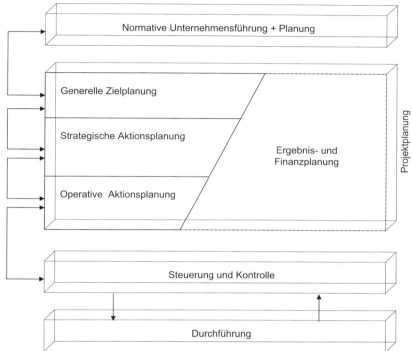

Abbildung 63: Prinzipieller Aufbau eines Planungs- und Kontrollsystems (in Anlehnung an Hahn, Hungenberg, 2001, 5)

(e) *Die inhaltliche Kategorisierung* führt zur Einteilung der Pläne in zB *Zielplanung, Maßnahmen-, Ressourcen-* und auch die *Grundsatzplanung.*
(f) *Nach der verwendeten Planungsgröße* lassen sich Wert- und Mengenpläne in zB der Form von *Finanzplänen, Planungsrechnungen, Budgets* uÄm unterscheiden.

Die nachstehende Übersicht fasst diese Planungsarten nach den zur Herleitung verwendeten entscheidungsrelevanten Gliederungskriterien zusammen.

Merkmale	Strategische Planung	Operative Planung
– Hierarchieebene	– Führungsverantwortung liegt bei der obersten Führungsebene	– Verantwortung bei Middle und Lower Management
– Unsicherheit der Planung	– extrem hoch	– eher gering
– Problemstruktur	– vorwiegend unstrukturiert	– relativ gut strukturiert, oft repetitiv
– Zeithorizont/Fristigkeit	– in der Regel langfristig ausgelegt	– Akzent auf kurz- bis mittelfristig
– Informationsbedürfnis/-orientierung	– vor allem umwelt/umfeldorientiert	– primär unternehmungs-/innenorientiert
– Umfang	– Konzentration auf das Wesentliche, Erfolgsentscheidende	– hat alle funktionellen Teilbereiche abzudecken
– Grad der Detaillierung	– global/qualitativ	– detailliert/quantitativ

Abbildung 64: Unterscheidung zwischen strategischer und operativer Planung (in Anlehnung an Schierenbeck, 2000, 118f)

– Planungsebene	– Normative Ebene – Strategische Pläne – Taktische Pläne – Operative Pläne
– Zeitlicher Bezug	– kurzfristige Pläne – mittelfristige Pläne – langfristige Pläne
– Geltungsbereich	– Gesamtpläne – Bereichspläne – Abteilungspläne – Stellenpläne
– Funktionsbezogenheit	– Beschaffungspläne – Produktionspläne – Marketingpläne – Absatz-/Vertriebspläne – uÄm

Abbildung 65: Planungsarten nach entscheidungsrelevanten Gliederungskriterien

– Inhaltliche Kategorien	– Zielpläne
	– Maßnahmenpläne
	– Ressourcenpläne
	– Grundsatzpläne
– Verwendete Planungsgrößen	– Finanzpläne
	– Planungsrechnungen
	– Budgets
	– uÄm

Abbildung 65: Planungsarten nach entscheidungsrelevanten Gliederungskriterien

Die einzelnen Arten der Planung, die sich unter Bezugnahme auf die genannten Gliederungskriterien ergeben, sind nicht isoliert zu betrachten. Im Gegenteil sie stehen in einem engen Zusammenhang zueinander in der Form, dass zB ein strategischer Plan einen langfristigen Zeithorizont aufweist, also das Charakteristikum des Langfristplanes hat. Weitere Charakteristiken des strategischen Planes sind: Er ist ein Gesamtplan, Zielplan, Ressourcenplan und auch ein Grundsatzplan.

2. Strategische Unternehmungsplanung

a) Begriff und Wesen der strategischen Planung

Voraussetzung für die Charakterisierung der strategischen Planung ist die Auseinandersetzung mit dem Begriff und Wesen der Strategie. Der Begriff der Strategie ist sehr vielschichtig und es lässt sich auch keine einwandfreie, erschöpfende Definition dafür anführen. In einem historischen Kontext stand der Begriff der Strategie oft im Zusammenhang mit groß angelegten militärischen Operationen und militärisch geschichtsträchtigen Persönlichkeiten wie *Clausewitz* und *Moltke* und auch mit ausgeklügelten Zügen bei Brettspielen. Aktuell wird der Begriff der Strategie wieder mit Auseinandersetzungen in Verbindung gebracht, mit Auseinandersetzungen von sich konkurrenzierenden Unternehmungen im Wettbewerb. Der Begriff der „Wettbewerbsstrategie" ist essenziell rund um die Diskussion der Strategie bzw des Strategiebegriffes (vgl *Porter*, 1998, 15 ff). Weitere den Begriff der Strategie generell, der Unternehmungsstrategie im Besonderen charakterisierende Merkmale sind (vgl *Hinterhuber*, 2004, 17 f und *Steinmann, Schreyögg*, 2005, 152):

– Strategien beinhalten Festlegungen hinsichtlich der Aktivitätsfelder der Unternehmung.
– Strategien sind wettbewerbsorientiert, dh sie bestimmen das Handlungsprogramm der Unternehmung in Relation zum Wettbewerb.
– Strategien nehmen Bezug auf Umweltsituationen und -entwicklungen, auf Chancen und Risiken.
– Strategien orientieren sich an den Stärken und Schwächen der Unternehmung, den Kernkompetenzen und den verfügbaren Ressourcen der Unternehmung.

- Strategien beinhalten Aussagen zur Entwicklung der Gesamtunternehmung und/oder der Entwicklung der einzelnen Aktivitäts- bzw Geschäftsfelder der Unternehmung.
- Strategien haben langfristigen Einfluss auf die Vermögens- und Ertragslage der Unternehmung.
- Strategien sind zukunftsorientiert, spiegeln aber auch die zentralen Einstellungen, Wünsche und Wertvorstellungen der Entscheidungsträger wider.

Die generische Natur des Strategiebegriffes zum Ausdruck bringen die Charakterisierungen der Strategie als „Fortbildung des leitenden Gedankens" oder als „Ausdruck der Anpassung an die sich dauernd ändernden Gegebenheiten von Umwelt und Unternehmung" (vgl *Moltke*, 1925, 15 ff).

Den Begriff der Strategie charakterisierend ist auch nachstehende Abbildung von *Hinterhuber/Krauthammer* (siehe Abb 66).

Aktuell und einen modernen *Strategiebegriff umschreibend sind folgende Punkte zu nennen*:
- Die Strategie berücksichtigt die Bedürfnisse der Kunden und die *Kernkompetenzen* der Unternehmung.
- Die Strategie ist der Weg bzw *beschreibt den Weg von der Kernkompetenz – zum Kernauftrag-* verbindet also, einer aktuellen Erfordernis der Managementtheorie entsprechend, den „Market based view" mit dem „Resource based view".

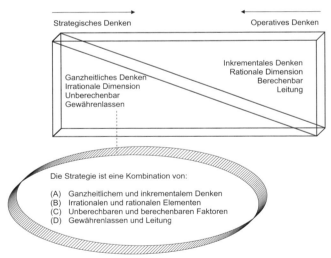

Abbildung 66: Charakterisierung der Strategie (in Anlehnung an Hinterhuber, Krauthammer, 2002, 86)

- *Die Strategie trifft eine klare Aussage hinsichtlich der Positionierung im Wettbewerb* und sie ist darauf ausgerichtet, Wettbewerbsvorteile zu erzielen und sich klar vom Mitbewerber abzuheben bzw zu unterscheiden. Es gehört zum Wesen einer Strategie, für die Unternehmung als Ganzes oder für die einzelnen strategischen Geschäftsfelder innerhalb einer Branche oder eines Industriezweiges eine Position oder Nische zu finden, in der sie sich im Hinblick auf die Verbesserung ihrer Gewinnperspektive am besten gegenüber den Wettbewerbskräften behaupten kann.

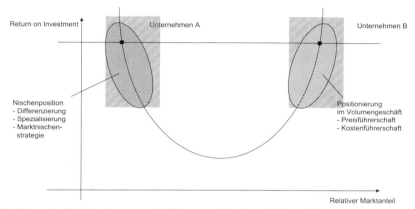

Abbildung 67: Positionierungsmöglichkeiten im Wettbewerb (in Anlehnung an Porter, 1980, 39)

- *Die Strategie beinhaltet Aussagen und trifft Festlegungen hinsichtlich der Verwendung der Ressourcen* sowohl in materieller als auch in immaterieller Hinsicht. Mit ihr erfolgt die optimale Abstimmung der verfügbaren Mittel unter Berücksichtigung
  ○ der strategischen Ausgangssituation für jedes Geschäftsfeld und auch der Unternehmung als Ganzes,
  ○ der Bestimmung der zukünftigen Stellung der Unternehmung und der einzelnen Geschäftsfelder in der Umwelt,
  ○ der Konzentration auf die Kernkompetenzen als Quellen von Wettbewerbsvorteilen,
  ○ der Festlegung der wichtigsten Schritte, um die Unternehmung als Ganzes bzw die einzelnen Geschäftsfelder in die gewünschte Richtung zu bewegen und
  ○ der Kriterien und Standards zur finanzwirtschaftlichen Beurteilung der Strategien und zur Messung der Fortschritte.

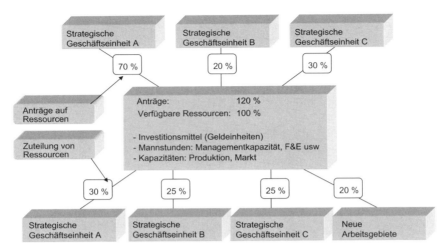

Abbildung 68: Die optimale Abstimmung der verfügbaren Ressourcen (nach McKinsey)

Von der Charakterisierung der Strategie ausgehend lässt sich die „*Strategische Planung*" als der Prozess der Strategieentwicklung und -formulierung definieren und – wie schon bei der Unterscheidung und Abgrenzung zur operativen Planung grob skizziert – bezieht sie sich auf die Unternehmung als Ganzes bzw die wichtigsten Unternehmungsbereiche (Strategische Geschäftsfelder). Im Mittelpunkt steht eine langfristige Perspektive der Unternehmungsentwicklung, die Planung erfolgt in globalen Größen und ist fokussiert auf strategisch relevante dh erfolgsbeeinflussende Faktoren. Sie ist primär umwelt-/umfeldorientiert und ausgerichtet auf die Erarbeitung von Aussagen hinsichtlich der bestehenden aber auch neuer Erfolgspotenziale.

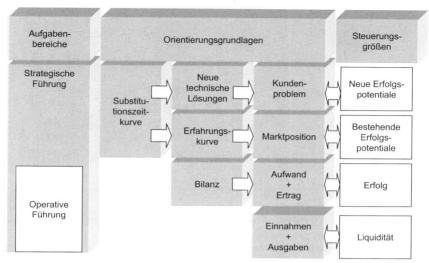

Abbildung 69: Das Modell der strategischen Planung (in Anlehnung an Gälweiler, 1979, 86)

b) Prozess der strategischen Planung

Jede strategische Planung lässt sich grundsätzlich in zwei Abschnitte zergliedern: In den Abschnitt der strategischen Analyse und den Abschnitt der Strategieformulierung. Für die weitere Untergliederung dieser Abschnitte kennt die Betriebswirtschaftslehre mehrere Modelle, die sich vor allem durch die Integration oder die Desintegration der Zielformulierung in den Planungsprozess unterscheiden.

(a) *Desintegrative Modelle:* Stellvertretend für den Prozess der strategischen Planung, der die Formulierung der Unternehmungsziele voranstellt, ist der Prozess nach *Welge/Al-Laham*. Mit der Zielbildung wird die Grundlage des strategischen Planungsprozesses geschaffen. Die Unternehmungsziele werden im Rahmen der Unternehmungspolitik als Teil der normativen Unternehmungsführung festgelegt und später im Prozess in Geschäftsbereichs- und Funktionalziele aufgeteilt (siehe Abb 70).

An die Zielbildung anschließend erfolgt die Strategische Analyse mit der die Schaffung der informationellen Voraussetzung für die Strategieformulierung erreicht wird. Zwei gleich bedeutsame Elemente charakterisieren diese Analyse:
- Die Unternehmungsanalyse und
- die Analyse und Prognose des unternehmungsrelevanten Umfeldes.

Aufgabe *der Unternehmungsanalyse* ist es, die interne Situation der Unternehmung – quantitativ und qualitativ – abzubilden bzw aufzuzeigen. Als Ergebnis stehen die die Situation charakterisierenden strategisch relevanten Kennzahlen. Beispiele dafür sind: Umsatz und Umsatzentwicklung, Kosten

124　　　　　III. Kernkompetenzen der Führung

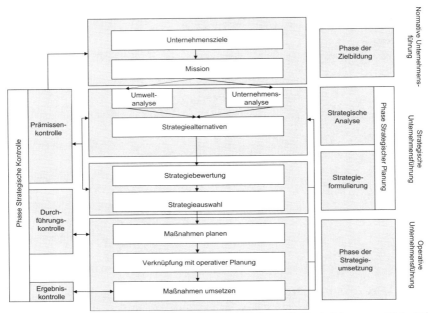

Abbildung 70: Prozess der strategischen Planung und Kontrolle (in Anlehnung an Welge/Al-Laham, 2003, 98)

und Kostenentwicklung, Cashflow, EGT (Ergebnis der gewöhnlichen Geschäftstätigkeit), ROI (Rentabilität) uÄm immer in der Entwicklung bisher analysiert und dargestellt. Weitere Ergebnisse sind: Stärken und Schwächen der Unternehmung, Kernkompetenzen, Benchmark-Ergebnisse aus Wettbewerbs- und Branchenvergleichen.

Fokus *der Umweltanalyse* ist die Analyse und Prognose der die Unternehmung erfolgswirksam beeinflussenden bzw potenziell beeinflussenden Faktoren. Beispiele dafür sind: Markt- und Wettbewerbsanalysen bzw Trends, die technische/technologische Entwicklung, Situation und Trends in Bezug auf Gesetzgebung und Politik, gesellschaftliche Entwicklungen uÄm. Die Umweltanalyse soll sich dabei nicht nur auf das nähere Umfeld des jeweiligen Geschäftes beschränken, sondern auch allgemeinere Entwicklungen und Trends berücksichtigen, die möglicherweise für Diskontinuitäten und Überraschungen im engeren Geschäftsumfeld sorgen (vgl *Steinmann, Schreyögg*, 2005, 155).

Auf Basis der Ergebnisse der Strategischen Analyse erfolgt sodann *die Strategieformulierung* mit dem ersten Teilschritt der Generierung von strategischen Alternativen. Der Raum für grundsätzlich denkbare Strategien soll damit bearbeitet und durchdacht werden. Anschließend wird der Beitrag der einzelnen strategischen Alternativen/Optionen zur Erreichung der Unternehmungsziele bewertet und die Auswahlentscheidung damit vorbereitet. Die Auswahlentscheidung im Sinne eines „*strategic choice*" ist dann zu treffen.

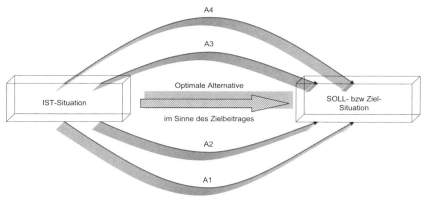

Abbildung 71: Strategieformulierung und -auswahl

Mit der Auswahlentscheidung ist für die Modelle der Modellgruppe (a) der Prozess der strategischen Planung abgeschlossen. Die Umsetzung der Strategie zählt bereits zu den Aufgaben der operativen Planung bzw der operativen Unternehmungsführung.

(b) *Integrationsmodelle:* Sie sind dadurch zu charakterisieren als die Zielformulierung bei diesen Modellen essenzieller Bestandteil des Prozesses der strategischen Planung ist und nicht Vorgabe einer normativen Unternehmungsführung.

Ausgangspunkt bzw tragendes Fundament des weiteren Planungsprozesses bildet hier die strategische Analyse von Umwelt und Unternehmung. Nächster Schritt und somit integraler Bestandteil des Prozesses ist die Zielformulierung. Die Zielsetzung der Unternehmung – quantitativ und qualitativ formuliert – wiederum bildet die Voraussetzung für die Strategieentwicklung und -formulierung. Eine besondere Betonung erhält hier bei diesen Modellen die Unterscheidung zwischen der Formulierung der Strategien auf Unternehmungsebene – der sogenannten „corporate strategy" – und der Formulierung der Strategien für die einzelnen strategischen Geschäftseinheiten – der „business strategy". Auch für die einzelnen funktionalen Bereiche zB für den Einkauf, die Forschung und Entwicklung, die Produktion und den Absatz sind im Rahmen dieser Teilphase des strategischen Planungsprozesses strategische Entscheidungen zu treffen. Man nennt sie auch „functional area strategies" (vgl *Hofer, Schendel,* 1989, 27).

Charakteristisch für die „Integrationsmodelle" ist auch die explizite Miteinbindung der Ausführungs- und Kontrollphase. Insbesondere durch die Überprüfung der strategischen Pläne – der Prämissenkontrolle und der Kontrolle der Durchführung – bzw der strategischen Überwachung wird eine dynamische, permanente Weiterentwicklung der strategischen Pläne erreicht.

Abbildung 72: Grundstruktur der strategischen Unternehmungsplanung (in Anlehnung an Beschorner, Peemöller, 2004, 80)

Berücksichtigt man nun die Erkenntnisse aus beiden Modellrichtungen und kombiniert sie, so sind bestimmte robuste Elemente und Abfolgen der strategischen Planung bzw des strategischen Planungsprozesses erkennbar:
– *Eine normative Rahmengebung* im Sinne von unternehmungspolitischen Leitlinien und übergeordneten Zielsetzungen, denen visionäre Vorstellungen zugrunde liegen.

- *Eine fundierte strategische Analyse der Ausgangssituation,* die Bezug nimmt sowohl auf die Unternehmungssituation als auch auf die Analyse und Prognose des unternehmungs- und erfolgsrelevanten Umfeldes der Unternehmung.
- *Die Entwicklung und Formulierung von Strategien auf der Ebene der Gesamtunternehmung und auf Geschäftsfeldebene.* Die Erarbeitung von strategischen *Alternativen* und die *Konkretisierung und Operationalisierung der strategischen* Ziele unter Berücksichtigung des normativen Rahmens sind dabei wichtige Voraussetzungen für die *strategische Entscheidung.*

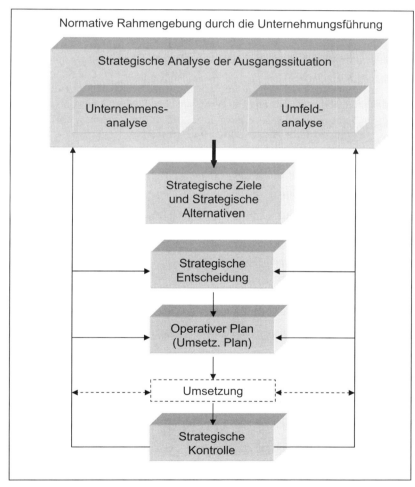

Abbildung 73: Der strategische Planungsprozess

Es ist nicht Aufgabe der strategischen Planung auch die Umsetzung der formulierten Strategien vorzubereiten. Dies ist Aufgabe der operativen Planung. Berücksichtigt man jedoch die Tatsache, dass der „Wert" der Strategie in den Umsetzungsergebnissen sichtbar wird, so wird klar, dass der Prozess der strategischen Planung auch die Umsetzung der Strategie miteinschließen muss und die strategische Kontrolle den Prozess der strategischen Planung abschließt bzw Planungsänderungen oder Neuplanungen initiiert.

In der Diskussion des Prozesses der strategischen Planung sind die Überlegungen von *Mintzberg* noch ergänzend anzuführen. Unter Berücksichtigung wie Organisationen bzw Unternehmungen Strategien erarbeiten bzw wie Strategieprozesse ablaufen, unterscheidet er zwischen beabsichtigten, realisierten und emergenten Strategien. Beabsichtigte Strategien sind rational erdachte, konzipierte Strategien. Sie stehen als Ergebnis eines strategischen Planungsprozesses, der bewusst initiiert und durchgeführt wird. Nach *Mintzberg* sind jedoch davon nur 10 % bis maximal 30 % in der unternehmerischen Realität umgesetzt. Die realisierte Strategie, das heißt die Strategie, die tatsächlich umgesetzt wird, ist nur zu einem geringen Teil mit der geplanten Strategie identisch. Der überwiegende Anteil der realisierten Strategien sind die emergenten, die sich aus vielen getroffenen Entscheidungen eher zufällig herausbilden (vgl *Mintzberg*, 1985, 257 f).

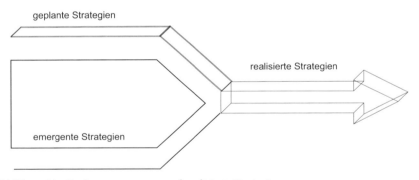

Abbildung 74: Geplante, emergente und realisierte Strategien

Das Verständnis von *Mintzberg* – strategische Planung ist ein iterativer Prozess, der viele Experimente, Rückkoppelungen und auch Offenheit für zufällig entstehende Anpassungsnotwendigkeiten beinhaltet – steht nicht wirklich im Widerspruch zu rationalen, systematischen Strategieformulierungsprozessen (vgl *Grant, Nippa*, 2006, 49). Die strategischen Planungen der meisten Unternehmungen sind im Grunde alle Kombinationen aus emergenten und rationalen Entscheidungs- und Gestaltungsprozessen.

c) Gesetzmäßigkeiten der strategischen Planung

Zeitgemäße strategische Planungssysteme sind ausgerichtet auf die Erreichung von Wettbewerbsvorteilen als wesentliche Voraussetzung für den Unternehmungserfolg. Vorteile lassen sich nach vorherrschender Lehrmeinung auf zweifache Art und Weise realisieren (vgl *Müller-Stewens, Lechner*, 2003, 145):
– Der Positionierung der Unternehmung in ihrem Umfeld (Markt und Wettbewerb), die im Zentrum der sogenannten marktorientierten Unternehmungsführung – dem „market based view" – steht
– und der zur Wirkungbringung der Ressourcenstärke – dem „resource-based view" – zur Erreichung von Wettbewerbsvorteilen.

Im Zusammenhang damit sind im Rahmen der strategischen Planung empirisch fundierte Gesetzmäßigkeiten zu berücksichtigen, die vor allem als Denkmodelle Beiträge sowohl in der Strategischen Analyse der Ausgangssituation als auch für die Strategieentwicklung leisten. Es sind dies
– das Lebenszyklusmodell bzw die Lebenszyklustheorie,
– die Gesetzmäßigkeit der Erfahrungskurve
– und die Ergebnisse der sogenannten „PIMS-Studie".

Sie zählen in der Betriebs- und Managementlehre mittlerweile zu den traditionellen Ansätzen, sie liefern jedoch nach wie vor wertvolle Beiträge und Erkenntnisse für die Prozessschritte der strategischen Planung.

(a) *Das Lebenszyklusmodell* bzw die Lebenszyklustheorie. Das Lebenszyklusmodell baut auf Erkenntnisse der Biologie auf und stellt analog zu den unterscheidbaren Lebensabschnitten eines biologischen Organismus typische Entwicklungsphasen wirtschaftlicher Betrachtungsobjekte dar. Betrachtungsobjekte auf die diese Gesetzmäßigkeit umgelegt werden kann sind dabei vordergründig Produkte, Märkte, Branchen und Technologien oder auch immer öfter die Unternehmung insgesamt. Der Aussagegehalt dieser Lebenszyklusbetrachtungen unterstützt vor allem den „market-based view" der Unternehmungsführung.

Als das ursprüngliche Konzept des Lebenszyklus steht das Modell des „Produkt-Markt-Lebenszyklus" (vgl *Böcker*, 1990, 211 ff.). Es charakterisiert ein empirisch nachgewiesenes Phänomen, das auf einen für viele Fälle unternehmerischer Realitäten typischen Umsatz- und Gewinnverlauf über die Lebensdauer von Produkten oder Produkt-/Markt-Kombinationen hinweist. Traditionell wird dieser Lebenszyklus in der Regel in die Phasen
○ Einführung,
○ Wachstum,
○ Reife,
○ Sättigung
gegliedert. Nachstehende Abbildung zeigt diese klassische Gliederung (siehe Abb 75).

Die Einführungsphase wird charakterisiert durch einen nur langsam steigenden Umsatz/Absatz. Der Kapitalbedarf ist hoch, die Rentabilität norma-

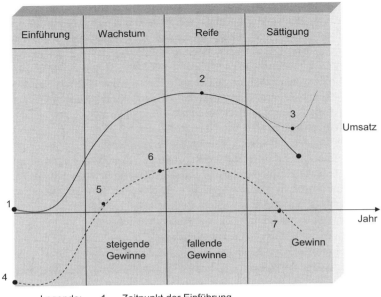

Abbildung 75: Umsatz und Gewinn im Lebenszyklus (in Anlehnung an Hammer, 1988, 157)

lerweise negativ. Es gilt, die Eintrittsbarrieren in den Markt zu überwinden. Häufig müssen Verbrauchergewohnheiten geändert werden, das neue Produkt konkurriert mit einem alten, der Bekanntheitsgrad ist noch gering. In dieser Phase sind es insbesondere die Werbungskosten, die Einführungsrabatte und die auf Grund der geringen Menge noch hohen Herstellkosten, die das Ausgabenbudget belasten. Auch ein Teil der Entwicklungskosten, der noch übernommen werden muss, verursacht mit das negative Ergebnis.
In der Wachstumsphase steigen Umsatz/Absatz infolge der stark steigenden Nachfrage überproportional. Der Kapitalbedarf, bedingt durch die notwendigen Erweiterungsinvestitionen, ist aber ebenfalls progressiv steigend, so dass sich das Umsatzwachstum noch nicht unmittelbar verbessernd auf die Rentabilität auswirken kann. Es gilt schnell zu wachsen, um rasch Marktanteile zu gewinnen und durch das Mengenwachstum die Herstellungskosten zu senken – also Erfahrungseffekte zu nutzen. In dieser Phase ist der Wettbewerb häufig instabil, der Kampf um Marktanteile erfolgt über Preise und Konditionen.

Die Reifephase wird gekennzeichnet durch ein Überschreiten des Umsatz-/Absatz-Maximums. Auch der Gewinnhöhepunkt wird in dieser Phase erreicht, allerdings in der Regel vor dem Umsatzmaximum und auch im weiteren Verlauf sich schneller rückläufig zeigend, als der Umsatz. Der Kapitalbedarf ergibt sich aus den für die Haltung des Marktanteils notwendigen Investitionen und ist im Normalfall geringer als in den Phasen vorher. Dadurch wird eine positive Rentabilität realisierbar, die so lange als möglich verlängert werden soll. In dieser Phase sind Anstrengungen zu unternehmen, den Lebenszyklus auszudehnen.

Die letzte Phase im Lebenszyklus zeigt Degenerationserscheinungen. Umsatz, Gewinn und Rentabilität sind rückläufig. Das Produkt konkurriert mit neuen Produkten auf dem Markt, die Verbraucher wechseln. Zusätzliche Kosten, verursacht durch gestiegene Marktansprüche hinsichtlich Qualität und Kundendienst, belasten die Ertragssituation. Das Produkt wird systematisch aus dem Markt gedrängt und muss aufgegeben werden.

Die Begründung für den Verlauf der Umsatz-/Absatz- und Gewinnkurve über die gesamte Lebensdauer eines Produktes/Marktes ist vielfältig. *Pfeiffer/Bischof* sehen vor allem zwei Zentren von Veränderungen als Ursache dafür (vgl *Pfeiffer, Bischof,* in: *Steinmann,* 1979, 133):

- Änderungen im gesellschaftlichen Bereich, der sozialen Umwelt der Unternehmung: zB Einkommensänderungen, Modeänderungen, do-it-yourself-Bewegungen, Änderungen von Werthaltungen (Umweltbewusstsein beispielsweise) uÄm.
- Änderungen im naturwissenschaftlich-technischen Bereich, der naturwissenschaftlich-technischen Umwelt: zB aus der naturwissenschaftlich-technischen Forschung resultierende Änderungen von Produkt- und Verfahrens- bzw Fertigungstechnologien, beispielsweise die Miniaturisierung in der Elektronik uÄm.

Es ist einsichtig, dass, bedingt durch die Problematik der Planbarkeit dieser Änderungen, der Lebenszyklus eines Produktes keine feste und exakt von vorneherein überschaubare Größe darstellt. Es gibt keine Verfahren, die die absolute Lebensdauer eines Produktes exakt prognostizieren und für ein bestehendes Produkt die genaue Position im Lebenszyklus bestimmen können. Dennoch ist dieses Beschreibungs- und Erklärungsmodell von Relevanz für die Herleitung differenzierter Strategien, indem man mit Schätzungen und Annahmen zu Aussagen gelangt.

In der Literatur finden sich aber auch mehr oder weniger differenzierte Gliederungen. Oft wird dem Produkt-Lebenszyklus am Markt noch der Prozess der Entstehung des Produktes – der Innovationsprozess – vorgelagert. Dies vor allem deshalb, weil im Zusammenhang mit den immer kürzer werdenden Produkt-Markt-Lebenszyklen die Erfordernis der rechtzeitigen/frühzeitigen Planung und Realisierung von neuen Produkten verstärkt zu berücksichtigen ist.

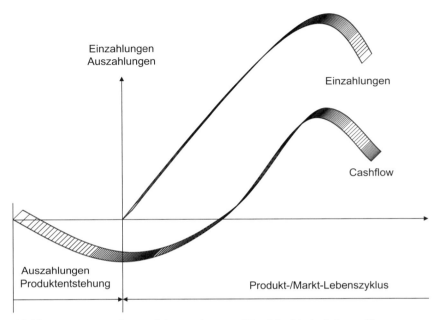

Abbildung 76: *Prozess der Produktentstehung und Produkt-Markt-Lebenszyklus*

Im Zusammenhang mit den Erfordernissen des Marketings, in dessen Mittelpunkt die Ausrichtung aller Teilfunktionen in der Unternehmung – Einkauf, Forschung und Entwicklung, Produktion, Verkauf und Vertrieb und „After Sales" – steht, sind in der Literatur auch noch Ergänzungen im Anschluss an die Sättigungs- und Degenerationsphase durch einen nachgelagerten „Nachsorgezyklus" feststellbar (vgl *Dillerup, Stoi,* 2006, 173). Dieser Nachsorgezyklus berücksichtigt explizit noch eine Phase des Rückganges und eine Phase des Absterbens oder der Weiterentwicklung. Typisch für die Phase des Rückganges ist ein sinkender Umsatz und ein Zurückfahren der Marketingmaßnahmen. Die Gewinne werden damit in der Regel noch einmal temporär stabilisiert bevor sie in Verluste übergehen. Die Absterbens- oder Weiterentwicklungsphase beschreibt die Alternativen in der letzten Lebensphase im Produkt-Markt-Lebenszyklus. Sie können entweder die Einstellung der Produktion des bisherigen Produktes oder den Ersatz durch ein neues oder weiterentwickeltes Produkt beinhalten.

Wesentlich für den Prozess der strategischen Planung – für die Analyse der Ausgangssituation und auch die Strategieentwicklung – sind die „Strategischen Implikationen" des Lebenszyklus-Modelles. Jede Phase im Lebenszyklus bedingt bestimmte Grundverhaltensweisen, die im strategischen Plan der Unternehmung oder im „Business-Plan" für ein strategisches Geschäftsfeld Berücksichtigung finden sollten. Sie beziehen sich im Wesentlichen auf die essenziellen Elemente des „Marketing-Mix" (vgl *Kotler et al,* 2003, 707) – der Produkt-, Preis-, Kommunikations- und Distributionspolitik – unter Beachtung bestimmter Merkmale wie Umsatzwachstum, Stückgewinn, Marktanteil und Marktstellung, die die einzelnen Phasen des Lebenszyklus charakterisieren.

Kriterium	Einführung	Wachstum	Reife/Sättigung	Rückgang
Umsatzwachstum	gering	hoch	sinkend	negativ
Stückgewinn	negativ	hoch	sinkend	gering/negativ
Wettbewerber	wenige	mehrere	viele	wenige
Marktanteil	niedrig	steigend	hoch	gering
Markstellung	unbedeutend	Marktführer und -folger	Marktfolger/ Grenzanbieter	Grenzanbieter
Kosten pro Kunde	sehr hoch	durchschnittlich	niedrig	niedrig
Produktpolitik	Standardisierung	Markenpositionierung	Markendifferenzierung	Selektion
Preispolitik	evtl Innovationsprämie	wettbewerbsorientiert	defensiv	wettbewerbsorientiert
Kommunikationspolitik	Bekanntmachung	nutzenorientiert	Emotionalisierung	weniger bedeutend
Distributionspolitik	Distribution aufbauen	intensive Distribution	Distributionsnetz verdichten	Selektion/ Kooperation
Zielkunden	Innovatoren	Erstkäufer	Erst- und Wiederholungskäufer	Wiederholungskäufer, Nachzügler

Abbildung 77: Merkmale und Grundverhaltensweisen im Lebenszyklus

Wesentlich im Zusammenhang mit dem Produkt-Markt-Lebenszyklus-Modell sind drei Punkte zu nennen:
- *Bei der Ausweitung der Lebenszyklusbetrachtungsweise* auf weitere Objekte sollte dies nicht getrennt, sondern immer im Zusammenhang der einzelnen Objekte untereinander erfolgen.
- *Der Lebenszyklus von Branchen* ist ein immer wichtigeres Betrachtungsobjekt im Rahmen der strategischen Planung einer Unternehmung. Der Branchenlebenszyklus ist das umfeldorientierte Äquivalent zum Produktlebenszyklus. In dem Ausmaß, in dem eine Branche ein Spektrum ähnlicher Produkte in einer zeitlichen Folge der Produktweiterentwick-

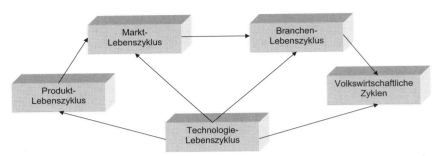

Abbildung 78: Zusammenhang von verschiedenen Lebenszykluskonzepten (in Anlehnung an Dillerup, Stoi, 2006, 174)

lung herstellt, ist der Branchenlebenszyklus wahrscheinlich von längerer Dauer als der eines einzelnen Produktes und enthält derart Perspektiven für die Gestaltung des Produkt-Markt-Lebenszyklus auf Unternehmungsebene (vgl *Grant, Nippa*, 2006, 381).

○ *Der Technologie-Lebenszyklus* ist als Basis für die Planung der Lebenszyklen von Produkten, Märkten und Branchen zu sehen. Technologien sind in vielen Branchen die Grundlage zur Herstellung konkurrenzfähiger Produkte und damit zur Erlangung von Wettbewerbsvorteilen.

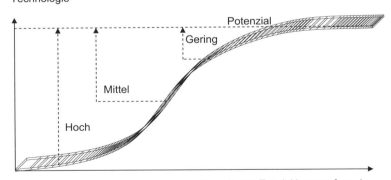

Abbildung 79: Der Technologie-Lebenszyklus (in Anlehnung an Wheelen, Hunger, 2006, 122)

(b) *Die Gesetzmäßigkeit der Erfahrungskurve:* Neben dem Lebenszyklus-Modell ist sowohl für die „market-based"-planenden als auch „resource-based"-planenden Unternehmungen die Gesetzmäßigkeit der Erfahrungskurve von zentraler Bedeutung. Im Mittelpunkt dabei steht die Beschreibung des Zusammenhanges zwischen den realen Stückkosten eines Produktes und der kumulierten Ausbringungsmenge. Nach *Henderson,* dem Begründer der Erfahrungskurvenhypothese (vgl *Henderson,* 1974, 19) kann damit gerechnet werden, dass jede Verdoppelung der im Zeitablauf kumulierten „Erfahrungen" (Produktionsmengen), die auf die Wertschöpfung bezogen und in konstanten Geldeinheiten ausgedrückten Stückkosten auf 70%, 80% oder 90% des Ausgangswertes senkt. Es entspricht dies einer 70%-igen, 80%-igen oder 90%-igen Erfahrungskurve.

Berücksichtigt werden alle direkt auf ein Produkt bzw eine strategische Geschäftseinheit zurechenbaren und ausgabenwirksamen Kostenelemente, wie

○ Kapital-,
○ Entwicklungs-,
○ Fertigungs-,
○ Distributions-,
○ Vertriebs-,
○ Marketing-,
○ allgemeine Verwaltungs- und
○ sonstige Gemeinkosten.

Diese Kostensenkung ist allerdings nur potenzieller Natur und setzt voraus, dass eine effiziente Führung der Unternehmung alle Rationalisierungsreserven und Innovationsmöglichkeiten ausschöpft (vgl *Hinterhuber,* 1980, 168).

Graphisch lässt sich die Erfahrungskurve in einem Koordinatensystem darstellen, auf dessen Abszisse die Stückkosten und deren Ordinate die kumulierten Produktionsmengen aufgetragen sind.

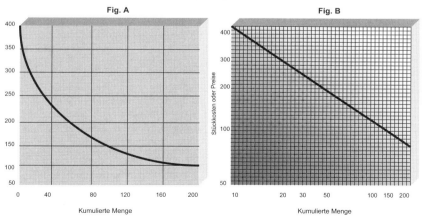

Abbildung 80: Die Erfahrungskurve im normal geteilten Ordinatensystem (Fig. A) und im doppelt logarithmischen System (Fig. B)

Bei einer linearen Skalierung der Ordinaten ergibt sich der in Fig. A dargestellte Kurvenzug. Obgleich die Stetigkeit des Kurvenverlaufs auf eine Gesetzmäßigkeit der dahinter stehenden Zusammenhänge hinweist, bleiben bei dieser Darstellungsart einige wesentliche Besonderheiten mehr oder weniger verborgen. Sie treten deutlicher zutage, wenn man die Kosten-/Volumen- oder die Preis-/Volumen-Beziehungen in einem doppelt logarithmisch eingeteilten Ordinaten-Kreuz aufträgt (Fig. B).

Ein Auftragen der bisher bei vielen Produkten festgestellten Kosten-/Volumen- oder Preis-/Volumen-Beziehungen auf doppelt-logarithmisch eingeteilte Ordinaten führt stets zu geradlinigen Kurvenbildern. Sie zeigen damit eine weitgehend übereinstimmende und konstante Wechselbeziehung zwischen Erfahrung und Preisen und zwischen Erfahrung und Kosten (vgl *Henderson*, 1974, 20 ff).

Für die Konstruktion der Erfahrungskurve sind die Kosten des betrieblichen Rechnungswesens ziemlich belanglos. Statt dessen kommt als abhängige Variable die Veränderung der kumulierten Ausgabenreihe (Cashflow) dividiert durch die Veränderung der kumulativen Produktionsmenge (die kumulative Gesamtproduktion oder stellvertretend die für ein Produkt aufgebaute Kapazität) in Frage. Wie bei allen Wirtschaftlichkeitsrechnungen gehen in die Bestimmung der Erfahrungskurven nur die Ausgaben ein, welche aus einem Vergleich der Unternehmungssituation mit und ohne Projekt oder Produkt im Planungshorizont resultieren.

Die Erfahrungskurve stellt mit anderen Worten die geglättete Änderungsrate der kumulierten Ausgabenreihe (Cashflow) von der Forschung und Entwicklung über die Produktion bis zur Kommerzialisierung eines neuen oder verbesserten Produktes für bestimmte Niveaus der kumulativen Produktionsmenge oder gesammelten Erfahrungen dar.

Der typische Verlauf der Erfahrungskurve zeigt in erster Linie das Kostensenkungspotenzial auf, das mit zunehmender Produktionsmenge erreicht wird. Die Erklärung für diesen Verlauf bzw dieses Kostensenkungspotenzial liefern die folgenden Faktoren:

o Die Erscheinungen der Kostendegression (Betriebsgrößen-, Beschäftigungs- und Anlagendegression).
o Die Kostenrationalisierung, welche bei großen Kapazitäten über verbesserte Produktions- und Distributionsmethoden, die Senkung spezifischer Rohstoff- und Energieverbrauchszahlen, verbesserte Instandhaltung usw wirksam wird.
o Lerneffekte bei der Entwicklung, Projektierung und Fertigung können durch Assimilation der mit wachsender Produktionsmenge erhöhten Erfahrungen die Produktivität steigern, wenn die entsprechenden Kosten in einer genügenden Ausweitung der kumulativen Produktionsmengen ihren Niederschlag finden.
o Der technische Fortschritt im Produktionsprozess.

In diesen Faktoren mitbegründet liegt auch die Schwierigkeit der Bestimmung der individuellen Erfahrungskurve für ein bestimmtes Produkt oder eine Produktgruppe. Ihre Brauchbarkeit liegt in erster Linie in ihrer Zweckmäßigkeit als qualitatives, grundlegendes Denkschema und normales Verhaltensmodell und erst in zweiter Linie in ihrer Eigenschaft als begriffliches Instrument für die Messung der Zusammenhänge zwischen Produktionsmengen und Kosten.

Wesentlich im Zusammenhang wiederum mit der strategischen Planung ist die Aussagekraft der Gesetzmäßigkeit der Erfahrungskurve. Folgende betriebswirtschaftlich relevanten Schlussfolgerungen lassen sich daraus ableiten (vgl *Hammer*, 1998, 152 ff):

- *Die Wechselbeziehung zwischen Kosten und Marktanteilen*: Kosten verhalten sich reziprok zu den Marktanteilen, ein hoher Marktanteil sollte sich dementsprechend in niedrigen Kosten niederschlagen.
- *Die Bedeutung überproportionalen Wachstums*: Wächst eine Unternehmung schneller als ihre Konkurrenz, sollten auch ihre Kosten relativ schneller fallen als die der Konkurrenz.
- *Die Planbarkeit der Kostensenkungspotenziale*: Der Kostenrückgang bei einer bestimmten Ausdehnung der Produktionsmenge lässt sich vorausberechnen und kann die Grundlage für die Kostenkontrolle einerseits, die Beurteilung des Managements andererseits bilden.
- *Die Wirtschaftlichkeit von Investitionen in Marktanteile*: Ob eine Investition zweckmäßig ist oder nicht, ergibt die Beurteilung des damit verbundenen Kostensenkungspotenzials.
- *Die steigende Verschuldungskapazität*: Bei zunehmendem Marktanteil, also bei überproportionalem Wachstum, lässt sich die Verschuldungskapazität ohne höheres Risiko schneller steigern als bei Konkurrenzunternehmungen.
- *Erfahrung durch Eigenfertigung*: Die Wahl zwischen eigener Herstellung oder externem Bezug sollte unter Berücksichtigung der Differenz zwischen der eigenen Erfahrung und der des Lieferanten getroffen werden.
- *Erfahrung bei der Produktgestaltung*: Die Entscheidung zB zwischen mehreren Bauelementen, die alternativ in ein Produkt eingehen können, hat unter Berücksichtigung der möglichen zusätzlichen Erfahrung bei Steigerung des Produktionsvolumens durch die Aufnahme der Bauelemente in das Produktionsprogramm zu erfolgen.

All diese Punkte weisen in ihrer Grundtendenz hin auf die Bedeutung des Marktwachstums und des relativen Marktanteils als Schlüsselfaktoren im Wettbewerb der Unternehmung.

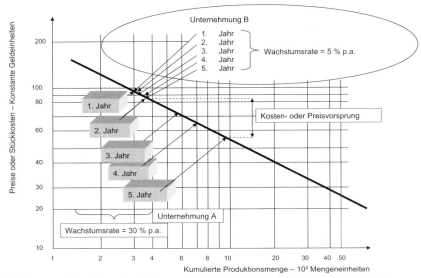

Abbildung 81: Der Wert des Wachstums (in Anlehnung an Hinterhuber, 1980, 171)

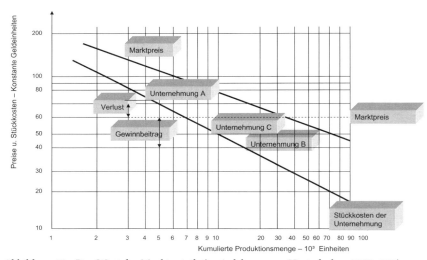

Abbildung 82: Der Wert des Marktanteils (in Anlehnung an Hinterhuber, 1980, 171)

Der Bedeutung von Marktanteil und Marktwachstum muss im Rahmen der strategischen Unternehmungsplanung Rechnung getragen werden. Derjenige Anbieter, der es verabsäumt, seine Marktanteile im Vergleich zur Konkurrenz zu halten bzw auszudehnen und die daraus resultierenden Kostensenkungspotenziale zu nutzen, wird mit Sicherheit seine Wettbewerbsfähigkeit verlieren. Der Anbieter mit dem höchsten Marktanteil bei einem bestimmten Produkt hat die Chance, die niedrigsten Kosten zu realisieren, dh auch, dass er bei gegebenem Marktpreis die höchsten Gewinne zu erzielen imstande ist und das heißt weiter, dass er in der Regel potenter sein wird für Investitionen, die einen weiteren Ausbau seiner Marktstellung zum Ziel haben. Dem Anbieter mit den niedrigsten Kosten stehen auch sämtliche Möglichkeiten einer aktiven Preispolitik offen. Er kann die Preise entsprechend der durch die mengenmäßige Ausdehnung erreichten Kostenreduktion senken und dadurch

- die Gewinnmarge der Konkurrenten im relativen Vergleich verkleinern,
- die Eintrittsbarrieren für neue potenzielle Konkurrenten erhöhen.

Insbesondere relevant sind diese Überlegungen auf schnell wachsenden Märkten, Wachstum wirkt wie „Zinseszinsen". Es verkürzt die Verdoppelungszeiten exponentiell und verhilft zu überproportional steigenden Kostensenkungspotenzialen (vgl *Henderson*, 1974, 48).

Für die Unternehmung bzw die Formulierung der Unternehmungsstrategien ergeben sich aus dem Erfahrungskurveneffekt strategische Implikationen in verschiedener Hinsicht:

- *Für die Preisstrategie, insbesondere bei der Einführung neuer Produkte*: Neue Produkte müssen in nahezu allen Fällen zu Preisen verkauft werden, die unter den Kosten liegen, bis ein größeres Absatz- bzw Produktionsvolumen erreicht ist.
- *Für die Preisstrategie bei stabilen oder instabilen Wettbewerbsbedingungen*: Bei stabilem Wettbewerb bzw dann, wenn kein aktueller oder potenzieller Wettbewerb zu befürchten ist, sind die Preise so hoch wie möglich anzusetzen und nur dann zu senken, wenn dabei der Betrag aus Menge × Stückgewinn gesteigert werden kann (vgl *Hendersen*, 1974, 62). Bei instabilen Wettbewerbsbedingungen sind die Preise entsprechend dem Kostenverlauf bei Ausdehnung der Produktion zu senken.
- *Für die Investitions- bzw Finanzierungsstrategie*: Je schneller eine Unternehmung wachsen will, umso höher sind auch die Anlagen-Investitionen und das sehr oft vor dem Hintergrund niedriger Anfangspreise. Es ist einsichtig, dass ein aggressives Wachstum immens hohe Mittel verbraucht, noch bevor ein Ertragsüberschuss zu erwarten ist. Exakte langfristige Finanzierungsüberlegungen sind erforderlich, die von der naturgemäß unsicheren Höhe des Marktwachstums und der Marktgröße auszugehen haben.

Das Phänomen des Erfahrungskurveneffektes gilt es allerdings nicht unkritisch in die strategischen Überlegungen einzubauen. Seine Betonung als Denkansatz zur Schaffung eines Problembewusstseins bzw eines Ansatzpunktes für die Formulierung von Unternehmungsstrategien steht im Vordergrund.

(c) *Die PIMS-Studie:* Das PIMS-Modell – PIMS steht dabei für „Profit Impact of Market Strategy" – das wie viele Ansätze und Modelle der strategischen Planung auf Mitte der siebziger Jahre zurückgeht, ist immer noch aktuell und liefert weiterhin wertvolle Planungshilfen für die strategische Entwicklung von Unternehmungen. Im Mittelpunkt des Modells steht eine „strategische Datenbank", die von einer immer größeren Anzahl von Mitgliedsunternehmungen von PIMS, mittlerweile weltweit agierend, laufend mit Daten versorgt wird, und die sowohl ein Diagnose- als auch ein Prognosemodell für strategische Problemstellungen darstellt. Inputdaten dieser Datenbank sind quantifizierte Angaben über die

- Wettbewerbsposition der SGE,
- spezifischen Merkmale des Umfeldes,
- Struktur des Produktionsprozesses,
- Forschungs- und Entwicklungsanstrengungen,
- Marketingaufwendungen,
- finanziellen Ergebnisse der Vergangenheit.
- uÄm.

Sie bilden die Basis für die Entwicklung und Weiterentwicklung von Regressionsgleichungen, die es ermöglichen, die Einflussfaktoren und die Art des Einflusses dieser Faktoren auf den ROI (Return on Investment) sichtbar zu machen (siehe Abb 83).

Ziel der PIMS-Studie und somit Ziel des mittlerweile „Datenbank-Unternehmens" mit Sitz in Cambridge, Massachusetts, war und ist es sogenannte „*LAWS of the MARKET*" zu entwickeln, deren Einhaltung bzw Berücksichtigung erfolgsbeeinflussend und misserfolgsverhindernd zur Wirkung kommt.

Als Ergebnis der Studie stehen 37 Faktoren, deren Einflusspotenzial 80 % der ROI-Varianz erklärt. Der ROI dabei ist wie folgt definiert:

$$ROI = \frac{\text{Gewinn vor Steuern} + \text{Zinsen auf das langfristige Fremdkapital}}{\text{Bilanzsumme} - \text{kurzfristige Verbindlichkeiten}}$$

Von allen ermittelten Faktoren sind der relative Marktanteil und die Kapitalintensität als unabhängige Variablen vom Marktwachstum als die Haupteinflussgrößen zu bezeichnen.

Alle weiteren Faktoren können in fünf Gruppen unterteilt werden (vgl *Wittek*, 1980, 160):

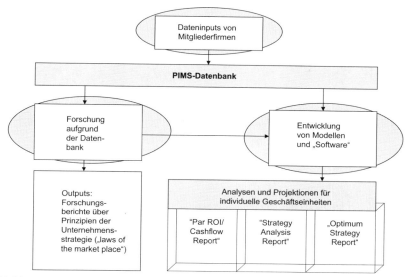

Abbildung 83: Die PIMS-Datenbank (in Anlehnung an Hahn, Taylor, 1980, 138)

- Charakteristische Elemente der Marktstruktur, zB langfristige Wachstumsrate, Inflationsrate, Kauffrequenz, Zahl und Konzentration der Abnehmer.
- Wettbewerbsstellung des Geschäftsbereiches, zB Preis, relative Produktqualität.
- Struktur des Produktionsprozesses, zB vertikale Integration, Kapazitätsausnutzung.
- Höhe kontrollierbarer Kosten, zB Ausgaben für F&E, Marketingbudgets.
- Strategische Maßnahmen, zB Abschöpfungs- und Wachstumsstrategien.

Der relative Marktanteil – verstanden als Verhältnis Marktanteil der Unternehmung bzw des Geschäftsbereiches zum aufsummierten Marktanteil der drei stärksten Konkurrenten – erklärt 20 % der Unterschiede im ROI verschiedener Geschäftsbereiche. Strategien, die die Eroberung eines überdurchschnittlichen Marktanteils ermöglichen, sind demnach in der Regel ertragsstärker, als solche, bei denen der Marktanteil bescheiden bleibt.

Die Bedeutung des relativen Marktanteils muss allerdings in Verbindung mit weiteren Faktoren gesehen werden, und zwar (vgl *Dunst,* 1979, 81 ff)

- der Produktqualität,
- dem relativen Forschungs- und Entwicklungsaufwand,
- der Kapitalintensität,
- der Bestellhäufigkeit.

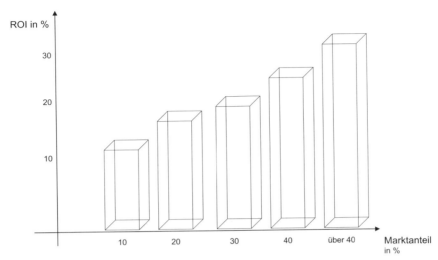

Abbildung 84: Marktanteil und ROI (in Anlehnung an Schoeffler, 1974, 137)

Bedeutsam in seinem Einfluss auf den Return on Investment ist auch die jährliche Zuwachsrate des Marktes. Dieser Faktor hat im Allgemeinen einen negativen Einfluss auf die Gewinnsituation (in absoluten Zahlen) und einen positiven auf den Cashflow, bedingt durch die mit steigendem Marktwachstum verbundenen hohen Abschreibungsbeträge auf Investitionen.

In Bezug auf die Beeinflussung des ROI durch das Marktwachstum ist allerdings die Mitbetrachtung der Produktivität und auch des Integrationsgrades in vertikaler Hinsicht erforderlich, die eine verstärkende Wirkung aber auch eine mindernde Wirkung auf den ROI haben können.

Neben diesen allgemeinen Forschungsergebnissen, deren Veröffentlichung den Zugang für alle Unternehmungen ermöglicht hat, stehen den Mitgliedsunternehmungen kontinuierlich gelieferte Berichte zur Verfügung:

- Der PAR-Report (Vergleichsbericht),
- der Strategy Analysis Report (Strategiebericht) und
- der Optimum Strategy Report (Bericht zur optimalen Strategie).

Die Vergleichsberichte nennen den ROI, der „normal" für den Geschäftsbereich unter Berücksichtigung von Marktcharakteristika, Wettbewerbsmerkmalen, Technologieaspekten und der Kostenstruktur ist. Der Vergleich basiert auf vergangenen Leistungen von Geschäftseinheiten unter vergleichbaren Bedingungen.

Der Nutzen eines derartigen Vergleichsberichtes liegt darin, dass man zu analysieren imstande ist,

- welcher ROI realistischerweise in diesem Geschäftsbereich erwartet werden kann,

○ warum in einem bestimmten Geschäftsbereich der Gewinn höher oder niedriger ausfällt,
○ ob die Leistungen auf der operativen Ebene sinnvollen Erwartungen entsprechen.

Für die Mitgliedsfirmen lässt sich langfristig feststellen, dass sich Unternehmungen mit einer großen Abweichung vom Mittelwert langsam zum „Normalwert" hin entwickeln.

Im Strategiebericht werden computergestützt verschiedene mögliche Strategien für den Geschäftsbereich simuliert. Er zeigt die kurz- und langfristigen Konsequenzen von Strategieänderungen, basierend auf den Entscheidungen anderer Geschäftsbereiche in ähnlichen Situationen, auf. Simuliert werden Marktanteile, vertikale Integration und Kapitalintensität in Verbindung mit Produktqualität, relativen Preisen, Kapazitätsauslastung, Produktivität, Forschungs- und Entwicklungsausgaben uÄm.

Beim Bericht zur optimalen Strategie werden Strategiekombinationen ermittelt, die zum Erfolg führen sollen. Auf der Ebene der strategischen Geschäftseinheit können mit Hilfe der Auswertungen dieses Berichts vorgeschlagene Strategien bewertet, alternative Umweltprognosen vorgenommen und Hinweise für intensivere Untersuchungen gegeben werden. Auf der Unternehmungsebene können die Berichte zur Allokation von Investitionen, als Frühwarnsystem zur Ermittlung von Forschungsprioritäten uÄm genutzt werden.

d) Aufgaben und Methoden der strategischen Planung

Für die Abarbeitung der einzelnen Phasen im strategischen Planungsprozess stehen dem Planer eine Vielzahl von Methoden und Instrumenten zur Verfügung, die eine systematische Vorgehensweise unterstützen. Grob lassen sich diese Methoden entsprechend den Hauptphasen des Prozesses in Methoden und Instrumente
– der strategischen Analyse der Ausgangssituation
– und der Strategieentwicklung

gliedern. Eine detaillierte Gliederung ergibt sich aus den im Rahmen dieser beiden Phasen durchzuführenden Aufgaben.

In der Phase der Analyse der Ausgangssituation sind das
– die Unternehmungsanalyse
– und die Umfeldanalyse.

Für beide Aufgaben gibt es sowohl quantitative als auch qualitative Methoden, die beitragen, die Ist-Situation und die Entwicklung bisher und auch in Zukunft zu charakterisieren und transparent zu machen.

Nachstehende Übersicht versucht, wesentliche Methoden und Instrumente der Unternehmungs- und Umfeldanalyse in strukturierter Form dazustellen (siehe Abb 85).

Aufgaben und Methoden in einen Zusammenhang gebracht zeigt die Abbildung von *Dillerup/Stoi* (siehe Abb 86).

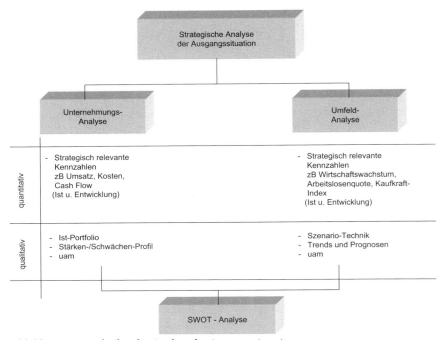

Abbildung 85: Methoden der Analyse der Ausgangssituation

In der Phase der Strategieentwicklung gilt es, methodische Unterstützung für die Aufgabe der Zielfindung und -definition, der Entwicklung alternativer Strategien und der Bewertung und Auswahl von Strategien zu geben. Für die Zielfindung und -definition sind Kennzahlen und Kennzahlenhierarchien in Anwendung. Aktuell ist die „Balanced ScoreCard" ein in der unternehmerischen Praxis immer öfter eingesetztes Instrument, das neben seinem Hauptzweck der Strategieimplementierungsunterstützung sowohl der Zielfindung als auch der Zieldefinition dient.

Methoden, die die Generierung alternativer Strategien systematisieren helfen, sind vor allem die Kreativitätstechniken (Brainstorming, Brainwriting, Synektik), die Morphologien und das „Mind Mapping", das computerunterstützt zur logischen Herleitung von Alternativen beiträgt. Zu nennen ist noch die bereits zu den traditionellen Methoden der Strategieentwicklung zählende Methode der Produkt-Markt-Matrix von Ansoff (siehe Abb 87).

Beiträge zur Strategieentwicklung – wenn auch nur in abstrakter Form – liefert auch die Portfolio-Methodik, das Modell der „Strategischen Grundkonzeptionen" von *Porter* und das ebenfalls von *Porter* stammende Modell der „Wertekette". Auf diese Methoden wird vor allem wegen ihrer Relevanz für die Praxis der strategischen Planung noch vertiefend eingegangen.

B. Unternehmungsplanung 145

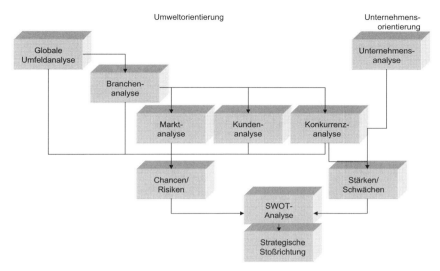

Abbildung 86: Elemente und Zusammenhänge der marktorientierten Unternehmungsführung (in Anlehnung an Dillerup, Stoi, 2006, 179)

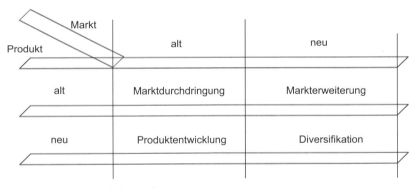

Abbildung 87: Die Produkt-Marktmatrix

Die Bewertung und Auswahl von Strategien wird vor allem unterstützt durch die in der Betriebswirtschaft zu den traditionellen Verfahren zählenden Investitionsrechnungs- und Bewertungsverfahren (vgl dazu Abschnitt IV. Pkt B.).

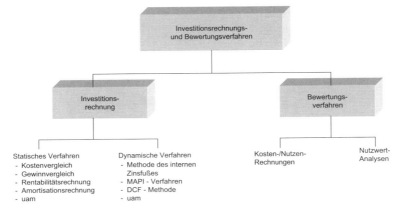

Abbildung 88: Investitionsrechnungs- und Bewertungsverfahren

Unterstützung bei der Bewertung und Auswahl geben auch die bekannten Methoden der Entscheidungsbäume, die Entscheidungs-Matrix, Methoden des Operation Research, die Simulation-EDV-unterstützt und die Risiko-Analyse.

Im Folgenden sollen noch die in Verbindung mit dem Begriff der strategischen Planung beinahe synonym verwendeten Methoden und Modelle etwas vertiefend charakterisiert werden. Es sind dies
- das Stärken-/Schwächen-Profil,
- die SWOT-Analyse,
- das Modell der „Business Idea",
- die Portfolio-Methode,
- die Strategischen Grundkonzeptionen,
- das Modell der Wertekette,
- das Modell der Wettbewerbsdeterminanten,
- die Balanced Scorecard.

(a) *Das Stärken-Schwächen-Profil:* Das Stärken-Schwächen-Profil ist in erster Linie ein Instrument zur Analyse der Ausgangssituation im Rahmen der Unternehmungsanalyse. Im Ergebnis und auch auf dem Weg dorthin liefert es wertvolle Erkenntnisse für die Definition strategischer Ansatzpunkte sowie strategischer Ziel- und Schwerpunktsetzungen. Richtig eingesetzt ist es vor allem für die Führungspraxis eine Methode, die sowohl für die operative als auch für die strategische Führung zu einem unersetzlichen, fundamentalen Instrument geworden ist. Dies vor allem deshalb, weil mit Bezug auf die Stärken und Schwächen einer Unternehmung die Generierung von Wettbewerbsvorteilen unterstützt wird.

Nachstehendes Schema zeigt beispielhaft eine mögliche Grundstruktur eines Stärken-Schwächen-Profils.

B. Unternehmungsplanung

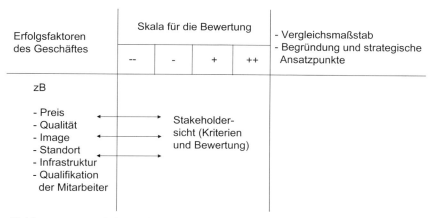

Abbildung 89: Grundschema des Stärken-Schwächen-Profils

Das Stärken-Schwächen Profil steht als Ergebnis der Stärken-Schwächen-Analyse, die grundlegend (vgl *Steinmann, Schreyögg*, 2005, 178) zwei Perspektiven der Unternehmung herausarbeitet:
- Die Innen-Außen-Perspektive: Sie ist wertschöpfungsorientiert und die Betrachtung der Unternehmungsressourcen und ihrer Potenziale erfolgt von innen nach außen relativ zur Konkurrenz- bzw dem Wettbewerbsumfeld.
- Die Außen-Innen-Perspektive: Bei der von außen nach innen gerichteten Betrachtung erfolgt die Bestimmung der erfolgskritischen Faktoren aus der Sicht des Marktes bzw der potenziellen Kunden.

Abbildung 90: Teilperspektiven der Stärken/Schwächen-Analyse (in Anlehnung an Day, Wensley, 1988, 20)

Die Herausarbeitung dieser Perspektiven ist aber nicht der einzige Aspekt, der die strategische Relevanz des Stärken-Schwächen-Profils belegt. Im Zusammenhang mit der Erstellung sind weitere strategisch relevante Fragestellungen abzuklären:
- Die Frage nach den kritischen Erfolgsfaktoren aus der Sicht der wichtigsten „Stakeholder" der Unternehmung.
- Die Frage nach dem strategisch relevanten Vergleichsmaßstab – stärkster Mitbewerber, Soll-Wert oder Benchmark („best practice").
- Die Frage nach der Ausprägung der einzelnen erfolgskritischen Faktoren – Stärke oder Schwäche – auf einer festzulegenden Bewertungsskala.

Die Beantwortung dieser Fragen ist essenziell für die Führung von Unternehmungen, sie setzt aber umfassende Kenntnisse des unternehmerischen Umfeldes – Markt und Wettbewerb – und der Unternehmung voraus. Nicht immer stehen diese Kenntnisse/Informationen zur Beantwortung der strategisch relevanten Fragestellungen in der erforderlichen Qualität zur Verfügung, so dass im Rahmen der Profilerstellung auch ein Beitrag zur Verbesserung des Informationsstandes generell erreicht bzw geleistet wird.

(b) *Die SWOT-Analyse:* Die SWOT-Analyse verknüpft die Stärken-Schwächen-Analyse mit der Analyse von Trends und Prognosen. SWOT steht dabei für „Strengths" (S), „Weaknesses" (W), „Opportunities" (O) und „Threats" (T). Als Ergebnis der SWOT-Analyse steht ein Chancen/Risiko-Profil.

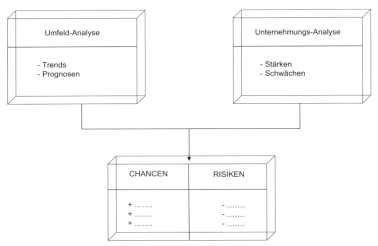

Abbildung 91: Chancen-Gefahren-Analyse (in Anlehnung an Pümpin, 1980, 29)

Trifft ein Trend oder eine Prognose auf eine Stärke, so ergibt sich daraus eine Chance, trifft ein Trend bzw eine Prognose auf eine Schwäche, so bedeutet dies ein potenzielles Risiko bzw eine Gefahr.

Die Gegenüberstellung der unternehmungsexternen Sicht – Trends und Prognosen – mit der unternehmungsinternen Sicht – Stärken und Schwächen – kann auch in einer SWOT-Matrix erfolgen (vgl *Wheelen, Hunger,* 2006, 144). Daraus können für alle Felder strategische Stoßrichtungen abgeleitet werden, die dann im Rahmen der Gesamtstrategie-Stoßrichtung der Unternehmung zusammenzufassen sind. Die Gegenüberstellung der Ergebnisse der Unternehmungsanalyse mit den Ergebnissen der Umfeldanalyse im Rahmen der SWOT-Matrix kann so zu einer intensiven Diskussion der strategischen Handlungsmöglichkeiten und -notwendigkeiten einen wichtigen Beitrag leisten.

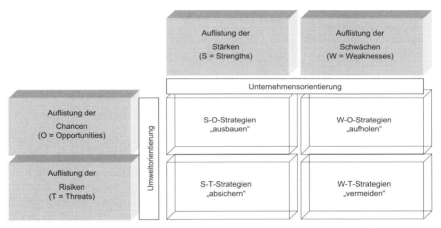

Abbildung 92: SWOT-Matrix (in Anlehnung an Wheelen, Hunger, 2006, 144)

(c) *Das Modell der „Business Idea":* Das Modell der „Business Idea" von *Peter Drucker* unterstützt sowohl den Prozess der strategischen Analyse der Ausgangssituation der Unternehmung als auch den Prozess der Strategieentwicklung (vgl *Drucker,* 1986, 43 ff). In erster Linie leistet aber das Modell einen Beitrag zur inhaltlichen Ausgestaltung einer Geschäftsidee und damit zur Konzeptionalisierung der Unternehmungsstrategie. Der Fokus des Modelles ist auf die Beantwortung der Frage „in what business we are in" gelegt, die er in drei Teilfragen zergliedert:
- Die Frage nach den Erfolgsfaktoren des Geschäftes (key success factors),
- die Frage nach den Vorteilsmöglichkeiten im Wettbewerb (competetive advantages)
- und die Frage nach den Unterscheidungs- bzw Differenzierungsmöglichkeiten (distinctive capabilities) bzw nach dem Alleinstellungsmerkmal der Unternehmung (dem USP – die unique selling proposition).

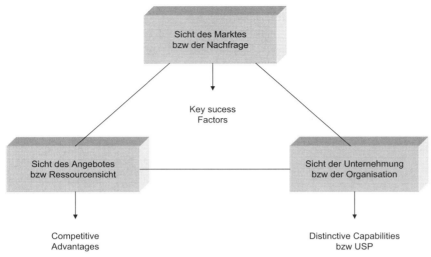

Abbildung 93: Das Modell der Business Idea (in Anlehnung an Drucker, 1986, 58 ff)

Die Hinterfragung der Sicht des Marktes bzw der Nachfrage kann die Herleitung und Definition der Erfolgsfaktoren und Bewertungskriterien im Rahmen der Unternehmungsanalyse bzw der Erstellung eines Stärken-Schwächen-Profils unterstützen. Die Frage nach den Vorteils- und den Differenzierungsmöglichkeiten bzw dem Alleinstellungsmerkmal ist hingegen für die Ausgestaltung der Wettbewerbsstrategie essenziell. Die Leitlinie dafür ist nach *Peter Drucker* die eigene Geschäftsidee/-strategie etwas besser auszugestalten als dies der Mitbewerber tut (siehe Abb 94).

(d) *Die Portfolio-Methodik:* Die Portfolio-Methodik zählt ähnlich wie das Stärken-Schwächen-Profil wohl zu den bekanntesten und wichtigsten Instrumenten der strategischen Planung. Sie stammt ursprünglich aus dem finanzwirtschaftlichen Bereich und wurde Anfang der siebziger Jahre für die strategische Planung erwerbswirtschaftlich orientierter Unternehmungen weiterentwickelt. Sie ist ein absolutes Führungsinstrument vor allem für die oberen und obersten Managementebenen. Ihre Stärken liegen vor allem
  o in der Unterstützung einer ganzheitlichen Sichtweise der Unternehmung,
  o in der Berücksichtigung der für die Rentabilität der Unternehmung ausschlaggebenden Faktoren
  o und in der Möglichkeit, die Ergebnisse der Portfolio-Analyse zu visualisieren und zu kommunizieren.

Zentrales Instrument der Methodik ist die Portfolio-Matrix, die sowohl die strategische Analyse der Unternehmung als auch die Entwicklung von strategischen Zielen und Strategien sowohl auf der Ebene der Gesamtunterneh-

B. Unternehmungsplanung 151

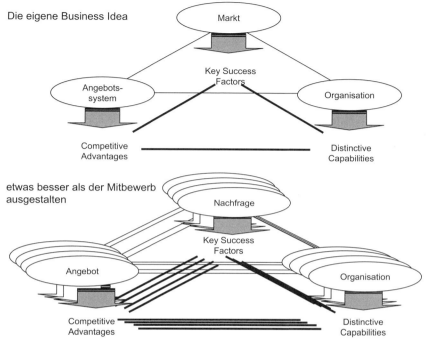

Abbildung 94: Leitlinie für die Ausgestaltung der Business Idea (in Anlehnung an Drucker, 1986, 59)

mung als auch auf der Ebene der einzelnen strategischen Geschäftseinheiten essenziell unterstützen kann.

Vereinfacht zum Ausdruck gebracht ist die Portfolio-Matrix ein Bewertungsraster für die Erfolgsträchtigkeit der unternehmerischen Aktivitäten als Ganzes und auch der einzelnen strategischen Geschäftseinheiten (siehe Abb 95).

Als klassischer Bewertungsansatz gilt das Marktanteils-Marktwachstums-Portfolio von BCG – der Boston Consulting Group – die gemeinsam mit GE (General Electric) Anfang der siebziger Jahre die sogenannte „Vier-Felder-Matrix" basierend auf den Gesetzmäßigkeiten des Lebenszykluskonzeptes und des Erfahrungskurveneffektes entwickelten. Das Bewertungsergebnis der einzelnen Geschäftseinheiten einer Unternehmung wird dabei in einer Vierfelder-Matrix in visualisierter Form sichtbar gemacht (siehe Abb 96).

Die vertikale Achse repräsentiert dabei mit der Maßgröße – Marktwachstum – die Umweltkonstellation einer strategischen Geschäftseinheit. BCG geht davon aus, dass sich alle umweltbedingten Chancen und Risiken durch

152 III. Kernkompetenzen der Führung

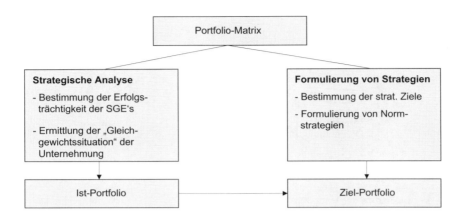

Abbildung 95: Portfolio-Anwendungen und Portfolio-Grundtypen (in Anlehnung an Hammer, 1998, 183)

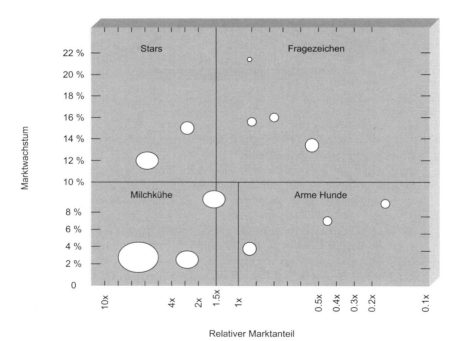

Abbildung 96: Das Marktwachstums-Marktanteils-Portfolio nach BCG

die Wachstumsrate des Marktes abbilden lassen. Stark wachsende Märkte beinhalten Chancen und versprechen unternehmerischen Erfolg. Die Trennlinie zwischen stark wachsenden und weniger stark wachsenden Märkten wird dabei eher willkürlich bei 10% Marktwachstum gezogen.

Auch die horizontale Achse, die die Unternehmungskonstellation einer strategischen Geschäftseinheit bewertet, wird durch einen Faktor – dem relativen Marktanteil – als Ausdruck der relativen Stärke gegenüber der Konkurrenz repräsentiert.

Die vier Quadranten der Matrix, in denen das Bewertungsergebnis in Bezug auf die einzelnen strategischen Geschäftseinheiten der Unternehmung einzutragen und sichtbar zu machen ist, sind in der BCG-Matrix originär als die „Stars", „Cash-Cows", „Question Marks" und „Poor Dogs" bezeichnet.

Geschäfte mit dominantem Marktanteil bei hohem Wachstum werden als *„Stars"* bezeichnet. Geschäfte in diesem Quadranten sind meistens profitabel und können ihr Wachstum oft selbst finanzieren. Eindeutiges Ziel einer Marktanteilsstrategie ist die Verteidigung der Marktführerschaft. Damit wird der relative Kostenvorteil für die Zukunft erhalten, auch wenn kurzfristig geringe Ergebnisse und weitere Finanzmittelzufuhr in Kauf genommen werden müssen.

Wird die Marktführerschaft verteidigt und tritt das Geschäft schließlich in die Reife- und Sättigungsphase, dann nimmt es die Merkmale einer *„Cash-Cow"* an. Die erforderlichen Reinvestitionen und die Verwundbarkeit des Geschäftes nehmen in einem langsamer wachsenden Markt ab. Richtig gemanagt wirft die Cash-Cow einen hohen positiven Cashflow ab. Geschäfte in dieser Kategorie müssen Dividenden, Fixkosten und aussichtsreiche Geschäfte in anderen Kategorien finanzieren.

Geschäfte mit niedrigem Marktanteil und niedrigem Wachstum sind *„Poor Dogs"*. Ihre ungünstige Kostenposition führt in der Regel zu niedrigen Gewinnen. Das niedrige Marktwachstum macht es gegenüber einem wachsamen Marktführer prohibitiv teuer, Marktanteile ohne übermäßigen Aufwand hinzuzugewinnen. Zudem besteht die Gefahr, dass die Geschäfte laufend mehr Finanzmittel verbrauchen als sie erwirtschaften, um ihre marginale Position aufrechtzuerhalten, dh, oft weisen die Geschäfte Gewinne aus, obwohl sie Netto-Cash-Verbraucher sind. Sie sollten so gemanagt werden, dass sie für die Unternehmung keine Cash-Belastung darstellen. Das kann viele Formen annehmen, zB kleinere operationale Verbesserungen, Suche nach Nischen, Versuche, dem Marktführer einen „Preisschirm" attraktiv zu machen, keine weiteren Investitionen oder allmählicher Rückzug aus dem Geschäft.

Geschäfte mit niedrigem Marktanteil und hohem Wachstum werden als *„Question Marks"* bezeichnet. Wegen ihres geringen Marktanteils benötigen diese Geschäfte meistens zusätzliche Finanzmittel, um ihre Marktstellung in einem schnell wachsenden Markt aufrechtzuerhalten oder zu verbessern.

Geschäfte in dieser Kategorie weisen in den meisten Fällen außergewöhnlich hohe Chancen und Risiken auf. Solange das Marktwachstum anhält, kann der Marktanteil ohne hohes Risiko erhöht werden. Dazu sind jedoch sehr hohe Investitionen erforderlich. Wird der Marktanteil jedoch nicht erhöht, werden diese Geschäfte zu Sorgenkindern, wenn das Marktwachstum in der Zukunft nachlässt. Wichtigste Voraussetzung für den Erfolg bei diesen Geschäften ist daher entschlossenes Handeln.

Wesentlich im Marktanteils-Marktwachstums-Konzept von BCG ist die Darstellung der Cashflow-Dynamik, die Aussagen über die grundsätzlich gültigen finanziellen Erfordernisse in den einzelnen Quadranten sichtbar macht.

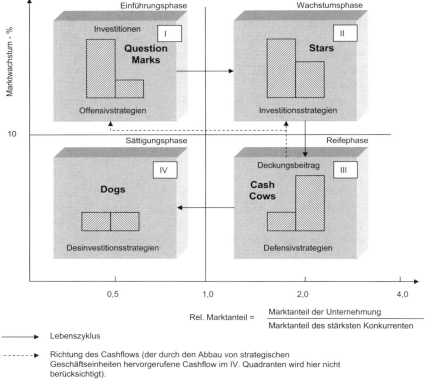

Abbildung 97: Die Cashflow-Dynamik im Portfolio (in Anlehnung an Hammer, 1998, 190)

Aus dieser Darstellung lässt sich auch die Erfordernis, das Portfolio in einem Cashflow-Gleichgewicht zu halten, ableiten. Demnach ist es Aufgabe der Unternehmungsführung, einen finanziellen Ausgleich zwischen „Cashflow-Verbrauchenden" und „Cashflow-Freisetzenden" Geschäftseinheiten dauerhaft sicherzustellen. Hier wird der Stellenwert der Portfolio-Methodik als Führungsphilosophie im Sinne eines „Gleichgewichtsdenkens" erkennbar.

Auch aus der obigen Abbildung ableitbar wird die mit der Positionierung einer strategischen Geschäftseinheit in einem dieser vier Quadranten in Verbindung stehende Strategieempfehlung.

Ebenso als klassischer Bewertungsansatz im Rahmen der Portfolio-Methodik und als Weiterentwicklung der Marktanteils-Marktwachstums-Matrix gilt *das Marktattraktivitäts-Wettbewerbsvorteils-Portfolio von McKinsey* (ebenso wie BCG eine Beratungsunternehmung). Es unterscheidet sich von der BCG-Matrix nicht nur durch die Positionierungsmöglichkeit in neun Feldern – Neun-Felder-Matrix – sondern vor allem dadurch, dass seine Dimensionen nicht nur aus quantitativen Maßgrößen wie Marktanteil und Marktwachstum bestehen, sondern aus einer Vielzahl an gewichteten Merkmalen.

Merkmale der Marktattraktivität im Grundmodell nach *McKinsey* sind (vgl *Hinterhuber,* 2004, 151):
- Marktwachstum und Marktgröße,
- Marktqualität/Rentabilität,
- Wettbewerbssituation,
- Energie und Rohstoffsituation,
- Umweltsituation.

Merkmale der relativen Wettbewerbsvorteile im Grundmodell nach McKinsey sind (vgl *Hinterhuber,* 2004, 153):
- Relative Marktposition,
- relatives Produktionspotenzial,
- relatives Führungs- und Entwicklungspotenzial,
- relative Qualifikation der Führungskräfte und des Kaders,
- relatives Vertriebs- und Marketingpotenzial.

Nachstehende Abbildung zeigt das Grundmodell nach *McKinsey* aus dem wie auch aus dem BCG-Modell Strategieempfehlungen im Sinne von Normstrategien ableitbar sind (siehe Abb 98).

(e) *Das Modell der Strategischen Grundkonzeptionen:* Dieses Modell von *Porter* (vgl *Porter,* 1980, 95) unterstützt die Entwicklung von Wettbewerbsstrategien. Ausgangspunkt sind die sogenannten „generischen" Wettbewerbsvorteile, die bedeuten, dass eine Unternehmung prinzipiell auf zwei Wegen eine höhere Rentabilität als ihre Konkurrenten – zumindest potenziell – erzielen kann: Entweder kann sie eine identische Ware oder Dienstleistung zu geringeren Kosten herstellen bzw liefern oder sie kann eine Ware oder Dienstleistung anbieten, die sich hinsichtlich ihrer Eigenschaften so von den Konkurrenzangeboten unterscheidet, dass die Kunden bereit sind, eine Preisprämie in Form eines Preisaufschlages gegenüber vergleichbaren Konkur-

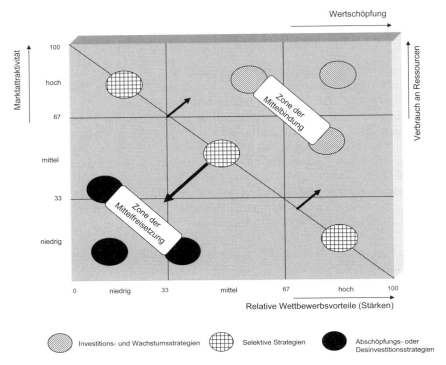

Abbildung 98: Grundschema der Marktattraktivitäts-Wettbewerbsvorteils-Matrix nach McKinsey (in Anlehnung an Hinterhuber, 2004, 148)

renzangeboten, zu bezahlen, der die zusätzlichen Kosten der Differenzierung übersteigt (vgl *Grant, Nippa,* 2006, 310 f).

Im ersten Fall besitzt die Unternehmung einen Kostenvorteil, im zweiten Fall einen Differenzierungsvorteil.

Diese zwei völlig unterschiedlichen Möglichkeiten, Wettbewerbsvorteile zu generieren, beinhalten auch zwei grundsätzlich unterscheidbare Ansätze für die Formulierung von Wettbewerbs- und Geschäftsfeldstrategien. Eine Unternehmung, die mit Kostenvorteilen versucht, Marktanteile zu gewinnen bzw die Mitbewerber zu verdrängen, unterscheidet sich in ihren Fähigkeiten, Schwerpunktsetzungen und ihren organisatorischen Charakteristiken eindeutig von einer Unternehmung, die sich die Vorteilsmöglichkeiten der Differenzierung zu eigen macht.

Das Modell von Porter kombiniert diese beiden grundsätzlichen strategischen Ansätze zur Erreichung von Wettbewerbsvorteilen mit den Wahlmöglichkeiten, die einer Unternehmung hinsichtlich der Marktabdeckung bzw ihres Produkt- und Dienstleistungsspektrums, offen stehen und leitet

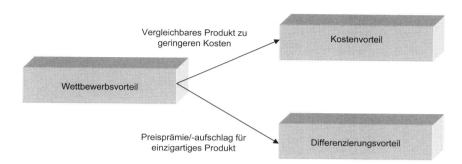

Abbildung 99: Die zwei generischen Wettbewerbsstrategien (in Anlehnung an Grant, Nippa, 2006, 311)

daraus drei generische Wettbewerbsstrategien – die strategischen Grundkonzeptionen – ab:
- Die Strategie der Kosten- bzw Preisführerschaft mit der Intention eines hohen Marktanteils am Gesamtmarkt.
- Die Strategie der Differenzierung mit der Intention, sich in kauf- und abschlussentscheidenden Faktoren vom Mitbewerber zu unterscheiden.
- Die Fokussierungsstrategie, dh dass Kostenvorteils- und Differenzierungsmöglichkeiten segmentspezifisch nutzbar gemacht werden sollen.

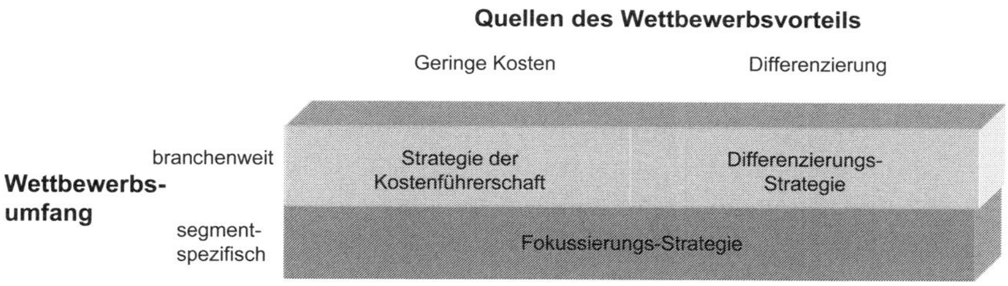

Abbildung 100: Die generischen Wettbewerbsstrategien nach Porter (vgl Porter, 1980, 40)

Essenziell ist natürlich, dass sich eine Unternehmung entsprechend ihrer gewählten strategischen Grundkonzeptionen in ihren funktionalen Leitlinien, in ihren Maßnahmen und Aktionsprogrammen ausrichtet. Orientierungspunkte für ein differenziertes Verhalten unter Berücksichtigung dieser drei strategischen Grundkonzeptionen liefert die nachstehende Abbildung:

	Strategische Grundkonzeptionen		
	Kostenführerschaft	Produktdifferenzierung	Konzentration auf eine Marktnische
Erforderliche Verhaltensweisen und Fähigkeiten	- Fähigkeit, wenige Schlüsselentscheidungen auszuwählen - Verfahrensinnovation u. -verbesserung - Hohe Investitionen - Starke Kostenorientierung in allen Bereichen - Fähigkeit der wirksamen, operativen Führung - Nutzung von Betriebsgrößenersparnissen und Erfahrungsökonomien - Organisations- u. Absatzfähigkeiten auf großen Märkten - Internationalisierung	- Produktinnovation u. –verbesserung - Strategisches Marketing - Orientierte Grundlagenforschung, angewandte Forschung u. Produktentwicklung - Hochqualifizierte Arbeitskräfte - Kreative Führung - Orientierung an der Flexibilität - Internationalisierung	- Fähigkeit der Marktsegmentierung - Dienst am Kunden - Erkennen von Strukturänderungen - Innovationsfähigkeit
	Notwendige Bedingung: - Finanzmittelbeschaffung	Notwendige Bedingung: - Gute Kostensituation	Notwendige Bedingung: - Rasche u. effiziente Anpassungsfähigkeit

Abbildung 101: Erforderliche Verhaltensweisen und Fähigkeiten bei unterschiedlichen strategischen Konzeptionen (in Anlehnung an Hammer, 1998, 93)

(f) *Das Modell der Wertekette:* Das Geschäftsmodell – definiert als Modell der für das Geschäft/die Unternehmung typischen Ablaufschritte – kann mit Unterstützung der Wertekettenanalyse – „value chain analysis" – differenziert dargestellt werden. Sie wurde ebenfalls von *Porter* entwickelt mit der Zielsetzung der Bestimmung von Wettbewerbsvorteilen bzw -potenzialen. Die gesamte Unternehmung wird dabei in jene Teilbereiche zergliedert, die wie die Glieder einer Kette zur Wertschöpfung beitragen. Deshalb wird dieses Modell auch als Modell der Wertekette bezeichnet. Wesentlich dabei sind die folgenden Punkte:

○ Die *Herausarbeitung und Analyse* der sogenannten „primären" Aktivitäten (Basisaktivitäten) und der „sekundären" Aktivitäten (Unterstützungsaktivitäten): Primäre Aktivitäten sind jene, die sich auf die unmittelbare Versorgung des Marktes mit Produkten und/oder Dienstleistungen beziehen. Sie gliedern sich in die Stufen, die eine zu erbringende Leistung während des gesamten Wertschöpfungsprozesses in der Unternehmung absolviert. Sekundäraktivitäten umfassen bzw charakterisieren hingegen alle Aktivitäten, die notwendig sind, um die primären aufrechtzuerhalten.

B. Unternehmungsplanung

Abbildung 102: Das Wertekettenmodell nach Porter (vgl Porter, 2000, 78)

- *Die Analyse der Verknüpfung zwischen den Wertschöpfungsaktivitäten:* Von besonderer Bedeutung sind die Wechselbeziehungen und gegenseitigen Abhängigkeiten zwischen den primären und sekundären Aktivitäten. Sie beeinflussen oft essenziell den Gesamtwert für den Kunden.
- *Der Vergleich der eigenen Wertschöpfungsstufen mit der Wertschöpfungskette des Konkurrenten:* Gerade damit wird das Aufzeigen von Ansatzpunkten für Differenzierungen und Vorteilsmöglichkeiten unterstützt. Darüber hinaus kann der Vergleich auch Transparenz über zu erreichende Kernkompetenzen bzw auch eventuell auszulagernde Aktivitäten liefern (siehe Abb 103).

(g) *Das Modell der Wettbewerbsdeterminanten:* Dieses Modell, das auch auf *Porter* zurückgeht – er benennt es als das „Five Forces Model" (vgl *Porter*, 1980, 55) – nimmt Bezug auf das Wettbewerbsumfeld einer Unternehmung und fasst die zentralen Einflusskräfte zusammen, die typischerweise die Struktur eines Marktes und des eine Unternehmung umgebenden Wettbewerbs prägen. Dieses Modell leistet Unterstützung bei der Analyse und Prognose der Umfelder einer Unternehmung und damit auch für die Herausarbeitung von Chancen und Risiken als Basis für die Entwicklung der Wettbewerbsstrategie. *Steinmann/Schreyögg* haben dieses Modell um einen sechsten Faktor erweitert, der beiträgt, auch die industriellen Beziehungen und die politisch/rechtlichen Rahmenbedingungen im Rahmen der Analyse der „engeren ökonomischen Umwelt" insbesondere des wettbewerblichen Umfeldes entsprechend zu berücksichtigen.

Den Wettbewerb essenziell beeinflussen können demnach die folgenden Determinanten:
- Potenzielle Neuanbieter,
- Verhandlungsstärke der Abnehmer,
- Position des Lieferanten,
- Substitutionsprodukte,

Stufen der Wertschöpfung	Gewichtung 1: unwichtig 10: sehr wichtig für Wertschöpfung	Schlechter ... Besser als die Konkurrenten oder Referenzunternehmungen („best practices") oder eigene Vorstellungen					Gewichtete Punktezahl	Führender Konkurrent oder „best practices" oder eigene Vorstellungen	Maßnahmen
		-2	-1	+/- 0	+1	+2			
Produktentwicklung	10					●	+20	Wir, zu beobachten A	Kernkompetenz abschirmen
Projektierung/ Konstruktion	8				●		+8	A, B beobachten	Selektive Verbesserungsmaßnahmen
Logistik	10	●					-20	Referenzunternehmung X	Prioritätsstufe 1 für Auslagerung
Komponentenherstellung	10		●				-10	B, C, D	Prioritätsstufe 3 für In-/Outsourcing
Zusammenbau des Endproduktes	8					●	+16	Wir, zu beobachten C	Kernkompetenz halten
Design	9		●				18	A, E, F	Prioritätsstufe 2 für Auslagerung
Entsorgung	8								

Abbildung 103: Wertschöpfungskette als Instrument der Differenzierung und der Feststellung von Kernkompetenzen (in Anlehnung an Hinterhuber, 2004, 183)

- Rivalität unter den Konkurrenten,
- Industrielle Beziehungen und der Staat.

Potenzielle Neuanbieter stellen in der Regel immer eine Bedrohung für die etablierten Anbieter dar und können massiv die Attraktivität eines Geschäftsfeldes beeinträchtigen. Die Wahrscheinlichkeit des Eintritts neuer Anbieter hängt eng zusammen mit den Eintrittsbarrieren, die – und das muss die Strategie einer Unternehmung berücksichtigen – hoch gehalten werden müssen.

Den Abnehmern, insbesondere der Verhandlungsstärke der Abnehmer, kommt in der Analyse des Markt- und Wettbewerbsumfeldes eine zentrale Rolle zu. Sie kann in hohem Maße die Rentabilität eines Geschäftsfeldes beeinflussen. Insbesondere ein hoher Konzentrationsgrad der Abnehmer und der mögliche Umstand, dass der von einem Abnehmer in Anspruch genommene Einkaufswert einen großen Anteil am gesamten Einkaufsbudget einnimmt, hat Auswirkungen auf die Verhandlungsstärke. Aber auch der Standardisierungsgrad, die Bedeutung des Produktes für die Qualität des Abnehmerproduktes und der Informationsstand des Abnehmers über die Angebotssituation können die Verhandlungsstärke der Abnehmer steigern oder mindern (vgl *Steinmann, Schreyögg,* 2005, 174).

B. Unternehmungsplanung

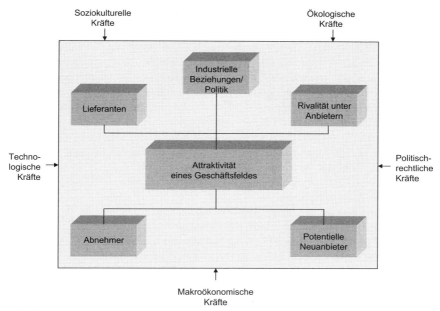

Abbildung 104: Die Wettbewerbsdeterminanten (in Anlehnung an Schreyögg, Steinmann, 1999, 168)

Für die Einflussgröße „Lieferanten" gilt analog dasselbe wie bei den Abnehmern festgestellt: Starke Lieferanten können durch ihre Verhandlungsmacht ebenfalls die Attraktivität eines Geschäftsfeldes beeinträchtigen.

Die Gefahr durch Substitutionsprodukte mit den eigenen Produkten verdrängt zu werden, stellt eine Art „externe" Konkurrenz durch Produkte anderer Märkte dar. Wichtig dabei ist die Sensibilisierung hinsichtlich der Kreuzpreiselastizität, die bei Substitutionsprodukten in der Regel hoch ist, dh wird zB der Preis des eigenen Produktes stark angehoben, verstärkt das sofort die Nachfrage nach dem Substitutionsprodukt.

Die Rivalität unter den bestehenden Marktteilnehmern (Konkurrenten) ist unter Umständen ebenfalls eine, die Attraktivität eines Geschäftsfeldes beeinträchtigende, Determinante. Insbesondere Marktsättigung, die für die Reife- und Abschwungphase eines Marktes charakteristisch ist, macht den Handlungsspielraum für die Wettbewerbsstrategie immer enger.

Im Modell von Porter noch nicht explizit ersichtlich gemacht, trotzdem enorm wichtig in der Beeinflussbarkeit der Attraktivität eines Marktes, sind *industrielle Beziehungen* oder auch *das Einflusspotenzial des Staates*.

(h) *Die Balanced Scorecard:* Die Balanced Scorecard ist zwar nur mittelbar ein Instrument der strategischen Planung, trotzdem enorm wichtig für die zur Wirkungbringung der Ergebnisse der strategischen Planung. Sie ist ein Modell, das vor allem die Implementierung von Strategien unterstützt. Mit der Balanced Scorecard wird der Unternehmung ein effektives und effizientes Controllingsystem zur Verfügung gestellt, das nicht nur zur Realisierung der kurzfristigen finanzwirtschaftlichen Zielsetzungen beiträgt, sondern auch die Erreichung der übergeordneten Unternehmungsziele längerfristiger Natur unterstützt. Mit ihrem Einsatz wird vor allem sichergestellt, dass die Verfolgung finanzieller Ziele nicht zu Lasten der langfristigen strategischen Wettbewerbsposition der Unternehmung geht. Der Grundgedanke der Balanced Scorecard – von *Kaplan/Norton* eingebracht (vgl *Kaplan, Norton*, 1992, 71 ff) – ist die Auflösung der eindimensionalen Orientierung von traditionellen Kennzahlensystemen zur Umsetzung von Strategien und die Erweiterung der Sicht um vier Perspektiven:

- Der finanzwirtschaftlichen Perspektive,
- der Kundenperspektive,
- der internen Prozessperspektive und
- der Lern- und Entwicklungsperspektive.

Dabei werden die Messgrößen der Kundenperspektive, der Prozessperspektive und der Lern- und Entwicklungsperspektive als sogenannte „Leistungstreiber" oder auch als „Vorsteuergrößen" für die Erreichung der Messgröße der finanzwirtschaftlichen Perspektive bzw des finanzwirtschaftlichen Erfolges angesehen (vgl *Hammer*, 2003, 261).

Im Zusammenhang mit den der Balanced Scorecard zugrunde liegenden vier Perspektiven wesentlich ist daher die Feststellung der Ursache-Wirkungs-Beziehungen zwischen denselben. Das Fachwissen der Mitarbeiter ist daher beispielhaft gesehen die Voraussetzung für eine verbesserte Prozessqualität, kürzere Durchlaufzeiten können wiederum ausschlaggebend sein für pünktliche Lieferungen. Pünktliche Lieferungen schaffen Kundenzufriedenheit und führen zu Kundentreue als Garant für weitere Umsätze und liefern damit schlussendlich auch einen Beitrag zum „Return on Capital Employment" als Messgröße für die finanzielle Perspektive.

Durch die Miteinbeziehung der vor allem von der Umsetzung betroffenen Führungsebenen und Mitarbeiter in den Entwicklungsprozess der Balanced Scorecard kann und soll eine möglichst breite Akzeptanz und ein „Commitment" für die Zielsetzungen der Unternehmung erreicht werden. Damit ist auch verstärkt sichergestellt, dass die Umsetzung der Strategie auf allen Ebenen die entsprechende Unterstützung findet. Die Balanced Scorecard ist ein Umsetzungs- und Kommunikationsinstrument der Ergebnisse der strategischen Planungsarbeit.

B. Unternehmungsplanung 163

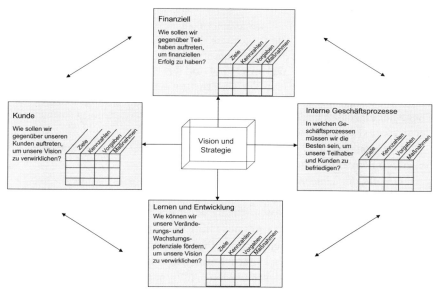

Abbildung 105: Die vier Perspektiven der Balanced Scorecard (in Anlehnung an Kaplan, Norton, 1997, 9)

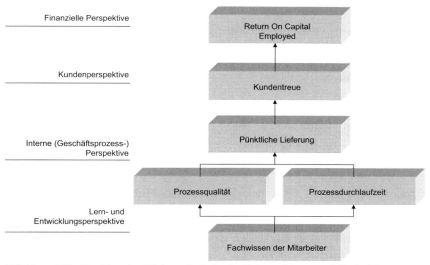

Abbildung 106: Zur Ursache-Wirkungskette in der Balanced Scorecard (in Anlehnung an Bamberger, Wrona, 2004, 247)

e) Ergebnis der strategischen Planung – strategischer Plan und „Business Plan"

Der strategische Plan ist umfassender als der Business Plan. Im strategischen Plan enthalten sind alle Ergebnisse der strategischen Planungsarbeit von der strategischen Analyse der Ausgangssituation bis zu Empfehlungen für die weitere Vorgangsweise für die Umsetzung und das Umsetzungs-Controlling der Strategie. Der strategische Plan der Unternehmung ist gewissermaßen die Zusammenfassung – die Resultierende – der strategischen Planungsarbeit auf der Ebene der einzelnen Geschäftseinheiten, in die die Unternehmung zum Zwecke der strategischen Führung und Führbarkeit gegliedert ist.

Der strategische Plan einer Unternehmung besteht nach Hinterhuber aus folgenden Elementen (vgl *Hinterhuber*, 2004, 19):

- Leitbild der Unternehmung und Aufgabenbereiche der strategischen Geschäftseinheiten (Beiträge zur Lösung gesellschaftlicher Probleme).
- Umweltanalyse und -prognose für jede strategische Geschäftseinheit.
- Konkurrenzanalyse und -prognose für jede strategische Geschäftseinheit.
- Stärken/Schwächen-Analyse und -Prognose der strategischen Geschäftseinheiten sowie von der Unternehmungsleitung vorgegebene Rahmenbedingungen und in der Gesamtunternehmung nutzbare Synergiemöglichkeiten.
- Ziele und Strategien der strategischen Geschäftseinheiten.
- Konsolidierung und Projektion in die Zukunft der Strategien der strategischen Geschäftseinheiten (Strategisches Ziel-Portfolio der Unternehmung).
- Aktionspläne und Budgets für die Umsetzung der Strategien in den funktionalen Bereichen.
- Angabe der für die Realisierung der Strategien und Aktionspläne benötigten Ressourcen.
- Analyse potenzieller Chancen und Probleme und Planung von Eventualmaßnahmen (Contingencies, „Wenn/Dann"-Pläne).
- Finanzwirtschaftliche Beurteilung des Strategischen Planes.

Eine Gliederung eines strategischen Planes für die praktische Planungsarbeit zeigt die folgende Abbildung (siehe Abb 107).

Der Umfang des strategischen Planes einer Unternehmung sollte in Abhängigkeit von der Anzahl der strategischen Geschäftseinheiten oder strategischen Geschäftsfelder 40–50 Seiten nicht überschreiten. Das Wesentliche im Sinne der Kernaussagen zur Ausgangssituation, zur Gliederung in die strategischen Geschäftsfelder und -einheiten, zu den strategischen Zielen auf Unternehmungs- und Geschäftsfeld(-einheiten)-Ebene, zu den prioritären Umsetzungsschwerpunkten und -projekten und zur betriebswirtschaftlichen inklusive der Risikobeurteilung ist in einem einführenden und gleichzeitig zusammenfassenden „Executive Summary" – „the yellow pages" – darzustellen. Essenziell nach *Hin-*

> - Executive Summary
> - Strategische Ausgangssituation
> - Leitbild oder Auftrag der Unternehmung
> - Unternehmungskulturanalyse
> - Strategisches Ziel-Portfolio
>   - Cashflow-Entwicklung
>   - Risikosituation
>   - Synergieeffekte
>   - Validitätstests der SGE-Strategien
> - Gesamtstrategie/Timing
> - Organisationsanalyse
> - Ressourcenentwicklung und –allokation
> - Wenn/Dann-Pläne
> - Finanzwirtschaftliche Beurteilung des strategischen Plans
> - Budget und Drei- oder Fünf-Jahresplan
> - Strategisches Controlling
> - Empfehlungen

Abbildung 107: Gliederungsschema für den strategischen Plan der Unternehmung (in Anlehnung an Hinterhuber, 2004, 191)

terhuber ist noch die Festlegung eines Überwachungssystems für den strategischen Plan.

Dies ist erforderlich, damit
– sachliche und personelle Realisationsfehler rechtzeitig festgestellt und auch der Weiterbestand der Prämissen, auf denen der strategische Plan beruht, laufend überprüft werden können,
– ergänzende und Korrekturmaßnahmen rechtzeitig ausgelöst werden, wenn die Planungsprämissen nicht zutreffen.

Der strategische Plan hat, mit anderen Worten, auch als Grundlage für Korrekturmaßnahmen zu dienen. Er ist das Bezugssystem für das strategische Controlling oder wie letzteres immer öfter bezeichnet wird das „Management Auditing".

Im Gegensatz zum umfassenden Fokus eines strategischen Planes, der als Ergebnis der umfassenden strategischen Analyse der Ausgangssituation und der Strategieentwicklung sowohl auf der Ebene der Gesamtunternehmung als auch auf der Ebene der strategischen Geschäftsfelder steht, ist der Fokus eines „Business-Planes" (Bezeichnung im angelsächsischen oder – wie im deutschsprachigen Raum vielfach benannt – Geschäftsplan oder Unternehmungsplan) enger

und auf die Beantwortung spezifischer Fragen der strategischen Planung hin ausgerichtet. Darin wird detailliert Auskunft gegeben über
- Produkte und Dienstleistungen,
- das Geschäftssystem,
- die Geschäftsorganisation (einschließlich Zusammensetzung und Fähigkeitsprofile des Führungsteams),
- die Marktperspektiven,
- den Vertrieb,
- das Marketing
- uÄm.

Integraler Bestandteil eines Business-Planes sind vor allem Bilanz-, Erfolgs- und Finanzplanungsrechnungen – Cashflow-Prognosen – in denen die bei Realisierung der Business-Strategie zu erwartende Unternehmungsentwicklung zahlenmäßig für einen Zeitraum von meist 3–5 Jahren dargestellt wird.

Gliederung	Inhalte
Deckblatt	– Firma, Anschrift, Logo – Name und Telefonnummer des Ansprechpartners – Datum und Vertraulichkeitsvermerk
Zusammenfassung	– Unternehmensgegenstand und -ziele – Angebotene Produkte mit ihren Wettbewerbsvorteilen – Relevante Märkte mit ihren Potenzialen und der Absatzstrategie – Managementkompetenzen – Wichtige historische und geplante Finanzdaten – Erforderlicher Kapitalbedarf
Kurzprofil des Unternehmens	– Unternehmensgegenstand – Rechtliche Verhältnisse und Kapitalausstattung – Standort und Branchenzugehörigkeit – Wichtige Verträge – Entwicklung der wirtschaftlichen Verhältnisse sowie die Mitarbeiterzahl
Geschäftssystem	– Verkaufte Leistungen und Kunden – Produktions- und Absatzsystem – Bestehende und angestrebte Wettbewerbsvorteile
Unternehmensführung und Personal	– Organigramm des Unternehmens – Schlüsselpersonen und deren Aufgabenverteilung, Kapitalbeteiligung, Qualifikation, Entlohnung und Motivation – Externe Berater, Beiräte oä und deren Aufgaben

Abbildung 108: Inhalte eines Business-Planes (in Anlehnung an Zeis, Naumann, 2006, 8 ff)

Gliederung	Inhalte
Produkte bzw Dienstleistungen	– Beschreibung der Leistungen, Entwicklungsstand und Perspektiven – Vergleich zu Konkurrenzprodukten – Kundennutzen der Leistungen – Alleinstellungsmerkmale und Zusatznutzen
Märkte und Konkurrenz	– Branchen-, Markt- und Preisentwicklung und Segmentierung – Branchentypische Attraktivität und Renditen – Chancen und Risiken – Konkurrenzanalyse
Marketing	– Produktpolitik – Preispolitik – Distributionspolitik – Kommunikationspolitik
Risikoanalyse	– Risiken des Vorhabens – Risikomanagement – Berücksichtigung der Risiken in der Planungsrechnung
Planungsrechnungen	– Gewinn- u. Verlustrechnungen, Bilanzen und Kapitalflussrechnungen – Integrierte Planungsrechnung aus folgenden Teilplänen: Investitionsplan, Abschreibungsplan, Personalplan, Absatzplan, Umsatzplan, Produktionsplan, Kapitalbedarfsplan
Anhang	– zB Marktforschungsanalysen, Bewertungsgutachten, unterschriebene Lebensläufe des Managements, Patente, Lizenzen, Detailrechnungen

Abbildung 108: Inhalte eines Business-Planes (in Anlehnung an Zeis, Naumann, 2006, 8 ff)

Business-Pläne in dieser Form dienen vor allem externen Kapitalgebern als Entscheidungsgrundlage für die Beurteilung einer strategischen Alternative oder eines neu zu entwickelnden Geschäftes. Businesspläne sind ein wichtiges Instrument zur Kommunikation mit Investoren, Banken und Versicherungen. Beteiligungsgesellschaften – Venture Capital Firms – setzen ihn als Bedingungsrahmen für die Aufnahme von Finanzierungsverhandlungen ein. Nach *Bernasconi/Galli* dient er vor allem auch zur Prüfung der Kapitaldienstfähigkeit bzw der Renditebeurteilung (vgl *Bernasconi, Galli*, 1999, 347 und *Dillerup, Stoi*, 2006, 364).

Während ein Business-Plan also eher die finanzielle Förderungswürdigkeit und Rentabilität eines „Businesses" in den Vordergrund stellt, bildet ein strategischer Plan, der umfassender ist, eine vor allem Orientierungshilfe und einen Handlungsrahmen für strategische Entscheidungen.

3. Operative Unternehmungsplanung

a) Begriff und Wesen der operativen Planung

Im Gegensatz zur strategischen Planung, wo es um die Sicherung bestehender und die Erschließung neuer Erfolgspotenziale und um die Erzielung von Wettbewerbsvorteilen geht, ist die operative Planung auf die Vorbereitung der bestmöglichen Nutzung der bestehenden Erfolgspotenziale einer Unternehmung ausgerichtet. Effizienz steht im Rahmen der operativen Planung im Vordergrund. Sie ist eher kurzfristig ausgelegt – Planungszeiträume liegen zwischen ein und drei Jahren –, der Fokus ist abteilungs- bzw tätigkeitsbezogen, der Detaillierungsgrad ist hoch und die Planungsinhalte sind eher quantitativer Natur. Verantwortlich für die operative Planung ist in der Regel das „Middle" und „Lower" Management (vgl dazu auch die Ausführungen in Abschnitt III, Pkt B.1.e)).

Nach *Szyperski/Winand* erfüllt die operative Planung quasi eine Art „Vollzugsfunktion" für die strategische Planung. Sie konkretisiert die durch die strategische Planung gegebenen Vorstrukturierungen und Abgrenzungen in unmittelbar zu realisierende Ziele und Aktionen. Die operative Planung ist in der Regel auf sachlich und zeitlich überschaubare Teilbereiche der Unternehmung gerichtet und ihre Aussagen sind, bedingt durch die Realisationsnähe, meist dokumentiert und auf Kontrollierbarkeit angelegt (vgl *Szyperski, Winand,* 1980, 78).

Aktuelle Definitionen der operativen Planung berücksichtigen verstärkt die Zieldimension der Planung. Sie unterscheiden zwischen einer
- *sachzielorientierten Planung,* die sich mit der Festlegung von Sachzielen, zB der Herstellung einer bestimmten Anzahl eines Produktes oder dem Wechsel einer Fertigungstechnologie, befasst und die dafür erforderlichen Programme und Maßnahmen bestimmt
- und der *formalzielorientierten Planung,* die der Konkretisierung und Vorgabe von Formalzielen, zB Umsatz, Rentabilität, Kosten oder Gewinn, dient und sich auf Erfolgs- und Liquiditätsaspekte bzw die Erreichung einer Wertsteigerung bezieht.

Nach *Dillerup/Stoi* ist die operative Planung – dieser Unterscheidung der Zieldimension folgend – eine sach- und formalzielorientierte Planung. Die sachzielorientierte Planung wird dabei als Aktionsplanung bezeichnet, die formalzielorientierte als Budgetierung (vgl *Dillerup, Stoi,* 2006, 328 f). Die Aktionsplanung ist dabei immer eng verbunden mit der Budgetierung zu sehen. Auf der einen Seite lassen sich Formalziele nur durch entsprechende Maßnahmen realisieren, auf der anderen Seite resultieren die monetären Ergebnisse aus den durchgeführten Maßnahmen. Aktionspläne und Budget gilt es daher im Rahmen der operativen Planung immer aufeinander abzustimmen (vgl *Küpper,* 2001, 319).

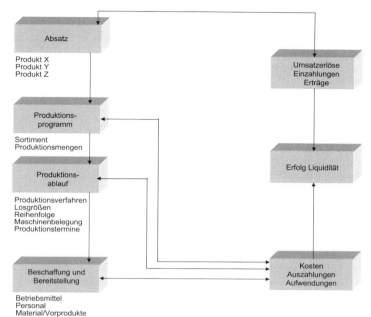

Abbildung 109: Zusammenhänge im Rahmen der operativen Planung (in Anlehnung an Weber, 2002, 372)

b) Operative Planungssysteme und Planungsarten

Als Ergebnisse der operativen Planung stehen operative Pläne. Hier ist nach *Steinmann/Schreyögg* grundsätzlich zu unterscheiden zwischen (vgl *Steinmann, Schreyögg*, 2005, 255 ff)
– Standard- bzw Projektplänen,
– faktor- bzw funktionsbezogenen Plänen.

Standardpläne unterstützen die Verwirklichung bzw dienen der prolongierten Umsetzung des bestehenden Produkt-Markt-Konzeptes einer Unternehmung. Objektbereiche sind sowohl die Realgüterprozesse – Produktionsprogramme und Konsequenzen für die betrieblichen Funktionsbereiche – als auch die Werteumlaufprozesse unter Berücksichtigung der monetären Konsequenzen der Aktivitäten im Realgüterprozess.

Projektpläne beinhalten in detaillierter Form die Umsetzungserfordernisse von Neuorientierungen in der strategischen Ausrichtung der Unternehmung. *Steinmann/Schreyögg* weisen in diesem Zusammenhang auch auf operative Projekte hin, das sind zB Projekte, die auf Verbesserungen der Umsetzungen im Zusammenhang mit der bestehenden strategischen Ausrichtung hin orientiert sind.

Die faktorbezogenen operativen Pläne beinhalten funktionsübergreifende Erfordernisse. Beispiele sind Betriebsmittelpläne oder auch Personalpläne. Funktionsbezogene Pläne nehmen Bezug auf funktionsspezifische Faktoranforderungen und -leistungen, zB des Einkaufes, der Produktion oder des Absatzes/Vertriebes.

Im Folgenden werden unter Bezugnahme auf die in einer Unternehmung zu steuernden typischen Prozesse des Realgüterstromes und des Werteumlaufes einige der, die unternehmerischen Realitäten abbildenden, operativen Teilpläne kurz charakterisiert (vgl Hammer, 1998, 62 ff und auch Abschnitt IV, Pkt A.).

(a) Funktionsbezogene Teilpläne:
- *Der Absatz- und Vertriebsplan:* Im Absatz- und Vertriebsplan erfolgt die Festlegung der in einer zukünftigen Periode abzusetzenden bzw zu vertreibenden Produkte und Dienstleistungen unter Bezugnahme auf Mengen und Werte, oft aufgeteilt auf Absatzregionen oder -märkte und oft auch als Umsatz- oder Verkaufsplan bezeichnet.
- *Der Produktionsplan:* Die Produktionsplanung umfasst in der Regel die Festlegung des Produktionsprogrammes, die Planung des Produktionsablaufes in inhaltlicher und zeitlicher Hinsicht, die Kapazitätsplanung und die Planung der Produktionskosten. Die Produktionsplanung erfolgt ebenfalls mengen- und wertmäßig.
- *Der Beschaffungsplan:* Voraussetzung für eine kontinuierliche Produktion ist das Vorhandensein von Rohstoffen, Halbfabrikaten usw, das durch die Beschaffungsplanung gesichert wird. Diese gliedert sich in:
  ○ Einkaufsplanung und
  ○ Lagerplanung.

Die Einkaufsplanung betrifft die Festlegung der Beschaffung von Gütern nach Art und Menge für die zukünftigen Perioden zur Deckung des betrieblichen Bedarfs unter Berücksichtigung der Wirtschaftlichkeit (Ermittlung der optimalen Bestellmenge).

Die Lagerplanung regelt den Bestand an Gütern in den verschiedenen Lagern, damit diese bei schwankender Fertigung oder Nachfrage als Puffer zwischen Produktion und Markt dienen. Die hohe Kapitalbindung durch die Lagerhaltung erfordert eine Optimierung der Bestände.

- *Der Forschungs- und Entwicklungsplan:* Aufgaben der Forschungs- und Entwicklungsplanung sind
  ○ das Vorschlagen, Beurteilen, Auswählen und Festlegen von Forschungs- und Entwicklungsprojekten,
  ○ die Klärung industrieller Verwertbarkeit,
  ○ die Planung, Überwachung und Steuerung von Terminen, Kapazitäten und Kosten.

Die Forschungs- und Entwicklungstätigkeit ist eine notwendige Voraussetzung für die Erreichung der Unternehmungsziele, da sie durch die systematische Organisation der wissenschaftlichen und technischen Kenntnisse die Grundlagen für die Innovation schafft. Aus diesem Grunde darf die Forschungs- und Entwicklungsplanung in keiner Unternehmung vernachlässigt werden.

- *Der Marketingplan:* Neben der Festlegung der Marketingziele erfolgt im Marketingplan die detaillierte Planung des Produktmix (Produktgestaltung, -qualität, Verpackung, Sortimentgestaltung), des Kontrahierungsmix (Preise, Rabatte, Zahlungs- und Lieferbedingungen), des Distributionsmix (Wahl der Absatzwege und -formen, Service) und des Kommunikationsmix (Werbung, Public Relations, Verkaufsförderung). Mit der zunehmenden Erfordernis der verstärkten Kundenorientierung erfährt der Marketingplan einer Unternehmung zunehmend eine Aufwertung.
(b) Faktorbezogene Teilpläne:
- *Der Investitionsplan:* Für die Investitionsplanung gilt es folgende Problembereiche zu klären:
  o Feststellung der Investitionsmöglichkeiten,
  o Errechnung des Kapitalbedarfs,
  o Sicherung der Kapitalbeschaffung,
  o Investitionsentscheidung,
  o Einbau in die Finanzplanung.

  Die Investitionsideen werden den Leitern der technischen und kaufmännischen Abteilungen sowie den kompetenten Stäben zur Beurteilung vorgelegt. Wird eine Idee für vorteilhaft erklärt, kann ein konkreter Investitionsvorschlag und eine detaillierte Planung der Maßnahmen erfolgen. Grundlage für die Entscheidung bilden Kostenvoranschläge, Wirtschaftlichkeitsrechnungen, Wertanalysen und Finanzierungsalternativen. Die einzelnen Investitionsprojekte werden zu einem Investitionsplan integriert, der auf die anderen Teilpläne abgestimmt wird.
- *Der Kostenplan:* Die Aufgabe der Kostenplanung liegt in der Vorschau und Disposition der zur Erstellung der geplanten Betriebsleistung notwendigen Kosten. Im Allgemeinen werden folgende Kostenpläne aufgestellt:
  o Beschaffungs-,
  o Produktions-,
  o Lager-,
  o Vertriebs-,
  o Personal-,
  o Verwaltungskostenplan.

  Voraussetzung dafür ist das Vorhandensein der betreffenden Teilpläne. Hinzu kommen technische Verbrauchsstandards, Istzahlen der Vergangenheit und die Wirkung verschiedener Beschäftigungsgrade auf die Entwicklung der Kosten. Es ist Aufgabe der Leiter der Kostenstellen (oder Bereiche), ihre Kosten zu planen und Kostenvoranschläge aufzustellen.

  Die Kostenplanung ist deshalb so bedeutungsvoll, weil sie alle Bereiche angeht und weil im Betrieb nichts so beeinflussbar und so „erfolgswirksam" ist wie die Kosten. Die Planung ist eines der wichtigsten Instrumente dafür.
- *Der Finanzplan:* Finanzplanung ist die Gegenüberstellung, die Abstimmung und der gestaltende Ausgleich zukünftiger Einnahmen und Ausgaben. Die

besondere Bedeutung der Finanzplanung basiert auf der Tatsache, dass die Aufrechterhaltung der Liquidität und damit der betrieblichen Sicherheit erster Grundsatz der Betriebspolitik ist bzw sein soll.

Die Finanzplanung umfasst die gesamte Unternehmung, da alle betrieblichen Maßnahmen irgendwann und irgendwie mit Geld zu tun haben und damit auf die dispositive Liquidität wirken. Ohne die aktive Gestaltung der zukünftigen finanziellen Lage würde die Unternehmung ständig zwischen Über- und Unterliquidität schwanken. In kritischen Geschäftslagen ist die Finanzplanung Primärplanung, also Ausgangspunkt für alle anderen Teilpläne. Durch die technische Entwicklung und dem damit verbundenen wachsenden Kapitaleinsatz ist die Bedeutung der Finanzplanung steigend. Sie gibt der Unternehmungsleitung die Möglichkeit, bei voraussehbaren, zukünftigen Engpässen, die notwendigen Entscheidungen durch die systematische Bewertung und Auswahl von Alternativen sorgfältig vorzubereiten.

- *Der Personalplan:* Aufgabe der Personalplanung ist die Ermittlung des erforderlichen Personals nach Art (Qualifikation), Anzahl, Zeitpunkt und Dauer sowie gegebenenfalls Einsatzort, verbunden mit den sich daraus ergebenden Maßnahmen für die Personalbeschaffung, die Personalentwicklung, den Personaleinsatz und die Personalfreistellung.

Besonders die Probleme der Personalentwicklung treten in letzter Zeit im Rahmen der Personalplanung in den Vordergrund. Es handelt sich hier vor allem um zwei Problembereiche:

  ○ Schulung und Ausbildung der Mitarbeiter: Sie soll sich nicht auf die rein fachliche Qualifikation beschränken, sondern auch auf dem Gebiet der Allgemeinbildung und der verantwortungsbewussten Ausübung der Mitbestimmung (Partizipation) erfolgen.

  ○ Kaderplanung: Sie beinhaltet alle Maßnahmen zur Beschaffung, Erhaltung, Förderung und zum optimalen Einsatz sämtlicher Führungskräfte.

Zwischen den operativen Teilplänen des operativen Planungssystems einer Unternehmung bestehen in mehrfacher Hinsicht Zusammenhänge:
- Inhaltliche,
- ablauflogische und
- zeitliche.

Sie sind bei der Gestaltung des Planungssystems selbstverständlich mitzuberücksichtigen. *Inhaltlich und ablauflogisch* besteht vor allem ein Zusammenhang zwischen den betrieblichen, operativen Teilplänen des Realgüterprozesses. In vielen Unternehmungen determiniert zB der Absatz- bzw Vertriebsplan (die Nachfrage) alle anderen funktionalen Teilpläne (siehe Abb 110).

Aber auch im Zusammenhang zwischen den Teilplänen des Realgüter- und des Werteumlaufprozesses bestehen notwendig zu berücksichtigende inhaltliche Beziehungen (siehe Abb 111).

B. Unternehmungsplanung

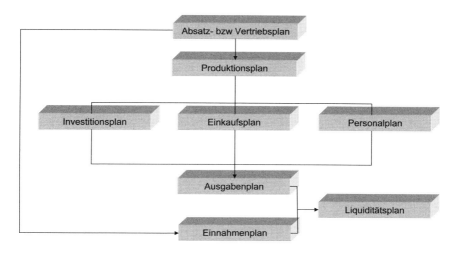

Abbildung 110: Ablauflogik eines operativen betrieblichen Planungssystems

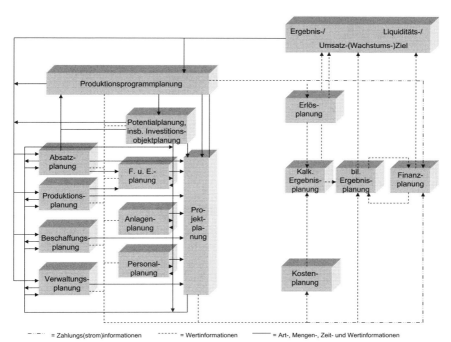

Abbildung 111: Die operativen Teilpläne im Zusammenhang (in Anlehnung an Hahn, 1985, 122)

174　　　III. Kernkompetenzen der Führung

Die Unterscheidung von Plänen im Realgüterprozess und im Werteumlaufprozess und deren Zusammenhänge werden in dieser Abbildung ebenso ersichtlich wie die Zielorientierung der Teilpläne im Hinblick auf Rentabilität und Liquidität (vgl *Steinmann, Schreyögg,* 2005, 263).

Die inhaltliche und ablauflogische Abhängigkeit ergibt auch ein zeitliches Nacheinander der einzelnen Planungsaufgaben. Hier muss allerdings noch ergänzt werden, dass nicht nur die Planungsinhalte prozessinitiierend wirken, sondern dass Planung eine kontinuierliche Aufgabe der Unternehmungsführung ist, die sich in bestimmten Planungszyklen wöchentlich, monatlich, jährlich wiederholt. Im Vordergrund stehen Termine, bis zu denen bestimmte Planungsaufgaben abgeschlossen sein müssen.

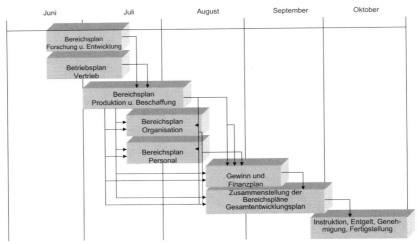

Abbildung 112: Ablauf und Zeitschema der jährlichen Planungsarbeiten (in Anlehnung an Hammer, 1998, 71)

c) Operative Planung und Budgetierung

Der Budgetbegriff wird ganz unterschiedlich interpretiert. Ursprünglich wurde er im Zusammenhang mit der Planung in öffentlichen Haushalten gebraucht und beinhaltete die Gegenüberstellung von Einnahmen und Ausgaben im Sinne eines Finanzplanes oder Etats. Betriebswirtschaftlich traditionell versteht man darunter die Zuordnung finanzieller Ressourcen zu organisatorischen Bereichen. Beispiele dafür sind das Produktions-, Marketing- oder das Personalbudget (vgl *Szyperski, Winand,* 1980, 22). Im Zusammenhang mit der Definition der operativen Planung als sach- und formalzielorientierte Planung (vgl dazu die Ausführungen im Pkt B.3.a) dieses Abschnitts) lässt sich das Budget als

- ein formalzielorientiertes, in wertmäßigen Größen formulierter Plan, der einem Verantwortungsbereich für einen gewissen Zeitraum verbindlich vorgegeben ist

definieren (vgl *Dillerup, Stoi,* 2006, 383). Ein Budget ist also nicht ganz gleichzusetzen mit einem operativen Plan.

Ergänzend zur Definition des Budgets lässt sich der Rollen- und Aufgabenbereich der Budgetierung durch
- besondere Merkmale eines Budgets,
- das System der Budgetierung

charakterisieren.

(a) *Merkmale eines Budgets:* Ein Budget wird gegenüber anderen Planungsarten durch besondere Merkmale als solches erkennbar. Horvath nennt dazu die Folgenden (*Horvath,* 2003, 233):
  o *Verantwortungsbereich:* Horizontal können Budgets nach Funktionen, Prozessen, Regionen sowie Projekten, vertikal nach Hierarchieebenen gegliedert werden.
  o *Geltungsdauer:* In der unternehmerischen Praxis wird zwischen Monats-, Quartals-, Jahres- und Mehrjahresbudgets unterschieden.
  o *Wertdimension:* Budgetangaben können sowohl inputbezogene Werte des Ressourceneinsatzes in Form von Ausgaben, Aufwendungen, Kosten als auch outputbezogene Ergebniswerte wie Umsatz, Gewinn, Betriebsergebnis, EGT darstellen.
  o *Verbindlichkeitsgrad:* Hier ist zu unterscheiden zwischen starren – mit fixen Ober- und Untergrenzen – und flexiblen Budgets, die einen Spielraum für die Anpassung an Veränderungen aufweisen.

(b) *Das System der Budgetierung:* Das System der Budgetierung lässt sich charakterisieren (vgl *Dillerup, Stoi,* 2006, 382) durch die
  o Budgetierungsaktivitäten funktional oder vertikal (Budgetsystem),
  o zeitliche und sachliche Reihenfolge der Aktivitäten (Budgetierungsprozess),
  o Träger der Budgetierung bzw die Organe und
  o im Rahmen der Budgetierung eingesetzten Instrumente.

Nachstehende Abbildung zeigt ein Beispiel eines Budgetierungssystems bei dem eine Verdichtung der einzelnen funktionalen Budgets zu drei Ergebnisbudgets, dem Finanzbudget, der budgetierten Erfolgsrechnung und der Planbilanz erfolgt (siehe Abb 113).

Der Prozess der Budgetierung beginnt in der Regel mit der Ausarbeitung und Entscheidung der Budgetrichtlinien. Nächste Schritte sind die Aufstellung der Teilbudgets, die Budgetabstimmungen und -verhandlungen, die Prüfung der Budgets und die -konsolidierung. Letzter Schritt ist die Genehmigung und Freigabe bzw Vorgabe der Budgets (siehe Abb 114).

176 III. Kernkompetenzen der Führung

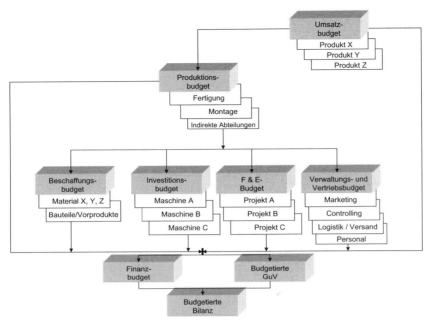

Abbildung 113: *Beispielhafter Aufbau eines Budgetsystems (in Anlehnung an Dambrowski, 1986, 34)*

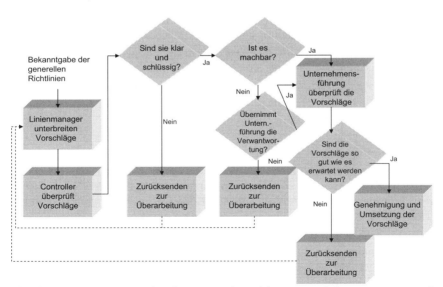

Abbildung 114: *Interative Budgetabstimmung (in Anlehnung an Schilling, Law, 1982, 229)*

Der zeitliche und inhaltliche Ablauf eines Budgetierungsprozesses macht auch das Zusammenwirken verschiedener Hierarchieebenen und Führungsorgane erforderlich.

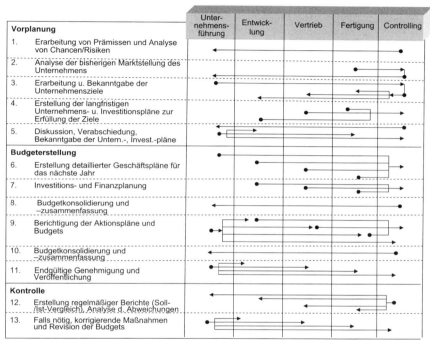

Abbildung 115: Beispielhafter Ablauf und Trägereinbindung in die Budgetierung (in Anlehnung an Goronzy, 1975, 24)

Bei den Methoden bzw Instrumenten der Budgetierung wird generell unterschieden zwischen einer (vgl *Friedl*, 2003, 298 f)
- Input-Output-Budgetierung,
- Output-Budgetierung,
- prozessmengenbasierten Input-Budgetierung,
- entscheidungsorientierten Input-Budgetierung

je nachdem ob Input und Output, nur der Output oder nur die Prozessmengen quantitativ festgelegt und auch gemessen werden können. Einen Überblick dazu liefert die folgende Abbildung.

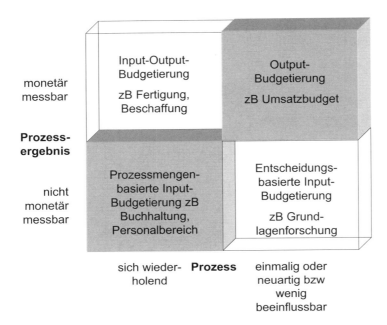

Abbildung 116: Verantwortungsbereiche und Budgetplanungsinstrumente (in Anlehnung an Dillerup, Stoi, 2006, 390)

d) Methoden der operativen Planung – ein Überblick

Planungsmethoden wirken unterstützend im Planungsprozess. Jeder Methode liegt eine sie charakterisierende Folge von Ablaufschritten – der Methodenalgorithmus – zugrunde, durch die gewährleistet wird, dass
- Teilschritte im Prozess immer gleichartig ablaufen,
- eine Vergleichbarkeit der Ergebnisse bei unterschiedlichen Eingangsdaten bzw Planungsdurchläufen gegeben ist,
- Planungsabläufe prinzipiell wiederholbar werden,
- die Abarbeitung von Teilschritten beschleunigt und damit wirtschaftlicher gestaltet und
- der Einsatz der elektronischen Datenverarbeitung ebenfalls prinzipiell möglich wird.

Methoden sind also Operationsfolgen im Planungsprozess, die beliebig oft wiederhol- und nachprüfbar sind. Nach *Szyperski/Winand* haben sie eine dreifache Funktion zu erfüllen (vgl *Szyperski, Winand*, 1980, 131), eine
- instrumentale,
- personale und
- organisatorische.

Instrumentale Funktionen umfassen Leistungen, die auf eine problemgemäße Strukturierung und Auswertung der planungsobjektbezogenen Informationen abzielen. *Personale Funktionen* beziehen sich auf die erwünschte Beeinflussung der Planer bzw ihres Problemlösungsverhaltens beim Einsatz von Planungsmethoden (zB bezogen auf Analysefähigkeit, Sachlichkeit, Lernverhalten, Kreativitätsunterstützung). *Organisatorische Funktionen* sind auf die strukturellen Einflüsse ausgerichtet, die mit dem Einsatz bestimmter Planungsmethoden verbunden sind. Dies betrifft auch die Gestaltung von Informationssystemen und die Gestaltung der organisatorischen Abläufe.

Für die Abarbeitung der einzelnen Planungsphasen steht eine Vielzahl von Methoden und Techniken zur Verfügung. Ihr Einsatz hat jedoch nicht unkritisch zu erfolgen. Berücksichtigt werden müssen vor allem:
– Das Kriterium der Wirtschaftlichkeit – der Methodenaufwand,
– die Aussagefähigkeit der Ergebnisse unter Beachtung der der Methode zugrunde liegenden Parameter und
– die Einseitigkeit bestimmter Methoden (nur quantitativ oder qualitativ) bzw der damit erreichten Ergebnisse.

Der Methodenvielfalt kann im Rahmen dieser Abhandlung nur durch einen Methodenüberblick Rechnung getragen werden. Dieser setzt eine Klassifikation der Methoden voraus. Eine allgemeingültige Klassifikation ist aber schwer zu realisieren, vor allem deshalb, weil es eine Vielzahl möglicher Ordnungsgesichtspunkte dafür gibt.

Sinnvoll und auch pragmatisch erscheint eine Bezugnahme auf die generellen Phasen des Planungsprozesses. *Wild* kommt damit zur folgenden Einteilung der Planungsmethoden (vgl *Wild*, 1981, 148 f):

Zielbildung	
Teilschritte	Methoden/Instrumente
• Suche, Analyse und Ordnung von Zielen	- Relevanz- oder Entscheidungsbäume
• Operationalisierung und Prüfung auf Realisierbarkeit	- Kennzahlensysteme
• Prüfung auf Konsistenz bzw Konflikte	- Kompatibilitäts- und Konfliktanalyse
• Setzung von Prioritäten	- Pattern
• Festlegung von Nebenbedingungen	
• Operationalisierung der Ziele nach Erreichungsgrad, Zeitraum, Zuständigkeiten	
• Zielauswahl und -revision	

	Problemanalyse
Teilschritte	Methoden/Instrumente
• Erkenntnis und Analyse des Problems nach Ursachen und Ausmaß durch Diagnose/Prognose und Vergleich mit den Zielen • Beschreibung und Auflösung des Gesamtproblems in einzelne Elemente und Feststellung ihrer Abhängigkeitsbeziehungen • Abgrenzung des Problems und Ordnung (Strukturierung) nach Gegenständen, Zeitbezug, Schwierigkeitsgrad und Zielrelevanz • Detailanalyse der Ursachen und systematische Gliederung nach Ansatzpunkten zur Problemlösung bzw Ursachenbehebung	- Lagediagnose und -prognose - Scenario-writing - Strukturanalyse - Systemanalyse - Kausalanalyse - SOFT-Analyse - Life-Cycle-Analyse - Produkt-Status-Analyse - Gap-Projektion - Checklisten - Wertanalyse - Kepner-Tregoe-Technik

	Alternativensuche
Teilschritte	Methoden/Instrumente

• Auffinden und Gliederung möglicher Ansatzpunkte für die Problemlösung
• Suche nach Handlungsmöglichkeiten (Lösungsideen)
• Gliederung und Ordnung der Einzelvorschläge
• Konkretisierung und Strukturierung der Alternativen
• Vollständigkeits- und Zulässigkeitsprüfung (Negativauswahl nicht realisierbarer Alternativen)
	- Kreativitätstechniken
	  • Brainstorming
	  • Methode 635
	  • Synektik
	  • morphologische Methode
	  • Funktionsanalyse
	  • progressive Abstraktion
	  • Bionik
	- Zustandsbäume
	- Entscheidungsbäume
	- Systemanalyse
	- Checklisten
	- Produkt-Status-Analyse

B. Unternehmungsplanung

	Prognose	
Teilschritte		Methoden/Instrumente

• Abgrenzung des Prognoseproblems
• Bestimmung der erforderlichen Prognosen nach Inhalt, Präzision und zeitlicher Reichweite usw
• Analyse des Wirkungszusammenhangs zwischen zu prognostizierender Größe und Bestimmungsursachen bzw Indikatoren
• Aufstellung der Prognosemodells bzw. Anwendung des Auswahlverfahrens
• Gewinnung der Prognose(n)
• Angabe der Bedingungen unter denen sie gilt
• Abschätzung der Prognosesicherheit (wenn möglich: Wahrscheinlichkeit) und Beurteilung nach weiteren Gütekriterien
• Auswahl einer Prognose
• Konsistenzprüfung
		- mathematisch-statische Prognosemodelle
		  • Trendmodelle
		  • Exponential Smoothing
		  • Wachstums- und Sättigungsfunktionen
		  • Regressionsmodelle
		  • ökonometrische Modelle
		  • Simulationsmodelle
		  • Netzplantechnik
		- intuitive Prognoseverfahren
		  • Relevanzbäume
		  • Szenario-writing
		  • morphologische Analyse
		  • Kausalanalyse
		  • Systemanalyse
		- Argumentatives Auswahlverfahren
		- Bewertungsmethoden

	Bewertung	
Teilschritte		Methoden/Instrumente
• Bestimmung der Bewertungsobjekte und der Ziele, an denen sie beurteilt werden sollen • Festlegung der Bewertungskriterien und ihrer (Kriterien-) Gewichte • Festlegung der Maßstäbe und Skalen (-niveaus) • Bestimmung der Kriterienwerte bzw Ausstellung von Teil-Werturteilen • Wertsynthese zwecks Ermittlung der Gesamtbewertung durch Zusammenfassung der Teilurteile • Prüfung der Konsistenz der Werturteile		- Kosten-Nutzen-Analyse - Kosten-Wirksamkeits-Analyse - Nutzwert-Analyse - Investitionsrechnung - F/E-Bewertungsverfahren - Produktbewertungsprofile - Break-even-Analyse - Kennzahlensysteme - Relevanzbäume - Bewertungsregeln - Bewertungsprofile

Entscheidung	
Teilschritte	Methoden/Instrumente
• Entscheidungsziel und –kriterien festlegen • evtl. Entscheidungsmodell aufstellen • Vorauswahl zulässiger Entscheidungsalternativen bzw Festlegung von Restriktionen • Auswahl der optimalen Alternative bzw Bestimmung mehrstufiger Entscheidungsfolgen • Prüfung auf Konsistenz mit anderen Entscheidungen • evtl. Ressourcenzuordnung und Zuständigkeitsfestlegung (Durchführungsträger)	- mathematische Entscheidungsmodelle - Entscheidungsbäume - Entscheidungstabellen - Entscheidungskriterien bzw –regeln - Entscheidungsfunktionen

↓

Durchsetzung	
Teilschritte	Methoden/Instrumente
• Information der Durchführungsträger über die Entscheidung • Interpretation und Instruktion • Organisation der Zuständigkeiten und Abläufe • Terminplanung • Motivation der Durchführenden • Soll-Vorgabe (-Vereinbarung) bzw Budgetierung	- Kommunikationsmittel und -techniken - Organisationsmittel - Netzplantechnik - Motivationstechniken - Zielbilder - Budgets

↓

Realisation
Keine Führungsphase, sondern Gegenstand der Führung!

↓

B. Unternehmungsplanung

Kontrolle	
Teilschritte	Methoden/Instrumente
• Kontrollobjekte, -träger, -zwecke und -zeitpunkte festlegen • Auswahl der Kontrollstandards (-maßstäbe) bzw Rückinformationen • Festlegung zulässiger Abweichungen • Kontrolldatenerfassung (IST-Größen-Bestimmung) • SOLL-IST-Vergleich (evtl. auch Zeitvergleich) • Weitermeldung an auszuwertende Stellen	- Checklists - Netzplantechnik - Kontrollcharts - Gap-Projektion - Messmethoden und -instrumente - Berichtwesen

Abweichungsanalyse	
Teilschritte	Methoden/Instrumente
• Festlegung von Art und Ausmaß der Abweichung • Analyse nach Ursachen, Einflussgrößen, Herkunftsbereich, Verantwortlichen sowie nach Wirkungsart und -ort • Prognose der Abweichungskonsequenzen (= Wirkungen auf die Zielerreichung bzw Planeinhaltung, Vorkoppelung) • Ermittlung von Ansatzpunkten zur Abweichungsbeseitigung • Planung von (Verbesserungs-) Maßnahmen bzw Rückkopplung an übergeordnete Planungsinstanzen zwecks Plan- bzw Zielkorrektur	- Kepner-Tregoe-Technik - Ursachenanalyse - Schwachstellendiagramm - SOFT-Analyse - Prognosemethoden - Suchmethoden - Abweichungsberichte

Abbildung 117: Planungsmethoden

C. Unternehmungsorganisation

1. Grundlegendes zur Unternehmungsorganisation

a) Begriff und Wesen der Unternehmungsorganisation

Die Organisation wird in der einschlägigen betriebswirtschaftlichen Literatur vielfach als ein Ordnungsrahmen definiert, der es der Führung einer Unternehmung ermöglicht, die vielfältigen und komplexen Aufgaben effizient zu bearbeiten. Auch nach *Wöhe* vollzieht sich das gesamte betriebliche Geschehen in einer bestimmten Ordnung (vgl *Wöhe*, 2002, 142). Diese Ordnung muss zunächst geplant und dann mit Hilfe von organisatorischen Maßnahmen verwirklicht werden. Unter Organisation versteht er daher
- einerseits den Prozess der Entwicklung dieser Ordnung aller betrieblichen Tätigkeiten (Strukturierung) und
- andererseits das Ergebnis dieses gestalterischen Prozesses.

Diese Ordnungen umfassen die Gesamtheit aller Regelungen, derer sich die Betriebsleitung und die ihr untergeordneten Organe bedienen, um die im Rahmen der Planung entworfenen betrieblichen Prozesse und Erscheinungen zu realisieren.

Wesentlich für ein Verständnis der Organisation bzw des Organisationsbegriffes sind folgende Charakteristiken:
- *Organisation ist ein Instrument des Planungsvollzuges,* Organisation setzt Planung voraus. Mit der Planung werden die Ziele, Strategien und Maßnahmen festgelegt, die Organisation schafft die Strukturen, bestimmt die für die Aufgabenerfüllung Verantwortlichen und entwickelt und definiert die Prozesse und Abläufe zur Aufgabenerfüllung.
- *Organisation ist zweckgerichtetes rationales Handeln,* das die Realisierung des ökonomischen Prinzips in vor allem erwerbswirtschaftlichen Unternehmungen unterstützt.
- *Die Organisation regelt auch das Zusammenwirken von Personen* und *Sachmitteln* (Mensch-Maschinen-Systeme).
- *Durch Organisation bzw organisatorische Regelungen werden* im Gegensatz zur Disposition *dauerhaft* Strukturen und Abläufe für die Erfüllung der Aufgaben festgelegt.
- *Eine Organisation ist ein künstliches Gebilde,* das von Menschen bewusst oder unbewusst geschaffen wird.
- *Organisation schafft Ordnung,* die sich durch die Art der Strukturen und Beziehungen signifikant von anderen Organisationen unterscheidet.
- *Die Organisation ist eine Aufgabe der Unternehmungsführung.* Sie zählt wie oben angeführt, zu den dispositiven Produktionsfaktoren und sie ist daher ein Instrument bzw Mittel der Betriebsleitung, die „Elementarfaktoren" Arbeit, Betriebsmittel und Werkstoffe zieladäquat zu kombinieren bzw zu gestalten.

– *Zwischen Planung und Organisation bestehen wechselseitige Beziehungen.* Beide Tätigkeitsfelder der Führung bedingen sich gegenseitig vor allem während der Gründungs- und Aufbauphase einer Unternehmung aber auch bei tiefgreifenden Umstellungen auf Grund strategischer Neuausrichtungen – „Structure follows strategy" bzw „Strategy follows structure".
– *Gegenstand der Organisation bzw Objektbereich* dieser Kernaufgabe der Führung ist das gesamte Tätigkeitsfeld einer Unternehmung.

Eine Abhandlung über den Begriff und das Wesen der Organisation hat auch darzulegen, dass es verschiedene Bedeutungen des Organisationsbegriffes gibt (vgl *Thommen,* 1991, 669):

– *Die Unternehmung ist eine Organisation:* Damit wird zum Ausdruck gebracht, dass das System – das Gebilde der Unternehmung – Objekt- und Erkenntnisobjekt der Organisationslehre ist. In diesem Zusammenhang ist anzumerken, dass auch öffentlich-rechtliche Institutionen, religiöse, karitative oder auch militärische und andere gesellschaftliche Institutionen als Organisationen bezeichnet werden können und damit ebenfalls Gegenstand der betriebswirtschaftlichen Organisationslehre sind.
– *Die Unternehmung hat eine Organisation:* Jede Unternehmung hat in der Regel eine bewusst geschaffene, an den Zielen und Strategien orientierte Ordnung. Diese Ordnung bezieht sich sowohl auf die Struktur – die Aufbauorganisation – als auch auf die Prozesse – die Ablauforganisation.
– *Die Unternehmung wird organisiert:* Fokus dieser Begriffsorientierung ist die Tätigkeit des Gestaltens in aufbau- und ablauforganisatorischer Hinsicht.

Begriff und Wesen dieser Kernkompetenz der Unternehmungsführung muss auch in Verbindung mit zwei weiteren Punkten gebracht und ausgeführt werden:

– Dem sogenannten „Substitutionsprinzip" der Organisation und
– den Begriffsinhalten der formalen und informalen Organisation.

Je größer die Gleichartigkeit, Regelmäßigkeit und Wiederholbarkeit der in Unternehmungen ablaufenden Prozesse wird, umso mehr allgemeingültige Regelungen können getroffen werden. *Gutenberg* bezeichnet diese Tatsache, dass mit abnehmender Veränderlichkeit betrieblicher Tatbestände die Tendenz zur allgemeinen Regelung zunimmt, als *das „Substitutionsprinzip der Organisation"* (vgl *Gutenberg,* 1962, 240 und siehe Abb 118).

Eng damit im Zusammenhang stehen die Begriffe der „Über- und Unterorganisation": Eine *Überorganisation* liegt vor, wenn variable Tatbestände generell geregelt sind. Bei einer *Unterorganisation* hingegen sind gleichartige und regelmäßig wiederkehrende Vorgänge nur fallweise geregelt. Die organisatorische Verantwortlichkeit der Führung besteht nun darin, ein organisatorisches Optimum zu erreichen. Dieses Optimum wird dann erreicht, wenn der organisatorische Regelungsgrad so angelegt ist, dass eine Über- bzw Unterorganisation vermieden wird. Zu realisieren ist also der optimale Regelungsgrad, der als der Zu-

186 III. Kernkompetenzen der Führung

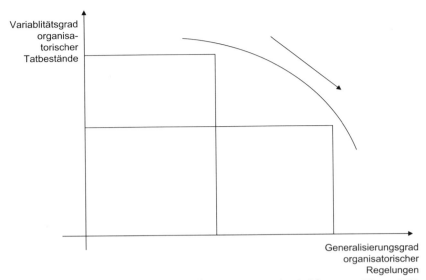

Abbildung 118: Das Substitutionsprinzip der Organisation (in Anlehnung an Kieser, 1981, 71)

stand definiert ist, wo alle gleichartigen, sich wiederholenden betrieblichen Vorgänge durch allgemeine Regelungen ausreichend abgedeckt sind.

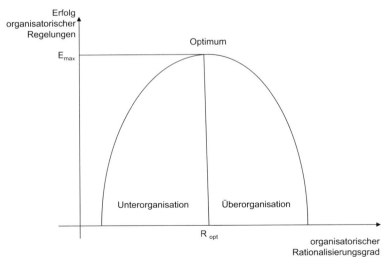

Abbildung 119: Der optimale Organisations- bzw Regelungsgrad (in Anlehnung an Kieser, 1981, 72)

Grundsätzlich dabei ist für die Praxis der Organisationsarbeit zu berücksichtigen, dass mit einer Ausweitung von allgemeinen organisatorischen Regelungen Vor- und Nachteile verbunden sind. Die Nachteile sind (vgl *Thommen*, 1991, 684 f):
- Der individuelle Gestaltungs- und Entscheidungsspielraum wird stark eingeschränkt, der Mitarbeiter zum ausschließlichen Vollzugsorgan „degradiert".
- Die Schematisierung von Betriebsabläufen führt zu starren und schwerfälligen Organisationsprozessen und -strukturen.
- Die Anpassungsfähigkeit gegenüber sich ändernden Anforderungen wird vermindert.

Die Tendenz zu generellen Regelungen kann aber folgende positive Auswirkungen auf die Unternehmung und ihre Mitglieder haben:
- Rationalisierung des Betriebsablaufs,
- Entlastung der leitenden und ausführenden Stellen,
- Verminderung von Konflikten, da weniger Unklarheiten (zB bezüglich Kompetenzabgrenzungen) herrschen.

b) Ziele und Aufgaben

Die Notwendigkeit, Ziele auch für organisatorische Gestaltungsmaßnahmen zu setzen, ergibt sich vor dem Hintergrund eines instrumentellen Verständnisses der Unternehmungsorganisation. Auch der Beitrag, den die Unternehmungsorganisation zur Lösung von Problemen der Unternehmungsführung leistet, muss bestimmbar bzw messbar sein, will man überhaupt vom Nutzen organisatorischer Handlungen sprechen. Dabei sind die Anforderungen an das Setzen organisatorischer Ziele dieselben wie die im Rahmen der Abhandlung zur Unternehmungsplanung festgestellten: Sie müssen operational – messbar – und konsistent – untereinander abgestimmt – sein (vgl Pkt B. dieses Abschnittes).

Oberste Zielsetzung der Unternehmungsorganisation – das Metaziel – *ist es*, zur Kontinuität in der Erfüllung des Unternehmungszweckes, zur Erhaltung, zum Fortbestand und zur zieladäquaten Weiterentwicklung der Unternehmung beizutragen. Zur Erreichung dieser obersten Zielsetzung ist die Vorgabe folgender einzelner Organisationsziele notwendig (vgl *Schertler*, 1997, 22).

(1) *Erhöhung der Produktivität:*
Teilziele sind zB
  ○ Vermeidung von Doppelspurigkeiten in der Aufgabenerfüllung,
  ○ Vermeidung von Leerkapazitäten und Engpässen,
  ○ klare Abgrenzung von Aufgaben- und Kompetenzbereichen der Organisationsmitglieder,
  ○ Routinisierung von Arbeits- und Informationsprozessen,
  ○ Vermeidung von Spannungen und Konflikten zwischen den Organisationsmitgliedern,
  ○ Fixierung der Verhaltenserwartungen der Mitarbeiter.

(2) *Erhöhung der Flexibilität und Anpassungsfähigkeit:*
Teilziele sind zB
- Erhöhung der Innovationsfähigkeit,
- Unterstützung kreativer Prozesse durch bestimmte Arbeitstechniken und Arbeitshilfsmittel,
- Erfassung von Änderungspotenzialen, die einer organisatorischen Lösung bedürfen (zB Bereich der betrieblichen Aus- und Weiterbildung, Produktentwicklung),
- Informationsbeschaffung (Datenzugriff) und schnelle Weitergabe (zB Berichtswesen, Planungssysteme).

(3) *Erhöhung der Sicherheit der Organisationsmitglieder*: Durch Abschirmung der Arbeitssituation vor Ungewissheit und durch Spezifikation der Rollen der Organisationsmitglieder.
Teilziele sind zB
- Abgrenzung der Verhaltenserwartungen (zB durch klare Aufgabenteilung) der Organisationsmitglieder,
- klare Bestimmung von Kontrollmaßnahmen (Zeitpunkt, Häufigkeit),
- Aufbau von Vertrauensverhältnissen,
- Transparenz über Bewertungskriterien bei der Leistungsbeurteilung.

(4) *Erhöhung des Reifegrades der Organisationsmitglieder*: Durch Schaffen der organisatorischen Voraussetzungen zur Selbstentfaltung des Individuums in seiner Arbeitssituation.
Teilziele sind zB
- konsequente Realisierung des Delegationsprinzips,
- Erfassung von Aus- und Weiterbildungspotenzialen,
- Schaffen von (Entscheidungs-)Freiheitsräumen in der Arbeitssituation,
- „Ergebniskontrolle statt Fortschrittskontrolle!"

Wichtig bei diesen hier nur kurz beschriebenen Organisationszielen ist *die Frage nach* der oben erwähnten *Konsistenz* dieser Ziele. Gerade bei den sozioemotionalen Organisationszielen liegt zwischen den Zielen der Erhöhung der Sicherheit und der Erhöhung des Reifegrades der Organisationsmitglieder eine Konkurrenzbeziehung. So kann zB durch zunehmende Strukturierung der Aufgaben die Sicherheit der Arbeitssituation erhöht werden. Gleichzeitig aber wird der Ermessensspielraum bzw Freiheitsraum eigener Entscheidungen reduziert.

Die Erreichung bzw Realisierung dieser Ziele der Unternehmungsorganisation macht die Durchführung der folgenden Hauptaufgaben erforderlich (vgl *Schertler,* 1997, 23):
- Die Festlegung bzw Definition von organisatorischen Zielen und Normen als Basis für das Treffen von organisatorischen Entscheidungen.
- Die Ausgestaltung einer zieladäquaten Führungs- und Leitungsstruktur – der sogenannten Aufbauorganisation der Unternehmung.

- Die Planung und Organisation der für die Unternehmung typischen bzw im Rahmen der Erfüllung des Unternehmungszweckes zu realisierenden Prozesse bzw Abläufe – der Ablauforganisation der Unternehmung.
- Die Planung und Implementierung von notwendigen Weiterentwicklungen der Organisation vor allem die im Zusammenhang mit strategischen Erfordernissen stehenden Anpassungen der Organisation – structure follows strategy.
- Die Bereitstellung und den Einsatz von Methoden und Techniken zur Ausgestaltung der Aufbau- und Ablauforganisation.
- Die Kontrolle der Effizienz getroffener Organisationsentscheidungen als Voraussetzung für die Initiierung von organisatorischen Lernprozessen.

c) Organisation als Problemlösungsprozess

Die Bearbeitung organisatorischer Problemstellungen – unabhängig ob es dabei um aufbauorganisatorische oder ablauforganisatorische Inhalte geht – kann wertvolle Orientierungshilfen aus dem generellen Ablauf von Problembearbeitungen und -lösungen liefern.

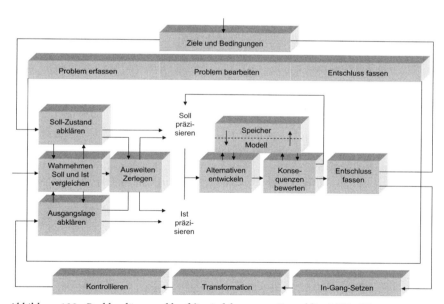

Abbildung 120: Problemlösungsablauf (in Anlehnung an Brauchlin, 1981, 35)

Folgende Phasen sind im Zusammenhang damit relevant (vgl *Thommen*, 1991, 670 f):

(1) *Die Analyse der Ausgangslage:* Die Ausgangslage für die Bearbeitung organisatorischer Problemstellungen wird in der Regel durch eine Vielzahl von Einflussfaktoren auf die Organisation charakterisiert. Nach *Stein-*

mann/Schreyögg sind es vor allem die Technologie, der Mensch, die Umwelt und der Lebenszyklus, die im Gestaltungsprozess einer Organisation berücksichtigt werden müssen (vgl *Steinmann, Schreyögg,* 2005, 424).

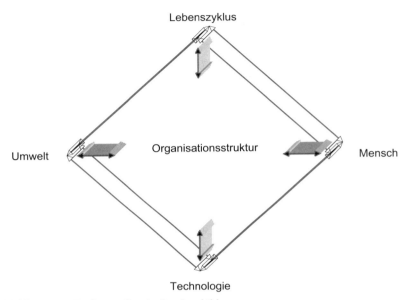

Abbildung 121: Einflussgrößen im Strukturbildungsprozess

(2) Darüber hinaus sind sicher auch *unternehmungsspezifische Faktoren*, wie die Strategie der Unternehmung, die Unternehmungsgröße, die Rechtsform, die Anzahl der Produkte und auch der Marktradius der Unternehmung, um nur einige zusätzliche zu nennen, zur Charakterisierung der Ausgangslage heranzuziehen.

(3) *Die Definition der Ziele der Organisation:* Neben der Orientierung der Ziele der Organisation an den oben angeführten generellen Zielvorgaben geht es bei der Bearbeitung von organisatorischen Problemstellungen immer um mehr Effektivität der Organisation, dh um die Ausrichtung der Organisation an den Produkt-/Markt-Strategien der Unternehmung und es geht um mehr Effizienz der Organisation. Letztere Zielsetzung beinhaltet die Forderung „lean" zu sein, dh flach, schlank und kostengünstig im Vergleich zum Wettbewerb, sie beinhaltet aber auch hohe Output-Qualität und optimale, schnelle und flexible Prozessabläufe.

(4) *Bestimmung der organisatorischen Maßnahmen:* Die Erreichung der organisatorischen Ziele setzt die Planung und Durchführung von organisatorischen Maßnahmen voraus. Im Vordergrund dabei stehen Maßnahmen, die

die Ausgestaltung und Weiterentwicklung sowohl der Aufbauorganisation (zB Optimierung der Arbeitsverteilung, Ausarbeitung von Stellenbeschreibungen) als auch der Ablauforganisation (zB Verbesserung der Ablauffolge von Aufgaben in räumlicher und zeitlicher Hinsicht) beinhalten.

(5) *Bestimmung der Mittel:* Die Durchführung organisatorischer Maßnahmen macht den Einsatz von Mitteln und Ressourcen erforderlich. Beispiele dafür sind die Zurverfügungstellung von finanziellen, personellen und auch technischen Ressourcen.

(6) *Die Durchführung/Implementierung:* Der Nutzen und die Bedeutung organisatorischer Maßnahmen zeigt sich am Ergebnis des Umsetzungsprozesses. Hier gilt es insbesondere, Widerständen gegenüber organisatorischen Änderungen entgegenzuwirken. Information und Kommunikation, die Miteinbindung der von der Umsetzung organisatorischer Maßnahmen Betroffenen in den Prozess der Durchführungsplanung und professionelles Projekt- bzw Umsetzungsmanagement sind dabei essenzielle Erfolgsfaktoren.

(7) *Kontrolle und Controlling:* Kontrolle im Sinne eines technokratisch/rationalistischen Vorgehens im Rahmen von Reorganisationsprozessen beinhaltet (vgl dazu auch die Ausführungen in Pkt E. dieses Abschnittes) die Teilschritte:
  o Soll-Ist-Vergleich (die erreichten Ergebnisse werden mit den Zielen der Reorganisation verglichen),
  o Abweichungs- und Ursachenanalysen (Abweichungen sind aufzuzeigen und die Ursachen dafür sind darzulegen),
  o Korrektur und Steuerung (an den Ursachen der Abweichungen ansetzend sind erforderliche Korrektur- und Steuerungsmaßnahmen festzulegen. Ziel muss es sein, die Ziele des Problemlösungsprozesses weitgehend zu erreichen).

d) Formale Elemente der Organisation

Voraussetzung für die nachfolgende Abhandlung der zwei wesentlichen Verantwortungsbereiche im Rahmen der Führungsaufgabe der Organisation, der Verantwortlichkeit für die Aufbau- und die Ablauforganisation ist die Charakterisierung der wesentlichen Elemente der formalen Organisation. Die betriebswirtschaftliche Literatur zählt dazu die Folgenden:
- Aufgaben bzw Aktivitäten,
- Stellen und Instanzen,
- Kompetenzen und Verantwortlichkeiten,
- Verbindungswege zwischen den Stellen,
- Organisationsgrundsätze und -prinzipien.

(a) *Aufgaben und Aktivitäten:*
  Bei statischer Betrachtung versteht man unter *der Aufgabe* eine formulierte Leistungserwartung (die Soll-Leistung eines Aufgabenträgers). Bei einer

dynamischen Betrachtung werden zusätzlich *die Aktivitäten* im Sinne der Abfolge der Aufgaben zur Realisierung der Soll-Leistung herangezogen.
Aufgaben lassen sich nach verschiedenen Aspekten analysieren. Die wichtigsten Analysekriterien sind:
- Verrichtung (Funktionsbereich): zB Einkauf, Produktion, Verkauf,
- Objekt (nach dem sich eine Aufgabe ausrichtet): zB Rohstoffe, Fuhrpark,
- Phase (der Aufgabenerfüllung im Entscheidungsprozess): zB Planung, Bewertung, Durchführung, Kontrolle,
- Häufigkeit (der Aufgabenerfüllung): zB repetitive oder innovative Aufgaben,
- Rang (der Aufgabenerfüllung): Entscheidungs-, Ausführungsaufgaben.

(b) *Stellen und Instanzen:*
Eine Stelle ist die kleinste organisatorische Einheit in der ein bestimmter Aufgabenkomplex zusammengefasst ist, zB Buchhaltungs- oder Bilanzierungsaufgaben, Sekretariatsarbeiten uÄm. Die Stelle kann identisch mit einem *Arbeitsplatz* sein und zwar dann, wenn die Stelle mit Ort und Raum für die Aufgabenerfüllung übereinstimmt. Im Regelfall besteht eine Stelle aber aus mehreren Arbeitsplätzen. Zu unterscheiden sind *ausführende Stellen*, bei denen ausführende Arbeiten im Vordergrund stehen und *Leitungsstellen*, sogenannte *Instanzen*, die Führungsaufgaben für die ihnen hierarchisch unterstellten ausführenden Stellen wahrnehmen.
Werden mehrere Stellen, die gemeinsame oder direkt zusammenhängende Aufgaben erfüllen, zu einer Stellengruppe zusammengefasst und einer Leitungsstelle – Instanz – unterstellt, so spricht man von einer *Abteilung*, zB bilden die Buchhaltungs-, Bilanzierungs- und Kostenrechnungsstelle die Abteilung Rechnungswesen.

(c) *Kompetenzen und Verantwortlichkeiten:*
Kompetenzen bringen die Legitimationsbasis für die Aufgabenerfüllung zum Ausdruck. Mit der Kompetenz werden auf einen Aufgabenträger alle zur Aufgabenerfüllung erforderlichen Rechte und Befugnisse übertragen. Die Führungspraxis kennt verschiedene Ausprägungen von Kompetenzen. So wird vielfach zwischen (vgl *Schertler*, 1997, 25)

- Entscheidungskompetenz = das Recht, zwischen Handlungsalternativen zu wählen,
- Ausführungskompetenz = das Recht, die übertragenen Aufgaben auszuführen,
- Mitsprachekompetenz = das Recht, in einer bestimmten Angelegenheit angehört zu werden,
- Anordnungskompetenz = das Recht, andere zu einem bestimmten Tun bzw Nichttun zu veranlassen,

○ Vertretungskompetenz = das Recht, zB eine Unternehmung nach außen zu vertreten (Unterschriftenberechtigung, Prokura etc),

○ Verfügungskompetenz = das Recht, im Rahmen der Aufgabenerfüllung über Objekte oder Informationen selbstständig verfügen zu können,

○ Kontrollkompetenz = das Recht, Handlungsergebnisse bzw den Fortschritt von Aktivitäten im Hinblick auf Zielsetzungen zu überprüfen und den Soll-Ist-Vergleich durchzuführen,

unterschieden.

Mit der Kompetenz verbunden ist die Verpflichtung, die Aufgabe zu erfüllen und die Kompetenzen wahrzunehmen. Man spricht in diesem Zusammenhang von der *Verantwortung*. Dabei ist zwischen der sogenannten *Handlungsverantwortung* und der *Führungsverantwortung* zu unterscheiden. Die Führungsverantwortung liegt immer beim Vorgesetzten. Er ist von seiner Führungsaufgabe her dafür verantwortlich, dass er einem Aufgabenträger (zB einer Person) die richtigen Ziele vorgibt oder mit ihm vereinbart, dass er den richtigen Aufgabenträger mit den entsprechenden Fähigkeiten für die Erfüllung der Aufgaben aussucht, dass er den Fortschritt und das Ergebnis der Aufgabendurchführung kontrolliert uÄm. Die Handlungsverantwortung bezieht sich auf die Realisierung der übertragenen Aufgaben, dh der Aufgabenträger ist dafür verantwortlich, dass die Aufgaben ordentlich, den quantitativen und qualitativen Soll-Vorgaben entsprechend (zB Termine, Mengen, Qualitätsstandards etc) erfüllt werden.

(d) *Verbindungswege zwischen den Stellen:*
Eine Stelle ist wie oben angeführt für die Bearbeitung nur eines bestimmten Aufgabenkomplexes im Rahmen des gesamten Aufgabensystems einer Unternehmung zuständig. Im Sinne der Erreichung der Unternehmungsziele ist daher die Koordination und Zusammenarbeit auch mit den anderen Stellen der Unternehmung erforderlich. Voraussetzung dafür ist die Schaffung von Verbindungswegen zwischen den Stellen, die den Austausch und die Weiterleitung von Informationen und/oder physischen Objekten unterstützen. *Thommen* unterscheidet in diesem Zusammenhang zwischen Transportwegen und Informations- und Kommunikationswegen (vgl *Thommen*, 1991, 675).

In Verbindung damit lässt sich auch der Begriff des formalen *Dienstweges* fassen: Man versteht darunter die Festlegung von Informations- und Kommunikationswegen, die von den Organisationsmitgliedern verbindlich einzuhalten sind (siehe Abb 122).

(e) *Organisationsgrundsätze und -prinzipien:*
Zu den bisher beschriebenen formalen Elementen der Organisation zählen auch Organisationsgrundsätze – oft auch als Organisationsprinzipien be-

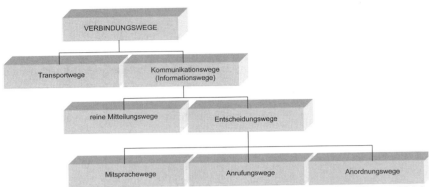

Abbildung 122: Verbindungswege zwischen Stellen (in Anlehnung an Hill, Fehlbaum, Ulrich, 1981, 138)

zeichnet. Organisationsgrundsätze/-prinzipien haben dabei Empfehlungscharakter für das organisatorische Gestalten und den Gebrauch und den Einsatz der formalen Elemente der Organisation. Beispiele dafür sind folgende Grundsätze:
- Übereinstimmung von Aufgaben-, Kompetenz- und Verantwortungsumfang,
- sachliche Einheit bei der Übertragung von Aufgabenbereichen an Aufgabenträger,
- Einhaltung des Dienstweges,
- offene Kommunikation,
- Wirtschaftlichkeit.

2. Führungs- und Leitungsstruktur – Aufbauorganisation

a) Horizontale und vertikale Strukturierung der Unternehmung

Die Aufbauorganisation ist die Organisation gemäß der institutionalisierten Struktur von Aufgabenträgern. Ihre Realisierung führt zur Schaffung von überschaubaren Aufgabeneinheiten – Stellen und Abteilungen – und der Zuweisung von entsprechenden Kompetenzen und Weisungsbefugnissen. In diesem Zusammenhang spricht man auch von horizontaler und vertikaler Strukturierung der Unternehmung. Aufgabe der Aufbauorganisation ist es, die Gesamtaufgabe der Unternehmung – zB die Herstellung von Werkzeugmaschinen – in Teilaufgaben zu zergliedern. Durch die anschließende Kombination dieser Teilaufgaben zu Aufgabenkomplexen – zB des Einkaufs, der Produktion etc – und die Bildung von Stellen und Abteilungen erfolgt eine sinnvolle arbeitsteilige Gliederung und Ordnung des betrieblichen Handlungsprozesses im Sinne von *Kosiol* (vgl *Kosiol*, 1969, 172).

Im Vordergrund der Aufgabe der Aufbauorganisation steht also die Analyse und Zerlegung der Gesamtaufgabe der Unternehmung – *die Aufgabenanalyse*.

Sie bildet die Basis für die sogenannte *Aufgabensynthese* wo die Stellenbildung erfolgt. Dieses Vorgehen ist auch im Grundkonzept der deutschen betriebswirtschaftlichen Organisationslehre abgebildet.

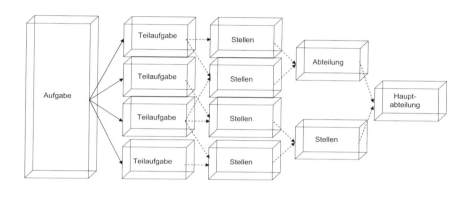

Abbildung 123: Grundkonzept der deutschen Organisationslehre (in Anlehnung an Steinmann, Schreyögg, 2005, 444)

(a) *Die vertikale Strukturierung:* Bei der vertikalen Strukturierung geht es um die Ausgestaltung und Berücksichtigung des Verhältnisses von Vorgesetzten und Mitarbeitern, das in Form der hierarchischen Über- und Unterordnung formal zum Ausdruck gebracht wird. Durch die differenzierte Zuordnung von Kompetenzen zur Willensbildung und -durchsetzung entsteht das sogenannte Führungs- und Leitungssystem der Unternehmung. Drei Grundformen/-modelle dafür lassen sich unterscheiden:
   ○ Einliniensysteme,
   ○ Mehrliniensysteme,
   ○ Stab-Linien-Systeme.
Diese Systeme bzw Formen der vertikalen Strukturierung der Unternehmungsorganisation sind zeitlich unbefristete, permanente Formen. *Beim Einliniensystem* wird eine Hierarchie geschaffen, bei der eine Stelle oder ein Organisationsmitglied nur von einer übergeordneten Stelle bzw einem unmittelbaren Vorgesetzten Anordnungen oder Weisungen bekommt bzw zu befolgen hat. Dahinter steht „das Prinzip der Einheit der Auftragserteilung" von *Fayol*, bereits 1916 begründet, aber auch aktuell Organisationen charakterisierend in Anwendung ist (siehe Abb 124).
Die Vorteile des Einliniensystems bzw die Argumente, die für die Ausgestaltung der Organisation in dieser Form zu nennen sind, sind die Folgenden (vgl *Schertler*, 1997, 39 ff):

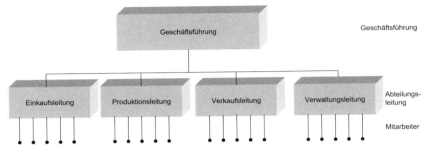

Abbildung 124: Das Einliniensystem

- Das Vorhandensein von Aufgaben mit relativ stabilem, repetitivem Charakter,
- eindeutige Zuordnung von Aufgaben-, Kompetenz- und Verantwortungsbereichen (= Einheit der Leitung),
- klare Unterstellungsverhältnisse und Zielausrichtung bei Entscheidungen,
- Sicherheit durch genaue Aufgaben- und Kompetenzabgrenzung sowie Verantwortungszuordnung (Rollenspezifikation).

Nachteilig kann sich diese Strukturierungsform in folgenden Punkten auswirken:

- Der organisatorischen Berücksichtigung von neuen Problem- bzw Aufgabenbereichen,
- der Tendenz, Probleme immer „nach oben" zu tragen (Problemstau, Überlastung der Unternehmungsspitze mit Koordinationsaufgaben),
- der Frage, wie ein multistabiles Verhalten des Systems bzw der Subsysteme erreicht werden kann („Fließgleichgewicht"),
- der Gefahr der Informationsfilterung durch Zwischeninstanzen bei Einhalten des Dienstweges,
- dem Problem der horizontalen Zusammenarbeit gleichrangiger Stellen,
- der Gefahr der „Verbürokratisierung" bzw des zu hohen Organisationsgrades (= Verhältnis von Vorschriften zu Freiräumen).

Das Mehrliniensystem basiert auf dem von *Taylor* 1911 entwickelten „Funktionsmeistersystem" – bezeichnet als Taylorismus. Dabei wird vom Grundsatz der funktionalen Spezialisierung ausgegangen. Jeder Stelle sind mehrere Instanzen bzw übergeordnete Stellen vorgesetzt, dh das Verhalten einer bestimmten Stelle wird nicht durch eine, sondern durch mehrere direkt vorgesetzte Instanzen festgelegt (siehe Abb 125).

Analog zum Einliniensystem lassen sich auch für das Mehrliniensystem Vorteile und Nachteile ableiten. Die Vorteile liegen vor allem in der (vgl *Schertler,* 1997, 40)

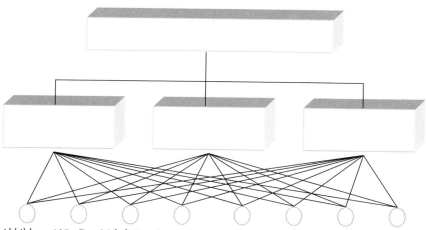

Abbildung 125: Das Mehrlinien-System

- Verkürzung der Entscheidungs- bzw Mitteilungswege (= Prinzip des kürzesten Weges),
- Übereinstimmung von Fach- und Entscheidungskompetenz (Fachpromotor = Machtpromotor).

Als Nachteile sind besonders zu nennen:

- Die unübersichtliche Mehrfachunterstellung und das damit verbundene Konfliktpotenzial,
- keine einheitliche Leitung und Zuordnung der Gesamtverantwortung,
- die Möglichkeit für untergeordnete Stellen, spezialisierte Vorgesetzte gegeneinander „auszuspielen",
- die Unsicherheit der Mitarbeiter bei lückenhaften oder sich widersprechenden Anweisungen,
- der fehlende Blick der vorgesetzten Spezialisten für das Ganze.

Sowohl Einlinien- als auch Mehrliniensysteme sind in der Führungs- bzw Organisationspraxis nicht nur in der dargestellten idealtypischen Form umgesetzt, sondern auch als Kombination die Elemente und Vorteilspotenziale beider Strukturierungsformen beinhaltend.

Die Stab-Linien-Organisation ist eine vertikale Strukturierungsform anderer Art. Sie orientiert sich am Entscheidungsprozess und differenziert zwischen Stellen bzw Instanzen der Entscheidungsvorbereitung bzw der Entscheidung. Die dieser Differenzierung zugrunde liegende Idee ist es, den Linienstellen (Entscheidungsinstanzen) Spezialisten oder Beratungsstellen zur Seite zu stellen (Stäbe). Siehe dazu Abb 126.

Die Vorteile der Stab-Linien-Organisation sind mehrfach und vor allem bei zunehmender Größe und Komplexität des Unternehmungsgeschehens, das

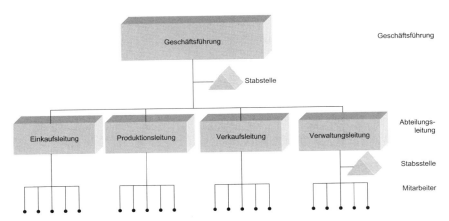

Abbildung 126: Die Stab-Linien-Organisation

die Linieninstanzen zunehmend überfordert und deren Entscheidungsqualität negativ beeinflusst, wirksam (vgl *Schertler,* 1997, 42):

- Entlastung der Linieninstanzen in spezifischen Fachfragen, bei der Entscheidungsvorbereitung und Kontrolle,
- Verbesserung der Koordination durch Entlastung der Führungskräfte,
- Fusion des Spezialistendenkens mit dem Problemlösungsdenken der Linie (Verbesserung der Entscheidungsqualität),
- Konsequenter Einsatz zeitgemäßer Managementmethoden.

Problembereiche können bei der Stab-Linien-Organisation vor allem dort auftreten, wo

- keine klare Kompetenzabgrenzung zwischen Stab und Linie vorhanden ist,
- die Gefahr der Entwicklung zu großen Stabsstelleneinheiten übersehen wird,
- die Stabsstelle zur „Grauen Eminenz" wird,
- Linieninstanzen die Vorschläge der Stäbe unkritisch übernehmen,
- die Transparenz von Entscheidungsprozessen verloren geht.

Wesentlich ist die Feststellung, dass Stabsstellen in der Regel keine, zumindest formale „Anordnungs- und Entscheidungskompetenzen/-befugnisse" haben. In der unternehmerischen Praxis ist diese klare Differenzierung der Kompetenzaufteilung zwischen Stabsstelle – Unterstützungs-/Beratungsfunktion, keine Entscheidungsfunktion – und Linienstelle – Entscheidungsfunktion und -kompetenz – insofern problematisch, als Stabsstellen de facto aufgrund ihrer hohen fachspezifischen Autorität immens entscheidungsbeeinflussende Wirkung ausüben können. Das Konfliktpotenzial zwischen Stäben und Linienstellen ist daher beträchtlich und dem ist entsprechend durch besonders klare Festlegung hinsichtlich der Entscheidungs- und Anordnungskompetenzen Rechnung zu tragen.

(b) *Die horizontale Strukturierung:* Bei der horizontalen Strukturierung geht es darum, die im Rahmen der Aufgabenanalyse analytisch hergeleiteten Teilaufgaben, die zur Erfüllung des Unternehmungszweckes bzw zur Erreichung der Unternehmungsziele durchzuführen sind, zu Aufgabenbündeln bzw -trägern in Form von formalen Organisationseinheiten zusammenzustellen.

Diese „Aufgabensynthese" charakterisiert im Ergebnis die zweite Führungsebene einer Unternehmung.

Folgende Arten der Ausgestaltung sind in der betriebswirtschaftlichen Literatur explizit dazu angeführt, die

- funktionale Organisation,
- divisionale oder Spartenorganisation,
- Matrixorganisation,
- Projektorganisation.

Die „Funktionale Organisation" beinhaltet eine Gliederung der Unternehmungsorganisation nach Funktionsbereichen, den Aufgabenbündeln, die als Ergebnis der Aufgabensynthese stehen.

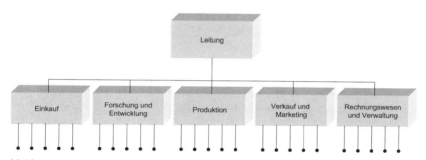

Abbildung 127: Horizontale Strukturierung nach Funktionsbereichen

Diese Gliederung bzw Strukturierung unterstützt die Spezialisierung, die mit zunehmender Arbeitsteilung größer wird und sie ist vor allem dann sinnvoll (vgl *Steinmann, Schreyögg,* 2005, 398 f)

- wenn die Arbeitsteilung, die sich in der Gliederung widerspiegelt, auch der beruflichen Spezialisierung und Ausbildung der Mitarbeiter und der Abteilungsleitungen entspricht,
- wenn die Arbeitsteilung bzw die Funktionengliederung auch dem logischen Prozess der Auftragsabwicklung Rechnung trägt,
- bei eher engerem, nicht breit gefächertem Produktions- und Verkaufsprogramm,

○ bei relativ stabilen Nachfrageverhältnissen und stabilem Abnehmerverhalten bzw bei generell stabilem Umfeld,
○ bei klein- und mittelständischen Unternehmungen, bei denen der unmittelbare Kontakt der Unternehmungsleitung mit den operativen Einheiten/Stellen erfolgsentscheidend ist.

Neben dem Vorteil des Spezialisierungspotenzials dieser Strukturierungsform ist auch noch die relative Einfachheit dieser Struktur hervorzuheben, die oft in Verbindung mit der Form des Einliniensystems zu eindeutigen Leitungsbeziehungen beiträgt. Auch die Kosten auf Grund der relativen „Flachheit" – im Vergleich zur divisionalen bzw Spartenorganisation – und der Einfachbesetzung von Funktionsspezialisten sind als Vorteile anzuführen. Grenzen sind dieser Strukturierungsform durch wachsende Betriebsgröße, durch Dynamisierung des Umfeldes und bei Ausweitung des Produktions- und Verkaufsprogrammes gesetzt.

Grenzen sind dieser Form sicher auch in der Notwendigkeit der Sicherstellung der bereichs- bzw funktionsübergreifenden Koordination und Abstimmung, die in dieser Form alleinig bei der Unternehmungsleitung liegt, gesetzt. Den „Ressort- und Funktionsegoismen" ist entsprechend entgegenzuwirken. Auch die Kosten- und Ergebnisverantwortung, die in den einzelnen Funktionsbereichen nur beschränkt wahrgenommen werden kann, liegt bei dieser Strukturierungsform vornehmlich bei der Unternehmungsleitung. Darüber hinaus ist anzuführen, dass sich Schwachstellen in einem Funktionsbereich auch auf die anderen als „Engpass" oder als „Problemherd" auswirken können.

Bei der Gliederung in Divisionen oder Sparten sind die die Struktur der Unternehmungsorganisation bestimmenden Faktoren die Produktbereiche, die dann oft auch als Sparten oder Divisionen bezeichnet werden. In einer Unternehmung mit breitem und tiefem Produktions- und Verkaufsprogramm ist es oft unabdingbar, Produkte und/oder Dienstleistungen, die in Bezug auf Vertrieb, Produktion, Einkauf usw Gemeinsamkeiten und damit Synergiepotenziale beinhalten, in Sparten oder Divisionen zusammenzufassen, wenn sie sich klar und signifikant von anderen Produktbereichen unterscheiden. Vor allem auch dann, wenn die Divisions- oder Spartenleitung ihre Spezialkenntnisse damit verstärkt und gesamterfolgsbeeinflussend zur Wirkung bringen kann. *Schertler* (vgl *Schertler,* 1997, 34 f) sieht in dieser Form auch die Möglichkeit der verstärkten organisatorischen Eigenständigkeit bzw Verselbstständigung (siehe Abb 128).

Voraussetzungen für die Einrichtung dieser Strukturierungsform sind die bereits oben angeführte Breite und Tiefe des Produktions- und Verkaufsprogrammes und eine große Heterogenität der Märkte mit großer Marktdynamik. Sind diese Voraussetzungen gegeben, die diese Strukturierungsform begründen, so kann damit eine Reihe von Vorteilen gegenüber anderen erreicht werden (vgl *Schertler,* 1997, 35):

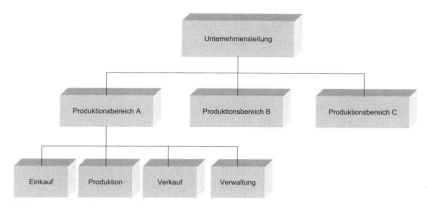

Abbildung 128: Gliederung der Unternehmung in Produktbereiche, Sparten bzw Divisionen

- Die Berücksichtigung der spezifischen, produktorientierten Umwelt- und Marktverhältnisse,
- die Möglichkeit, auf Änderungen schnell zu reagieren und Innovationsentscheidungen zu treffen,
- Entlastung der Unternehmungsspitze von Koordinationsaufgaben zwischen Funktionsbereichen,
- Entwicklung von „All-round"-Chefs an der Spitze der Sparten anstelle von „Funktionsspezialisten",
- Klarheit der Aufgabentrennung und Zuordnung von Verantwortlichkeiten,
- Fehler im Top-Management einer Sparte wirken sich nur gering auf die Entscheidungsqualität anderer Sparten aus,
- Einsatz finanzieller Führungsinstrumente (zB Profit-Center) wird möglich und kann als Führungskonzeption eingesetzt werden.

Jedoch sind auch Nachteile potenzieller Natur zu berücksichtigen:

- Die finanziellen Erfordernisse für den Mehrfachaufwand bei Funktionsbereichen (zB mehrere Einkaufs-, Produktions- und Forschungsabteilungen),
- die Gefahr der Suboptimierung in den Sparten bzw Divisionen durch das relativ kurzfristige Erfolgsnachweissystem (zB Profit-Center-Konzept),
- durch zu hohe Autonomie der Sparten Isolierung gegenüber der Gesamtunternehmung und Verlust der Schlagkraft eines größeren Systems,
- Bedarf nach aufwendigen, in ihrer Gesamtheit sehr komplexen Koordinationsmechanismen (zB Planungssysteme, Führungskonzepte, zentrale Dienste, usw),

o der Mangel einer „corporate identity" bei den Organisationsmitgliedern in Bezug auf die Gesamtunternehmung (Konzern) durch geringere Beziehungen zur Muttergesellschaft.

Eine modifizierte Form der Sparten- und Divisionsgliederung ist die markt- bzw regionsspezifische Ausgestaltung der zweiten Hierarchieebene.

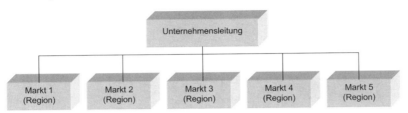

Abbildung 129: Gliederung nach Marktbereichen/Regionen

Diese Form betont und berücksichtigt verstärkt die Marktorientierung einer Unternehmung. Damit in Verbindung steht in der Regel eine klar sichtbare – auf der zweiten Leitungsebene angesiedelte – Marktverantwortung, die die Ergebnisverantwortung miteinschließt. Der Vorteil liegt vor allem in der Möglichkeit, eine bessere Präsenz am Markt durch Niederlassungen, Filialen, eigenen Produktionsstätten organisatorisch unterstützt zu erreichen. Ähnlich wie bei der Gliederung in Sparten/Divisionen bestehen natürlich auch Risiken, denen durch Kontrolle und Controlling ein Gegenäquivalent zu schaffen ist.

Bei der Matrixorganisation ist zwischen einer „Primärorganisation" – in der Regel funktional strukturiert – und eine die Primärstruktur überlagernde „Sekundärstruktur/-organisation" zu unterscheiden. Letztere ist oft in Form einer produkt- oder projektorientierten Form oder in der Form von Profit-Centers sichtbar gemacht. Die Leiter der Funktionsbereiche sind für die effiziente Abwicklung der Aufgaben, die den Funktionsbereich charakterisieren, verantwortlich. Die Produkt- oder Projekt- bzw Profit-Center-Verantwortlichen hingegen sind für die Erreichung des Gesamtzieles über die Funktionen hinweg erfolgsverantwortlich (siehe Abb 130).

Ziel der Matrixorganisation ist es, die Vorteile der Primärstruktur zB der Spezialisierung, mit den Vorteilen einer Sekundärstrukturierung zB der Orientierung am Gesamtziel bzw -erfolg in eben dieser kombinierten Form zur Wirkung zu bringen. Ein weiteres Ziel ist die Erhöhung der Flexibilisierung der Organisation, die durch das „Fallenlassen" des Prinzips der Einheit der Auftragserteilung zugunsten einer Aufteilung der Leitungsfunktionen nach der primären und sekundären Dimension erreicht wird (vgl Schertler, 1997, 42). Beispiele dafür sind:

o Der Product Manager sorgt für eine einheitliche Produktpolitik in seinem Bereich bzw koordiniert einen Leistungsbereich,

C. Unternehmungsorganisation

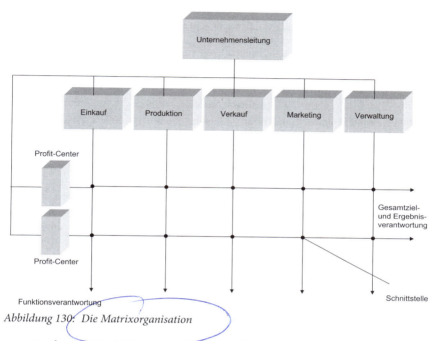

Abbildung 130: Die Matrixorganisation

- der Regional Manager koordiniert die Aktivitäten in seiner Region,
- der Functional Manager koordiniert sein Fachgebiet (seinen Zweckbereich),
- der Project Manager koordiniert die Abwicklung des ihm zugewiesenen Projektes.

Wesentlich ist, dass entsprechend dem Gewicht der Dimensionen einem Leitungsorgan die Rolle des „primus inter pares" zugeordnet ist. Trotzdem muss den „Schnittstellen" – Schertler nennt sie „Kompetenzkreuzungen" – Aufmerksamkeit geschenkt werden, um Konfliktpotenziale zu vermeiden. Es ist exakt festzulegen, auch formal, welche Kompetenzen wem zukommen.

Als Vorteile dieser Strukturierungsform können genannt werden:
- Hohes Problemlösungspotenzial durch kombinierten Einsatz verschiedener Fachspezialisten (zB Funktions- mit Produktspezialist),
- direkte Kommunikationswege,
- große Flexibilität und Anpassungsfähigkeit an Umweltveränderungen durch Querverbindungen (zB bei product manager),
- Entlastung der Unternehmungsspitze,
- Betonung der Teamarbeit und kein hierarchisches „Pyramiden-Denken".

Den Vorteilen gegenüber stehen folgende Nachteile:
- Hohes Konfliktpotenzial bei Überlappungen mit funktionalen Kompetenzbereichen (Zwang zur Regelung),
- keine Einheit der Leitung aufgrund Mehrfachunterstellung der Organisationsmitglieder,
- großer Kommunikationsbedarf,
- Gefahr zu vieler Kompromisse und Zeitverluste bis zur Entscheidung.

Die Projektorganisation, die im Rahmen der horizontalen Strukturierung im Vergleich zu den bisher abgehandelten Formen eine eher untergeordnete Bedeutung hat, ist in der Regel eine zeitlich befristete.

Aufgaben mit einmaligem, innovativem, komplexem Charakter werden im Rahmen einer gegebenen Grundstruktur – der Primärorganisation – realisiert. Bei besonders wichtigen Projekten, die volle Konzentration der Projektbeteiligten – Projektleitung und Mitarbeiter – erfordern, ist auch eine Ausgliederung aus der bestehenden Organisation eine Möglichkeit, die Zielerreichung des Projektes zu unterstützen. Man nennt dies die *"reine Form der Projektorganisation"*. Während die Projektorganisation in der Ausgestaltung der Matrixorganisation den Problemstellungen der Matrix ausgesetzt ist, hat diese Form der Projektorganisation den Vorteil, dass sich sowohl die Projektleitung als auch die Projektmitarbeiter – weil für die Dauer des Projektes vom operativen Tagesgeschäft in der „Primärorganisation" freigestellt – voll auf das Projekt konzentrieren können.

Im Zusammenhang sowohl mit der vertikalen als auch mit der horizontalen Strukturierung im Rahmen der Gestaltung der Aufbauorganisation ist noch auf die Problematik der sogenannten „Leitungsspanne" hinzuweisen. Die Leitungsspanne ist dabei definiert als „die Anzahl der einem Mitarbeiter direkt unterstellten Mitarbeiter". Die Gestaltung der Leitungsspanne beeinflusst die Organisationsstruktur in horizontaler und vertikaler Hinsicht, sie ist in erster Linie aber ein Problem, das im Zusammenhang mit der Ausgestaltung der Führungsprozesse steht. Unter prozessorientierten Gesichtspunkten interessiert insbesondere die Kontaktnähe zwischen Vorgesetzten und Mitarbeitern. *Koontz/O´Donell* nennen dies „closeness of supervision" – Häufigkeit und Intensität der Beziehung sind daher die essenziellen Determinanten der Leitungsspanne (vgl *Koontz, O´Donnel,* 1964, 25 f).

Über die „optimale" Leitungsspanne gibt es in der Organisationslehre keine tiefgehenden Aussagen. Geht man von einem starken Anleitungs- und Kontrollbedürfnis der Mitarbeiter aus (vgl *Steinmann, Schreyögg,* 2005, 410), so besteht die Optimierung eher in einem „Kleinhalten" der Leitungsspanne – zwischen 3 und 10. Dabei muss berücksichtigt werden (vgl *Ouchi, Dowling,* 1974, 58 f):
- Je häufiger sich die Aufgaben ändern, je schwieriger diese Aufgaben sind, je weniger Routineaufgaben, sondern innovative Probleme zu lösen sind, je mehr die Vorgesetzten und die Mitarbeiter die Aufgabenschritte aufeinander abstimmen müssen und voneinander abhängig sind und je kleiner der Ent-

scheidungsspielraum des einzelnen Mitarbeiters ist, desto stärker ist die Belastung des Vorgesetzten und desto *kleiner* muss die Leitungsspanne sein.
- Je größer die fachlichen Fähigkeiten des Mitarbeiters, seine Selbstständigkeit und seine Verantwortungsbereitschaft sind und je größer die fachlichen und persönlichen Führungsqualitäten des Vorgesetzten, sein Vertrauen in die Mitarbeiter, seine Durchsetzungskraft, seine Energie und seine Übersicht sind, umso geringer ist die Belastung beim Vorgesetzten und umso *größer* kann die Leitungsspanne sein.
- Je klarer die Aufgaben strukturiert sind, je mehr der Vorgesetzte durch Assistenten, Stabsstellen und zentrale Stellen unterstützt wird, je mehr der Vorgesetzte Aufgaben und Kompetenzen delegiert, je mehr die Aufgabenerfüllung im Rahmen geplanter und standardisierter Abläufe bzw Prozesse erfolgt und je kooperativer der Führungsstil, dh je mehr der Führungsstil eine Selbstkoordination in der Stellengruppe zulässt, umso geringer ist die Belastung des Vorgesetzten und umso *größer* kann die Leitungsspanne sein.
- Je mehr standardisierte Informationsträger (zB Formulare) eingesetzt werden, je mehr arbeitssparende Hilfsmittel und Maschinen (zB Telefon, Transportmittel, Arbeitsvorrichtungen, Messvorrichtungen, Automaten, Computer uÄm) eingesetzt werden können, umso geringer die Belastung des Vorgesetzten und umso *größer* kann die Leitungsspanne sein.

(a) kleine Leitungsspanne („steile Pyramide")

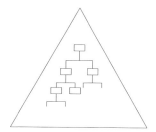

(b) große Leitungsspanne („flache Pyramide")

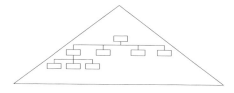

Abbildung 131: Formen der Leitungsspanne (in Anlehnung an Schertler, 1997, 45)

b) Instrumente der Aufbauorganisation

Die Ausgestaltung der Aufbauorganisation im Zusammenhang mit der vertikalen und auch der horizontalen Strukturierung wird durch verschiedene organisatorische Hilfsmittel – Organisationsinstrumente – unterstützt. Darunter zu subsumieren sind vor allem Darstellungstechniken wie Graphiken, Tabellen und Checklisten, die geeignet sind, die Strukturelemente der Aufbauorganisation in formalisierter, visualisierter Form zu charakterisieren und zu fixieren. Die in einer Unternehmung eingesetzten Organisationsinstrumente sind in der Regel in einem sogenannten Organisationshandbuch festgehalten.

Als wichtigste Instrumente, die auch in der Unternehmungspraxis Anwendung finden, sind
- das Organigramm,
- die Stellenbeschreibungen,
- das Führungsdiagramm

zu nennen. *Das Organigramm* ist das Instrument, das in graphischer, visualisierender Form die Führungs- und Leitungsstruktur in horizontaler und auch vertikaler Hinsicht übersichtlich darstellen hilft. Die Darstellung dokumentiert den Stand der Organisation zu einem bestimmten Zeitpunkt – IST-Stand/SOLL-Stand – wobei Rechtecke in der Regel Symbole für Stellen mit Weisungsbefugnis und die Verbindungslinien zwischen ihnen den Dienstweg und die Unterstellungsverhältnisse zum Ausdruck bringen. Stabsstellen ohne Weisungsbefugnisse sind oft als Kreise oder Dreiecke dargestellt. Die Führungspraxis kennt auch verschiedene Ausprägungsformen von Organigrammen (siehe Abbildung 132).

Unabhängig von der Ausprägung bzw Darstellungsform hat ein Organigramm Aussagekraft hinsichtlich
- der Hierarchieebenen (Reporting levels),
- der Art der vertikalen und horizontalen Strukturierung (zB Einlinien- oder Mehrliniensystem, Stab-Liniensystem, funktionale oder divisionale Struktur),
- der Anzahl der Stellen insgesamt und auf den einzelnen Ebenen,
- der Eingliederung einer bestimmten Stelle in die Gesamtstruktur,
- der Art der Stellen – Stabsstellen, Linienstellen,
- der Unterstellungsverhältnisse, Dienstwege und weiterer Beziehungen zwischen den Stellen.

Je nach Zweck des Organigramms kann dieses auch Zusatzinformationen wie Namen des Stelleninhabers, Mitarbeiterzahl, Kostenstellennummer uÄm enthalten.

Zu berücksichtigen ist aber, dass das Organigramm ein sehr einfaches Organisationsinstrument darstellt, gut geeignet, einen Überblick über die Organisation zu schaffen, wenig aber geeignet, eine Organisation in ihrer Komplexität insgesamt abzubilden.

Deshalb werden Organigramme häufig ergänzt durch weitere Organisationsinstrumente wie Stellenbeschreibungen oder Funktionsdiagramme.

C. Unternehmungsorganisation

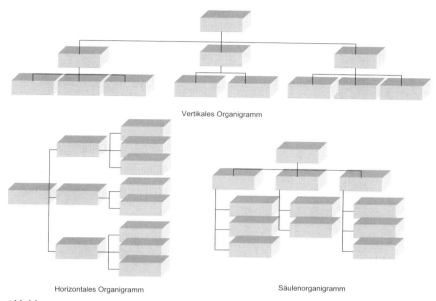

Abbildung 132: Ausprägungsformen des Organigramms (in Anlehnung an Thommen, 1991, 682)

Stellenbeschreibungen setzen dort an wo das Organigramm keine oder zu wenig Auskunft gibt:
- Bei der konkreten Aufgabenverteilung,
- hinsichtlich der Kompetenzen,
- hinsichtlich der Verantwortlichkeiten.

Stellenbeschreibungen beinhalten konkrete Festlegungen eben hinsichtlich Aufgaben, Kompetenzen und Verantwortungen der einzelnen Stellen und der Stelleninhaber und sie leisten damit nicht nur einen Beitrag zur Transparenz der Organisation einer Unternehmung, sondern auch zur Vermeidung von Unklarheiten, Missverständnissen und Konflikten zwischen den Organisationsmitgliedern. Hauptproblem ist die Realisierung des *„optimalen Detaillierungsgrades"* einer Stellenbeschreibung. Eine zu hohe Detaillierung ist verbunden mit einem hohen Aufwand, führt zu bürokratischem Denken und zu laufenden Anpassungserfordernissen an die dauernden Veränderungen. Eine zu geringe Detaillierung schafft „Lücken" in der Festlegung von Aufgaben, Kompetenzen und Verantwortlichkeiten und steigert damit das Konfliktpotenzial einer Organisation.

Mindestinhalte einer Stellenbeschreibung sind aber die folgenden Komplexe (vgl *Wöhe,* 2002, 148):
- Die sachliche Festlegung der Aufgaben,
- die nähere Erläuterung der organisatorischen Eingliederung der Stelle und die Angabe organisatorischer Beziehungen („Verkehrswege"),

– die Darstellung personeller Anforderungen auf Grund der Aufgabenübernahme durch den Stelleninhaber.

Stellenbezeichnung: z.B.: Verkauf ....
Stelleninhaber: xy ....
Stellenvertretung: xy ....
Übergeordnete Stelle (Vorgesetzte Stelle): ....
nachgeordnete Stelle: ....

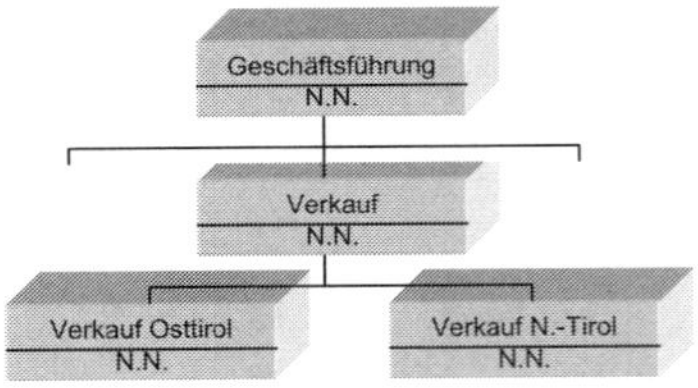

```
                    Geschäftsführung
                         N.N.
                          |
                       Verkauf
                         N.N.
                    /          \
         Verkauf Osttirol    Verkauf N.-Tirol
              N.N.                N.N.
```

Aufgabenbeschreibung: Meine 10 wichtigsten Aufgaben
1 ....
2 ....
3 ....
....
....
10 ....

Kompetenzen- (rechte) beschreibung
zB.: Entscheidungskompetenz bis € 7.000,-- für Reparaturaufgaben
Vertretungskompetenz in Kundenfragen im Gebiet Osttirol

Abbildung 133: Beispiel für die Mindestinhalte einer Stellenbeschreibung

Das Funktionendiagramm ist das Instrument der Aufbauorganisation, das sich in seiner inhaltlichen Ausrichtung auf die Darstellung der Beteiligung einzelner Stellen/Instanzen an der Erfüllung einer Aufgabe konzentriert. Vor allem das Ausmaß der Beteiligung wird im Funktionendiagramm sichtbar gemacht.

Aufgaben	Stellen						
	A	B	C	.....	.....	.....	N
1	EG	K	EM		EF	P	A
2		A	P	AW		V	K
3	I	P	A	EN	K	M	
.							
.							
n	P	EN	A		K		

Abbildung 134: Aufbau eines Funktionendiagramms

Die in der Matrix enthaltenen Kurzbezeichnungen definieren in übersichtlicher Form die wesentlichen Aufgaben und Kompetenzen der einzelnen Stellen und sie geben Auskunft über das Zusammenwirken der einzelnen Stellen im Rahmen der Erfüllung der einzelnen Aufgaben.

- EG ... Stelle trifft Grundsatzentscheidung
- EN ... Stelle entscheidet im Normalfall
- EM ... Mitentscheidungsrecht einer Stelle
- EF ... Fachtechnische Entscheidungs- und Anordnungskompetenzen
- P ... Planungsfunktion
- M ... Mitspracherecht
- V ... Vorschlagsrecht
- I ... Recht auf Information
- A ... Ausführungspflicht – Sachbearbeitung
- Aw ... Ausführung bei wichtigen Fällen
- K ... Kontrollrecht und Kontrollpflicht

Die Erstellung eines Funktionendiagramms ist aufwendig. In der Führungs- und Organisationspraxis wird es daher nur bei besonders wichtigen, kritischen Aufgaben angewandt, um den Spielraum für „Fehlerquellen" gering zu halten.

c) Lean-Organisation als Organisations- und Führungsprinzip

Die Intention der „Lean-Organisation" besteht in einer radikalen Veränderung der Organisation insbesondere der Führungs- und Leitungsstrukturen einer Unternehmung. Ansatzpunkt sind die Schwerfälligkeit und bürokratische Ausgestaltung von Organisationen und Institutionen, die die Kontrolle und Führung essenziell anspruchsvoller machen. Vor allem aber die Bindung von Kapital in einer Organisation und die zunehmend enormen Kosten einer wachsenden Organisation haben zu Überlegungen geführt, die die wettbewerbsbeeinflussende Wirkung der Führungsorganisation in den Mittelpunkt organisatorischer Bemühungen stellen. Das Modell des Lean-Managements bzw der Lean-Organisation (vgl *Luger*, 1998, 242) geht immer von der Hypothese aus, dass ein übersichtliches, schlankes Organisationssystem leichter zu führen und schlagkräftiger ist, als eine ausschließlich traditionellen Strukturierungserfordernissen Rechnung tragende Organisation. Charakteristiken einer Lean-Organisation sind dabei die Folgenden:
- Wenig Hierarchieebenen (Flachheit),
- nur so viele Stellen wie nötig (Schlankheit),
- optimale Besetzung der Stellen,
- wettbewerbsfähige Kosten der Organisation.

Lean-Management und vor allem das Prinzip der Lean-Organisation stellen die konsequente Nutzung der vorhandenen Potenziale in den Vordergrund. Die Führung bzw das Management soll auch möglichst viel Verantwortung und Entscheidungskompetenz delegieren und sich dabei auf die eigentlichen Führungsaufgaben konzentrieren. Nicht die Größe eines Verantwortungsbereiches ist wichtig, sondern die darin wahrgenommene Verantwortung und Gestaltungsmöglichkeit. Der vorhandene Finanzrahmen ist auf die Kernbereiche zu konzentrieren.

Im Rahmen des Lean-Managements und der Gestaltung der Führungs- und Leitungsstruktur ist aber die Grenzziehung zwischen „lean" und „zu lean" die eigentliche Herausforderung, der sich das Management zu stellen hat. Flachheit und Schlankheit, Delegation und die Konzentration der Ressourcen auf die Kernbereiche darf nicht zulasten
- der Mitarbeiter,
- der Kunden,
- der Flexibilität

der Unternehmung gehen.

3. Ablauforganisation – Prozessmanagement

a) Inhalte und Aufgaben

Unter Ablauforganisation versteht man die Gestaltung von Arbeitsprozessen (vgl *Wöhe*, 2002, 159). Deshalb spricht man auch in der unternehmerischen Realität immer weniger von Ablauforganisation, sondern vom Management von Prozessen. Dabei geht es um die Ausgestaltung des sachlogischen und zeitlichen Hintereinanders der für die Zielerreichung der Unternehmung generell, für die konkreten Auftragsabwicklungen von der Anfrage des Kunden bis zur erfolgreichen Realisierung des Auftrages inklusive dem „After Sales" speziell durchzuführenden Aufgaben. Das Prozessmanagement hat auch räumliche, personelle und logistische Erfordernisse mit zu berücksichtigen.

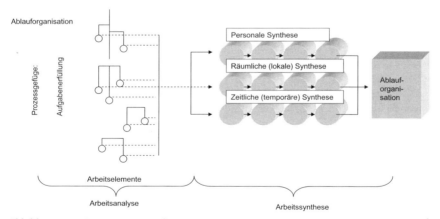

Abbildung 135: Determinanten des Prozessmanagements

Traditionell war die Ablauforganisation der Aufbauorganisation – der Gestaltung der Führungs- und Leitungsstruktur – nachgelagert. Sie hatte die durch die Aufbauorganisation geschaffenen Potenziale zur Wirkung zu bringen und zu nützen. Im Zuge der Entwicklung rund um die Ansätze sind Modelle des „*Business Process Reengineering*", in deren Mittelpunkt die Prozessorganisation steht, entstanden und wurde die Ablauforganisation – das Prozessmanagement – verstärkt in den Vordergrund gerückt. Die betrieblichen Prozesse werden zum dominierenden und determinierenden Strukturierungsmerkmal der Unternehmungsorganisation (vgl *Müller-Stewens, Lechner*, 2001, 338).

Wichtig ist dabei die Identifikation der sogenannten *Kernprozesse*. Dies sind funktionsübergreifende, strategisch relevante Wertschöpfungsprozesse, durch deren fokussierte Ausgestaltung der Kundennutzen optimiert werden soll.

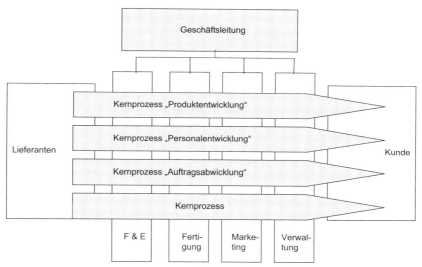

Abbildung 136: Die Prozessorganisation (in Anlehnung an Müller-Stewens, Lechner, 2001, 339)

Aber auch die derart aufgewertete Ablauforganisation hat im Rahmen des Managements von Kernprozessen „Ordnungen" zu schaffen (vgl *Wöhe*, 2002, 159):
– Ordnungen der Arbeitsinhalte,
– Ordnungen der zeitlichen Abfolge der Arbeiten,
– Ordnung des Arbeitsraumes,
– die Arbeitszuordnung.

Im Rahmen der *Schaffung von Ordnungen bezüglich der Arbeits- bzw Aufgabeninhalte* geht es um die sachlogische Verknüpfung und Verkettung der im Rahmen der Aufgabenanalyse – dh der Phase der Gestaltung der Führungs- und Leitungsstruktur (siehe oben) – ermittelten Teilaufgaben. Oft sind im Rahmen der sachlogischen Prozessgestaltung zusätzliche Aufgabenanalysen durchzuführen.

Die Ordnung der zeitlichen Abfolge umfasst die Bestimmung der Zeitfolge der einzelnen Teilaufgaben – die Reihenfolge –, dann die Festlegung hinsichtlich der Zeitdauern der einzelnen Teilaufgaben und die zeitliche Festlegung der Beginn- und Abschlusszeiten der einzelnen Teilaufgaben bzw letztlich „in summa" unter Berücksichtigung der Reihenfolge und der gegenseitigen Abhängigkeiten die Termingestaltung für die Kernprozesse der Unternehmung.

Das Prozessmanagement tangiert auch die Frage *der räumlichen Zuordnung* der Aufgabendurchführung. Im Vordergrund dabei steht neben der Berücksichtigung des Zusammenhanges mit der Führungs- und Leitungsstruktur natürlich die Wirtschaftlichkeit der Prozesse, die die Wertschöpfung der Unternehmung essenziell beeinflusst.

Schlussendlich gilt es auch im Rahmen des Prozessmanagements, *Aufgaben, Stellen und damit Personen zuzuordnen*. In diesem Punkt wird die Abhängigkeit der Prozesse von Führungs- und Leitungsstrukturen besonders sichtbar. Auch das „Dilemma" – determiniert die Führungs- und Leitungsstruktur auch in einem bestimmten Ausmaß die Prozesse oder ergibt sich den Erfordernissen eines modernen „Business Process Reengineering" entsprechend die Führungs- und Leitungsstruktur aus den ausgestalteten Kernprozessen – ist hier zu beantworten.

Modernes Prozessmanagement schafft jedoch nicht nur Ordnungen in der eben beschriebenen Hinsicht. Sie will auch nicht unbedingt dominant sein in der Ausgestaltung der Unternehmungsorganisation im Sinne einer Determinierung der Führungs- und Leitungsstruktur. Ziel und Auftrag an ein modernes Prozessmanagement ist die Erreichung einer verstärkten Kunden- und Marktorientierung der Unternehmung durch

– die Minimierung der Bearbeitungs- und Durchlaufzeiten von Transformationsprozessen und die damit verbundenen kürzeren Lieferzeiten bzw verbesserten Termineinhaltungen,
– ein auch auf laufende Verbesserungen der Qualität der Prozesse und Prozessergebnisse ausgerichtetes Prozessmanagement,
– die Optimierung der Prozesskosten, die eine wesentliche Voraussetzung für eine kunden- und wettbewerbsorientierte Preisgestaltung darstellt.

b) Instrumente des Prozessmanagements

Analog zu den Instrumenten der Aufbauorganisation gibt es auch Instrumente, die das Management von Prozessen im Rahmen der Ausgestaltung der Ablauforganisation unterstützen. Zu nennen sind hier vor allem
– Ablauf- bzw Flussdiagramme,
– das Balkendiagramm – Gantt-Pläne,
– die Methoden der Netzplantechnik.

Ablauf- und Flussdiagramme dienen der visualisierten Darstellung von sachlogischen Folgen von Ablauf- bzw Prozessschritten, die zur Realisierung der Ziele bzw zur Bearbeitung von Aufträgen erforderlich sind. Flussdiagramme berücksichtigen in ihrer Darstellung nicht zwingend zeitliche Erfordernisse bzw Abhängigkeiten. Die Dokumentation der Ablauflogik steht im Vordergrund und liefert in dieser Form die Basis für die Diskussion über notwendige und mögliche Verbesserungen bzw Entwicklungspotenziale der einzelnen Prozesse.

C. Unternehmungsorganisation

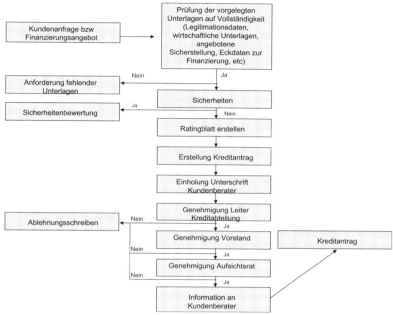

Abbildung 137: Beispiel für ein Flussdiagramm „Finanzierungsantrag"

Mit der unterstützenden Darstellungsform *des Balkendiagramms* kann auch die zeitliche Dimension von Prozess und Ablaufschritten analysiert und formal zum Ausdruck gebracht werden. Es ist wie das Flussdiagramm ein sehr einfaches Instrument, das aber darüber hinaus beiträgt, Ansatzpunkte für die zeitliche Ausgestaltung aufzuzeigen (siehe Abb 138).

Probleme entstehen in der Anwendung allerdings wenn es darum geht, komplexe Prozesse in ihrer Vielfalt von Aufgaben abzubilden. Auch die Berücksichtigung von Abhängigkeiten im Sinne „wann kann mit einer Teilaufgabe im Rahmen eines Kernprozesses frühestens oder spätestens begonnen werden" oder „wann kann mit einem frühestmöglichen Abschluss (spätest erlaubten) gerechnet werden" ist mit dem Balkendiagramm nicht möglich. Eine Ausnahme bildet das „vernetzte Balkendiagramm", das auch Abhängigkeiten zeitlicher Natur zwischen den einzelnen Teilaufgaben bzw Prozessschritten abbilden hilft (siehe Abb 139).

Mit dieser Darstellungsform verbunden ist aber bereits *das Instrumentarium der Netzplantechnik,* das essenziell beitragen kann, komplexe Prozesse und Abläufe in ihrer Vielfalt von Aufgaben und funktionalen und zeitlichen Abhängigkeiten sichtbar zu machen und damit zur Analyse und auch zur optimalen Ausgestaltung eine wertvolle Basis liefert.

214 III. Kernkompetenzen der Führung

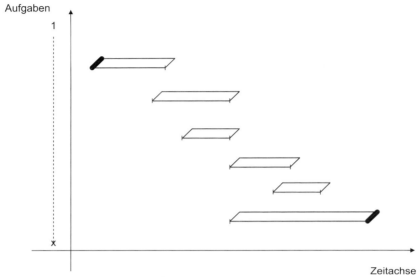

Abbildung 138: Einfaches Balkendiagramm

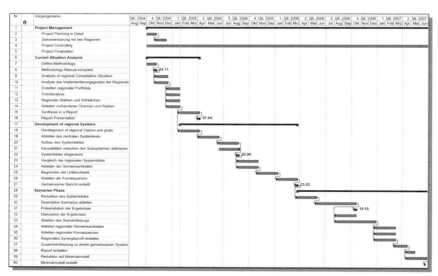

Abbildung 139: Vernetztes Balkendiagramm (Beispiel)

Der Netzplan als Ergebnis des Einsatzes der Netzplantechnik ist formal ein sogenannter Graph – ein Gebilde aus Knoten und Kanten – der die Zusammenhänge zwischen einzelnen Prozessschritten in funktionaler und zeitlicher Hinsicht abbilden hilft.

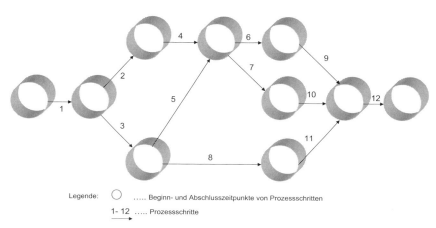

Legende: ○ ..... Beginn- und Abschlusszeitpunkte von Prozessschritten
1- 12 ..... Prozessschritte

Abbildung 140: Beispiel eines Graphen/Netzplanes

Ein EDV-unterstützter Einsatz der Netzplantechnik schafft darüber hinaus die Möglichkeit der Simulation als Voraussetzung für Optimierungen in zeitlicher oder kostenmäßiger Ausprägung.

Einen Beitrag zur kostenoptimierten Ausgestaltung der Prozesse und Abläufe liefert auch *die Prozesskostenrechnung*. Aufgabe der Prozesskostenrechnung ist es, den oft undifferenzierten Pauschalzuschlag der Verwaltungs- und Vertriebskosten auf die Herstellkosten, der ebenso oft zu einer ungerechtfertigten Verteilung derselben auf einzelne Produkte und Prozesse führt, „gerechter" aufzuteilen. In der „neuen" Verteilung sind auch objektivere Ansatzpunkte für Prozessverbesserungen zu suchen (vgl *Lechner, Egger, Schauer,* 2005, 829).

D. Führung und Umsetzung

1. Grundlegendes zu Führung und Umsetzung

a) Wesen und Charakteristik der Umsetzung

Der Wert der Strategie und damit der Planung zeigt sich in der Umsetzung. Ein gut ausgearbeiteter Plan ist umsetzbar und führt auch zu entsprechenden Umsetzungsergebnissen. Eigentlich beginnt der Umsetzungs- und Realisierungsprozess des geplanten betrieblichen Geschehens und der geplanten Ergebnisse ja bereits im Rahmen der Organisation, wo das Handlungsgefüge – Strukturen und Prozesse – festgelegt wird. Daran anschließend sind die mit der Organisation geschaffenen Stellen entsprechend den Anforderungen aus den einzelnen Stellenbeschreibungen zu besetzen. *Personalbeschaffung und Personaleinsatz sind daher essenzielle Teilfunktionen der Umsetzung* und sie sind auch nicht einmalig durchzuführen, sondern sind laufend zur Erhaltung und Sicherstellung der sogenannten „Human Resources" zu gewährleisten (vgl *Steinmann, Schreyögg*, 2005, 10). Personalbeurteilung, Personalentwicklung und eine leistungsgerechte Entlohnung ergänzen diese Umsetzungserfordernisse.

Charakteristisch für die Funktion der Umsetzung ist die Tatsache, *dass damit die „Schnittstelle" zu den Mitarbeitern einer Unternehmung tangiert ist*. Umsetzungsbetroffener bzw Umsetzer ist der Mitarbeiter. An ihm liegt es, ob die an ihn übertragenen Aufgaben auch umgesetzt werden. Neben der Ausgestaltung der Personalbeschaffung, der Personalauswahl, des Personaleinsatzes, der Personalentwicklung und Entlohnung wird damit auch die *Aufgabenübertragung* zu einem wichtigen Umsetzungselement. Vor allem die Art und Weise der Aufgabenübertragung ist ergebnisbeeinflussend. Zu berücksichtigen dabei sind (vgl *Thommen*, 1991, 750)
- institutionelle,
- prozessuale,
- instrumentale

Aspekte. *Der institutionelle Aspekt* bezieht sich auf den Personenkreis, der an der Aufgabenübertragung beteiligt ist. Hier kann zwischen Aufgabenverteiler und Aufgabennehmer bzw -empfänger unterschieden werden, aber auch indirekt Beteiligte sind zu beachten. Letztere umfassen Personen, die aufgrund der informalen Leitungsbeziehungen sowohl Einfluss auf den Aufgabenverteiler als auch den -empfänger ausüben können. *Der prozessuale Aspekt* nimmt Bezug auf Art der Übermittlung bzw Weitergabe der Aufgabe an den Aufgabenempfänger/Mitarbeiter. Zu unterscheiden ist hier zwischen einer mündlichen und schriftlichen Aufgabenvergabe, die aber in Verbindung mit *dem instrumentalen Aspekt* zu sehen ist, der die Hilfsmittel zur Unterstützung der Übertragung von Aufgaben miteinschließt. Hilfsmittel können dabei die im Rahmen der Abhandlung der Organisation bereits beschriebenen Organisationsinstrumente – zB Stellenbeschreibungen, Funktionendiagramme, Ablaufpläne etc – sein, aber auch Arbeitspapiere der einzelnen Funktionsbereiche wie Stücklisten, Arbeitspläne uÄm sind dazu geeignet.

Unabhängig aber von diesen Aspekten, die bei der Aufgabenübertragung eine Rolle spielen, sind die zur Umsetzung anstehenden Aufgaben dem Mitarbeiter
- klar und eindeutig,
- vollständig,
- angemessen

zu vermitteln. Vor allem das erwartete Ergebnis bzw Resultat und der erwartete Erledigungstermin muss klar definiert sein. Unterstützende Wirkung kann auch die Angabe/Vorgabe des Vorgehens zur Aufgabenerfüllung, der einzusetzenden Hilfsmittel und des Ortes der Aufgabenerfüllung haben. Letztere Punkte sind allerdings im Zusammenhang mit den situativen Gegebenheiten und dem Reifegrad des Mitarbeiters zu sehen (vgl dazu die Ausführungen in Pkt D.3. dieses Abschnittes).

Im Zusammenhang mit der Aufgabenübertragung ist noch auf den Stellenwert und die Bedeutung der zwischenmenschlichen Beziehungen und auf die Autorität des „Aufgabenverteilers" hinzuweisen. Auch Information und Kommunikation, Delegation, Motivation, Führungsstil und Führungsverhalten sind Aufgabenübertragungs- und damit auch Umsetzungsprozesse charakterisierende Elemente. Auf sie wird nachstehend explizit eingegangen.

b) Mitarbeiterbezogene Führung und Umsetzung

Die menschen- bzw mitarbeiterbezogene Führung ist untrennbar mit dem Wesen und den Charakteristiken der Umsetzung in Verbindung stehend. Je mitarbeiterbezogener geführt wird umso effizienter und erfolgreicher gestalten sich die Umsetzungsprozesse (vgl *Hinterhuber,* 2004, 149). Im Mittelpunkt steht die Beziehung zum Mitarbeiter, die durch
- die Offenheit der Kommunikation und der Kommunikationswege,
- das Ausmaß der sozio-emotionalen Unterstützung,
- die Motivation und die eingesetzten Motivationssysteme,
- die beratende Führung und die fachliche Unterstützung

zum Ausdruck gebracht wird. Messgröße der mitarbeiterorientierten Führung ist die *Führungseffektivität*. Sie wird definiert als die Fähigkeit eines Vorgesetzten, seinen Führungsstil und seine Handlungen bestmöglich auf die Fähigkeiten, Bedürfnisse und Erwartungen der Mitarbeiter in einer bestimmten Situation auszurichten, um dadurch optimale Leistungen zu erreichen. Wichtige Komponente der Führungseffektivität in diesem Sinn ist auch die *„soziale Kompetenz"* eines Managers bzw Vorgesetzen. Darunter versteht man die Fähigkeit, mit anderen Menschen effektiv zusammenzuarbeiten, sowohl als Leiter einer Gruppe als auch als Gruppenmitglied. Dazu gehört nicht nur eine grundsätzliche Kooperationsbereitschaft, sondern auch die Fähigkeit, das Handeln anderer Menschen zu verstehen und sich in sie hineinzuversetzen und das auf vier Ebenen (vgl *Steinmann, Schreyögg,* 2005, 20): Auf der Ebene der (siehe Abb 141)
- Kollegen,
- unterstellten Mitarbeiter,
- Vorgesetzten,
- Bezugsgruppen aus der Umwelt.

Neben der sozialen Kompetenz ist auch noch die *Führungsautorität* entscheidender Einflussfaktor auf den Umsetzungserfolg. Dabei ist zu unterscheiden zwischen der
- institutionellen, positionellen bzw formalen Autorität,
- fachlichen Autorität und
- persönlichen bzw personenspezifischen Autorität.

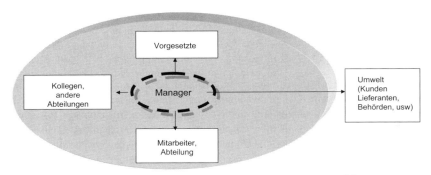

Abbildung 141: Die Ebenen der sozialen Kompetenz der Manager (in Anlehnung an Steinmann, Schreyögg, 2005, 20)

Die formale, positionelle bzw institutionelle Autorität wird manifestiert durch die rechtlichen Grundlagen auf denen das Arbeitsverhältnis basiert, die Regelungen, die im Zusammenhang mit dem Organigramm und den Stellenbeschreibungen stehen und den herrschenden sozialen Normen bzw Verhaltensregeln, die in der Gesellschaft generell bzw der Unternehmung speziell – im Leitbild – definiert sind.

Die fachliche Autorität wird begründet durch das Fachwissen bzw die Fachkompetenz des Vorgesetzten sowohl Inhalte als auch die Kompetenz als Führungskraft betreffend.

Die persönliche, personenspezifische Autorität ergibt sich aus der Fähigkeit der Gestaltung zwischenmenschlicher Beziehungen. Die Schaffung von Vertrauen durch eine „gerechte" Behandlung der Mitarbeiter im Sinne der Anwendung gleicher Regeln für alle, die Beispielhaftigkeit – Integrität –, die sich in der eigenen Aufgabenerfüllung des Vorgesetzten sichtbar macht und die Durchsetzungskraft in der persönlichen Ausstrahlung, die im Charisma des Vorgesetzten zur Wirkung kommt, sind wichtige Gestaltungselemente dafür (siehe Abb 142).

2. Führungsstile, Führungsverhalten und Führungsgrundsätze

a) Führungsstile und Führungsverhalten

Der Umsetzungserfolg wird in hohem Maße vom Führungsstil und vom Führungsverhalten der an der Führung der Unternehmung beteiligten Personen beeinflusst. Führungsstil und Führungsverhalten bringen zum Ausdruck, wie in einer Unternehmung geplant, organisiert, umgesetzt, kontrolliert und gesteuert wird. Ein bestimmter Führungsstil beinhaltet das Führungsverhalten einer Führungsperson in einer bestimmten Situation und er dokumentiert in gewissem Maße den Umgang miteinander im Zusammenhang mit der Bearbeitung betrieblicher Aufgaben.

D. Führung und Umsetzung

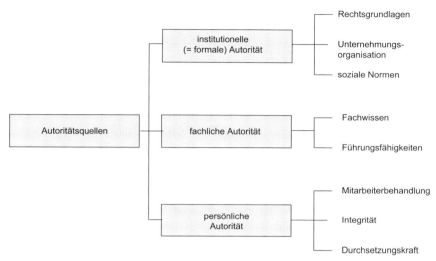

Abbildung 142: Formen der Führungsautorität (in Anlehnung an Thommen, 1991, 753)

Literatur und Führungspraxis kennen eine Vielzahl von Führungsstilen bzw Verhaltensalternativen. Traditionell lassen sich die Folgenden anführen (vgl *Wöhe*, 2002, 253):

– *Der patriarchalische Führungsstil:* Ähnlich dem „Vater" in der Familie – traditionell/konservativ – wird hier vom Manager/Eigentümer – der alleinige „Herrschaftsanspruch" erhoben, der von den Geführten auch anerkannt bzw respektiert wird.

– *Der charismatische Führungsstil:* Dieser Führungsstil baut auf die Ausstrahlung, auf die „Strahlkraft" der Führungsperson, die die Geführten veranlasst, im Sinne dieser Person zu handeln. Der Herrschaftsanspruch ist in gleichem Maße wie beim patriarchalischen Führungsstil gegeben

– *Der autokratische Führungsstil:* Hier steht nicht die Person im Vordergrund, sondern die Institution. Der „Autokrat" bedient sich im Rahmen der Führungstätigkeit eines hierarchisch gestaffelten Führungsapparates mit dessen Unterstützung er seinen Willen und seine Vorhaben umsetzt.

– *Der bürokratische Führungsstil:* Dieser Führungsstil hat sich aus dem autokratischen herausentwickelt, allerdings sind hier der Willkür des Autokraten Legalität, Regelungen und Kompetenz zur Seite gestellt. Die Führenden werden dadurch diszipliniert und weniger die Geführten.

– *Der kooperative Führungsstil:* Während die bisher dargestellten Führungsstile als eher autoritäre Formen der Führung – Top down – gesehen werden können, werden bei der kooperativen Führung die Mitarbeiter verstärkt in die Führungssituation bzw in die Problemlösungsprozesse miteinbezogen, wobei die Beteiligung in erster Linie beratender Art ist durchaus aber bis zu einer Miteinbindung in die Entscheidungsprozesse gehen kann.

Traditionell ergeben sich also Führungsstile und unterschiedliche Führungsverhalten als Kontinuum zwischen autoritär und kooperativ.

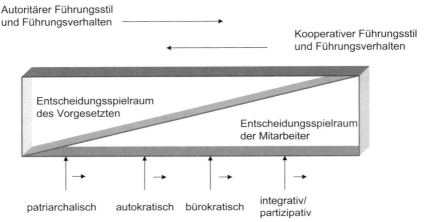

Abbildung 143: *Führungsstile und Führungsverhalten*

Einen pragmatischen Ansatz bzw Beitrag zur Diskussion von Führungsstil und Führungsverhalten bietet *Luger* (vgl *Luger*, 1998, 204 ff). Er unterscheidet nicht zwischen verschiedenen Führungsstilen, sondern charakterisiert und beschreibt die Führung in drei Ausprägungen (siehe Abb 144):
– Führung durch Befehl,
– Führung durch Motivation,
– Führung durch Kooperation.

Das Führungssystem der *Führung durch Befehl* – es entspricht exakt dem autoritären Führungsstil und Führungsverhalten – sieht die alleinige Zuständigkeit für die Aufgabenzuweisungen auf allen Ebenen der obersten Führung (siehe Abb 145).

Führung durch Motivation wird charakterisiert durch die Einbeziehung der nachgeordneten Ebenen bei den sie betreffenden Entscheidungen. Verstärkte Information, Kommunikation und oft auch die Übertragung der vollen Entscheidungsbefugnis für ein bestimmtes Aufgabenfeld sind weitere „Motivatoren". Ein Eingreifen der übergeordneten Führungsebenen erfolgt nur in Ausnahmefällen.

Führung durch Kooperation basiert auf der Idee der partnerschaftlichen Zusammenarbeit (siehe Abb 146). Besondere Merkmale dieser Form der Führung sind die Folgenden (vgl *Wunderer, Grünwald,* 1980, VI):
– Multilaterale Informations- und Kommunikationsbeziehungen,
– funktionale Rollendifferenzierung und Sachautorität,
– partnerschaftliche Zusammenarbeit – Gruppenorientierung,

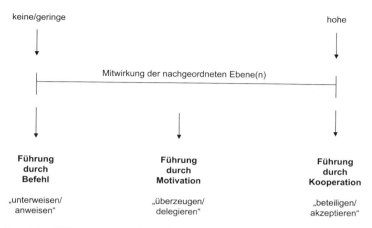

Abbildung 144: Führungssysteme (in Anlehnung an Luger, 1998, 204)

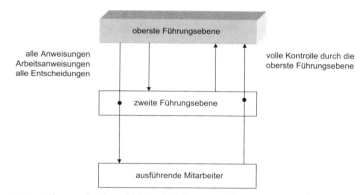

Abbildung 145: Führung durch Befehl (in Anlehnung an Luger, 1998, 204)

- gemeinsame Einflussnahme und -ausübung,
- Vertrauen als Grundlage der Zusammenarbeit,
- Konfliktregelungen durch Aus- und Verhandeln,
- Konsens in der Ziel- und Leistungsorientierung,
- Bedürfnisbefriedigung von Mitarbeitern und Vorgesetzten.

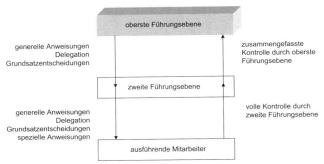

Abbildung 146: Führung durch Kooperation

In der Diskussion von Führungsstil und Führungsverhalten – traditionell oder auch pragmatisch – ist aktuell der Stand der, dass es keinen „optimalen" Führungsstil, sondern nur den „situativen" Führungsstil gibt. Effektive Führungskräfte passen ihr Führungsverhalten den Anforderungen der Führungssituation – Umwelt und Bedürfnisse der Mitarbeiter – an. Die Effektivität ergibt sich dabei aus der (vgl *Hersey, Blanchard,* 1982, 95 ff)
- Mitarbeiterbezogenheit und
- der Aufgabenbezogenheit – Orientiertheit.

Um effektiv zu sein, muss der Vorgesetzte die Fähigkeit besitzen, die Führungsanforderungen, die sich aus einer konkreten Führungssituation – mehr oder weniger Mitarbeiterbezogenheit, mehr oder weniger Aufgabenorientiertheit – ergeben, zu erkennen. Im Ergebnis zeigt sich die Effektivität der Führung dann am aufgabenrelevanten Reifegrad des Mitarbeiters.

Mitarbeiterbezogenheit, Aufgabenorientiertheit der Führung und der aufgabenrelevante Reifegrad des Mitarbeiters lassen sich dabei wie folgt definieren:
- Die Mitarbeiterbezogenheit bringt das Ausmaß der persönlichen Beziehungen des Vorgesetzten zum Mitarbeiter zum Ausdruck.
- Die Aufgabenbezogenheit der Führung beinhaltet den Freiheitsgrad des Mitarbeiters bei der Durchführung der Aufgaben.
- Der aufgabenrelevante Reifegrad des Mitarbeiters lässt sich mit dessen fachlicher Kompetenz und seiner psychologischen Reife charakterisieren.

Im Modell von *Hersey/Blanchard* wird davon ausgegangen, dass der Einstieg des Mitarbeiters mit einem niedrigen fachlichen Reifegrad erfolgt. Durch eine stark aufgabenorientierte Führung mit zugleich zunehmender Mitarbeiterorientiertheit wird der Reifegrad des Mitarbeiters – fachlich und psychologisch – kontinuierlich gesteigert. Bei Erreichung eines mittleren Reifegrade kann sowohl die Aufgaben- als auch die Mitarbeiterorientierung situativ wieder zurückgehen bis der Mitarbeiter sowohl in fachlicher als auch in psychologischer Hinsicht hohe bis höchste Qualifikationen erreicht (siehe Abb 147).

In diesem Prozess der Mitarbeiterentwicklung lassen sich auch vier unterschiedliche Führungsstile feststellen (vgl *Hinterhuber,* 1983, 391 f):

Führungsstil	Der Führungsstil ist effektiv wenn der Vorgesetzte, in den Augen der Mitarbeiter,	Der Führungsstil ist ineffektiv, wenn der Vorgesetzte, in den Augen der Mitarbeiter,
1. Hohes aufgabenbezogenes Verhalten/niedriges mitarbeiterbezogenes Verhalten	... wirksame Methoden einsetzt, um Ziele zu erreichen, die auch im Interesse der Mitarbeiter liegen	... seine Methoden den Mitarbeitern aufdrängen will; er scheint nur an kurzfristig erreichbaren Ergebnissen interessiert zu sein
2. Hohes aufgabenbezogenes Verhalten/hohes mitarbeiterbezogenes Verhalten	... die Bedürfnisse der Mitarbeiter hinsichtlich Zielsetzungen und Arbeitsorganisation erfüllt und gleichzeitig ein hohes Niveau sozio-emotionaler Unterstützung bietet	... die Aufgaben über das Maß hinaus strukturiert, das von den Mitarbeitern als angemessen angesehen wird und dabei nicht aufrichtig in seinen mitmenschlichen Beziehungen ist
3. Hohes mitarbeiterbezogenes Verhalten/niedriges aufgabenbezogenes Verhalten	... Vertrauen in seine Mitarbeiter hat und überwiegend damit beschäftigt ist, ihnen die Erreichung der vereinbarten Ziele zu erleichtern	... hauptsächlich an einer harmonischen Zusammenarbeit interessiert ist und dabei häufig die Leistung zugunsten guter mitmenschlicher Beziehungen zurückstellt
4. Niedriges mitarbeiterbezogenes Verhalten/ niedriges aufgabenbezogens Verhalten	... in ausreichendem Maße die Entscheidungen hinsichtlich der Art und Weise, wie die Aufgaben auszuführen sind, an seine Mitarbeiter delegiert und wenig sozio-emotionale Unterstützung gewährt, wenn sie von den Mitarbeitern nicht benötigt wird	... wenig Strukturierung und wenig sozio-emotionale Unterstützung bietet, obwohl die Mitarbeiter diese benötigen

Abbildung 147: Hauptführungsstile (in Anlehnung an Hersey, Blanchard, 1982, 95)

- In der Phase F_1 der autoritäre Führungsstil: Der Vorgesetzte definiert die Rollen seiner Mitarbeiter und gibt an, wer, was, wie, wann und wo zu tun hat (Ein-Weg-Kommunikation). Die Erwartungen der Mitarbeiter werden dabei nicht oder nur wenig berücksichtigt.

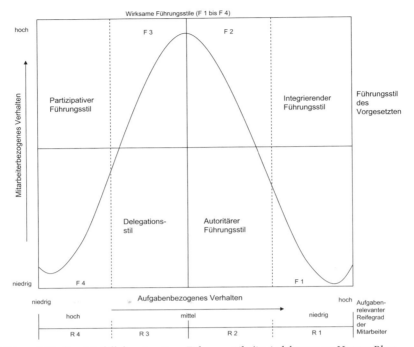

Abbildung 148: Das Modell des situativen Führungsstils (in Anlehnung an Hersey, Blanchard, 1982, 96)

- In der Phase F_2, der integrierende Führungsstil: Der Vorgesetzte erteilt Direktiven oder Weisungen und versucht, über Zwei-Weg-Kommunikation und sozio-emotionale Unterstützung, beratende Führung, fachliche Unterstützung und dgl. mehr, die Mitarbeiter zur Akzeptierung der zu treffenden Entscheidungen zu bringen.
- In der Phase F_3, der partizipative Führungsstil: Vorgesetzter und Mitarbeiter nehmen gemeinsam am Entscheidungsprozess teil.
- In der Phase F_4, der Delegationsstil: Aufgrund des hohen professionellen und psychologischen Reifegrades der Mitarbeiter kann der Vorgesetzte von der Delegation reichlich Gebrauch machen und sich auf eine allgemeine Überwachung beschränken.

So einfach und nachvollziehbar dieses Modell von *Hersey/Blanchard* auch ist, umso mehr ist abschließend noch einmal zu wiederholen, dass der Erfolg der Führung – die Effektivität der Führung – von der Fähigkeit des Vorgesetzten abhängt, die Situation richtig zu beurteilen und seinen Führungsstil danach auszurichten. In der Hektik des Alltags lässt sich dieses idealisierende Führungsmodell des situativen Führungsstils jedoch nur beschränkt realisieren. Ohne Beschränkung lässt sich aber aus diesem Modell die Verantwortlichkeit der Führung ableiten, nämlich den Mitarbeiter fachlich und psychologisch weiterzuentwickeln und damit auch die Umsetzungskompetenz und den Umsetzungserfolg der Unternehmung zu steigern.

b) Führungsgrundsätze

In der Diskussion der Einflussfaktoren auf den Umsetzungserfolg ist auch auf die Bedeutung von Führungsgrundsätzen oft auch als Führungsrichtlinien bezeichnet, hinzuweisen. Per definitione sind darunter verbindliche und schriftlich festgelegte Vorschriften zum Handeln und Verhalten von Führungskräften zu verstehen. Sie sind in der Regel Bestandteil der Personalpolitik und bestimmen die Art und Weise der Personalführung in der Unternehmung und beinhalten Richtlinien für die Erreichung der von Unternehmungsleitung und Mitarbeitern gemeinsam gestellten Ziele.

Beispiele für ein unternehmungsspezifisches Konzept für Führungsgrundsätze liefert *Schertler* (vgl *Schertler*, 1997, 31 f):

- Situatives Führen: Mitarbeiter können nicht nach einem einheitlichen starren Führungssystem geführt werden. Führungskräfte sollten vielmehr sensibel sein für die jeweilige Situation.
- Ziele festlegen: Betont wird die gemeinsame Erarbeitung und Vereinbarung von Zielen. Ziele müssen eindeutig und verständlich formuliert sein (Management by Objectives).
- Aufgaben delegieren: Die Bedeutung der Delegation von Aufgaben und Kompetenzen wird herausgestellt.
- Mitarbeiter informieren: Sowohl die Information der Mitarbeiter durch den Vorgesetzten als auch in umgekehrter Richtung wird behandelt. Die Querinformation wird besonders betont.
- An Entscheidungen beteiligen: Hier wird darauf hingewiesen, dass sachgerechte Entscheidungen nur dann getroffen werden können, wenn die hiefür wesentlichen Informationen vollständig herangezogen und bewertet werden. Von den Mitarbeitern wird erwartet, dass sie die getroffenen Entscheidungen anerkennen, beachten und vertreten.
- Erfolg kontrollieren: Der Vorgesetzte sollte – von Fall zu Fall – überprüfen, ob die Arbeit zielgerichtet mit der erforderlichen Intensität termin- und kostengerecht durchgeführt wird. Vom Mitarbeiter wird erwartet, dass auch er selbst den Ablauf und die Verhältnisse seiner Arbeit kritisch überprüft.
- Mitarbeiter beurteilen: Der Vorgesetzte sollte seine Mitarbeiter darüber informieren, wie er ihre Leistungen und ihr Arbeitsverhalten beurteilt. Dies wird positive Auswirkung auf das Selbstvertrauen der Mitarbeiter haben. Von den Mitarbeitern wird erwartet, dass sie sich mit der Beurteilung auseinandersetzen.
- Mitarbeiter fördern: Der Vorgesetzte sollte seine Mitarbeiter fördern und sie entsprechend ihrer Fähigkeiten und Kenntnisse einsetzen. Von den Mit-

arbeitern wird erwartet, dass sie in Bezug auf ihre Weiterbildung selbst Initiative ergreifen und eigene Beiträge leisten.
- Mitarbeiter beraten und unterstützen: Der Vorgesetzte sollte seine Mitarbeiter dadurch, dass er einen offenen Gedankenaustausch ermöglicht, unterstützen. Von Mitarbeitern wird andererseits erwartet, dass auch ihr Verhalten zu einer positiven Atmosphäre beiträgt. Sie sollen ihren Vorgesetzten rechtzeitig auf Probleme ansprechen.
- Zusammenarbeit fördern: Der Vorgesetzte sollte auf die Notwendigkeit einer intensiven Zusammenarbeit sowohl innerhalb als auch außerhalb seines Bereiches hinweisen und helfen, bei Schwierigkeiten in den Kontaktbeziehungen diese abzubauen. Von den Mitarbeitern wird die Bereitschaft zu einer kollegialen Zusammenarbeit erwartet.

Der Nutzen von Führungsgrundsätzen ist vielfach, vor allem aber aus folgenden Aspekten ableitbar (vgl *Dillerup, Stoi*, 2006, 543 f):
- Sie sorgen für ein einheitliches Führungsverhalten aller Führungspersonen.
- Sie regeln die Art und Weise der Zielerreichung, Delegation, Information, Entscheidung, Motivation, Weiterbildung, Förderung, Beurteilung, Kontrolle, Konfliktbewältigung und Zusammenarbeit.
- Sie beinhalten Grundsätze und Methoden zur Führung von Mitarbeitern.
- Führungsgrundsätze geben der einzelnen Führungskraft mehr Sicherheit und können sie von Rechtfertigungszwängen entlasten.
- Aus der Sicht der Mitarbeiter können sie zu einer besseren Berechenbarkeit des Führungsverhaltens der Vorgesetzten und zur Vermeidung von Diskriminierungen beitragen.

Die Gefahr von Führungsgrundsätzen, auf die hier ebenfalls hingewiesen werden soll, besteht darin, dass Führung als bürokratisch, unflexibel und unpersönlich empfunden wird. Bei der Erarbeitung der Führungsgrundsätze ist auch Bezug zu nehmen auf das unternehmungsspezifische Normensystem bzw die bestehende Unternehmungskultur. Führungsgrundsätze dürfen nicht als isoliertes Dokument entstehen.

3. Führungsprinzipien – Managementtechniken

Die im Rahmen von Umsetzungsprozessen zu bearbeitende „Schnittstelle" Vorgesetzter/Mitarbeiter tangiert auch den Bereich Managementtechniken, oft auch als Führungstechniken oder -prinzipien bezeichnet. Die Führung von Unternehmungen kann sich unterschiedlicher Führungsprinzipien/Managementtechniken bedienen. Definiert sind sie als Gestaltungsregeln für die Personalführung (vgl *Jung*, 2005, 488). Bekannt in Theorie und Praxis sind sie als die sogenannten „Management by-Ansätze".

(a) *Management by Exception:* Management by Exception bedeutet Führung nach dem Ausnahmeprinzip. Das Eingreifen der Führung ist auf Ausnahmefälle beschränkt. Die Mitarbeiter entscheiden innerhalb eines vorgegebenen Handlungsrahmens selbstständig. Die Führung greift nur ein, wenn

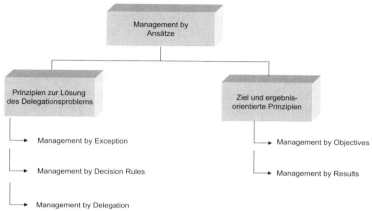

Abbildung 149: Management by Ansätze (in Anlehnung an Wöhe, 2002, 162 f)

Abweichungen zu den vorgegebenen Zielen signifikanter Natur auftreten oder bestimmte Besonderheiten der Situation Entscheidungen der übergeordneten Instanz erforderlich machen.

Von Vorteil ist
- die Entlastung der Führungskräfte von Routineaufgaben,
- eine gesteigerte Motivation der Mitarbeiter durch einen autonomen Handlungsbereich.

Nachteilig ist
- die Schwierigkeit der Festlegung von Toleranzgrenzen,
- das Demotivationspotenzial bei einem „Eingreifen" der Vorgesetzten.

(b) *Management by Decision Rules*: Dieses Prinzip beinhaltet, dass mit der Delegation von Aufgaben und Entscheidungen auch bestimmte Regeln einzuhalten sind. Im Vordergrund dabei steht die geregelte Bearbeitung von Problemen und Entscheidungen, an denen mehrere Personen zu beteiligen bzw zu koordinieren sind. Beschränkt ist dieses Prinzip auf die Bearbeitung von Routineaufgaben bzw -entscheidungen.

(c) *Management by Delegation*: Gemäß diesem Prinzip werden klar definierte und klar abgegrenzte Aufgabenbereiche mit den dafür erforderlichen Kompetenzen und der zu übernehmenden Verantwortung auf nachgeordnete Stellen oder Mitarbeiter übertragen. Die Führungsverantwortung bleibt aber beim Vorgesetzten, der nur dann eingreift, wenn die Stelle oder der Mitarbeiter Unterstützungsnotwendigkeit signalisiert.

Die Vorteile sind ähnlicher Natur wie beim Management by Exception:
- Entlastung des Managements,
- erhöhte Mitarbeitermotivation,
- schnellere Entscheidungen,
- verstärkte Nutzbarmachung der Mitarbeiterkompetenzen.

Nachteilig ist zu sehen:
- die Gefahr, dass nur unattraktive Aufgaben delegiert werden,
- das Überforderungspotenzial durch die starke Aufgabenorientierung zu Lasten der Mitarbeiterorientierung.

(d) *Management by Objectives:* Bei Realisierung dieses Prinzips erfolgt die Erarbeitung der Ziele durch Vorgesetzte und Mitarbeiter gemeinsam. Man bezeichnet diese Managementtechnik daher oft auch als Führung durch Zielvereinbarung. Auf diese Weise soll die Kreativität, Motivation, Flexibilität und auch die Ergebnisverantwortung gesteigert werden. Dieses Prinzip ist auch aktuell in der unternehmerischen Praxis viel eingesetzt und in Anwendung.

Von Vorteil ist
- die Entlastung des Managements analog dem Management by Exception und Management by Delegation,
- die Förderung der Motivation und Leistungsbereitschaft,
- die Identifikation der Mitarbeiter mit den vereinbarten Zielen,
- die verbesserte Möglichkeit und Objektivität bei der Mitarbeiterbeurteilung.

Nachteilig ist
- die Schwierigkeit der Findung messbarer Zielsetzungen,
- die aufwendige Planung und Zielbildung,
- die Gefahr des Leistungsdruckes durch das Setzen zu ambitiöser Ziele.

(e) *Management by Results:* Management by Results basiert auf dem Prinzip der Zielvorgabe. Der Vorgesetzte definiert dabei die Soll-Leistung und führt auch die Leistungskontrolle durch. Dieses Prinzip hat im Vergleich zum Management by Objectives einen stärkeren autoritären Charakter, da es mehr an den finalen Ergebnissen insbesondere deren Realisierung orientiert ist.

Vorteile sind
- die klare Zielvorgabe
- und die einfache Kontrolle durch die meistens quantitativen Zielsetzungen.

Nachteilig ist
- die zu quantitative Orientierung,
- das Demotivationspotenzial durch die Zielvorgabe.

Eines der in Europa bekanntesten Prinzipien – zwar nicht als Management by-Ansatz definiert, aber bekannt als eigenständiges Führungsmodell –, ist *das Harzburger Modell von Höhn (1977),* dem Gründer der Führungsakademie von Bad Harzburg. Das Prinzip geht vom Menschenbild eines selbstständig denkenden und handelnden Mitarbeiters aus und bildet damit das Gegenstück zum autoritär-patriarchalischen Führungsmodell (vgl *Jung,* 2005, 496 ff). Das Harzburger Modell ist ähnlich dem Management by Delegation-Prinzip auf der Aufgabendelegation basierend. Übergeordnete Ebenen übernehmen nur die Aufgaben, die nachgeordnete nicht mehr zu bearbeiten und zu leisten imstande sind.

Das Modell, das auch unter der Bezeichnung „Führung im Mitarbeiterverhältnis" bekannt geworden ist (vgl. *Wöhe*, 2002, 163), lässt sich durch folgende Merkmale besonders charakterisieren:
- Entscheidungen werden nicht von einer einzelnen Führungskraft/von einzelnen Führungskräften, sondern jeweils von den Mitarbeitern auf den Ebenen zu denen sie gehören, getroffen.
- Einzelaufträge werden zugunsten der Zuweisung von Aufgabengebieten nur selten erteilt.
- Mit der Aufgabe bzw dem Aufgabengebiet werden auch die Kompetenzen und die Handlungsverantwortung delegiert.
- Die Prinzipien der Führung im Mitarbeiterverhältnis sind in Form von Grundsätzen verbindlich festgelegt.

Von Vorteil ist dieses Modell für die Entlastung der Führung und für die Förderung des selbstständigen Arbeitens. Nachteilig ist das umfassende aufwendige Regelwerk, die Unterstützung des Ressortdenkens, die Erschwernis kreativer Lösungen und der Umstand, dass informelle Aspekte oft zu wenig berücksichtigt werden.

E. Kontrolle und Überwachung

1. Grundlegendes zu Kontrolle und Überwachung

a) Wesen und Charakteristik von Kontrolle und Überwachung

Kontrolle und Überwachung stehen am Ende des Führungskreislaufes, sie schließen quasi den Kreis der Kernaufgaben der Führung. Ihre Durchführung ist aber essenziell: Es ist nicht ausreichend, strategische und operative Pläne auszuarbeiten, die Führungs- und Leitungsstruktur zu gestalten und die Umsetzung zu organisieren bzw zu gewährleisten, es bedarf einer systematischen, bewusst durchgeführten Kontrolle und Überwachung der Umsetzungsprozesse und des gesamten betrieblichen Geschehens. Auch außerbetriebliche Geschehnisse und Entwicklungen sind in die Kontroll- und Überwachungsprozesse miteinzubeziehen.

Essenziell ist auch die Feststellung: Planung ohne Kontrolle ist wenig hilfreich, ohne Kontrolle, keine Möglichkeit Abweichungen aufzuzeigen, keine Möglichkeit den Ursachen der Abweichungen auf den Grund zu gehen und daher auch keine Möglichkeit führungsrelevante Informationen für die Steuerung des operativen und strategischen Unternehmungsgeschehens abzuleiten. Neben der Planung wird damit die Aufgabe der Kontrolle und Überwachung zu einem weiteren dominanten Steuerungsinstrument für die Unternehmungsführung.

Kontrolle und Überwachung sind jedoch nicht ganz „lastenfreie" Begriffe. Zu oft standen sie beinahe synonym für Misstrauen und Argwohn – „Vertrauen

230　　　　　III. Kernkompetenzen der Führung

ist gut, Kontrolle ist besser" – und beinhalten auch oft das Gegenteil von vertrauensbildenden Maßnahmen. Im Zusammenhang mit dem hier dargestellten Führungskreislauf lässt sich jedoch Kontrolle und Überwachung etwas differenzierter und auch weniger belastet charakterisieren: Kontrolle und Überwachung beinhalten:
- Den Soll-Ist-Vergleich,
- die Feststellung und Analyse von Abweichungen und der Abweichungsursachen,
- die Bereitstellung von Informationen zur Korrektur und Steuerung des betrieblichen Geschehens.

Kontrolle und Überwachung dienen also der Feststellung, ob die Ergebnisse aus den Umsetzungsprozessen bzw des gesamten betrieblichen Geschehens mit den in den Planungen festgelegten Zielen, Strategien und Maßnahmen übereinstimmen. Aber nicht nur: Sie unterstützen auch die Feststellung, ob die Unternehmungsorganisation – Strukturen und Prozesse – und die Umsetzung/Führung dem Erfordernis der Erreichung der Unternehmungsziele Rechnung trägt. Auch die Kontrolle und Überwachung an sich ist Objekt der Überwachung. Vor allem durch die Analyse der Abweichungsursachen liefert sie Erkenntnisse auch für die Weiterentwicklung der Planung, der Organisation, der Umsetzung/Führung und Kontrolle und damit für die Weiterentwicklung der Professionalität der Führung.

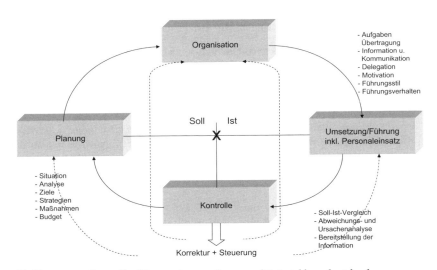

Abbildung 150: Kontroll-, Überwachungs-, Lern- und Entwicklungskreislauf

b) Objektbereiche und Probleme der Kontrolle

Unabhängig ob die Kontrolle und Überwachungstätigkeit auf das operative Tagesgeschäft oder auf die verstärkte strategische Ausrichtung fokussiert ist, sind bestimmte Kontrollbereiche Objekt der Kontrolle und Überwachung. Es sind dies (vgl *Hammer*, 1998, 134):
- Annahmen/Prämissen,
- Ziele und Maßnahmen,
- Mittel- und Verfahren,
- Ergebnisse,
- Verhalten,
- Führung.

Betriebliche Planungen und betriebliche Entscheidungen basieren in der Regel auf *getroffene Annahmen bzw Prämissen*. Sie müssen periodisch kontrolliert und überwacht werden. Wurden falsche Annahmen getroffen bzw treten bestimmte Entwicklungen, die man prognostiziert hat, nicht ein, so kann damit auch ein Nicht-Erreichen geplanter Ergebnisse verbunden sein. Nicht zutreffende Annahmen müssen ebenso korrigiert und weiterverarbeitet werden, wie nicht eintretende Entwicklungen.

In Bezug auf *Ziele und Maßnahmen* gilt es zu kontrollieren, ob die Zielerreichung wie geplant voranschreitet oder ob die Ziele überhaupt realistisch waren. Bei den Maßnahmen steht die Kontrolle und Überwachung der Geeignetheit bzw Wirkung im Vordergrund.

Die Mittel- und Verfahrenskontrolle beinhaltet die Prüfung des zweckmäßigen Einsatzes und die Höhe der Mittel, die Kontrolle der Verfahrensabwicklung und ebenso deren Wirkung.

Im Mittelpunkt der *Ergebniskontrolle* stehen die erzielten bzw erreichten Resultate in quantitativer, qualitativer und auch in zeitlicher Hinsicht.

Bei der Verhaltenskontrolle geht es um das im Zusammenhang mit der Leistungserbringung praktizierte Verhalten des Mitarbeiters, wobei auch das soziale Verhalten – die soziale Kompetenz – des Mitarbeiters mitüberwacht wird.

Nach *Thommen* (vgl *Thommen*, 1991, 756) ist auch *die Führung* selbst Kontroll- und Überwachungsobjekt. Im Vordergrund dabei stehen die Führungsprozesse, die Führungsorganisation und der Einsatz der Führungsinstrumente.

Ob die Kontrolle und Überwachung dieser Objektbereiche *anforderungsgerecht, aktuell, genau* und *effizient* abgewickelt wird, steht in Abhängigkeit von der führungstechnischen Ausgestaltung der Problembereiche von Kontrolle und Überwachung:
- Der Kontrollorganisation (Kontrollinstanz, Selbst- und Fremdkontrolle),
- dem Kontrollprozess (Rhythmus, Ablauf, Phasen),
- den Kontrollinstrumenten (Pläne, Kennzahlen, EDV).

Insbesondere die Organisation von Kontrolle und Überwachung mit klaren Kompetenzen und Verantwortlichkeiten ist wesentlich, aber auch Kontinuität und Konsequenz sind entscheidend.

c) Überwachung und Kontrolle – Revision und Prüfung

Kontrolle und Überwachung im oben charakterisierten Sinn im Zusammenhang mit dem Führungskreislauf bedarf jedoch noch einer etwas vertiefenderen Charakterisierung bzw begrifflichen Fassung. Hier muss allerdings festgehalten werden, dass sowohl in der relevanten Literatur als auch im sprachlichen betrieblichen Alltag der Kontrollbegriff und auch der Begriff der Überwachung nicht eindeutig und unzweifelhaft in Gebrauch ist. Immer mehr setzt sich jedoch durch, dass die Überwachung den Oberbegriff/Sammelbegriff für Kontrolle und Prüfung bzw Revision darstellt (vgl *Wöhe*, 2002, 165). Die Begriffe „Prüfung" und „Revision" werden in der Praxis in der Regel synonym verwendet, wohingegen Kontrolle und Revision unterschiedlich interpretiert werden (vgl *Zünd*, 1982, 382).

Merkmal/Funktion	Kontrolle	Revision
Zeitbezogenheit	gegenwartsbezogen	vergangenheitsbezogen
Häufigkeit der Durchführung	ständige Einrichtung	einmaliger Vorgang
Arbeitsweise	durch Mensch oder Automat	nur durch Mensch
Abhängigkeit des Kontrollsubjektes	vom Kontrollobjekt abhängige Personen	vom Kontrollobjekt unabhängige Personen
Einbau in betriebliche Abläufe	eingebaut (systemimmanent)	nicht eingebaut (systemfremd)

Abbildung 151: Revision und Kontrolle (in Anlehnung an Zünd, 1982, 382)

Entscheidendes Differenzierungsmerkmal zwischen Kontrolle und Prüfung/Revision ist die Abhängigkeit des Kontrollsubjektes vom Kontrollobjekt. Von Kontrolle spricht man dann, wenn die Überwachung durch die mit der Ausführung der Aufgabe befassten Person vorgenommen wird, von Revision/Prüfung, wenn die Überwachung durch eine Person erfolgt, die weder direkt noch indirekt etwas mit der Ausführung der Aufgabe zu tun hat.

Viel wesentlicher als die Unterscheidung zwischen Kontrolle und Revision ist die Unterscheidung in die *interne Kontrolle* und die *interne Revision/Prüfung*. Während man unter interner Kontrolle die Gesamtheit der Kontrollmaßnahmen versteht, die die Organisation der betrieblichen Arbeitsabläufe betrifft und die von den direkt oder indirekt Verantwortlichen für die Ausführung wahrzunehmen ist, versteht sich die interne Revision/Prüfung als verselbstständigte organisatorische Einheit, die direkt der Unternehmungsleitung unterstellt ist. Die Revision/Prüfung muss weitgehend unabhängig von den ausführenden Stellen/Instanzen sein bzw erfolgen können. Die interne Revision, die in der Regel im Auftrag der Unternehmungsführung tätig wird, prüft nicht nur die Arbeitsabläufe, sondern prüft darüber hinaus zB ob
- das interne Kontrollsystem (IKS) funktioniert,

- die Teilsysteme der Aufbau- und Ablauforganisation effizient ausgestaltet sind,
- die Vorschriften die Arbeitsabläufe betreffend auch eingehalten werden.

Von der internen Revision zu unterscheiden ist die *externe Revision*, die oft auch als Außenrevision bezeichnet wird. Als charakteristisch dafür sind zu nennen:
- Die private (betriebliche) Revision, die von „außen" zB die Ordnungsmäßigkeit der Rechnungslegung prüft,
- die staatliche Revision zB für die Durchführung von Betriebsprüfungen.

2. Strategische Kontrolle

a) Grundlegendes zur strategischen Kontrolle

Die traditionelle Kontrolle im Sinne von Soll-Ist-Vergleichen, Abweichungs- und Ursachenanalysen und Bereitstellung von Informationen für Erfordernisse der Korrektur, ist so für den strategischen Bereich nicht einsetzbar. Eine ex post Kontrolle, die sich auf die Kontrolle und Überwachung der Ergebnisse der strategischen Realisierungen konzentriert, wäre grob fahrlässig. Strategische Kontrolle muss vielmehr als permanenter Prozess der Planungsbegleitung gesehen werden, als sogenanntes Früherkennungs- und Frühaufklärungssystem (vgl Hammer, 1992, 143).

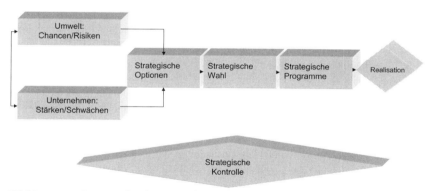

Abbildung 152: Strategische Planung und Kontrolle (in Anlehnung an Steinmann, Schreyögg, 2005, 234)

Mit einer derartig ausgestalteten ex ante Kontrolle muss in erster Linie geprüft werden, ob
- die Planung wie vorgesehen ausführbar ist bzw ob die Pläne nach ihrer Autorisierung vor dem Hintergrund der sich inzwischen veränderten Situation noch angemessen sind bzw welche Modifikationen gegebenenfalls erforderlich werden,
- bei der Ausführung der Pläne Störungen auftreten können und wie diesen entgegengewirkt werden kann.

Strategische Kontrolle lässt sich damit als Aufgabe charakterisieren, die den strategischen Plan einer Unternehmung und dessen Umsetzung laufend auf die „Weiterhin-Relevanz" der Inhalte überprüft und Bedrohungen, die sich aus aktuellen Entwicklungen ableiten lassen, rechtzeitig signalisiert. Sie beinhaltet darüber hinaus die Kontrolle der ausreichenden Berücksichtigung der Änderungen in den Strategischen Optionen, der strategischen Wahl, in den strategischen Programmen und der Realisation der Programme.

b) Arten der strategischen Kontrolle

Entsprechend der Charakterisierung der strategischen Kontrolle als eine den Strategieentwicklungs- und Strategieimplementierungsprozess begleitende Kontrolle, die in der Art einer „Feedforward"-Kontrolle die Realisierbarkeit des strategischen Planes laufend überprüft, Störgrößen frühzeitig identifiziert und rechtzeitig Steuerungsimpulse gibt, lassen sich folgende Typen/Arten von strategischen Kontrollsystemen anführen (vgl *Hammer*, 1997, 143 ff):
- Die Prämissenkontrolle,
- die Kontrolle der Durchführung,
- die strategische Überwachung.

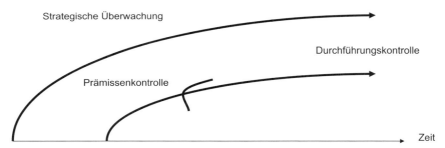

Abbildung 153: Arten/Subsysteme der strategischen Kontrolle (in Anlehnung an Hammer, 1997, 144)

Die Prämissenkontrolle bezieht sich auf die sogenannten „strategischen Schlüsselannahmen" bezüglich der Entwicklung der (externen) Unternehmungsumwelt und der (internen) Ressourcensituation, deren „Noch-Gültigkeit" fortlaufend kontrolliert werden muss. Die Priorität ist dabei auf jene Prämissen zu legen, die
- sich entweder auf schwache Prognosen beziehen,
- dem eigenen Einflussfeld nur schwer oder gar nicht zugänglich sind und/oder
- im strategischen Konzept kritisch sind.

Schreyögg/Steinmann sprechen hier von einer sogenannten „gerichteten" Kontrolle (vgl *Schreyögg, Steinmann*, 2005, 236), weil die Prämissen die Kontrollanstrengungen kanalisieren. Auch das Subsystem der Durchführungskontrolle ist eine gerichtete Kontrolle, die aber methodisch gesehen erst im Realisierungsstadium von Strategien ansetzt. Sie baut auf ein strategisches Berichtswesen auf, das bei bereits marktwirksamen Strategien auf das klassische Berichtswesen zurückgreifen kann. Die Durchführungskontrolle entspricht also von ihrem Charakter her der traditionellen „Feedback"-Kontrolle, die jedoch im Gegensatz zur rein operativen Kontrolle auch zu strategischen Steuerungszwecken eingesetzt werden kann, indem sie beispielsweise Informationen über den Planfortschritt neuer strategischer Projekte generiert. Während die operative Kontrolle nach Korrekturerfordernissen innerhalb einer gegebenen Strategie forscht, interessiert sich die Durchführungskontrolle für Informationen aus dem Prozess der Strategierealisierung, aus denen Änderungsnotwendigkeiten von Strategien ableitbar sind.

„Ungerichtet" ist das von *Schreyögg/Steinmann* vorgeschlagene komplementäre Subsystem der „strategischen Überwachung". Siehe dazu die nachstehende Abbildung.

Arten strategischer Kontrolle \ Merkmale	Gerichtetheit	Inhalt
Strategische Überwachung	Ungerichtet	Umwelt/ Ressourcen
Prämissenkontrolle	Gerichtet	Planungsprämissen
Durchführungskontrolle	Gerichtet	Wirkungen der Strategierealisierungen

Abbildung 154: Arten und Merkmale der strategischen Kontrolle (in Anlehnung an Hammer, 1997, 145)

Sie soll dem Risiko der gerichteten, kanalisierten Kontrolle entgegenwirken, indem sie unselektierte, ungerichtete Beobachtungen durchführt und auswertet. Hier liegt auch der Ansatz zur Abgrenzung der „strategischen Überwachung" zur strategischen Frühwarnung und/oder Frühaufklärung bzw -erkennung. Diese unterliegen der Anforderung Frühwarn- bzw Frühaufklärungsindikatoren im Vorhinein – bei der Gestaltung des Systems – zu bestimmen und sich daher „gerichtet". Bei der Durchführung der strategischen Überwachung ist zu unterscheiden zwischen Informationsgewinnung und Informationsverarbeitung. Während es bei ersterer darum geht, ein möglichst breites, organisationsweites Spektrum an „Sensoren" aufzubauen, um die unterschiedlichen Erfahrungsbereiche und Wahrnehmungsqualitäten nutzbar zu machen, scheint bei letzterer eine Zentralisation der Verarbeitungskapazitäten entsprechend dem Ansoff-Vorschlag der Einrichtung eines Krisenstabes im Rahmen der „strategic issue analysis" erforderlich (vgl *Ansoff*, 1991).

3. Operative Kontrolle

a) Grundlegendes zur operativen Kontrolle

Grundsätzlich lässt sich die operative Kontrolle analog zur strategischen in die Prämissenkontrolle, Überwachung des operativen Betriebsgeschehens und in die Durchführungskontrolle gliedern. Während der Fokus bei der strategischen Kontrolle aber auf den der Planung zugrunde liegenden Annahmen (Prämissen) und der Überwachung (Monitoring) der unternehmungsrelevanten Entwicklungen im Umfeld der Unternehmung liegt, sind die Schwerpunkte bei der operativen Kontrolle anders gelagert (vgl *Steinmann, Schreyögg*, 2005, 358). Die Durchführungskontrolle steht in Form der *Planfortschritts- und Ergebniskontrolle* im Vordergrund. Die operative Kontrolle ist die Kontrolle des operativen Tagesgeschäftes. Sie hat festzustellen, ob die durch die operative Planung festgelegten Maßnahmen die angestrebten operativen Ziele erreichen helfen. Überprüft wird die Effizienz der Maßnahmen im Gegensatz zur strategischen Kontrolle wo Effektivität gefordert ist.

Die operative Kontrolle kann auf verschiedenen Ebenen ansetzen. Der Schwerpunkt liegt allerdings auch hier – wiederum im Gegensatz zur strategischen Kontrolle – auf den Ausführungsebenen, in erster Linie bei den Funktionsbereichen zB dem Einkauf, der Produktion, dem Vertrieb und Marketing. Aber auch auf Geschäftsbereichsebene – Sparten- oder Divisionsebene – und auf der Ebene der Gesamtunternehmung sind periodisch sogenannte „Feedback"-Kontrollen parallel zu den Planrealisierungsprozessen durchzuführen. Kontrollbasis sind die jeweils vorliegenden operativen Pläne bzw Budgets, so zB die Funktionsbereichsbudgets, die Budgets für die Sparten und das Gesamtunternehmungsbudget.

Neben den Budgetkontrollen/-vergleichen werden im Rahmen der operativen Kontrolle jedoch auch noch weitere Kontrollen/Vergleiche zur Gewinnung von Kontrollinformationen durchgeführt (vgl *Peemöller*, 2005, 331).

E. Kontrolle und Überwachung

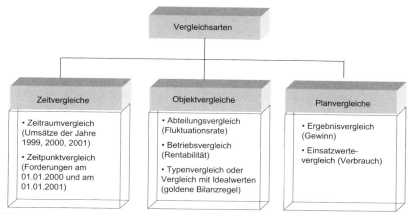

Abbildung 155: Vergleichsarten zur Gewinnung von operativen Kontrollinformationen (in Anlehnung an Peemöller, 2005, 331)

Die Durchführung der Kontrollen/Vergleiche erfolgt im Rahmen der operativen Kontrolle wie schon angeführt periodisch in einem von der jeweiligen Leitungs-/Führungsebene – auf die der operative Plan Bezug nimmt – festgelegten Zyklus (zB wöchentlich, monatlich, vierteljährlich).

Folgende Schritte, die ähnlich einem Regelkreismodell ablaufen (siehe Abb 156) und die sich mit dem hier verwendeten Kontrollbegriff decken sind typisch zu absolvieren (vgl *Steinmann, Schreyögg,* 2005, 359):

- Bestimmung des Soll,
- Ermittlung des Ist,
- Soll/Ist-Vergleich und Abweichungsermittlung,
- Abweichungsanalyse,
- Berichterstattung.

(a) *Bestimmung des Soll:* Sie erfolgt in der Regel im Rahmen der operativen Planerstellung. Die Sollgrößen bzw die Planwerte bilden die Maßstäbe – und enthalten derart die Messgrößen – für den Vergleich mit dem „Ist".

(b) *Ermittlung des Ist:* Die Ermittlung des Ist setzt natürlich sachliche und zeitliche Kongruenz bzw Deckungsgleichheit der Kontrollinhalte voraus. Ebenfalls Voraussetzung sind entsprechende Erfassungs- und Berichtssysteme, die den Kontrollerfordernissen quantitativ und qualitativ Rechnung tragen.

(c) *Soll-/Ist-Vergleich und Abweichungsermittlung:* Der Soll-/Ist-Vergleich ist ausgerichtet auf die Feststellung der Übereinstimmung von Soll- und Ist-Größen. Festzustellen ist also das Ausmaß der Erreichung der Plan- bzw Teilziele und zu ermitteln gilt es auch das Ausmaß bzw die Art der Abweichung. Im Interesse künftiger Planungen ist es wichtig, nicht nur negative Abweichungen aufzuzeigen, sondern auch positive.

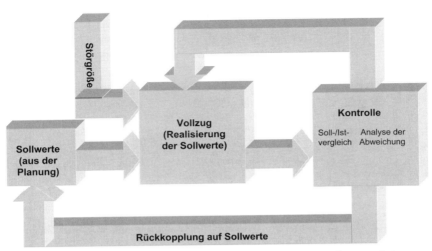

Abbildung 156: Regelkreis der operativen Kontrolle (in Anlehnung an Schreyögg, Steinmann, 2005, 359)

(d) *Abweichungsanalyse:* Essenziell und der operativen Kontrolle die Bedeutung gebend ist die Analyse der Abweichungen, die die Ursachen für die Abweichung sichtbar zu machen hat. Ihre Herausarbeitung beinhaltet den konstruktiven Beitrag der Kontrolltätigkeit für eine zukünftig die Ursachen der Abweichung berücksichtigende verbesserte Planung, weiterentwickelte Organisation, verbesserte Umsetzungen und Kontrollen.
Mögliche Ursachen für Abweichungen zeigt die nachstehende Abbildung.

(e) *Berichterstattung:* Im Rahmen dieses die Kontrollen abschließenden Schrittes erfolgt die Aufbereitung der Kontrollergebnisse und die Weitergabe der Kontrollberichte an die Instanzen, Stellen oder Personen, die für den kontrollierten Bereich zuständig sind im Sinne der Führungs- und auch Handlungsverantwortung.

E. Kontrolle und Überwachung

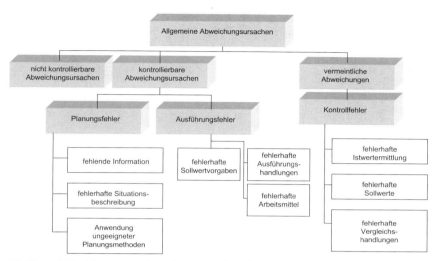

Abbildung 157: Allgemeine Abweichungsursachen (in Anlehnung an Peemöller, 2005, 339)

b) Ebenen und Arten der operativen Kontrolle

Wie schon im Rahmen der Charakterisierung der operativen Kontrolle angeführt, umfasst sie sämtliche Ebenen der Unternehmung bzw der Unternehmungsführung:
– Die Funktionsbereichsebene,
– die Ebene der Geschäftsbereiche/-felder,
– die Gesamtunternehmungsebene.

(a) *Funktionsbereichsebene:* Auf der Ebene der Funktionsbereiche erfolgt die operative Kontrolle der Realgüterprozesse und des Werteumlaufprozesses (vgl *Steinmann, Schreyögg*, 2005, 362 ff). Die Kontrolle im Realgüterprozess konzentriert sich auf den gesamten Realgüterprozess, also von – klassisch – der Beschaffung über die Transformation bis zur Weitergabe der Produkte/Dienstleistungen an den Kunden bzw Auftraggeber. Unterschieden wird hier zwischen
  ○ der produktionsprogrammorientierten Kontrolle – beinhaltet die Kontrolle und Überwachung des realisierten Produktionsprogrammes (Art, Menge, Zeit)
  ○ und den spezifischen funktionsbereichsbezogenen Kontrollen – Handlungsprogramme der einzelnen Funktionsbereiche zur Realisierung des operativen Produktionsprogrammes.

Die Kontrolle im Werteumlaufprozess hingegen konzentriert sich auf den dem Realgüterprozess entgegenlaufenden Geld- und Wertefluss. Hier ist zu differenzieren zwischen

○ der Finanzkontrolle – ihre Aufgabe ist in erster Linie die Überprüfung und Einhaltung der Liquidität,
○ die Kontrolle des bilanziellen (Plan-)Ergebnisses – sie hat alle erfolgswirksamen Einnahmen und Ausgaben zu überwachen und zu kontrollieren, also Bezug zu nehmen auf (Plan-)Aufwendungen und (Plan-)Erträge,
○ die kalkulatorische Ergebniskontrolle – sie ist gerichtet auf die Kontrolle und Überwachung der real angefallenen Kosten bzw real erreichten Leistungen mit den Plankosten bzw Planleistungen.

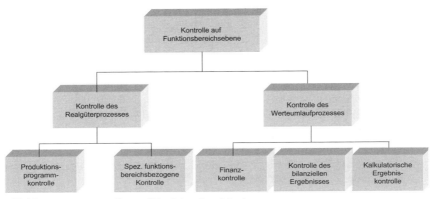

Abbildung 158: Kontrollen auf Funktionsbereichsebene

(b) *Ebene der Geschäftsbereiche/-felder:* Charakteristisch für die operative Kontrolle auf Geschäftsfeldebene ist, dass sie sich sowohl auf die im Geschäftsfeld ablaufenden Realgüterprozesse als auch auf die jeweiligen monetären Konsequenzen – Werteumlauf – bezieht (vgl *Steinmann, Schreyögg*, 2005, 361). Im Vordergrund steht dabei die Kontrolle der Maßnahmen. In der unternehmerischen Realität liegt allerdings der Fokus der Kontrolle auf der Kontrolle der Budgetgrößen also der Wertegrößen.

(c) *Ebene der Gesamtunternehmung:* Die Kontrolle auf Unternehmungsebene bezieht sich ausschließlich auf die Erreichung der Formalziele. Die in der Praxis eingesetzten Formalziele (Zielsysteme, Zielhierarchien), die Bezugs- und Vergleichsmaßstab im Rahmen der operativen Kontrolle sind, haben jedoch – zB ROI-Baum (vgl dazu die Ausführungen im Abschnitt II. Pkt C) – nur eingeschränkte Aussagekraft (vgl *Steinmann, Schreyögg*, 2005, 369). Es bedarf daher bei der Kontrolle auf Unternehmungsebene der ergänzenden Miteinbeziehung von sachzielorientierten Kontrollgrößen, um so ein aussagefähigeres Kontrollergebnis als Basis für die Steuerung der Geschäftsfelder im Sinne der Gesamtzielsetzung der Unternehmung zu erreichen.

F. Exkurs: Controlling und Führung

1. Wesen und Charakteristik des Controlling

Planung, Organisation, Umsetzung/Führung inklusive Personaleinsatz und Kontrolle sind als die Kernkompetenzen der Führung nicht getrennt voneinander zu sehen, sondern – wie vielfach bereits herausgestellt – in ihrer Wechselwirkung zueinander. Das bewusste Herstellen und Betreiben dieser Wechselwirkung bzw der Abstimmung der Kernkompetenzen aufeinander ist Aufgabe des „Controlling" (vgl *Wöhe*, 2002, 205). Controlling in diesem Sinne umfasst alle Maßnahmen, die dazu dienen, die Kernkompetenzen der Führung so zu koordinieren, dass die Unternehmungsziele optimal erreicht werden.

Bereits in den 30er Jahren des vorangegangenen Jahrhunderts hat sich von den USA ausgehend eine Berufsgruppe – der „Controller" – herausgebildet, die ihre Aufgabe in der Umsetzung der Managementaufgaben in einem integrierten Steuerungssystem der Unternehmung sehen. Sie haben ua einen Funktionenkatalog des „Controllers" ausgearbeitet, der auch aktuell die wesentlichen Funktionen eines Controllers beinhaltet. Es sind dies (vgl *Lechner, Egger, Schauer*, 2005, 105):

- *Die „planning function"*: Sie besteht in der Mitwirkung bei der Aufstellung, Koordination und Realisation der betrieblichen Teilpläne und des Gesamtplanes der Unternehmung,
- *die „control function"*: Diese beinhaltet die Kontrolle und ständige Überwachung der Unternehmungsziele und -pläne analog zur operativen Kontrolle,
- *die „reporting function"*: Zweck dieser Funktion ist die Versorgung der einzelnen Führungsebenen mit steuerungsrelevanten Informationen in Form eines bedarfsadäquaten Berichtswesens.
- *die „accounting and tax function"*: Neben der Schaffung der Grundlagen für die Besteuerung hat der Controller das auf die Dokumentation von Erfolg und Vermögen ausgerichtete betriebliche Rechnungswesen zu einem entscheidungs- und funktionsorientierten Instrument der Führung auszubauen.

Im Zentrum der Controllingaufgabe steht die Informationsversorgung und -verwendung. Das Controlling hat für die ausgewogene Bereitstellung und Weitergabe von Informationen im Rahmen des betrieblichen Führungssystems zu sorgen (siehe Abb 159).

Controlling charakterisierend sind auch folgende Merkmale eines „Controllers" (vgl *Lechner, Egger, Schauer*, 2005, 105 f):

- Der Controller steht als Vermittler zwischen der obersten Führungsebene – Vorstand, Geschäftsführung – und der Führung der einzelnen Fachbereiche.
- Der Controller ist unterstützendes Element bei der betrieblichen Planung und verantwortlich für das Planungssystem.

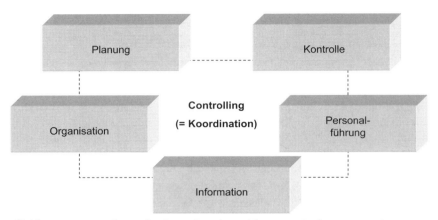

Abbildung 159: Einordnung des Controlling (in Anlehnung an Wöhe, 2002, 206)

- Der Controller hat auch inhaltlich in die Planungen einzugreifen, wenn die Planungen der einzelnen Teilbereiche die gesamtunternehmerischen Zielsetzungen zu wenig berücksichtigen.
- Der Controller koordiniert die im Rahmen des Planungssystems ablaufenden bzw durchzuführenden Planungsarbeiten. Er hat die Teilpläne in einem Gesamtplan zusammenzufassen.
- Der Controller liefert Führungsdienstleistungen in Form von Führungsinformationen und Beratungsleistungen für die Steuerung der Unternehmung.

Controlling und den Controller charakterisierend ist auch noch deren zunehmende Bedeutung, die sich aus dem erhöhten Wettbewerbsdruck, dem immer mehr Unternehmungen ausgesetzt sind, und der zunehmenden Komplexität des Unternehmungsgeschehens ergibt. Beides bedarf bzw fordert professionelle Unterstützung der Führungsaufgaben.

Dieser zunehmenden Bedeutung des Controlling für die Bewältigung der aktuellen Unternehmungsrealitäten hat übrigens auch die Wissenschaft anerkannt indem viele Vertreter der betriebswirtschaftlichen Fachrichtung Controlling als eigenständige Disziplin der Betriebswirtschaftslehre definieren.

2. Aufgaben und Funktionen des Controlling

a) Generelle Aufgaben und Funktionen

Die wesentlichen Aufgaben und Funktionen des Controlling sind begriffsimmanent und werden in der Fachliteratur auch durchwegs einheitlich gesehen, wenn auch mit unterschiedlichen Controllingaufgaben im Detail. Diese Unterschiede sind besonders zwischen dem amerikanischen Verständnis der Controlling-Inhalte und dem viel weniger umfassenden Controlling-Verständnis im deutschsprachigen Raum sichtbar.

CONTROLLING-AUFGABEN	
nach amerikanischem Muster	nach deutschem Muster
Planung	Planung
Berichts- und Informationswesen	Berichts- und Informationswesen
Betriebswirtschaftliche Sonderprobleme	Betriebswirtschaftliche Sonderprobleme
Internes Rechnungswesen	Internes Rechnungswesen
Finanzbuchhaltung	
Steuern und Versicherungen	
EDV	
Wirtschaftsstudien	
Organisation	
Interne Revision	

Abbildung 160: Controlling-Aufgaben (in Anlehnung an Käser, 1981, 30)

Controlling im deutschsprachigen Raum scheint weniger umfassend, allerdings – und das sei hier ausdrücklich festgehalten – werden zwei Aspekte des Controlling verstärkt zum Ausdruck gebracht:
- Der Aspekt der Funktionsorientierung,
- der Aspekt der Führungsorientierung.

Controlling in funktionaler Hinsicht unterscheidet wie auch aus den Wesensmerkmalen ableitbar zwischen der
- Ermittlungs- und Dokumentationsfunktion,
- Planungs-, Prognose- und Beratungsfunktion,
- Vorgabe- und Steuerungsfunktion,
- Kontrollfunktion.

Jede dieser Funktionen beinhaltet einzelne Aufgaben, die die Erfüllung der Funktion gewährleisten. Im Rahmen der *Ermittlungs- und Dokumentationsfunktion* geht es vor allem um den Aufbau eines leistungsfähigen betrieblichen Rechnungswesens. *Die Planungs-, Prognose- und Beratungsfunktion* unterstützt die Planungen auf allen Führungsebenen der Unternehmung insbesondere das Aufstellen eines erfolgswirtschaftlich orientierten Gesamtplanes. *Die Vorgabe- und Steuerungsfunktion* als zentrale Funktion des Controlling unterstützt die Entscheidungsfindung und leistet einen essenziellen Beitrag zur Erreichung der Planziele durch entsprechende Steuerungshinweise. *Die Kontrollfunktion* hat die Basisinformationen für die Weiterverarbeitung durch die Führung zu liefern (siehe Abb 161).

Die Führungsorientierung des Controlling wird belegt dadurch, dass (vgl *Lechner, Egger, Schauer*, 2005, 106 f) Controlling die Führung ergänzt um
- Führungsdienstleistungen und
- Führungsleistungen.

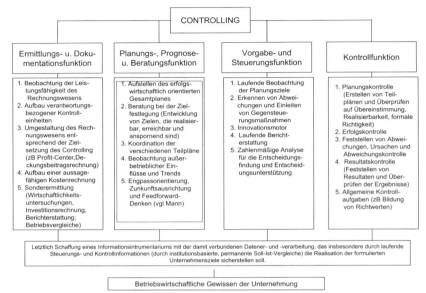

Abbildung 161: Controlling in funktionaler Hinsicht (in Anlehnung an Horvath, 2001, 105)

(a) *Führungsdienstleistungen:* Sie erfolgen in Form von führungsrelevanten Informationen, betriebswirtschaftlichen Beratungen und der Dynamisierung der Führungsprozesse durch Vor- und Rückkoppelungen (Unterstützung der Unternehmungsplanung und -steuerung durch Feedback und Feedforward-Informationen). Im Einzelnen zählen dazu:

○ Das Screening der Rahmenbedingungen, Frühwarnung und Früherkennung,

○ das „Prämissen-Auditing",

○ die Erfolgskontrollen mit Bezug auf operative und strategische Planungen,

○ die Beschaffung und Aufbereitung spezifischer Informationen zB über die Ergebnisse von Wirtschaftlichkeitsprüfungen und

○ die Beratung im Rahmen der Entscheidungsvorbereitungen.

(b) *Führungsleistungen:* Sie bestehen in erster Linie in der Wahrnehmung der Koordinationsfunktion für das Führungssystem. Da im Führungssystem – wie schon dargestellt – Planung eine zentrale Funktion ausübt, geht es hier vor allem um die Koordination der Planung mit der (vgl *Wöhe,* 2002, 208)

○ Kontrolle,

○ Information,

○ Organisation,

○ Personalführung.

b) Strategisches und operatives Controlling

Ein Controlling erbringt im Rahmen seiner führungsergänzenden Funktion auf allen Führungsebenen Führungsleistungen, also sowohl auf der normativen, strategischen und auch auf der operativen Ebene.

Ebene	Aufgabenfeld
Normative Ebene	Sinngebung und Verwirklichung
Strategische Ebene	Strategieplanung und -entwicklung
	Strategische Kontrolle und Frühaufklärung
Operative Ebene	Operative Unternehmensplanung und Budgetierung
	Operative Erwartungsrechnung Soll-/Ist-Vergleich
	Investitionsplanung und Steuerung
	Projektplanung und -steuerung
	Führungskräfteinformation

Abbildung 162: Controlling-Aufgabenfelder (in Anlehnung an Lechner, Egger, Schauer, 2005, 107)

Der Fokus liegt auf dem strategischen und operativen Controlling. Einige der essenziellen Elemente des strategischen und operativen Controlling wurden in Pkt E.2. und E.3. dieses Abschnittes bereits bearbeitet und dargestellt. Zu ergänzen ist: Die Aufgabe des Strategischen Controlling besteht auch in der Steuerung der bestehenden Erfolgspotenziale und im rechtzeitigen Aufbau neuer. Im Grunde genommen erfüllt das strategische Controlling dieselbe Aufgabe wie die strategische Planung. Deshalb soll hier ergänzend und explizit festgehalten werden:

– *Strategisches Controlling unterstützt die strategische Planung* indem sie bei der Analyse der Ausgangssituation, bei der Entwicklung strategischer Ziele und strategischer Alternativen sowie bei der Auswahl und Entscheidung entsprechend den Funktionen des Controlling sowohl informationelle als auch methodische Beiträge leistet. Aufgabe des strategischen Controlling ist es auch, den Prozess der strategischen Planung zu organisieren und zu steuern.

– *Strategisches Controlling koordiniert und unterstützt auch die Umsetzung der strategischen Planung in die operative Planung.* Im Einzelnen geht es darum, die strategischen Ziele in operative „Etappenziele" zu gliedern und die Strategien in ihren Umsetzungserfordernissen in den funktionalen Bereichen sichtbar zu machen. Auch die Konkretisierung der budgetären Notwendigkeiten gilt es zu unterstützen.

– *Strategisches Controlling sorgt für den Aufbau und die Durchführung der strategischen Kontrolle und Überwachung.*

- *Strategisches Controlling ist verantwortlich für die ständige Weiterentwicklung* der strategischen Ausrichtung bzw hat der Dynamik der Umweltänderungen zeitgerecht Rechnung zu tragen.

Analog dazu ist für das operative Controlling festzuhalten:
- *Das operative Controlling hat Unterstützung bei den operativen Planungen* der einzelnen betrieblichen Teilbereiche zu geben. Die Erfüllung der Informations-, Motivations- und Beratungsfunktion steht dabei im Vordergrund.
- *Das operative Controlling ist verantwortlich für die Koordination* der operativen Pläne und für die Zusammenfassung zu einem Gesamtunternehmungsplan.
- *Das operative Controlling ist zuständig für sämtliche Aufgaben* der operativen Kontrolle.

Wesentlich ist außerdem die Sicherstellung der Verbindung zwischen dem operativen und dem strategischen Controlling. Die Wechselwirkungen sind in einem geschlossenen Controlling-System zu berücksichtigen, indem die langfristig strategische Planung mit der Budgeterstellung in ausreichendem Maß organisatorisch und inhaltlich/zeitlich verknüpft ist.

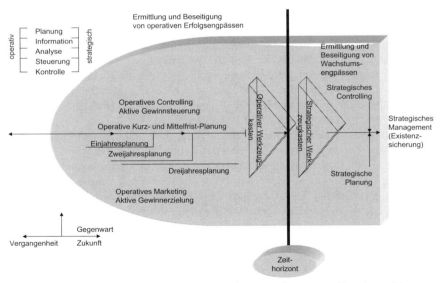

Abbildung 163: Vernetzung von operativem und strategischem Controlling (in Anlehnung an Mayer, 2001, 10)

3. Instrumente des Controlling

Für die Wahrnehmung der Controllingfunktionen bzw die Realisierung der Aufgabenfelder des Controlling stehen eine Vielzahl von Controllinginstrumenten zur Verfügung (siehe Abb 164).

Grundsätzlich stehen dem Controlling also alle Instrumente der operativen und strategischen Planung zur Verfügung (vgl dazu die Ausführungen in Pkt E.2 und E.3 dieses Abschnittes).

Für *Wöhe* (vgl *Wöhe,* 2002, 210 f), der die Hauptaufgabe des Controlling in der Koordination der Teilsysteme der Führung – Planung, Organisation, Umsetzung, Kontrolle etc – sieht, sind es vor allem Koordinationsinstrumente, die eine zielorientierte Abstimmung zwischen und auch innerhalb dieser Teilsysteme unterstützen. Er unterscheidet zwischen
– isolierten und
– übergreifenden

Koordinationsinstrumenten. Die „*isolierten*" leisten Koordinations- und Ausrichtungsbeiträge innerhalb eines Teilsystems, zB der Planung oder der Organisation, während die „*übergreifenden*" teilsystemkoordinierende und -ausrichtende Wirkung erzeugen.

Instrumentelle Ausstattung
Leitbild
„Strategischer Planungs- und Kontrollkalender"
Stärken-/Schwächenanalyse
Potenzialanalyse
Strategische Bilanz
Portfolio-Analyse
Kostenstrukturanalyse
Strategie-Bewertung (Shareholder-Value-Analyse)
Strategische Budgets
Operationalisierte Maßnahmenpläne
Durchführungs-, Ergebnis- und Prämissenkontrolle
Strategisches Frühaufklärungssystem (Radar)
„Budgetfahrplan"
Leistungsbudget
Finanzplan
Plan-Bilanz
Flexible (Grenz-)Plan-Kostenrechnung (kurzfristige Entscheidungsrechnung)
Stufenweise Fixkostendeckungsrechnung (Verantwortungsrechnung)
Prozesskostenrechnung für indirekte Leistungsbereiche
Target Costing zur marktgerechten konstruktionsbegleitenden Kalkulation
Benchmarking zur wettbewerbsorientierten Zielplanung
Erwartungsrechnung (Soll-Ist-Vergleich)
„Investitionscontrolling-Leitfaden"
Dynamische Investitionsrechnungsverfahren
Sensitivitätsanalysen
Investitions- und Abschreibungsbudgets
Soll-Ist-Vergleich und Alternativrechnung
„Projektcontrolling-Leitfaden"
Projektbudgets
Terminplan/Ablaufplan
Einsatzmittelplan
Integrierte Kosten-, Zeit- und Fortschrittkontrolle
Projektdokumentation
DV-gestütztes FIS (Führungskräfteinformationssystem)
Interventions-, Kommunikations-, Moderations- und Präsentationstechniken

Abbildung 164: Instrumentelle Ausstattung des Controlling (in Anlehnung an Lechner, Egger, Schauer, 2005, 107)

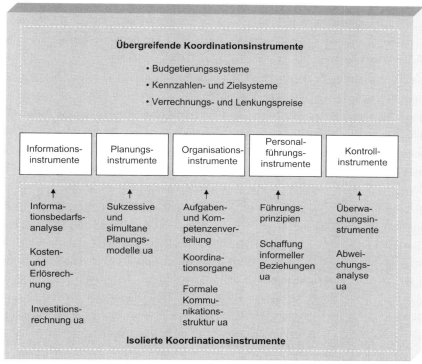

Abbildung 165: Koordinationsinstrumente des Controlling (in Anlehnung an Wöhe, 2002, 211)

Von besonderer Relevanz für die Wahrnehmung der Controllingfunktionen für zu steuernde untergeordnete Führungsebenen bzw Organisationseinheiten sind natürlich die teilsystemübergreifenden Instrumente und hier vor allem
– Budgetierungssysteme und
– Kennzahlen- bzw Kennzahlen(Ziel)-systeme.

a) Budgetierungssysteme

Als Budgetierungssystem wird die Gesamtheit aller aufeinander abgestimmten Einzelbudgets-, Abteilungs- und/oder Funktionsbudgets etc bezeichnet (vgl dazu die Ausführungen in Pkt B.2.c) dieses Abschnittes). Budgetierungssysteme beinhalten ein enormes Steuerungspotenzial für dezentrale und/oder nachgelagerte Organisationseinheiten. Die Führung der Unternehmung verzichtet dabei auf konkrete Vorgaben für die zu steuernden Organisationseinheiten/Stellen. Kontrolliert und überwacht wird nur die Einhaltung der im Budget festgehaltenen bzw definierten Größen, unabhängig ob sie als Resultat eines Top-down oder Bottom-up Verfahrens im Rahmen der Budgeterstellung stehen.

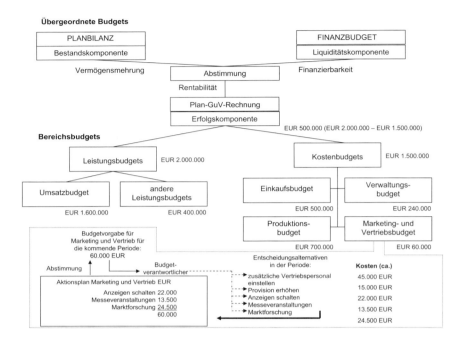

Abbildung 166: Budgetierungssystem – übergeordnete Budgets und Bereichsbudgets (in Anlehnung an Wöhe, 2002, 212)

Mit einem Budgetierungssystem werden auch die wesentlichen Funktionen des Controlling – die Planungs-, Koordinations-, Motivations- und Kontrollfunktion – miterfüllt bzw zur Wirkung gebracht. Für *Wöhe* gilt es aber auch den Schwächen von Budgetierungssystemen entgegenzuwirken (vgl *Wöhe*, 2002, 214):

(a) Den „Ausweichreaktionen" der Budgetverantwortlichen:
- Fixierung „komfortabler" Budgetvereinbarungen (budget slack),
- unsinnige Ausgaben zur Sicherung des bisherigen Budgets (budget wasting),
- unterbleiben/unterlassen notwendiger, sich aus der aktuellen Situation ergebender Maßnahmen (budget restrictions).

(b) Der Vernachlässigung der Unternehmungsziele:
- Das Zahlenspiel vernachlässigt langfristige Erfolgspotenziale (number game),
- Budgetverantwortliche vernachlässigen externe Effekte auf andere Budgetbereiche (budget egoism).

b) Kennzahlen- und Kennzahlen(Ziel)-Systeme

Kennzahlen und Kennzahlensystemen wurde immer schon eine zentrale Bedeutung für das Controlling zuerkannt. Kennzahlen sind dabei definiert als quantitative Daten, die geeignet sind, komplexe betriebliche und auch außerbetriebliche Sachverhalte im komprimierter Form darzustellen bzw zu charakterisieren.

In der Betriebswirtschaft wird unterschieden zwischen Einzelkennzahlen und Kennzahlensystemen.

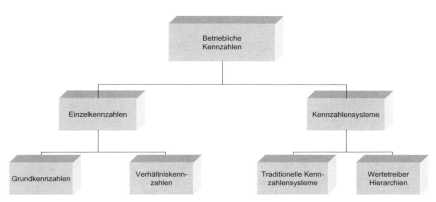

Abbildung 167: Betriebliche Kennzahlen

Grundkennzahlen sind zu verstehen als absolute Mengen- oder Wertegrößen wie zB Umsatz, Kosten, Tonnen etc, *Verhältniszahlen* hingegen sind relative Größen, bei denen Sachverhalte in Beziehung zueinander gesetzt werden zB Umsatz pro Beschäftigter, Kosten pro m² etc. Grundkennzahlen erhalten ihre Bedeutung erst durch Vergleich mit anderen zB Abteilungen oder Unternehmungen oder mit Soll-Größen bzw auch Vorjahreswerten. Verhältniskennzahlen sind zwar an sich schon aussagefähiger aber auch ihre Aussagekraft gewinnt mit Vergleichen zum Vorjahr, zu anderen Kennzahlen oder zu Sollgrößen bzw Benchmarks an Aussagekraft. Kennzahlen an sich können schon Nutzen schaffen:

– Sie können helfen, Auffälligkeiten und Veränderungen sichtbar zu machen, was für das Controlling besonders wichtig ist,
– sie sind besonders geeignet, Ziele zu konkretisieren und die Messbarkeit zu ermöglichen,
– sie können verwendet werden, um Zielvorgaben für unternehmerische Teilbereiche explizit zum Ausdruck zu bringen,
– sie helfen, komplexe Steuerungsprozesse vereinfacht darzustellen und bewältigbarer zu gestalten
– und sie ermöglichen, kennzahlenbezogene Soll-Ist-Vergleiche und damit erst Abweichungs- und Ursachenanalysen.

In der Betriebswirtschaft kennt man zwischenzeitlich eine Vielzahl von Kennzahlen, die relevant sind für die Führungs- bzw Controlling-Praxis. Beispiele dafür bringen Weber/Schäffer (vgl *Weber, Schäffer*, 2006, 169):

- Finanzkennzahlen
    - Return on Investment (%): Erfolg/Investiertes Kapital × 100
    - Deckungsbeitrag (€): Umsatzerlöse – variable Kosten
    - Kapitalumschlag: Umsatz/Investiertes Kapital
- Markt- und Kundenkennzahlen
    - Marktanteil (%): Umsatz/Umsatzvolumen Gesamtmarkt × 100
    - Kostenüberwälzungsgrad (%): Preiserhöhung/Kostensteigerung × 100
    - Kundenakquisitionsrate (%): Anzahl neuer Kunden/Anzahl alter Kunden × 100
- Prozesskennzahlen
    - Fehlerquote (%): Ausschuss der Periode/Produktionsmenge der Periode × 100
    - Kapazitätsauslastung (%): tatsächliche Maschinenlaufzeit/mögliche Maschinenlaufzeit × 100
    - Manufacturing Cycle Effectiveness: Be- oder Verarbeitungszeit/Durchlaufzeit (Durchlaufzeit = Be- oder Verarbeitungszeit + Prüfzeit + Transportzeit + Warte- oder Lagerungszeit)
- Mitarbeiterkennzahlen
    - Krankenstand (%): Zahl krankheitsbedingter Ausfalltage/Jahresmenge × 100
    - Fluktuationsquote (%): Ausgeschiedene Mitarbeiter je Periode/Durchschnittliche Mitarbeiterzahl × 100
    - Mitarbeiterproduktivität (€): Erfolg/Durchschnittliche Mitarbeiterzahl
- Innovationskennzahlen
    - Innovationsrate (%): Umsatz mit neu eingeführten Produkten/Gesamtumsatz × 100
    - Forschungsintensität (%): F&E Aufwand/Umsatz × 100
    - Vorschlagsquote: Anzahl der Verbesserungsvorschläge/Mitarbeiterzahl

Von besonderer Wichtigkeit sind finanzwirtschaftliche Kennzahlen, die dem Management bzw dem Controlling einen schnellen Überblick über die finanzielle Erfolgssituation der Unternehmung als Ganzes und auch der Strategischen Geschäftseinheiten, Profit Centers, Produkt- und Marktbereiche ermöglichen. Hier findet sich in der betriebswirtschaftlichen Literatur immer öfter die Unterscheidung zwischen

- traditionellen Kennzahlen und
- wertorientierten Kennzahlen und Kennzahlensystemen.

(a) Als *traditionelle Kennzahlen* sind dabei diejenigen zu verstehen, die auf Daten der externen Rechnungslegung also vor allem der Buchhaltung und Bilanzierung aufbauen (vgl dazu Abschnitt IV. Pkt D.). *Wertorientierte Kennzahlen* sind solche, die im Kontext des „value-based-Management" – der wertorientierten Unternehmungsführung – entstanden sind (vgl dazu die Ausführungen zur Strategischen Unternehmungsführung im Abschnitt V.). In den traditionellen Kennzahlen, die als „controllingrelevant" gelten, zählen unter Bezugnahme auch auf Erfordernisse der Steuerung der funktionalen Bereiche (vgl *Reichmann*, 2001, 51) die Folgenden:

Materialwirtschaft	Reichweite der Vorräte	$= \dfrac{\text{Lagerwert}}{\varnothing \text{Verbrauch/Tag}}$
	Umschlaghäufigkeit	$= \dfrac{\text{Verbrauchsmenge/Periode}}{\varnothing \text{Lagerbestand}}$
Personalwirtschaft	Krankenstand	$= \dfrac{\text{Zahl kr.-bedingter Ausfalltage}}{\text{Jahresmenge}} \cdot 100$
	Fluktuationsquote	$= \dfrac{\text{Ausgesch. Mitarbeiter/Periode}}{\varnothing \text{Mitarbeiterzahl}} \cdot 100$
Produktionswirtschaft	Ausschußquote	$= \dfrac{\text{Ausschuß/Periode}}{\text{Prod.-menge/Periode}} \cdot 100$
	Deckungsbeitrag	= Umsatzerlöse - Variable Kosten
Absatz	Marktanteil	$= \dfrac{\text{Eigenes Umsatzvolumen}}{\text{Volumen Gesamtmarkt}} \cdot 100$
	Kostenüberwälzungsgrad	$= \dfrac{\text{Preiserhöhung}}{\text{Kostensteigerung}} \cdot 100$
Investitionen	Gesamtkapitalrentabilität	$= \dfrac{\text{Gewinn + FKZ}}{\text{EK + FK}} \cdot 100$
	EVA	Gesamtkapitalrentabilität – Gesamtkapitalkosten
Finanzierung	Eigenkapitalquote	$= \dfrac{\text{EK}}{\text{Gesamtkapital}} \cdot 100$
	Dynam. Verschuldungsgrad	$= \dfrac{\text{FK}}{\text{Cash Flow}} \cdot 100$

Abbildung 168: Beispiele für Controlling-Kennzahlen (in Anlehnung an Reichmann, 2001, 51 ff)

Zu den traditionellen Kennzahlen die Entwicklungen in der angloamerikanischen Controlling-Praxis mitberücksichtigend zählen nach *Weber/Schäffer* auch (vgl *Weber, Schäffer,* 2006, 170 f):

- Die Umsatzrentabilität (Return on Sales, ROS). Sie bringt die auf den Umsatz bezogene Gewinnspanne zum Ausdruck. Auf ihrer Basis werden Aussagen über den Erfolg je Euro Umsatz ermöglicht.
- Die Eigenkapitalrentabilität (Return on Equity, ROE) ist der Quotient aus dem Erfolg (nach Zinsaufwand und Steuern) und dem Eigenkapital. Diese Kennzahl gibt Auskunft über den relativ zu dem vom Eigentümer eingesetzten Kapital erzielten Erfolg.
- Die Gesamtkapitalrentabilität (Return on Assets, ROA oder auch Return on Capital, ROC). Sie ergibt sich als Quotient aus dem Erfolg (nach Zinsaufwand und Steuern) plus dem Zinsaufwand und dem Gesamtkapital. Diese Kennzahl hat Aussagekraft hinsichtlich der Erfolgskraft der Unternehmung bezogen auf das Gesamtkapital.
- Der „Return on Capital Employed" (ROCE). Diese Kennzahl gilt als eine Weiterentwicklung des ROC und hat auch in der unternehmerischen Praxis eine dementsprechend höhere Bedeutung erlangt. Im Zähler dieser Kennzahl steht das operative Ergebnis – der Erfolg – vor Zinsaufwendungen und im Nenner das eingesetzte Kapital vermindert um sogenannte nichtzinstragende Schulden wie zB Verbindlichkeiten aus Lieferungen und Leistungen.
- Der Return on Investment (ROI) ist die klassische Kennzahl schlechthin. Sie unterscheidet sich von der Gesamtkapitalrentabilität dadurch, dass die Erfolgsgröße nicht um den Zinsaufwand bereinigt wird und dadurch die Eigen- und Gesamtkapitalgeber-Perspektive vermischt wird.

Als Erfolgsgröße bei den dargestellten traditionellen Kennzahlen wird zumeist der Jahresüberschuss angesetzt. International durchgesetzt hat sich die Kennzahl „Earnings Before Interest and Taxes" (EBIT). Sie spiegelt als umfassendste Größe das Ergebnis der operativen Geschäftstätigkeit vor Finanzergebnis und Steuern wider.

Zu den klassischen Kennzahlen der Unternehmungssteuerung zählt auch der „Cashflow". Er ist die Bestimmungsgröße für die Innen-/Selbstfinanzierungskraft einer Unternehmung. Ermittelt wird er in der einfachen Darstellung wie folgt (vgl *Lechner, Egger, Schauer,* 2005, 238):

	Jahresüberschuss/-fehlbetrag
+	nichtausgabenwirksame Aufwendungen
–	nichteinnahmenwirksame Erträge

CASH-FLOW

In der einfachen Darstellung gilt es auch zwischen dem Brutto- und dem Netto-Cashflow zu unterscheiden. Von der Annahme ausgehend (vgl *Wöhe,*

2002, 671), dass alle Erträge der (Plan) GuV (Gewinn- und Verlustrechnung) einzahlungswirksam und alle Aufwendungen der (Plan) GuV auszahlungswirksam sind – ausgenommen die Abschreibungen und die Zuführung zu langfristigen Rückstellungen – ergibt sich für die Ermittlung des Brutto- und des Netto-Cashflow der nachstehende Weg, der eine brauchbare Näherungsgröße für den Näherungswert des Selbst- bzw Innenfinanzierungsvolumens (in Form des Netto-Cashflows) ergibt:

	Gewinn/Verlust
+	Abschreibungen
+	Zuführung zu langfristigen Rückstellungen
	BRUTTO-CASH-FLOW
–	Gewinnsteuerzahlungen
–	Gewinnausschüttungen
	NETTO-CASH-FLOW

Die Cashflow-Ermittlung ist von Bedeutung für die Charakterisierung und Definition der wertorientierten Kennzahlen.

(b) *Wertorientierte Kennzahlen* beleuchten die Unternehmungsaktivitäten im Sinne des Shareholder-Value-Ansatzes und die Sicht der Anteilseigner berücksichtigend wertorientiert. Der „Wert" wird dabei durch Bezugnahme auf die der Unternehmung zukünftig zufließenden Zahlungen bestimmt. Im Gegensatz zu den traditionellen Kennzahlen, die im Rahmen ihrer Bestimmung auf Buchwerte Bezug nehmen, bedienen sich alle wertorientierten Steuerungs- und Controllinggrößen kapitalmarkttheoretischer Erkenntnisse (vgl *Rappaport,* 1999, 15 ff), dh dass auch kapitalmarktbezogene Werte bei der Ermittlung dieser Kennzahlen berücksichtigt werden.

In der Praxis haben sich insbesondere zwei wertorientierte Controllingbzw Steuerungsgrößen durchgesetzt (vgl *Weber, Schäffer,* 2006, 172):
○ Der Economic Value Added (EVA),
○ der Cash Value Added (CVA).

Sowohl bei der Berechnung des EVA als auch des CVA werden einer Kapitalrendite ihre Kapitalkosten gegenübergestellt. Diese Kapitalkosten stellen die marktübliche Rendite dar, die für das dem Management überlassene Kapital gefordert wird.

(c) *Kennzahlensysteme:* Um die in der Regel beschränkte Aussagefähigkeit von Einzelkennzahlen zu erhöhen, kombiniert bzw verknüpft man Kennzahlen miteinander. Ist mit der Verbindung eine ergänzende und erklärende Beziehung gegeben spricht man von einem Kennzahlensystem (vgl *Sandt,* 2004, 14). Das wohl bekannteste und als Vorbild für die Erarbeitung zahlreicher weiterer Kennzahlensysteme geltende ist das Du Pont System (vgl dazu Abschnitt II Pkt C.2.c)). Durch die Fokussierung auf ausschließlich quantitative Größen und durch den immer mehr kritisierten Beitrag zu einer zu mechanistischen Unternehmungsführung, die den aktuellen Anforderungen der Führung immer weniger Rechnung zu tragen imstande ist, wurde dieses traditionelle System in den Hintergrund gedrängt. Zeitgemäß sind die Ansätze des Performance Measurement – die verstärkt auch qualitative Messgrößen mitberücksichtigen – und der Balanced Scorecard, die aus einer Mischung von Ergebniskennzahlen und Leistungstreibern bestehen. Auch die EFQM-Systeme – European Foundation for Quality Management – versuchen, die wesentlichen erfolgsbestimmenden Faktoren einer Unternehmung abzubilden. Für das Controlling liefern sie vor allem Qualitätsinformationen, allerdings findet die Analyse bestehender Zusammenhänge nur wenig statt.

Zu einer Klassifizierung von Kennzahlensystemen nach *Weber/Sandt* finden sich auch noch selektive Kennzahlen.

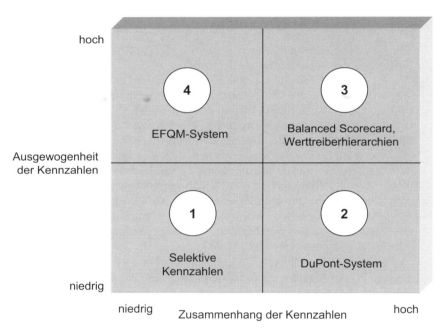

Abbildung 169: Klassifizierung von Kennzahlensystemen (in Anlehnung an Weber, Sandt, 2001, 181)

Dabei werden selektive Kennzahlen für ganz bestimmte strategisch relevante Bereiche – zum Beispiel für die Logistik – definiert und bilden eine weitere Basis für ein vor allem strategisches Controlling.

c) Break-Even-Analyse

Für das operative und auch strategische Controlling gleichermaßen wichtig ist die Kenntnis des sogenannten „Kostendeckungspunktes" bzw. der „Gewinnschwelle". Dieser Punkt – der „Break-Even-Point" (BEP) – steht als Ergebnis der Break-Even-Analyse. Er beschreibt – und das ist controllingrelevant – die kritische Ausbringungsmenge bzw. die kritische Auslastung, die eine Unternehmung erreichen muss, um aus der Verlust- in die Gewinnzone zu kommen. An diesem Punkt ist der Umsatzerlös gleich den Gesamtkosten. Die rechnerische Ermittlung geht daher von dieser Gleichsetzung Umsatzerlös = Gesamtkosten aus. Der Umsatzerlös ergibt sich dabei aus der kritischen Ausbringungsmenge mal dem Preis pro Einheit/Stück, die Gesamtkosten aus der Addition der fixen (beschäftigungs-, mengen- bzw. ausbringungsunabhängigen) Kosten und der variablen (beschäftigungs-, mengen- bzw. ausbringungsabhängigen) Kosten. Die formale Ermittlung der kritischen Ausbringung lautet daher:

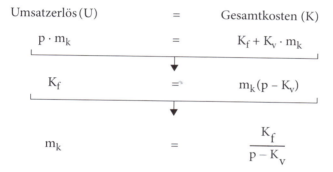

p ... Preis/Stück/Einheit
K_f ... Fixe Kosten
K_v ... variable Kosten

m_k ... Kritische Ausbringungsmenge (Break-Even-Point)
$p - K_v$ ... Deckungsbeitrag/Stück/Einheit

Ähnlich der Ermittlung der „Deckungsmenge" (kritische Ausbringung) kann auch die Ermittlung des „Deckungsumsatzes – DBU" (kritischer Umsatz) erfolgen:

$$DBU = \frac{K_f}{db} \times p$$

db = Deckungsbeitrag (Preis – Kosten variabel/Stk)

Voraussetzung für die Berechnung – und das ist wiederum controllingrelevant – ist die Kenntnis der fixen und der variablen Kosten. Mit der Break-Even-Analyse erfolgt damit eine systematische Hinterfragung führungs- und entschei-

dungsrelevanter Tatbestände und als Resultat stehen weitere controllingrelevante Ergebnisse:
- Die kritische Ausbringung,
- der kritische Umsatz,
- der Deckungsbeitrag als Beitrag zur Abdeckung der fixen Kosten.

Diese Ergebnisse lassen sich graphisch im sogenannten Break-Even-Diagramm sichtbar machen.

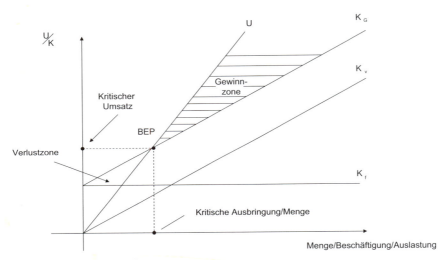

Abbildung 170: Das Break-Even-Diagramm

Insbesondere die Kenntnis von Mindestumsatz ($U_{kritisch}$) und der kritischen Ausbringung sind führungs- und steuerungsrelevante Informationen. Sie sind „Gefahrenpunkte", die der Führung anzeigen, dass bei Annäherung an diese kritischen Größen strategische und/oder operative Maßnahmen zu setzen sind – zB verstärkte Verkaufsanstrengungen, Änderung der Verkaufs- oder Produktpolitik, Maßnahmen zur Kostensenkung, usw – um die Unternehmung nicht in Schwierigkeiten zu bringen (vgl Lechner, Egger, Schauer, 2005, 904 f).

Auch die Frage des „Deckungsbeitrages", die sich im Zusammenhang mit der Break-Even-Analyse ebenfalls stellt, leistet einen controlling- bzw führungsrelevanten Beitrag, vor allem für die Kenntnis und Festlegung der kurzfristigen Preisuntergrenze. In analoger Anwendung der Break-Even-Analyse im Rahmen von Kosten- bzw Gewinnvergleichen lassen sich auch Entscheidungen wie zB Kauf oder Miete, Eigenfertigung oder Fremdbezug entsprechend aufbereiten.

Bei der „Break-Even-Analyse" ist allerdings zu berücksichtigen, dass es sich um ein theoretisches Konzept handelt, dem mehrere Annahmen zugrunde liegen (vgl Wöhe, 2002, 1072):

- Es werden proportionale und lineare Kosten- und Umsatzverläufe unterstellt,
- die Gliederung in fixe und variable Kosten ist möglich,
- die in der Gewinn- und Verlustrechnung ausgewiesenen Aufwendungen sind nicht gleichzusetzen mit den Kosten.

Trotzdem ist die Break-Even-Analyse ein „brauchbarer" Controlling-Ansatz, der
- Kosten- und Umsatzstrukturen,
- beschäftigungsabhängige Verlustrisiken,
- beschäftigungsabhängige Gewinnchancen

sichtbar macht.

4. Zur Organisation des Controlling

Die Frage der Controllingorganisation ist unter Berücksichtigung vor allem der Komplexität der Unternehmung und der Betriebsgröße zu bearbeiten. In den für Europa typischen Klein- und Kleinstunternehmungen – über 80% der Unternehmungen in Europa liegen in einer Betriebsgröße zwischen 2 und 15 Beschäftigten – stellt sich diese Frage in der Regel nicht. Die Führungs- und Leitungsverantwortlichen selbst sind für die Wahrnehmung der Controlling-Aufgaben verantwortlich. Die Frage der passenden Organisationsform für den Controllingbereich stellt sich erst in mittelständischen Unternehmungen in der Betriebsgröße zwischen 50 und 500 Beschäftigten und natürlich verstärkt in Großunternehmungen. In mittelständischen Unternehmungen werden immer öfter, bedingt durch Wettbewerbsdruck und Markterfordernisse, eigene Controllingabteilungen eingerichtet – meistens als Stabsstellen mit nur Dienstleistungscharakter und mit nur beschränkter Weisungsbefugnis gegenüber nachgeordneten Stellen. Nicht selten wird in mittelständischen Unternehmungen die Aufgabe des Controlling in der Ausprägung des operativen Controlling vom betrieblichen Rechnungswesen mit absolviert. Hierarchisch sollte das Controlling eher in den oberen Führungsebenen angesiedelt sein, um ausreichend Autorität, Unabhängigkeit und damit Akzeptanz zu erhalten. In Konzernstrukturen ist die Controllingorganisation natürlich von besonderer Relevanz. Hier gilt der Grundsatz der möglichst dezentralen Wahrnehmung der Controllingaufgaben. Eine zu zentrale Controllingorganisation führt oft zu Akzeptanzproblemen in den dezentralen Unternehmungsbereichen (vgl *Hahn, Hungenberg,* 2001, 927 f). Deshalb sollte die Zentralisierung der Controllingaufgaben möglichst gering gehalten werden und geschäftsnahe Aufgaben wie zB die Unterstützung bei den Planungen in den Tochtergesellschaften des Konzerns eher bei einem dezentral organisierten Controlling angesiedelt sein. Die Aufgaben können auch temporär und/oder fallweise zwischen zentralen und dezentralen Controllingeinheiten/-abteilungen/-controllern aufgeteilt werden.

IV. Kernbereiche der Betriebswirtschaft

Eine auf die wesentlichen Problem- und Aufgabenbereiche der Führung ausgerichtete betriebswirtschaftliche Abhandlung macht neben den bereits dargestellten Basiselementen der Betriebswirtschaftslehre (Abschnitt II.), den Kernkompetenzen der Führung (Abschnitt III.) auch noch die Bearbeitung von weiteren zu den Kernbereichen der Betriebswirtschaft zählenden Problem- und Aufgabenfeldern notwendig bzw erforderlich:
- Bereich der betrieblichen Leistungen (im engeren Sinn),
- Bereich der Finanzwirtschaft,
- Bereich der Personalwirtschaft,
- Bereich des betrieblichen Rechnungswesens.

In einer kompakten, auf die Schaffung eines Überblickes ausgerichteten Fassung lassen sich die betrieblichen Leistungen (im engeren Sinn) nach
- materialwirtschaftlichen,
- produktionswirtschaftlichen,
- absatzwirtschaftlichen,

Aspekten gliedern und zusammenfassen.

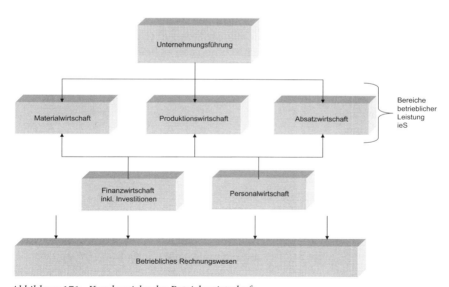

Abbildung 171: Kernbereiche der Betriebswirtschaft

Ihren formalen, wert- und mengenmäßigen Niederschlag finden die in der Material-, Produktions-, Absatz-, Finanz- und Personalwirtschaft ablaufenden Prozesse im betrieblichen Rechnungswesen.

A. Bereiche der betriebliche Leistung (im engeren Sinn)

1. Bereich der Materialwirtschaft

a) Problem- und Aufgabenfelder

Aufgaben- und Problemfeld der Materialwirtschaft ist die Bereitstellung der für die betrieblichen Leistungs- und Umsetzungsprozesse erforderlichen Materialien, in den benötigten Mengen, zur rechten Zeit, am rechten Ort (vgl. *Wöhe*, 2002, 406). Materialien dabei sind in erster Linie Roh-, Hilfs- und Betriebsstoffe, unfertige Erzeugnisse, die weiter bearbeitet werden müssen, Fertigfabrikate und Handelswaren. Aber auch Materialien, die nicht unmittelbar für die zu erbringenden Marktleistungen bzw für die Produktion/Leistungserstellung erforderlich sind, gilt es mitzuberücksichtigen. Ebenfalls zum Problem- und Aufgabenfeld der Materialwirtschaft zählt die Entsorgung von Materialien, die in den Produktionsprozessen anfallen und deponiert oder „recycelt" werden müssen.

Die Bearbeitung dieser Problem- und Aufgabenfelder ist allerdings nur in Zusammenarbeit mit den anderen „Wirtschaften" – der Produktions-, Absatz-, Finanz- und Personalwirtschaft – möglich. Die Materialwirtschaft muss sich an den Erfordernissen dieser Bereiche orientieren oder an diese ihre Erfordernisse stellen. Sie hat jedoch in erster Linie im Sinne ihrer Definition eine Dienstleistungsfunktion. Restriktionen, die sich aus dem Bereich der Finanzwirtschaft, der Personalwirtschaft oder auch der Lagerbewirtschaftung ergeben (als Teil der Materialwirtschaft) hat sie zu berücksichtigen.

Die Problem- und Aufgabenfelder der Materialwirtschaft haben sowohl eine operative als auch eine strategische Dimension zu bewältigen (siehe Abb 172). Operativ lässt sich in Anlehnung an *Beschorner/Peemöller* der Bereich der Materialwirtschaft in drei Teilfunktionen gliedern, in die (vgl *Beschorner, Peemöller*, 2006, 363 ff)
– Beschaffung
– Verwaltung,
– Verteilung.

(a) *Die Materialbeschaffung*: Sie gliedert sich in die Aufgabenschwerpunkte
  ○ der Materialdisposition,
  ○ dem Beschaffungsmarketing,
  ○ der Materialannahme inklusive der Wareneingangskontrolle.

Aufgabe *der Materialdisposition* ist neben der Feststellung der Bedarfsmengen für die benötigten Materialien – erfolgt häufig auch durch die Produktionsplanung – die Bestimmung der optimalen Bestellmengen und der Bestellzeitpunkte. Aufgabe *des Beschaffungsmarketings* ist es nach Abklärung der Frage „Eigenfertigung oder Fremdbezug" das Beschaffungsprogramm festzulegen, für die zu beschaffenden Materialien die Lieferanten auszuwählen und Preise und Konditionen, Liefertermine etc auszuverhandeln. Der Einkauf baut auf die Ergebnisse des Beschaffungsmarketings auf und ist für die administrative Begleitung der Beschaffung verantwortlich. Diese

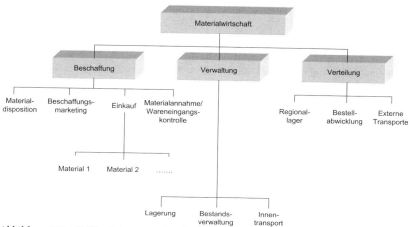

Abbildung 172: Teilfunktionen und Aufgaben der Materialwirtschaft (in Anlehnung an Beschorner, Peemöller, 2006, 362)

umfasst den Bestellvorgang genauso wie die Sicherstellung der termingerechten Lieferung inklusive der Überwachung der Bestellabwicklung. Aufgabe *der Materialannahme und der Wareneingangskontrolle* ist es vor allem, die eingehenden Material- und Komponentenlieferungen entgegenzunehmen und hinsichtlich deren Übereinstimmung mit der Bestellung – Vollständigkeit, Art, Qualität etc – zu überprüfen.

(b) *Die Materialverwaltung:* Sie gliedert sich in die Aufgabenschwerpunkte
- Lagerung,
- Bestandverwaltung,
- Innentransport.

Die Lagerung wiederum beinhaltet die Aufgaben der Vorrats- und Lagerplanung und der Lagerverwaltung. Im Rahmen der Vorratsplanung ist für alle benötigten Materialien festzulegen, ob grundsätzlich eine Vorratshaltung erforderlich ist und wenn ja, mit welchem Sicherheitsbestand. Die Lagerplanung beinhaltet Überlegungen hinsichtlich Lagerstandorte innerhalb und außerhalb des Betriebes, Lagerkapazität, Aufbau- und Ablauforganisation des Lagers etc.

Die Bestandsverwaltung umfasst die Aufgaben der Bestandsführung inklusive der wert- und mengenmäßigen Materialzu- und -abgänge, der Bestandsergänzung und der Materialausgabe.

Der Innentransport inklusive des betriebsinternen Materialflusses macht neben der Bewältigung von operativen Aufgabenstellungen wie der
- Wahl der Transportmittel,
- Festlegung der Transportrouten/-wege,
- Festlegung der Transportzeiten,

○ Durchführung von betriebsinternen Anlieferungen zu den Fertigungsstätten
○ uÄm

auch die Bewältigung von technischen Problemstellungen erforderlich, die bis in Aufgabenstellungen der Fabriksplanung hineinreichen (vgl *Beschorner, Peemöller*, 2006, 385).

(c) *Die Verteilung:* Aufgabe der Materialverteilung ist es, die fertigen Produkte und/oder Dienstleistungen an den Kunden/Händler oder Endkunden zu liefern. Es geht hier also nicht um die betriebsinterne Verteilung wie beim Innentransport und dem betriebsinternen Materialfluss, sondern um eine schnelle Befriedigung des Kundenwunsches. Im Einzelnen geht es um
  ○ die Bestimmung der Transportmittel für die Verteilung,
  ○ die Durchführung der Transporte (eigener Fuhrpark oder Speditionen),
  ○ den Aufbau und das Betreiben von regionalen Auslieferungslagern.

Es handelt sich also vorwiegend um logistische Aufgaben, die unter Berücksichtigung der Bedingungen von Produktions- und Absatzwirtschaft die Erreichung einer möglichst hohen Kundenzufriedenheit und auch die Realisierung des ökonomischen Prinzips gewährleisten sollen.

In diesem Zusammenhang ist noch auf die strategische Dimension der Materialwirtschaft hinzuweisen, die in der aktuellen Wettbewerbslandschaft zunehmend an Bedeutung gewinnt. Immer mehr wird dieser Bereich für viele Unternehmungen zur Möglichkeit, Wettbewerbsvorteile zu generieren, indem sie
– kostengünstiger beschaffen sowohl in Bezug auf den Wareneinsatz als auch auf die Transport- und Logistikkosten,
– qualitativ bessere Materialien in die Leistungs- und Produktionsprozesse einbringen,
– eine störungsfreie Materialversorgung gewährleisten und damit Fehlmengenkosten vermeiden uÄm.

Oberste Zielsetzungen der Materialwirtschaft, die durch die Bearbeitung der operativen und strategischen Problem- und Aufgabenfelder erreicht werden sollen sind daher
– Versorgungssicherheit,
– Wirtschaftlichkeit und
– Nutzung der Erfolgs- und Wettbewerbspotenziale.

b) Methoden und Modelle der Materialwirtschaft

Für die Bewältigung der Problem- und Aufgabenfelder der Materialwirtschaft stehen eine Vielzahl von Methoden und Modellen zur Verfügung, die die Durchführung der Aufgaben systematisieren und optimieren helfen. So gibt es zB unterschiedliche Modelle der Beschaffung wie
– die fallweise, produktionsabhängige Einzelbeschaffung,
– die fertigungssynchrone – Just-in-Time-Beschaffung,
– die auftragsbezogene Vorratsbeschaffung,
– die Beschaffung auf Lager.

In der für den Bereich der Materialwirtschaft relevanten betriebswirtschaftlichen Literatur werden jedoch vor allem die folgenden Modelle und Methoden als Unterstützungshilfen der Materialwirtschaft abgehandelt:
- Modelle der Materialbedarfsermittlung,
- Methoden der Materialklassifizierung,
- Optimierungsmodelle für Bestellmengen und Bestellzeitpunkte,
- Modelle für die Lieferantenauswahl,
- Kennzahlenmodelle.

(a) *Modelle der Materialbedarfsermittlung:* Hier gilt es zu unterscheiden zwischen
  o deterministischen, programmgebundenen oder auftragsgebundenen Modellen, bei denen der Materialbedarf auf technisch-analytischem Weg – meistens auf Basis von Stücklisten – ermittelt wird,
  o stochastischen, verbrauchsorientierten Modellen, bei denen der Materialbedarf sich aus dem Verbrauch vergangener Planungsperioden ergibt.

(b) *Methoden der Materialklassifizierung:* Sie unterstützen die Selektion der zu beschaffenden Materialien und leisten damit einen Beitrag zur Konzentration der Aufgaben der Materialwirtschaft auf jene Bereiche, die den Aufwand rechtfertigen.
Zwei Modelle sind hier explizit zu nennen:
  o Die ABC-Analyse,
  o die XYZ-Analyse.

Die ABC-Analyse basiert auf der sogenannten 80:20 Regel (Pareto-Prinzip), die besagt, dass meistens ein relativ kleiner Teil der Gesamtanzahl der Materialarten und/oder der verbrauchten Gütermengen (20%) einen relativ hohen Anteil am Gesamtwert (80%) der verbrauchten/gebrauchten Güter haben. Klassifiziert wird in drei Gruppen, in die A-Güter, B-Güter und C-Güter (siehe Abb 173).

Die A-Güter beinhalten, wie aus der Abbildung ersichtlich ist, nur einen geringen Anteil der Güter-/Lagerpositionen aber sind charakterisiert durch einen überdurchschnittlichen Verbrauch. Auf sie sollte der Fokus bei den Aufgaben der Materialbewirtschaftung gelegt werden, weil sie maßgeblich die Wirtschaftlichkeit beeinflussen.

Die XYZ-Analyse ist eine die ABC-Analyse ergänzende Analyse. Während die ABC-Analyse den Gesamtverbrauch nur für eine bestimmte Periode betrachtet (statisch), berücksichtigt die XYZ-Analyse den Verbrauchsverlauf über einen längeren Zeitraum:
  o Die X-Güter sind charakterisiert durch einen eher konstanten Verbrauchsverlauf, der exakte Prognosen zulässt,
  o die Y-Güter hingegen zeichnen sich durch einen eher schwankenden, weniger zuverlässig zu prognostizierenden Verlauf aus,

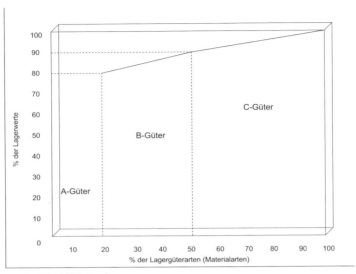

Abbildung 173: Die ABC-Analyse

    ○ die Z-Güter sind Güter mit nur sporadisch auftretendem Bedarf/Verbrauch, der nur schwer planbar ist.

Die XYZ-Analyse dient in erster Linie der Bestimmung der Beschaffungsart.

(c) *Optimierungsmodelle für Bestellmengen und Bestellzeitpunkte:* Optimale Bestellmengen und Bestellzeitpunkte unterstützen die Bestellplanungen. Die optimale Bestellmenge ist dabei das Ergebnis einer mengen- und zeitmäßigen Abstimmung von

    ○ Materialbedarf,
    ○ Beschaffungskosten,
    ○ Lagerkosten,
    ○ Zinskosten.

Rechnerisch lässt sich die optimale Bestellmenge durch die Formel (vgl *Lechner, Egger, Schauer,* 2005, 382)

$$X = \sqrt{\frac{b \cdot E \cdot 200}{p \cdot s}}$$

x ... optimale Bestellmenge
E ... feste Bezugskosten je Bestellung
b ... Jahresbedarf
p ... Zins- und Lagerkostensatz p.a.
s ... Einstandspreis je Stück
ermitteln.

A. Bereiche der betriebliche Leistung (im engeren Sinn)

Graphisch ergibt sich die optimale Bestellmenge im Schnittpunkt zwischen dem Lagerkosten- und Beschaffungskostenverlauf, wo auch die Kosten gesamt (Lagerkosten inkl Zinskosten und Beschaffungskosten) ein Minimum aufweisen.

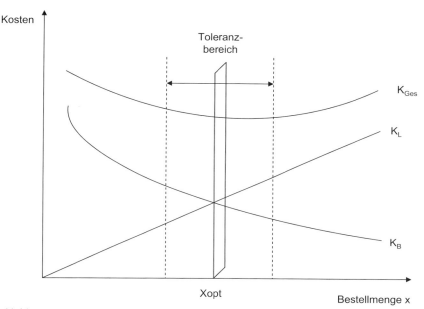

Abbildung 174: Die optimale Bestellmenge

K_L ... Lagerkosten
K_B ... Beschaffungskosten
K_{ges} ... Gesamtkosten
X_{opt} ... Optimale Bestellmenge

Beim Bestellpunktmodell geht es um den Zeitpunkt, zu dem eine Bestellung aufgegeben wird. Dieser ergibt sich bei Erreichung eines bestimmten Lagerbestandes, der auch als „kritischer" Lagerbestand oder auch als Meldebestand/-menge bezeichnet wird (vgl *Thommen*, 1991, 343). Das Bestellpunktverfahren ist das in der Praxis am meisten angewandte Verfahren zur Vorratsergänzung.

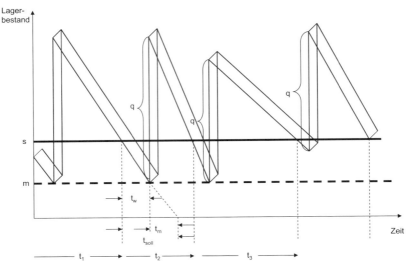

Abbildung 175: Das Bestellpunktmodell (in Anlehnung an Beschorner, Peemöller, 2006, 381)

Die in der Abbildung verwendeten Abkürzungen bedeuten:
- s = Bestellgrenze (Meldebestand). Bei Erreichen/Unterschreiten dieser Grenze wird Bestellvorgang ausgelöst.
- m = Mindestbestand (Sicherheitsbestand)
- q = Bestellmenge. Die Bestellmenge ist konstant
- t_i = Zeitintervall, nach dem Bestellung erfolgt. Die Zeitabstände variieren in Abhängigkeit vom Lagerabgang (Verbrauch)
- t_{soll} = Solleindeckungszeit. Sie setzt sich zusammen aus:
- t_w = Wiederbeschaffungszeit. Empirischer Wert, der angibt, welche Zeit zwischen der Bedarfsmeldung und der Lagerauffüllung vergeht
- t_m = Mindestbevorratungszeit. Sie deckt mögliche Engpässe durch verzögerte Lieferung oder erhöhten Lagerabgang während der Wiedereindeckungszeit ab: $t_m = m/v$
- v = Durchschnittlicher Lagerabgang je Zeiteinheit.

Im Zusammenhang mit der Ermittlung des optimalen Bestellzeitpunktes steht auch noch der Begriff des Bestellrhythmus. Er beinhaltet das Zeitintervall in dem der Lagerbestand überprüft und der Bestellvorgang ausgelöst wird.

(d) *Modell für die Lieferantenauswahl:* Die Lieferantenauswahl zählt zu den strategischen Entscheidungen im Bereich der Materialwirtschaft. Wesentlich ist die Festlegung von Auswahlkriterien in Form von Qualitätskriterien, die in ein Scoringmodell eingebracht werden.

	Gewichtung	Lieferant **A**		Lieferant **B**		Lieferant **C**	
		Pkt.	Gew.Pkt.	Pkt.	Gew.Pkt.	Pkt.	Gew.Pkt.
Bewertungs-kriterien zB - Finanzkriterien - Materialkriterien - Lieferantenkrit.							
Gesamt			....		....		....

Abbildung 176: Grundstruktur für ein Scoringmodell zur Lieferantenauswahl

(e) *Kennzahlenmodelle:* Für den Bereich der Materialwirtschaft gibt es wie für die meisten anderen Führungsbereiche auch eine Fülle von vor allem controllingrelevanten Kennzahlen. Gemeint sind Kennzahlen, die geeignet sind, den aktuellen Status sichtbar zu machen bzw die Situation zu analysieren. Von der Vielzahl seien hier genannt
   ○ der Lagerumschlag und
   ○ der Lieferbereitschaftsgrad.
Beide sind führungs- bzw controllingrelevant, beide liefern sie Ansatzpunkte sowohl in strategischer als auch in operativer Hinsicht (vgl *Luger, Geisbüsch, Neumann*, 1999, 101 f).
Der Lagerumschlag ist dabei der Quotient aus Lagerabgang je Periode und dem durchschnittlichen Lagerbestand jeweils wertmäßig betrachtet.

$$\text{Lagerumschlag} = \frac{\text{Lagerabgang je Periode}}{\text{Ø Lagerabstand}} \times 100\%$$

Der Lieferbereitschaftsgrad lässt sich ermitteln durch

$$\text{Lieferbereitschaftsgrad} = \frac{\text{sofort erfüllbare Lieferungen}}{\text{eingehende Bestellungen}} \times 100\%$$

Weitere Beispiele für führungsrelevante Kennzahlen im Bereich der Materialwirtschaft sind noch die
- Kosten je Bestellung,
- Kapitalbindung auf Lager,
- Beanstandungsquote.

Neben diesen kurz charakterisierten Methoden und Modellen ist aber auch noch auf Modelle und Ansätze hinzuweisen, die zur Bearbeitung strategischer Fragestellungen der Materialbewirtschaftung geeignet sind. Dazu die diesen Bereich abschließende nachstehende Übersicht.

Just-in-Time	Es dient der Senkung der Kosten der Kapitalbindung, da auf eine bedarfsgenaue oder -synchrone Belieferung abgestellt wird. Durch diese Strategie werden die Lagerbestände verringert und der Materialfluss im Unternehmen optimiert. Über die sich reduzierenden Durchlaufzeiten kann ein entsprechend positiver Effekt auf die Flexibilität im Rahmen von Kundenbeziehungen und der Produktivität erzielt werden. Die Strategie der Just-in-Time-Belieferung lässt sich häufig nur durch eine Sourcing-Strategie verwirklichen.
Global Sourcing	Es wird weltweit nach dem günstigsten Lieferanten (zB durch Online-Aktionen im B-to-B-Bereich) gesucht, um diesen als Beschaffungsquelle zu nutzen. Durch diese internationale Beschaffungsarealstrategie sollen Wettbewerbsvorteile ausgenutzt und die Wirtschaftlichkeit des Unternehmens erhöht werden.
Single Sourcing	Die Beschaffungsquelle konzentriert sich auf nur einen Lieferanten, der eine enge Partnerschaft in Bezug auf Entwicklung und Belieferung zum Bezugsunternehmen aufweist. Diese Strategie ermöglicht die Nutzung von Größenvorteilen. Der Vorzug einer langfristigen vertraglichen Bindung geht allerdings oftmals zu Lasten des Abhängigkeitsverhältnisses vom Lieferanten.
Outsourcing	Es findet eine Fokussierung auf Kernkompetenzen im Unternehmen statt. Eigenfertigung bzw bisher selbst erstellte Dienstleistungen werden somit teilweise auf unabhängige Dritte übertragen. Dieser Spezialfall einer Make-or-Buy-Entscheidung soll durch die Ausgliederung von kostenintensiven Geschäftsprozessen ua die Rentabilität erhöhen. Outsourcing findet folglich in der heutigen Zeit auf allen Ebenen eines Betriebes statt (zB Ausgliederung von IT-Ressourcen).

Abbildung 177: Strategische Ansätze der Materialwirtschaft (in Anlehnung an Beschorner, Peemöller, 2006, 366 f)

Supply Chain Management (SCM)	Es wird die integrative Planung, Steuerung und Kontrolle der gesamten Wertschöpfungskette (zB vom Lieferanten bis zum Endkunden) eines Unternehmens mit all seinen Güter- und Informationsflüssen betrachtet. Die heutzutage zur Verfügung stehenden informationstechnologischen Möglichkeiten (zB Internet) unterstützen das SCM in seiner Effektivität.
Total Quality Management (TQM)	Diese Strategie zielt auf eine permanente Gewährleistung der Qualität in allen Prozessen auf allen Ebenen eines Unternehmens ab. Ständige Kontrollen sollen Fehler vermeiden und dadurch ua die Kundenzufriedenheit steigern.
Electronic Procurement	Darunter ist die Automatisierung möglichst vieler Prozesse im Bereich Beschaffung (zB durch Katalogsysteme) zu verstehen. Das im Unternehmen implementierte EDV-System muss in der Lage sein, Prozesse elektronisch, dh ohne menschliches Zutun, abzuwickeln.

Abbildung 177: Strategische Ansätze der Materialwirtschaft (in Anlehnung an Beschorner, Peemöller, 2006, 366 f)

2. Bereich der Produktionswirtschaft

a) Problem- und Aufgabenfelder

Für den Produktionsbegriff gibt es in der Betriebswirtschaft verschiedene Fassungen. In einer weiten Fassung beinhaltet die Produktion den gesamten betrieblichen Leistungsprozess also sowohl den Prozess der Leistungserstellung als auch der -verwertung. Eine etwas engere charakterisiert und definiert die Produktion als Prozess der Leistungserstellung. In einer noch engeren Definition, die auch im Allgemeinen Sprachgebrauch Verwendung findet, wird der Produktionsbegriff mit der betrieblichen Leistungserstellung in Fertigungsbetrieben gleichgesetzt (vgl *Wöhe,* 2002, 330). Die Produktion, verstanden als betriebliche Leistungserstellung ist – anders definiert – auch der Bereich der zwischen Beschaffung und Absatz liegt. Die Produktionswirtschaft ist demnach der Bereich der zwischen den Problem- und Aufgabenfeldern der Material- und der Absatzwirtschaft wirksam wird. Wahrgenommen wird sie in jedem Betrieb, also nicht nur in gewerblich/industriellen, sondern auch in Handels- und Dienstleistungsbetrieben, wenn auch mit sehr unterschiedlichen Ausprägungen. In gewerblich/industriellen Betrieben/Unternehmungen wird der Begriff der Produktion oft auch mit dem Begriff der Fertigung – von insbesondere Sachgütern – gleichgesetzt.

Wie in allen Führungsbereichen sind auch im Bereich der Produktionswirtschaft die Problem- und Aufgabenfelder interdisziplinär, im Vordergrund stehen allerdings technisch/technologische und betriebswirtschaftliche.

Betriebswirtschaftliche Problem- und Aufgabenfelder der Produktion sind den Führungsaufgaben generell folgend.

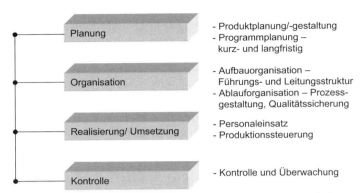

Abbildung 178: Grobstruktur der Problem- und Aufgabenfelder der Produktionswirtschaft

Produktionswirtschaftliche Problem- und Aufgabenfelder lassen sich auch hinsichtlich ihrer strategischen – Produktionsprozesse sind die Wertschöpfung essenziell beeinflussende Prozesse – und ihrer operativen Dimension gliedern. Strategisch relevant sind:
- Produktplanung und -gestaltung,
- die langfristige Programm- und Kapazitätsplanung,
- die Organisation der Produktion,
- Qualitätsmanagement und -sicherung.

Operative Problem- und Aufgabenfelder sind zB die Bestimmung der Losgrößen, die Reihenfolgeplanung, kurzfristige Termin- und Kapazitätsplanungen, die Auftragssteuerung und die Durchführung von Kontroll- und Überwachungsaufgaben.

(a) *Produktplanung und -gestaltung:* Dieses Aufgabenfeld ist nicht immer in der Führungsverantwortung der Produktionswirtschaft. Oft, insbesondere in größeren und Großunternehmungen, wird die Aufgabe der Produktplanung, -entwicklung, -gestaltung von einer eigenen Forschungs- und Entwicklungsabteilung als eigenständige betriebliche Leistungsfunktion wahrgenommen. Unabhängig davon geht es im Rahmen dieses Problem- und Aufgabenfeldes in erster Linie um
  ○ die Funktionalität des Produktes,
  ○ das Produktdesign,
  ○ die Produktqualität,
  ○ die produktionswirtschaftliche Ausgestaltung.

Strategisch besonders relevant ist die Bearbeitung der Frage der Standardisierung, die mehrere Formen kennt (siehe Abb 179).

(b) *Die Programmplanung:* Die Festlegung des Produktionsprogrammes ist eine Entscheidung mit langfristigen, strategischen Auswirkungen. Im Vordergrund dabei stehen Fragen der Programmbreite und -tiefe, deren Be-

A. Bereiche der betriebliche Leistung (im engeren Sinn)   273

Normung	Typung	Wiederholtei-leverwendung	Teilefamili-enbildung	Baukasten-prinzip
Ziel: Reduzierung der Typenvielfalt auf wirtschaftlich vertretbare Mengen und einheitliche Verständigung	*Ziel:* Verkleinerung des Sortiments durch Vereinheitlichung der angebotenen Produktvarianten	*Ziel:* Verkleinerung der Anzahl von Einzelteilen	*Ziel:* Vereinfachung von Produktionsprogrammplanung und Konstruktion	*Ziel:* Reduzierung des Fertigungsprogramms bei gleichzeitiger Verringerung der Lagerbestände
Grenzen: Bei schneller Veralterung der Produkte	*Grenzen:* Wenn eine bestehende Bedarfsindividualität nicht eingeschränkt werden kann.	*Grenzen:* Bei starken Unterschieden der erzeugten Produkte	*Grenzen:* Bei starken Unterschieden der erzeugten Produkte	*Grenzen:* Wenn eine bestehende Bedarfsindividualität nicht eingeschränkt werden kann

Abbildung 179: Formen der Standardisierung (in Anlehnung an Beschorner, Peemöller, 2006, 408)

antwortung in erster Linie von der Produkt-/Marktstrategie der Unternehmung und dem sich daraus ableitenden Absatzprogramm abhängig ist. Geht man vom Absatzprogramm aus, so stellt sich als weitere Frage, „*Make or Buy*" also welche Produkte von der Unternehmung selbst hergestellt werden und welche zugekauft werden sollen.

Einen Überblick über das Problem- und Aufgabenfeld der Programmplanung gibt die nachstehende Abbildung, die auch die Problem- und Aufgabenfelder der mittel- und kurzfristigen Programmplanung sichtbar macht (siehe Abb 180).

Eng mit der Programmplanung verbunden ist die Kapazitätsplanung. Hier ist nach *Luger* et al. zwischen der

- quantitativen Kapazität und
- der qualitativen Kapazität

zu unterscheiden (vgl *Luger, Geisbusch, Neumann,* 1999, 141). Die quantitative Kapazität ist dabei die Fähigkeit eines Betriebsmittels oder eines Arbeitsplatzes, eine bestimmte Menge in einer vorgegebenen Zeit zu bearbeiten. Die qualitative Kapazität hingegen ist die Eignung eines Betriebsmittels für bestimmte Verwendungszwecke.

Zu überlegen im Zusammenhang mit Kapazitätsentscheidungen ist auch noch die

- Minimalkapazität,
- Maximalkapazität,

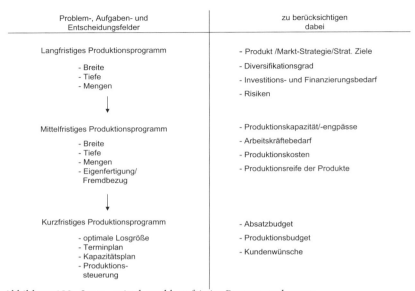

Abbildung 180: Lang-, mittel- und kurzfristige Programmplanung

○ optimale Kapazität.

Die Minimalkapazität ergibt sich aus der Leistung je Zeiteinheit, bei der mindestmöglichen Intensität, *die Maximalkapazität* aus der Multiplikation der technisch maximalen Intensität mit der maximalen Zeit ohne Berücksichtigung der dabei anfallenden Stückkosten. *Die optimale Kapazität* – strategisch immer relevanter – orientiert sich an den geringsten Stückkosten.

Im Zusammenhang mit der Programmplanung ist es essenziell, dass die quantitative Kapazität abgestimmt wird mit den Programmmengen und dass die qualitative Kapazität ebenfalls den Erfordernissen des Produktionsprogrammes sowohl lang- als auch mittel- und kurzfristig Rechnung trägt.

(c) *Die Organisation der Produktion:* Im Rahmen dieses Problem- und Aufgabenfeldes geht es um die Festlegung hinsichtlich zweier wesentlicher Charakteristika von gewerblich/industriellen Produktionssystemen, dem
○ Organisationstyp der Fertigung,
○ Fertigungstyp

und es geht um die Entscheidung für das richtige Fertigungsverfahren. Produktionssysteme bewegen sich hierbei in der Ausgestaltung im Spannungsfeld einer möglichst hohen Flexibilität der Produktion/Fertigung, die eine hohe Anpassung an Marktveränderungen erlaubt und einer Automatisierung, die eine kostengünstige Erstellung der Produkte und des Produktionsprogrammes ermöglicht (vgl *Schmalen, Pechtl,* 2006, 209).

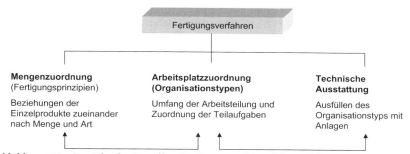

Abbildung 181: Bereiche des Begriffes „Fertigungsverfahren" (in Anlehnung an Luger, Geisbusch, Neumann, 1999, 121)

Der Organisationstyp der Fertigung charakterisiert die Ablauforganisation, dh die Anordnung der Arbeitsplätze und Maschinen im Produktionssystem. Traditionell wird hier unterschieden zwischen der
○ Werkstattfertigung,
○ Fließfertigung,
○ Gruppenfertigung.

Bei der Werkstattfertigung sind Maschinen und Arbeitsplätze mit gleichartigen Aufgaben in einer Werkstatt zu einer fertigungstechnischen Einheit zusammengefasst – zB die Schmiede, die Schlosserei, die Montage. *Die Fließfertigung* ist dadurch charakterisiert, dass die Arbeitsplätze, Anlagen und Maschinen in der Reihenfolge der durchzuführenden Prozessschritte angeordnet sind. Eine förderungssystemunterstützte Fließfertigung nennt man Fließbandfertigung. *Die Gruppenfertigung* ist als Kombination der Werkstatt – und Fließfertigung zu bezeichnen. Wie bei der Werkstattfertigung werden dabei Funktionsgruppen gebildet, innerhalb der Gruppen wird dann das Fließprinzip umgesetzt.

Der Fertigungstyp der Produktion macht im Gegensatz zum Organisationstyp, der die Arbeitsplatzorientierung zum Ausdruck bringt, die Mengenzuordnung sichtbar.
Unterschieden wird hier zwischen
○ Einzelfertigung,
○ Serienfertigung und
○ Massenfertigung.

Bei der Einzelfertigung wird jede zu fertigende Einheit allein, ohne Zusammenhang mit anderen Produktionseinheiten hergestellt bzw produziert. Jede zu erbringende Betriebsleistung stellt also eine gesonderte Auftragseinheit dar. Eine hohe Individualität des Produktes/Auftrages ist damit gewährleistet. *Bei der Serienfertigung* wird eine bestimmt Auswahl gleichartiger Leistungen erbracht. Nach Abschluss einer Serie wird auf eine andere umgerüstet. Im Gegensatz dazu geht es *bei der Massenfertigung* um die Produktion von Leistungs-/Auftragseinheiten in unbeschränktem Umfang.

(d) *Qualitätsmanagement und -sicherung:* Die Realisierung bzw Gewährleistung von „Qualität" entsprechend der Erwartungshaltung der Kunden gewinnt zunehmend an Bedeutung. Ein *„Total Quality Management"* (TQM) als Problem- und Aufgabenfeld der Produktionswirtschaft kann diesen Erwartungshaltungen Rechnung tragen. Zu verstehen ist TQM als ein langfristiges, integriertes Unternehmungskonzept, das die Qualität von Produkten und Dienstleistungen in der Entwicklung, Fertigung und im Absatzbereich durch die Miteinbindung auch der Mitarbeiter zu günstigsten Kosten permanent sicherstellen soll, um so zu einer optimalen Bedürfnisbefriedigung der Leistungsabnehmer beizutragen (vgl *Lechner, Egger, Schauer,* 2005, 416).

Ein TQM hat sich auch um „umweltbezogene Sorgenkinder" der Produktionsprozesse wie Emissionen, Ausschuss, Abfall und Schrott zu bemühen (vgl *Schmalen, Pechtl,* 2006, 221).

b) Methoden und Modelle der Produktionswirtschaft

Auch für die Bearbeitung der Problem- und Aufgabenfelder der Produktionswirtschaft steht eine Vielzahl von Methoden und Modellen zur Verfügung zB
- Stücklisten für die Programmplanung,
- Flussdiagramme, Balkendiagramme und die Methoden der Netzplantechnik für die Zeit- und Kapazitätsplanung,
- Kostenplanungsmodelle
- uÄm.

Für die mittel- und kurzfristige Programmplanung von besonderer Relevanz ist die Kennzahl der *„optimalen Losgröße".* Die Bestimmung dieser Kennzahl geht in der Grundform von der Überlegung aus, dass die die einzelnen Leistungseinheiten belastenden auflagefixen Kosten mit der zunehmenden Größe des Auftrages sinken (vgl *Lechner, Egger, Schauer,* 2005, 403). Auflagefixe Kosten sind Teile der Vertriebs-, Verwaltungs- und Fertigungskosten.

$$X = \sqrt{\frac{E \cdot 200}{b_m \cdot P_m \cdot s}} \cdot b_m$$

x ... optimale Losgröße
E ... Einrichtungskosten/Los
b_m ... benötigte Stückzahl zum Verkauf/Monat
P_m ... Monatszinsfuß = 1/12 Jahreszins
s ... Stückkosten (Material+Lohn+Gemeinkosten)

Besondere Unterstützung erfährt die Produktionswirtschaft aber durch die Entwicklungen der elektronischen Datenverarbeitung, die in der Produktentwicklung, der Produktionsorganisation, der Produktionsplanung und -steuerung, Kontrolle und Überwachung zu einer
- Flexibilisierung der Produktion,
- verbesserten Produktionsplanung und -steuerung,

A. Bereiche der betriebliche Leistung (im engeren Sinn)

– Verbesserung der Wirtschaftlichkeit der Produktion beiträgt.

Nachstehende Abbildungen geben einen zusammenfassenden Überblick über die Einsatzbereiche der EDV im Bereich der Produktionswirtschaft. Im Vordergrund dabei steht die Unterstützung durch das CIM-Konzept (Computer integrated Manufacturing) aber auch die Unterstützung durch die EDV im Bereich der Sachmitteleinrichtungen der Produktion.

Computerintegrierte Fertigung (CIM)	
Computer Aided Design (CAD)	EDV-unterstützte Entwicklung/Konstruktion mit grafikfähigen Computersystemen
Computer Aided Planning (CAP)	EDV-unterstützte Arbeitsplanung
Computer Aided Manufacturing (CAM)	EDV-unterstützte technische Steuerung und Überwachung der Betriebsmittel
Computer Aided Quality Assurance (CAQ)	EDV-unterstützte Planung und Durchführung der Qualitätssicherung
Produktionsplanung und -steuerung (PPS)	Einsatz rechnergestützter Systeme zur organisatorischen Planung, Steuerung und Überwachung der Produktionsabläufe
Computer Aided Design/Computer Aided Manufacturing (CAD/CAM)	EDV-technische Verkettung von CAD, CAP, CAM und CAQ

Abbildung 182: Das CIM-Konzept

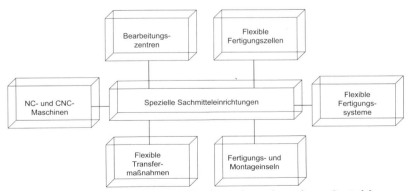

Abbildung 183: Computerunterstützung bei der Sachmitteleinrichtung (in Anlehnung an Beschorner, Peemöller, 2006, 428)

3. Bereich der Absatzwirtschaft

a) Problem- und Aufgabenfelder

Eine Diskussion der Problem- und Aufgabenfelder des absatzwirtschaftlichen Bereiches hat vom Absatzbegriff auszugehen. Nach *Lechner/Egger/Schauer* steht *der Absatz* als Synonym für die Leistungsverwertung (vgl *Lechner, Egger, Schauer*, 2005, 459). Zur Leistungsverwertung wiederum zählt die Suche nach Abnehmern und die physische Distribution der Güter. Diese Definition entspricht auch dem Kontext der bisherigen Ausführungen zur Material- und Produktionswirtschaft, deren Problem- und Aufgabenfelder sich auf die Leistungserstellung, also auf die Beschaffung von Produktionsfaktoren und ihre Verarbeitung zu Gütern und Dienstleistungen beziehen (vgl *Wöhe*, 2002, 461).

Abbildung 184: Die betrieblichen Hauptfunktionen (in Anlehnung an Wöhe, 2002, 329)

Der Absatz beinhaltet auch verschiedene Teilaufgaben. So hat er sowohl für die Befriedigung der bestehenden Nachfrage als auch für die Schaffung bzw dem Wecken neuer Bedürfnisse zu sorgen. Auch *der Verkauf* wird allgemein als Problem- und Aufgabenfeld des Absatzes gesehen, das alle Tätigkeiten der physischen und rechtlichen Übertragung einer betrieblichen Leistung vom Verkäufer an den Käufer miteinschließt. *Der Vertrieb* hingegen hat die technischen Aspekte der Leistungsübertragung (zB Transport, Zwischenlagerung, Verteilungssystem etc) zu bearbeiten.

Unter Bezugnahme auf die betriebswirtschaftliche Literatur ist es auch erforderlich, das Problem- und Aufgabenfeld des Absatzes mit dem der Absatzwirtschaft in Verbindung zu bringen. Absatzwirtschaft wird generell umfassender als der Absatz charakterisiert. Auch die Problem- und Aufgabenfelder der Material- und Produktionswirtschaft sind davon tangiert. Die Absatzwirtschaft im Rahmen dieser Ausführungen ist aber als betriebliche Leistungsfunktion dargestellt, die den Bereich der Material- und Produktionswirtschaft ergänzt und damit den betrieblichen Leistungsbereich (siehe Abbildung oben) abzudecken beiträgt. In der Darstellung der Problem- und Aufgabenfelder entspricht sie jedoch insofern der umfassenden Charakterisierung, als das Problem- und Aufgabenfeld des „Marketings" als essenzieller Bestandteil einer zeitgemäßen Absatzwirtschaft zu sehen ist. Marketing ist dabei nicht als Teilfunktion der Absatzwirtschaft zu sehen, als „Endglied" im Prozess der Leistungsverwertung, sondern als Problem- und Aufgabenfeld, das alle Teilfunktionen des betrieblichen Leistungsbereiches mitbeeinflusst.

Neben den sich aus dem begrifflichen abzuleitenden Problem- und Aufgabenfeldern des Absatzes, des Vertriebes, des Verkaufs und des Marketings lassen sich noch folgende Problem- und Aufgabenfelder der Absatzwirtschaft darstellen: Die
- Informationsbeschaffung im Absatzbereich,
- Absatzplanung,
- Marktsegmentierung,
- Festlegung des absatzpolitischen Instrumentariums.

(a) *Die Informationsbeschaffung im Absatzbereich:* Die Informationsbeschaffung aus dem Absatzbereich ist eine der wesentlichen Voraussetzungen für die Absatzplanung und auch die Basis für die zu treffenden Entscheidungen in Bezug auf das absatzpolitische Instrumentarium. Die Qualität der Informationen ist mitentscheidend für die Erfolgswirksamkeit der Absatzplanung. Der Informationsbedarf für die Absatzplanung ist umfassend und reicht von Informationsbedürfnissen hinsichtlich des Marktes bis zu unternehmungsinternen Informationen aus den Bereichen der Material- und Produktionswirtschaft und auch der Unternehmungsführung insbesondere der Gesamtunternehmungsplanung.

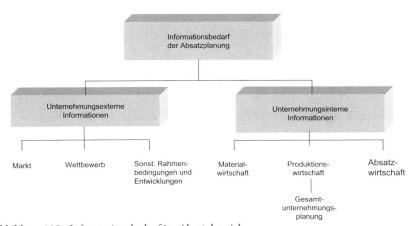

Abbildung 185: Informationsbedarf im Absatzbereich

Instrument der Informationsbeschaffung insbesondere in Bezug auf unternehmungsexterne Informationen und damit zum Aufgaben- und Problemfeld der Absatzwirtschaft zählend ist die Marktforschung. Charakteristisch für die Marktforschung ist die systematische, auf wissenschaftlichen Methoden beruhende Gewinnung und Auswertung von Marktinformationen unter Berücksichtigung auch sonstiger Umweltbedingungen.

Im Vordergrund stehen vor allem
- die Analyse von Märkten hinsichtlich ihrer Potenziale (Absatz- und Beschaffungsmärkte),
- die Analyse von Teilsegmenten nach bestimmten Segmentierungskriterien,
- die Wettbewerbs- und Konkurrenzanalyse,
- die Analyse und auch Prognose sonstiger unternehmungsrelevanter Entwicklungen.

Immer wichtiger im Zusammenhang mit den aktuellen Ansätzen der Unternehmungsführung, bei denen die Markt- und Kundenorientierung im Rahmen aller unternehmerischen Aktivitäten forciert wird – *Customer Relationship-Management* – wird auch die Verhaltensforschung als Teilgebiet der Marktforschung.

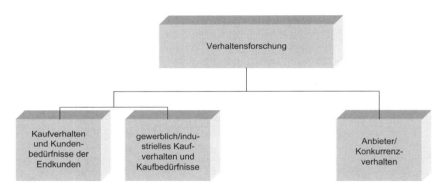

Abbildung 186: Verhaltensforschung als Teilaspekt der Marktforschung

Käufer- und Anbieterverhalten sind wesentliche im Rahmen der Absatzplanung bzw der Bestimmung des absatzpolitischen Instrumentariums zu berücksichtigende Aspekte.

(b) *Die Absatzplanung:* Im Rahmen des Problem- und Aufgabenfeldes der Absatzplanung erfolgt die Definition der absatzwirtschaftlichen Ziele, die Festlegung des Absatzprogramms und die Fixierung der Absatzmengen und Absatzpreise. Je nach Fristigkeit und Operationalität bezieht sich der Absatzplan auf den gesamten Absatzmarkt oder auch auf einzelne Teilmärkte, auf Produktgruppen oder Einzelprodukte. Ausgangspunkt ist die gesamtunternehmerische Zielsetzung, die im Rahmen der Absatzplanung schrittweise in Unterziele zergliedert wird. Berücksichtigung in der Zielhierarchie der Absatzplanung finden auch Zielsetzungen für das sogenannte absatzpolitische Instrumentarium.

A. Bereiche der betriebliche Leistung (im engeren Sinn)   281

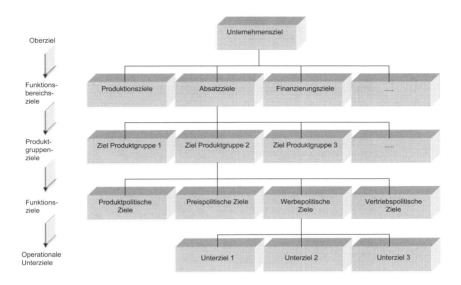

Abbildung 187: Zielhierarchie im Rahmen der Absatzplanung (in Anlehnung an Wöhe, 2002, 470)

(c) *Die Marktsegmentierung*: Im Absatzplan zum Ausdruck zu bringen sind auch Ziele, Programme, Mengen und Preise für die einzelnen Marktsegmente. Auch für die expliziten Festlegungen des absatzpolitischen Programmes ist die Marktsegmentierung eine wesentliche Voraussetzung. Die Segmentierung des Marktes und der Käufer in sogenannte Zielgruppen ist vor allem wegen der immer größer werdenden Differenziertheit der Kundenwünsche wichtig und sie zählt deshalb auch zu den bedeutenden Problem- und Aufgabenfeldern der Absatzwirtschaft. Definiert wird die Marktsegmentierung als die Aufteilung des Marktes in homogene Unter-/Zielgruppen. Problem dabei ist die Wahl der geeigneten Segmentierungsvariablen: Die am häufigsten verwendeten sind (vgl *Schmalen, Pechtl*, 2006, 253):

- Sozioökonomische Merkmale (Einkommen, Beruf, Ausbildung etc),
- demographische Merkmale (Alter, Geschlecht, Haushaltsgröße, Wohnort etc),
- psychographische Merkmale (Lifestyle, Konsummotive, Gewohnheiten, Einstellungen etc),
- Besitz- und Verbrauchsmerkmale (Konsumquote, Preisempfindlichkeit etc).

Ein Beispiel für die Marktsegmentierung zeigt die nachstehende Abbildung.

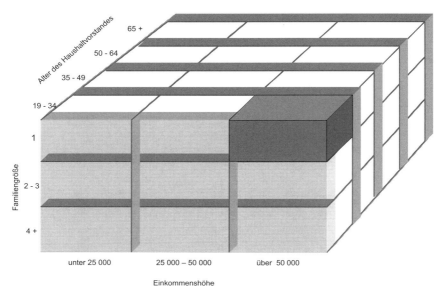

Abbildung 188: Beispiel einer Marktsegmentierung

(d) *Die Festlegung des absatzpolitischen Instrumentariums – der Marketing-Mix:* Wie bereits erwähnt geht es im Rahmen der Absatzplanung auch um die Bestimmung bzw Festlegung der absatzpolitischen Instrumente, in der Literatur immer öfter als Marketinginstrumente bezeichnet, mit denen die absatzwirtschaftlichen Ziele erreicht werden sollen.

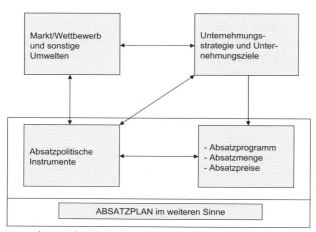

Abbildung 189: Absatzpolitische Instrumente und Absatzplanung

A. Bereiche der betriebliche Leistung (im engeren Sinn) 283

Mit dem Einsatz der absatzpolitischen Instrumente soll der aktuellen Markt- und Wettbewerbssituation Rechnung getragen, Nachfragerückgängen und Absatzwiderständen entgegengewirkt und die eigene Wettbewerbsposition gestärkt werden.

Das absatzpolitische Instrumentarium lässt sich traditionell und *Gutenberg* folgend (vgl *Gutenberg*, 1984, 47 ff) in die
- Produkt- und Programmpolitik,
- Preis- und Konditionenpolitik,
- Distributionspolitik,
- Kommunikationspolitik

gliedern. Ähnlich strukturiert sind die angloamerikanischen Modelle hinsichtlich der Unterstützung und Bearbeitung absatzwirtschaftlicher Problem- und Aufgabenstellungen.

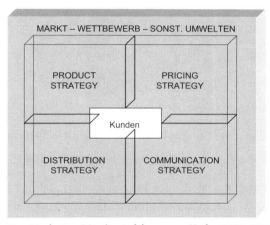

Abbildung 190: Der Marketing-Mix (in Anlehnung an Kotler, 1980, 329 ff)

b) Methoden und Modelle der Absatzwirtschaft

Auch für die Bewältigung der Problem- und Aufgabenfelder der Absatzwirtschaft existieren eine Fülle von Methoden und Modellen zur systematischen Bearbeitung. Zu nennen sind hier Methoden
- der Marktforschung und Informationsgewinnung,
- der Absatzplanung,
- der Marktsegmentierung,
- zur Umsetzung der Absatzpolitiken.

(a) *Methoden der Marktforschung und Informationsgewinnung*: Die Informationsgewinnung von Markt und Umfeld kann hier entweder als sogenannter
- „field research" (Primärmarktforschung) oder als
- „desk research" (Sekundärmarktforschung)

erfolgen. Beim „*desk research*" werden bereits bestehende Materialien, wie zB Statistisches Material aus Veröffentlichungen der Wirtschaftskammer, des Statistischen Zentralamtes bzw wissenschaftlicher Studien etc ausgewertet. Beim „*field research*" wird selbst geforscht und erhoben, entweder durch Befragung oder Beobachtung oder Test.

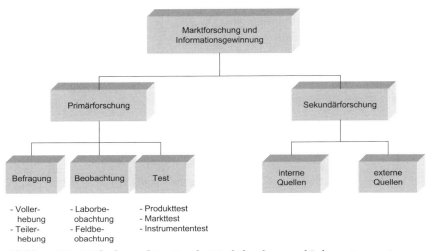

Abbildung 191: Methoden und Ansätze der Marktforschung und Informationsgewinnung

(b) *Methoden der Absatzplanung:* Die Absatzplanung findet Unterstützung in den klassischen Methoden der Planung generell. Quantitative und qualitative Analysetechniken basierend auf absatzrelevanten Kennzahlen, wie zB Marktanteil, Umsätze, Marktvolumina, Marktwachstum etc oder die Stärken-Schwächen-Analyse, die Portfolio-Analyse, die Methodik der „Five Forces" oder die SWOT-Analyse (siehe dazu die Ausführungen in Abschnitt III.) leisten auch hier wertvolle Beiträge. Relevant sind vor allem auch Prognosealgorithmen und Simulationsmodelle, die die Planungsinhalte abzusichern helfen.

Auch formal gibt es Modelle, die bei der Ausgestaltung von Absatzplänen herangezogen werden können. Ein Beispiel dafür zeigt die nachstehende Abbildung.

Absatzplan Produktgruppe K Verkaufsgebiet O September 20 ..	Erlöse/Kosten	
I. Umsatzplan	Soll	Ist
1. Abnehmergruppe 1 (Differenzierung nach Leistungsarten und Leistungsmengen) Abnehmergruppe 2 (analog)		
II. Maßnahmenplan		

1. Außendienst-Einsatzplan:
a. Abnehmergruppe 1:
  1) Besuch der Kunden a, b, c zweimal sowie d-k einmal (Zeitangabe)
  2) Besuch potenzieller Abnehmer a' – d' (Neukundenwerbung) einmal (Zeit)
  3) Teilnahme am Fortbildungslehrgang X (Ort, Zeit)
  4) Vertretertagung am 22.9. (Ort, Zeit)
  5) Teilnahme an Verkaufsförderungsaktionen (lokale Ausstellung, Ort, Zeit)
  6) Schulung neuer Vertreter
b. Abnehmergruppe 2:
(analog)
2. Allgemeine Maßnahmen:
– Überprüfung der Besuchshäufigkeit bei bestimmten Kunden
– Besuch potenzieller Abnehmer
– Kundendienst-Einsatzplan:
a. Abnehmergruppe 1:
Inspektion der installierten Anlagen bei Kunden a-f (Zeit)
Generalüberholung bei Kunden k (Ort, Zeit)
Mitarbeit bei Produktionsdemonstration am 19.9. (Ort, Zeit)		

Abbildung 192: Beispiel für die formale Ausgestaltung eines Absatzplanes (in Anlehnung an Bidlingmaier, 2001, 28)

Absatzplan Produktgruppe K Verkaufsgebiet O September 20 ..	Erlöse/Kosten	

b. Abnehmergruppe 2:
(analog)
c. Allgemeine Maßnahmen:
   1) Überprüfung des Ersatzteillagers bei Außenstelle 3
      (Ort, Zeit)
   2) Schulung des Bedienungspersonals für das verbesserte
      Produkt A (Ort, Zeit)		

III. Werbeplan:
a. Abnehmergruppe 1:
   1) Versendung von Prospekten und Drucksorten (Zeit)
   2) Anzeigen in Tageszeitungen für Produkt A nach Ver-
      wendungsmöglichkeit für diese Abnehmergruppe
      (Zeit)
b. Abnehmergruppe 2:
(analog)		

c. Allgemeine Maßnahmen:
   1) Teilnahme an der Messe in X (Ort, Zeit)
   2) Einladung zu einer Werbeveranstaltung (Ort, Zeit)		

IV. Verkaufsförderungsplan:
a. Abnehmergruppe 1:
   1) Produktdemonstration beim Kunden a am 19.9. (Ort,
      Zeit)
   2) Verteilung von Auszügen aus Fachzeitschriften
   3) Anwendungstechnische Schulung von Kunden im
      Stammwerk (Zeit)
   4) Besuch der Vertriebsleitung bei den Kunden b und c
      (Zeit)
b. Abnehmergruppe 2:
(analog)
c. Allgemeine Maßnahmen:
   1) Verkäuferkonferenz (Ort, Zeit)
   2) Vorbereitung eines Schulungskurses für neue Mitarbei-
      ter (Ort, Zeit)
   3) Fertigstellung von Musterkoffern
   4) Aussendung von Einladungsschreiben zum Besuch der
      Ausstellung am ...		

Abbildung 192: Beispiel für die formale Ausgestaltung eines Absatzplanes (in Anlehnung an Bidlingmaier, 2001, 28)

A. Bereiche der betriebliche Leistung (im engeren Sinn) 287

(c) *Methoden der Marktsegmentierung:* Neben dem bereits skizzierten Ansatz der Segmentierung im Rahmen der Darstellung der Problem- und Aufgabenfelder der Absatzwirtschaft kann die Marktsegmentierung auch durch mathematische/statistische Methoden Unterstützung finden. Beispiele sind die Cluster-Analyse, Diskriminanzfunktionen uÄm. Aber es gilt auch neuere Ansätze wie das Modell von *Bailom/Tschermenjak,* das an den Schwachstellen traditioneller Segmentierungsansätze ansetzt – diese sind beschreibender Natur und berücksichtigen nicht kausale Zusammenhänge zwischen den Kriterien – zu berücksichtigen.

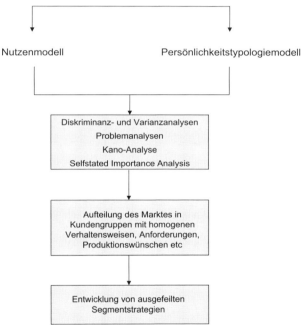

Abbildung 193: Modell eines parallelen Segmentierungsansatzes (in Anlehnung an Bailom, Tschermenjak, 1988, 12)

Aktuell und an den Anforderungen der Kundenzufriedenheit orientiert ist das „Kano-Modell", das beiträgt, Kundengruppen mit unterschiedlichen Leistungs- und Begeisterungseigenschaften zu definieren (siehe Abb 194).

(d) *Das absatzpolitische Instrumentarium:* Grob wurde das absatzpolitische Instrumentarium ja ebenfalls bereits skizziert. In Ergänzung dazu lassen sich jedoch eine Vielzahl von Methoden, Ansätzen und Modellen anführen: So findet die Produkt- und Sortimentspolitik Unterstützung zB durch
- die Deckungsbeitragsrechnung,
- die Lebenszyklusanalyse,

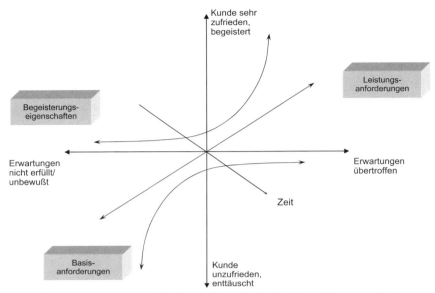

Abbildung 194: Das Kano-Modell der Kundenzufriedenheit (in Anlehnung an Bailom, Tschermenjak, 1998, 9)

- Trends- und Prognosealgorithmen,
- die ABC-Analyse,
- Stärken-Schwächen-Analysen
- uÄm;

die Preispolitik durch zB
- die Preis-Absatz-Funktion,
- die Break-Even-Analyse,
- das Target-Pricing-Konzept,
- Modelle der Kostenverursachung oder der Kostentragfähigkeit,
- Modelle der konkurrenzorientierten Preisbildung
- uÄm.

Auch für die Distributionspolitik gibt es unterschiedliche Modelle, die Ausgangspunkt für eigene Überlegungen darstellen. Einen Überblick darüber gibt die nachstehende Abbildung 195.

Hilfestellung beim Treffen distributionspolitischer Entscheidungen ergibt sich vor allem auch durch den Einsatz von Wirtschaftlichkeitsrechnungen, statische und dynamische Investitionsrechnungsverfahren und auch sogenannten Scoring-Modellen.

Die Kommunikationspolitik – oft auch im sogenannten Kommunikations-Mix zusammengefasst – beinhaltet im Wesentlichen die Werbung, die Verkaufsförderung und die Public Relations/Öffentlichkeitsarbeit, für die es

A. Bereiche der betriebliche Leistung (im engeren Sinn) 289

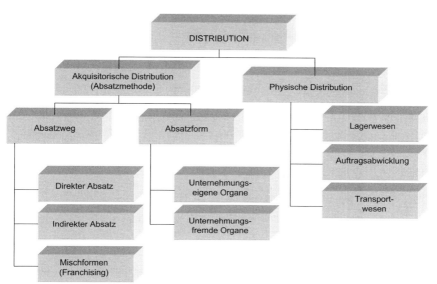

Abbildung 195: Überblick über distributionspolitische Entscheidungen (in Anlehnung an Thommen, 1991, 215)

ebenfalls eine Vielzahl von Instrumenten gibt, die den Realisierungserfolg der Kommunikationspolitik sicherstellen.

Für die Messung des Erfolges stehen insbesondere die Methoden der Wirtschaftlichkeitsrechnung zur Verfügung.

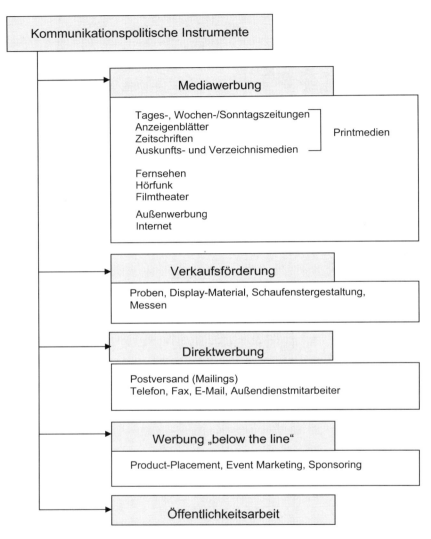

Abbildung 196: Kommunikationsinstrumente (in Anlehnung an Schmalen, Pechtl, 2006, 292)

B. Bereich der Finanzwirtschaft

1. Grundlegendes zu Investition und Finanzierung

In der betriebswirtschaftlichen Literatur werden die Begriffe und Begriffsinhalte von Investition und Finanzierung in der Regel gemeinsam abgehandelt. Als Investition bezeichnet man dabei ganz allgemein die Verwendung finanzieller Mittel. Mit der Investitionsentscheidung verbunden ist jedoch immer auch die Frage der Finanzierung – die Herkunft der finanziellen Mittel. Oft findet sich der gesamte Bereich der Beschaffung und des Einsatzes – die Mittelherkunft und die -verwendung – auch in der betrieblichen Funktion des „Finanzmanagements" zusammengefasst (vgl *Luger, Geisbusch, Neumann*, 1999, 257) oder er wird mit dem Begriff der betrieblichen Finanzwirtschaft gleichgesetzt, der
- die Aufbringung des Kapitals,
- die Verwendung von Kapital und die Bindung des Kapitals in bestimmten Vermögensgegenständen,
- dessen Rückerstattung

beinhaltet (vgl *Lechner, Egger, Schauer*, 2005, 223). Das Begriffspaar Investition und Finanzierung steht also auch in Beziehung zu Kapital und Vermögen in dem Sinn, dass die Finanzierung der Beschaffung von Kapital dient, das im Rahmen der Investition in konkrete Vermögensteile überführt wird. Finanzierung und Investition beinhalten dabei dynamische Vorgänge und Kapital und Vermögen, die als Resultat dieser Vorgänge stehen, sind sogenannte statische Bestandsgrößen.

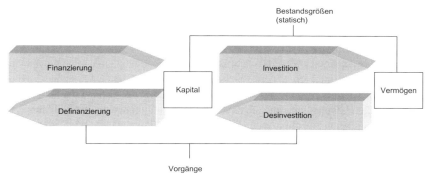

Abbildung 197: Zusammenhänge zwischen Kapital, Vermögen, Finanzierung und Investition (in Anlehnung an Thommen, 1991, 434)

Neben den zu berücksichtigenden Zusammenhängen zwischen Investition und Finanzierung – zwischen Mittelherkunft und -verwendung – sind jedoch auch noch spezifische Problem- und Aufgabenfelder führungsrelevant.

2. Problem- und Aufgabenfelder der Investition

Die Problem- und Aufgabenfelder von Investition und Investitionsplanung stehen eng in Verbindung mit drei Aspekten:
- Der Bedeutung und dem Stellenwert von Investitionen in der Unternehmung,
- den verschiedenen Möglichkeiten für eine Unternehmung zu investieren,
- den Anforderungen im Problemlösungs- und Entscheidungsprozess bei Investitionen.

(a) *Bedeutung und Stellenwert von Investitionen:* Investitionen in der Unternehmung sind mehrfach von Bedeutung:
- Sie haben strategischen Charakter, dh sie sind wichtig für die Existenzsicherung der Unternehmung und für die Erhaltung und den Ausbau der Wettbewerbssituation,
- sie haben in der Regel längerfristige Auswirkungen im Sinne von Kapitalbindung, Zinsbelastungen etc,
- sie sind oft verbunden mit hohen Risiken wie technischen Risiken, Marktrisiken, Finanzierungsrisiken,
- unüberlegt getroffene oder „falsche" Investitionsentscheidungen verursachen sogenannte „Opportunitätskosten" (entgangene Gewinne, zusätzliche Kosten),
- Investitionsprojekte sind meistens komplexer Natur, sie tangieren in ihren Auswirkungen mehrere Bereiche in der Unternehmung und erfordern im Rahmen ihrer Planung eine Fülle von Daten aus der Unternehmung und der unternehmungsrelevanten Umwelt.

(b) *Arten von Investitionen:* Wesentlich für eine spezifische Betrachtung von Investitionen ist die Gliederung derselben in verschiedene Investitionsarten. Grundsätzlich wird hier in der Literatur zwischen
- Investitionen im weiteren Sinn und
- Investitionen im engeren Sinn

unterschieden (vgl *Thommen,* 1991, 530). *Im weiteren Sinn* umfassen und charakterisieren sie Investitionen in Vermögenswerte aller Unternehmungsbereiche unabhängig von ihrer bilanziellen Erfassbarkeit oder Erfassung. *Im engeren Sinn* sind sie fokussiert auf ganz bestimmte Unternehmungsbereiche, insbesondere auf Investitionen in das materielle Anlagevermögen. Von auch praktischer Relevanz ist die Gliederung in Sach-, Finanz- und immaterielle Investitionen.

Gebräuchlich ist auch die Unterscheidung zwischen
- Gründungsinvestitionen und
- Investitionen während der laufenden Betriebstätigkeit.

Gründungsinvestitionen charakterisieren Investitionen im Rahmen der Errichtung von Unternehmungen und beinhalten vor allem die Anschaffung von Grundstücken, Gebäuden und Anlagen. Sie werden oft auch als Anfangs- und Errichtungsinvestitionen bezeichnet. *Investitionen während der*

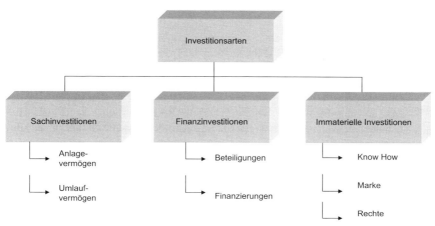

Abbildung 198: Inhaltliche Gliederung von Investitionen

laufenden Betriebstätigkeit lassen sich in folgende, auch als Bezugsobjekte der Wirtschaftlichkeits- und Investitionsrechnungen relevante, Investitionsarten gliedern:
- Ersatzinvestitionen,
- Erweiterungsinvestitionen,
- Rationalisierungsinvestitionen,
- Diversifikationsinvestitionen.

Bei Ersatzinvestitionen steht der Austausch von Anlagen im Vordergrund. Alte oder defekte Anlagen werden durch neue ersetzt. *Mit Erweiterungsinvestitionen* wird ein quantitativer Ausbau des Leistungspotenzials bzw der Kapazität erreicht. *Rationalisierungsinvestitionen* beinhalten alle Investitionen mit denen entweder eine Reduktion der Kosten, eine Verkürzung der Produktionsprozesse oder Qualitätssteigerungen verbunden sind. *Diversifikationsinvestitionen* erfolgen meistens außerhalb der bestehenden Unternehmung. Oft werden damit neue Leistungsfelder – horizontale oder vertikale Diversifikation – erschlossen.

Ergänzend zu diesen Investitionsarten werden immer öfter Investitionen in *Arbeits-* und *Umweltschutz* explizit genannt. Sie beinhalten Investitionen, die Beiträge zur Einhaltung gesetzlicher Vorschriften (zB Reduktion von Emissionen, Betriebssicherheit) oder Förderung sozialer Anliegen (zB verbesserte Ausgestaltung der Arbeitsplätze) leisten.

(c) *Die Investition als Problemlösungs- und Entscheidungsprozess:* In Analogie zum generellen Prozess der Führung lässt sich der Investitionsprozess in der Unternehmung in die Phasen
- Investitionsplanung,
- Organisation der Realisierung,

- Realisierung bzw Durchführung,
- Kontrolle

gliedern. *Die Investitionsplanung* umfasst dabei die Analyse der Ausgangslage für die Investition, die Festlegung der Investitionsziele und die Planung der durchzuführenden Maßnahmen. Im Rahmen *der Organisation der Realisierung* erfolgt die Festlegung der Verantwortlichkeiten für die Durchführung, die Phase *der Realisierung* bezieht sich auf die Durchführung der Maßnahmen für die Implementierung der Investition und *die Kontrolle* beinhaltet die Messung des Zielerreichungsgrades bzw die Reflexion der Resultate.

Von besonderer Relevanz ist dabei die Investitionsplanung. Sie schafft nicht nur die Grundlage für die nachfolgenden Phasen im Investitionsprozess, sondern sie leistet durch die

- Ausarbeitung von Investitionsalternativen,
- Abklärung der Realisierbarkeit der einzelnen Alternativen,
- Formulierung eines Investitionsantrages

wertvolle Arbeit im Rahmen der Vorbereitung der Investitionsentscheidung.

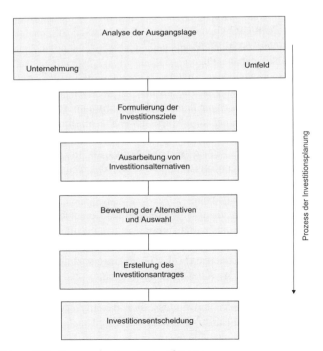

Abbildung 199: Prozess der Investitionsplanung

3. Problem- und Aufgabenfelder der Finanzierung

Ähnlich dem Problem- und Aufgabenfeld der Investition ist auch das Problem- und Aufgabenfeld der Finanzierung und des Finanzmanagements beeinflusst von
- der Bedeutung und dem Stellenwert der Finanzierung und des Finanzmanagements in der Unternehmung,
- den verschiedenen Möglichkeiten der Finanzierung, die einer Unternehmung zur Verfügung stehen,
- den spezifischen Anforderungen der Finanzplanung und des Finanzmanagements.

(a) *Bedeutung und Stellenwert der Finanzierung:* In der Diskussion der Problem- und Aufgabenfelder der Finanzierung und des Finanzmanagements ist die oberste Zielsetzung dieser Leistungsfunktion, die Aufrechterhaltung des finanziellen Gleichgewichtes, essenziell und bei allen Finanzierungsentscheidungen mitzuberücksichtigen. Die Liquidität der Unternehmung muss jederzeit gewährleistet sein, der kurzfristige Liquiditätsaspekt – die Wahrnehmung der fälligen Zahlungsverpflichtungen – ist genauso zu erfüllen wie der langfristige Aspekt im Sinne der Aufrechterhaltung einer Kapitalstruktur, die den Grundregeln der Finanzierung entspricht. Auch der Rentabilitätsaspekt spielt dabei eine Rolle (vgl *Lechner, Egger, Schauer*, 2005, 225). Ein Ausgleich zwischen den Ansprüchen der Kapitalgeber an die Unternehmung und den Bedürfnissen zur Substanzerhaltung und Existenzsicherung der Unternehmung ist zu schaffen.

Die Bedeutung und Relevanz der Finanzierung ist auch eine strategische: Sie determiniert die Vermögens- und Kapitalstruktur einer Unternehmung, bestimmt deren Verschuldungsgrad und Kreditwürdigkeit und beeinflusst damit auch die Stabilität derselben. Sie ist auch verantwortlich für oft längerfristige Zinsbelastungen und Einflussnahmen von Kreditinstituten und Kapitalgebern auf das betriebliche Geschehen.

Die Bedeutung der Finanzierung und des Finanzmanagements ist auch aus folgenden Teilfunktionen abzuleiten (vgl *Geisbusch, Neumann*, 1999, 257), der
- Beschaffung bzw Freisetzung der Finanzmittel,
- Bewältigung des Zahlungsverkehrs,
- Planung aller finanzwirtschaftlichen Vorgänge in der Unternehmung – die Finanzplanung,
- Kontrolle und des Controlling der Finanzierungsvorgänge inklusive der Umwandlung der Finanzmittel in Sach- und Finanzanlagen.

(b) *Arten der Finanzierung:* Problem- und Aufgabenfeld im Rahmen der Finanzierung und des Finanzmanagements ist auch die Wahl der richtigen Finanzierungsart oder -form. Traditionell wird hier in der betriebswirtschaftlichen Literatur unterschieden zwischen
- Eigen- und
- Fremdfinanzierung.

Die Eigenfinanzierung (im weiteren Sinn) umfasst dabei die Beteiligungsfinanzierung – die Eigenfinanzierung im engeren Sinn – und die Selbstfinanzierung (oft als Überschussfinanzierung bezeichnet). *Die Fremdfinanzierung* beinhaltet die Kreditfinanzierung. In der modernen Theorie des Finanzmanagements mehr oder minder durchgesetzt hat sich die nachstehende Gliederung:

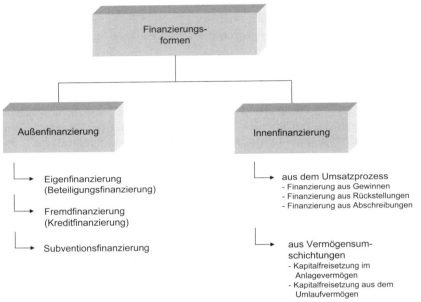

Abbildung 200: *Finanzierungsformen (in Anlehnung an Lechner, Egger, Schauer, 2005, 227)*

Bei der Außenfinanzierung wird das in der Unternehmung benötigte Kapital von außen eingebracht. Es kommt also nicht aus dem betrieblichen Umsatzprozess, auch nicht aus Vermögensumschichtungen, sondern es wird der Unternehmung in Form von Beteiligungskapital, gewährten Krediten oder Subventionen zugeführt. *Beteiligungskapital* kann durch die bisherigen Gesellschafter oder auch durch neue Kapitalgeber eingebracht werden, die dadurch zu Gesellschaftern werden. Das Eigenkapital der Unternehmung wird aufgestockt – in der Regel erfolgt dies durch Einbringung von Geldkapital. *Bei der Kreditfinanzierung* wird der Unternehmung von außen Fremdkapital zugeführt. Die Kapitalgeber, in der Regel Banken, werden damit zu „Gläubigern", die zwar keinen Anspruch auf das Vermögen der Unternehmung aber

- Anspruch auf Rückzahlung des zur Verfügung gestellten Kapitals inklusive Zinsen innerhalb einer vereinbarten Frist,

○ Anspruch im Sinne einer Forderung, die aus dem Vermögen der Unternehmung – im Konkursfall aus der Konkursmasse – zu befriedigen ist, haben.

Sowohl die Beteiligungs- als auch die Kreditfinanzierung stehen in Zusammenhang mit einer Gegenleistung des Empfängers. *Die Subvention,* die ebenfalls zur Außenfinanzierung zählt, hingegen nicht. Der Kapitalgeber übt hier keinen unmittelbaren Einfluss auf die Unternehmung aus.

Bei der Innenfinanzierung werden der Unternehmung nicht von außen finanzielle Mittel zur Verfügung gestellt, sondern Mittel aus dem betrieblichen Umsatzprozess oder aus Vermögensumschichtungen generiert. Finanzierungen aus dem Umsatzprozess werden als sogenannte „Überschussfinanzierungen" bezeichnet. Dazu zählt in erster Linie *die Finanzierung aus Gewinnen* – auch Eigenfinanzierung genannt –, die in der Regel mit einem Vermögenszuwachs, einer Bilanzverlängerung, verbunden ist. *Die Finanzierung aus Rückstellungen* – zB aus Pensionsrückstellungen – hat Fremdkapitalcharakter, weil sie nur temporäre Wirkung hat, und ist ebenfalls „bilanzverlängernd", weil sowohl Vermögen als auch Kapital dadurch erweitert werden. *Die Finanzierung aus Abschreibungen* bewirkt hingegen nur Vermögensumschichtungen im Rahmen der betrieblichen Umsatzprozesse, Geldvermögen wird in Sachvermögen umgewandelt.

Finanzierungen aus Vermögensumschichtungen können auch außerhalb des betrieblichen Umsatzprozesses erfolgen. Finanzierungswirksame Kapitalfreisetzungen ergeben sich hier aus zB der Veräußerung von nicht (mehr) betriebsnotwendigen Anlagegütern *(Kapitalfreisetzung im Anlagevermögen)* und durch den Abbau von Vorräten oder von Forderungen *(Kapitalfreisetzung im Umlaufvermögen).*

Ergänzend zu den Finanzierungsarten der Außen- und Innenfinanzierung sei noch auf zwei Sonderformen der Finanzierung, die von hoher praktischer Relevanz sind, hingewiesen:

○ Das Factoring,
○ das Leasing.

Unter Factoring versteht man das Abtreten von Forderungen und den Ankauf eben dieser Forderungen an einen Factor, in der Regel eine Factorbank. Neben der Finanzierungsfunktion übernimmt der Factor auch noch verschiedene Dienstleistungsfunktionen wie zB die Fakturierung, das Mahnwesen, die Debitorenbuchhaltung etc.

Leasing hingegen beinhaltet die An- bzw Vermietung von beweglichen und unbeweglichen Anlage- bzw von langlebigen Konsumgütern – je nachdem ob die Unternehmung als Leasingnehmer oder Leasinggeber auftritt. Vom Standpunkt des Leasingnehmers kann Leasing zur Fremdfinanzierung gezählt werden.

(c) *Finanzplanung und Finanzmanagement:* Während sich die Beschaffungs-, Produktions- und Absatzplanung auf die sachbezogene Gestaltung des betrieblichen Transformationsprozesses konzentriert, ist die betriebliche Finanzplanung auf die Ausgestaltung der Zu- und Abflüsse von Finanzmitteln, die sich aus betrieblichen Sachgüterströmen und den Transaktionen der Unternehmung auf den Märkten ergeben, hin ausgerichtet. Aufgabe der Finanzplanung und des betrieblichen Finanzmanagements ist es daher, in erster Linie dafür zu sorgen, die für den betrieblichen Transformationsprozess notwendigen Finanzmittel bereitzustellen und in der Unternehmung vorhandene, aber derzeit überschüssige Finanzmittel gewinnbringend anzulegen (vgl *Schmalen, Pechtl,* 2006, 385). Finanzplanung und Finanzmanagement widmen sich der „monetären Welt" des betrieblichen Transformationsprozesses.

Die Finanzplanung ist zentrales Instrument des Finanzmanagements und beinhaltet sowohl die längerfristige Planung als auch die situative Liquiditätssteuerung.

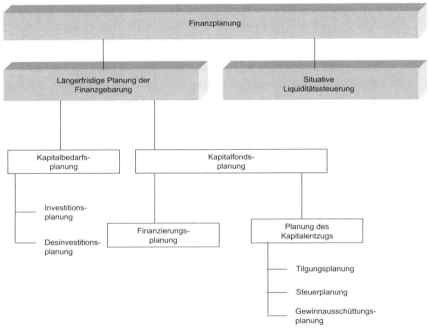

Abbildung 201: Das System der Finanzplanung (in Anlehnung an Lechner, Egger, Schauer, 2005, 281)

Ein Finanzplan umfasst längerfristige und auch kurzfristige operative Überlegungen. Der langfristige Finanzplan wird determiniert durch die Erfordernisse der funktionalen Teilbereiche der Unternehmung. Er dient vorrangig der Finanzierung der zukünftigen Geschäftstätigkeit und weniger der Sicherung der aktuellen Zahlungserfordernisse. Kurzfristige Finanzpläne unterstützen hingegen die Bemühungen, die Zahlungsbereitschaft zu jedem Zeitpunkt zu gewährleisten.

Wesentlich und auch im unmittelbaren Verantwortungsbereich des Finanzmanagements liegt die Finanzkontrolle. Sie umfasst neben der laufenden Überwachung der Zahlungsströme auch die Durchführung von Soll-Ist-Vergleichen und bei Abweichungen die Festlegung von Maßnahmen zur Korrektur und Steuerung der finanzwirtschaftlichen Vorgänge und Ergebnisse.

4. Methoden und Modelle der betrieblichen Finanzwirtschaft

Im Rahmen einer betrieblichen Finanzwirtschaft, die sowohl den Bereich der Mittelherkunft als auch den Bereich der Mittelverwendung umfasst, hat eine Abhandlung der Methoden und Modelle, die das betriebliche Finanzmanagement unterstützen, sowohl Methoden und Modelle für den
– Investitions- als auch
– den Finanzierungsbereich
darzustellen.

(a) *Methoden und Modelle der Investitionsrechnung und -planung:* Mit den Investitionsrechnungs- und -bewertungsverfahren wird den betrieblichen Entscheidungsträgern ein Instrument zur Planung und Kontrolle von Investitionsvorhaben geliefert, das die rationale Entscheidungsfindung unterstützt. In der Betriebswirtschaft und unternehmerischen Praxis haben sich zwei Methoden- bzw Modellgruppen besonders durchgesetzt:
  ○ Die statischen Verfahren der Investitionsrechnung und
  ○ die dynamischen.

Beide Methodengruppen helfen, die Vorteilhaftigkeit einer Investition oder von Investitionsalternativen im Vergleich darzustellen. Nachstehende Abbildung gibt einen Überblick über die wesentlichen statischen und dynamischen Verfahren (siehe Abb 202).

Die statischen Verfahren, wegen ihrer leichteren Verständlichkeit oft auch als Praktikerverfahren bezeichnet, lassen sich dabei in Anlehnung an Rühli wie folgt charakterisieren (vgl *Rühli,* 2004, 840):
  ○ Einsatz leicht verständlicher Kenngrößen,
  ○ Verwendung von kalkulatorischen Durchschnittsgrößen (Kosten, Gewinn etc),
  ○ ein zeitlich unterschiedlicher Anfall der Wertgrößen für die Kennzahlenberechnung wird nicht berücksichtigt,
  ○ keine Berücksichtigung von betrieblichen Interdependenzen,
  ○ Risiken und Unsicherheiten werden nicht explizit berücksichtigt,
  ○ nur das Investitionsvorhaben wird bewertet nicht das Investitionsprogramm.

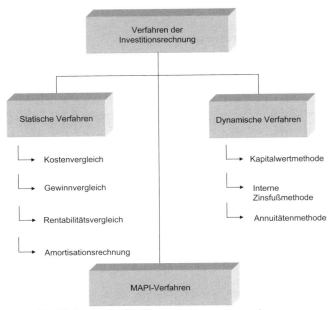

Abbildung 202: Überblick über die Verfahren der Investitionsrechnung

Im Gegensatz dazu unterscheiden sich *die dynamischen Verfahren* dadurch, dass (vgl *Luger, Geisbusch, Neumann,* 1999, 284):
- Kalkulatorische Größen durch Zahlungsgrößen ersetzt werden,
- eine Betrachtung der Zahlungsströme über die gesamte wirtschaftliche Nutzungsdauer erfolgt,
- die zeitliche Strukturierung der Einnahmen und Ausgaben durch Diskontierung – Abzinsung oder Aufzinsung – aufgelöst wird,
- unterschiedliche Nutzungsdauern bei alternativen Investitionsobjekten berücksichtigt werden (Differenzinvestitionen).

Essenziell ist die Feststellung:
- Statische Verfahren beinhalten einen Periodenvergleich im Gegensatz zur „Totalbetrachtung" der Zahlungsströme über die gesamte Nutzungsdauer.
- Bei den dynamischen Verfahren erfolgt eine Zeitwertbetrachtung durch die Diskontierung von Einnahmen und Ausgaben auf den Betrachtungs- bzw Entscheidungszeitpunkt.

Für die Diskontierung relevant ist der sogenannte Abzinsungsfaktor, der sich ergibt aus

$$AZF = \frac{1}{(1+i)^t}$$

AZF ... Abzinsungsfaktor
i ... Kalkulationszinsfuß
t ... das betrachtete Jahr aus dem abgezinst wird

Wesentlich dabei ist die Festlegung des Kalkulationszinssatzes, der die gewünschte Mindestverzinsung des Investors zum Ausdruck bringt und in der Regel auf Basis der Kapitalkosten und des Investitionsrisikos eine Fixierung erfährt.

Wie schon aus obiger Graphik ersichtlich, gliedern sich die statischen Verfahren in die Methoden
- Kostenvergleich,
- Gewinnvergleich,
- Rentabilitätsvergleich,
- Amortisationsrechnung.

(1) *Die Kostenvergleichsrechnung:* Im Rahmen der Kostenvergleichsrechnung werden die Kosten von zwei oder mehreren Investitionsobjekten ermittelt und miteinander verglichen. Entscheidungsrelevant dabei sind die „durchschnittlichen" Periodenkosten. Sie werden als „repräsentativ" für die gesamte Nutzungsdauer angenommen. Entscheidungsrelevant sind weiter
- die ausbringungsunabhängigen fixen Kosten (zB zeitbezogene Abschreibungen, Raum-, Zins-, Teil der Personalkosten etc),
- die ausbringungsabhängigen variablen Kosten (zB Lohn-, Materialkosten etc),
- sogenannte kalkulatorische Kosten, dazu zählen zB die kalkulatorische Abschreibung (Afa), die kalkulatorischen Zinsen.

Diese kalkulatorischen Kosten lassen sich ermitteln durch

$$\text{kalkulatorische Afa} = \frac{A_0}{n}$$

$$\text{kalkulatorische Zinsen} = \frac{A_0}{2} \times i$$

A_0 ... Anschaffungskosten
n ... Nutzungsdauer
i ... Kalkulationszinssatz

Unter der Annahme gleicher Ausbringungsmengen wird die Alternative bevorzugt, die die geringeren Gesamtkosten aufweist.

Kostenart	Anlage I_1	Anlage I_2
1. **Aufwandsgleiche Betriebskosten**		
1.1. Personalkosten	...	
1.2. Reparaturkosten	...	
1.3. Energiekosten	...	
1.4. Materialkosten	...	
1.5. Raumkosten usw	...	
2. **Kalkulatorische Abschreibungen**	...	
3. **Kalkulatorische Zinsen**	......	
Gesamtkosten	K_1	K_2

Abbildung 203: Schema der Kostenvergleichsrechnung (in Anlehnung an Wöhe, 2002, 612)

Bei einem Alternativenvergleich mit unterschiedlichen Ausbringungsmengen kann das Problem der Nichtvergleichbarkeit durch eine Stückkostenbetrachtung gelöst werden. Von Interesse ist oft die kritische Ausbringungsmenge, die zum Ausdruck bringt, bei welcher Menge/Stückzahl die Vorteilhaftigkeit einer Alternative wechselt.

$$X_{KR} = \frac{K_{F2} - K_{F1}}{K_{V1} - K_{V2}}$$

X_{KR} ... kritische Ausbringung
K_F ... Kosten fix
K_V ... Kosten variabel

Die kritische Ausbringungsmenge (X_{KR}) lässt sich auch graphisch darstellen (siehe Abb 204).

Bei der Kostenvergleichsrechnung ist allerdings zu berücksichtigen, dass eine Entscheidung nach diesem Verfahren nicht berücksichtigt, ob die erzielbaren Erlöse mit der „vorteilhaften" Anlage zur Kostendeckung ausreichen.

(2) *Die Gewinnvergleichsrechnung*: Im Rahmen der Gewinnvergleichsrechnung erfolgt eine Berücksichtigung der Erlösseite. Entscheidungskalkül ist der erreichte Gewinn. Ist er bei der Beurteilung nur eines Investitionsobjektes höher als ein gewünschter Mindestgewinn so ist das Objekt positiv. Bei mehreren Alternativen entscheidet der höchste Gewinnwert.

$$G = E - K$$

G ... Gewinn
E ... Erlös
K ... Kosten

Beurteilungsmaßstab ist also der durchschnittliche Gewinn pro Periode, wobei in der Regel von der Erlöserwartung des ersten Jahres ausgegangen wird.

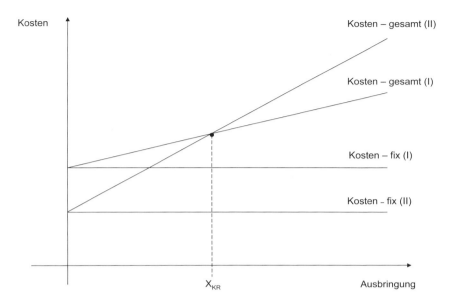

Abbildung 204: Kritische Ausbringungsmenge

(3) *Der Rentabilitätsvergleich:* Dieser wird dann sinnvoll, wenn alternative Investitionsvorhaben unterschiedliche Kapitalbeiträge benötigen. Ausgehend vom Ergebnis der Gewinnvergleichsrechnung setzt man bei der Rentabilitätsrechnung den durchschnittlich erzielten Jahresgewinn in Relation zum durchschnittlich eingesetzten Kapital:

$$\text{Rentabilität} = \frac{\text{Periodengewinn}}{\text{ø eingesetztes Kapital}} \times 100$$

Noch aussagefähiger wird die Rentabilitätsrechnung durch die Ermittlung des „Return on Investment" (ROI). Durch Mitberücksichtigung bzw Aufnahme des Umsatzes lässt sich zusätzlich die Umsatzrentabilität (G/U) und die Umschlagshäufigkeit des Kapitals ermitteln (vgl dazu die Ausführungen in Abschnitt II. Pkt C.).

(4) *Die Amortisationsrechnung:* Sie wird oft auch als „Pay-back" oder „Pay-off"-Methode bezeichnet. Im Mittelpunkt dieses Verfahrens steht die Ermittlung der sogenannten Wiedergewinnungsperiode. Das ist der Zeitraum bzw Zeitpunkt bis zu dem die getätigten Ausgaben durch die Einnahmen kompensiert werden. Zwei Arten der Amortisationsrechnung stehen für die Berechnung der Wiedergewinnungsperiode/Amortisationszeit zur Verfügung:

○ Die Kumulationsrechnung: Dabei werden die Einnahmenüberschüsse jeder Periode solange addiert, bis die Summe der kumulierten Werte den Auszahlungsbetrag für die Investition erreicht.
○ Die Durchschnittsmethode: Sie ist passend bei regelmäßig anfallenden und gleich bleibenden Rückflüssen. Der Auszahlungsbetrag für die Investition wird dabei durch die Rückflüsse dividiert.

$$\text{WGP/AZ} = \frac{\text{Kapitaleinsatz}}{\text{Gewinn + Abschreibungen}}$$

WGP ... Wiedergewinnungsperiode
AZ ... Amortisationszeit

Die Vorteilhaftigkeit einer Investition ergibt sich bei kürzerer Amortisationszeit als die der Alternative oder der Soll-Zeit.

Abschließend zu den statischen Verfahren ist festzuhalten, dass von den bereits in den Wesensmerkmalen dieser Verfahren enthaltenen Mängeln insbesondere

○ die in der Praxis oft nicht durchführbare Zurechnung von Kosten und Erlösen zu einzelnen Investitionsobjekten die Anwendung nicht möglich macht,
○ die effektive Nutzungsdauer durch die Berücksichtigung von Durchschnittswerten unberücksichtigt bleibt und damit die Aussagekraft geschwächt ist.

Diese Mängel versucht man durch den Einsatz *der dynamischen Verfahren* der Investitionsrechnung zu bearbeiten. Drei Verfahren stehen hier primär zur Verfügung bzw sollen hier angeführt werden: Die

○ Kapitalwertmethode,
○ Methode des internen Zinssatzes,
○ Annuitätenmethode.

(1) *Die Kapitalwertmethode:* Beurteilungsmaßstab für die Vorteilhaftigkeit einer Investition ist dabei der Kapitalwert.
Er wird berechnet durch:
Diskontierung sämtlicher Einnahmenüberschüsse aus der gesamten Nutzungsdauer auf den Betrachtungs-/Entscheidungszeitpunkt t_0
– Abzug davon der Investitionsausgaben zum Zeitpunkt t_0
+ Addition des diskontierten Liquidationserlöses vom Ende der Nutzungsdauer auf den Zeitpunkt t_0

B. Bereich der Finanzwirtschaft

Formelmäßig:

$$K = -I_A + \sum_{t=1}^{n} (E_t - A_t)\frac{1}{(1+i)^t} + L_n\frac{1}{(1+i)^t}$$

K ...Kapitalwert
I_A... Investitionsausgaben
E_t ...Einzahlungen zum Zeitpunkt t
A_t ... Auszahlungen zum Zeitpunkt t
L_n ... Liquidationserlös
i ... Kalkulationszinssatz

Aus der Formel ableitbar ist die Abhängigkeit des Kapitalwertes von der Höhe der Einnahmenüberschüsse und deren zeitlichen Verteilung und vor allem die Abhängigkeit vom Kalkulationszinssatz: Je höher die Festlegung des Kalkulationszinssatzes, desto niedriger der Kapitalwert.
Drei Ausprägungen der Höhe des Kapitalwertes sind entscheidungsrelevant:
- K > 0 → Investition ist vorteilhaft (Verzinsung höher als zum Kalkulationszinssatz)
- K = 0 → Investition ist vorteilhaft (Verzinsung exakt zum Kalkulationszinssatz)
- K < 0 → Investition ist unvorteilhaft (Verzinsung niedriger als zum Kalkulationszinssatz)

Diese entscheidungsrelevanten Ausprägungen zeigen neben den angeführten Abhängigkeiten des Kapitalwertes auch die Schwäche der Kapitalwertmethode auf: Nur im Ausnahmefall – bei K = 0 – kann das Ausmaß der Vorteilhaftigkeit durch einen Zinssatz (= i) zum Ausdruck gebracht werden.

(2) *Die Methodik des internen Zinssatzes:* Sie setzt an der genannten Schwachstelle der Kapitalwertmethodik an und hat als Ergebnis eine exakte Angabe für den Zinssatz mit dem sich das Investitionsvorhaben verzinst. Zur Ermittlung dieses sogenannten „internen Zinssatzes" (r) wird in Anlehnung an die Kapitalwertmethode der Kapitalwert mit 0 angesetzt.

$$-I_A + \sum_{t=1}^{n} (E_t - A_t)(1+r)^{-t} + L_n(1+r)^{-t} = 0$$

I_A ...Investitionsausgaben
E_t ... Einzahlungen zum Zeitpunkt t
A_t ... Auszahlungen zum Zeitpunkt t
L_n ... Liquidationserlös
r ... interner Zinssatz

Durch Auflösung der Formel nach r lässt sich der mathematische Algorithmus für die Berechnung des internen Zinssatzes – oft auch Effektivverzinsung genannt – festlegen.

Anstelle dieser mathematisch anspruchsvollen Lösungs- und Berechnungsmöglichkeit des internen Zinssatzes hat sich in der Unternehmungspraxis ein Näherungsverfahren durchgesetzt:
- Mit zwei Probezinssätzen – einem hohen und einem niedrigen – wird der jeweilige Kapitalwert für die prognostizierten Zahlungsströme abzüglich der Investitionsausgaben und zuzüglich dem diskontierten Liquidationserlös errechnet,
- man nimmt dann die beiden ermittelten Kapitalwerte und stellt durch Interpolation den Zinssatz, bei dem der Kapitalwert 0 ist, fest.

Auch graphisch lässt sich dieser Zinssatz feststellen:

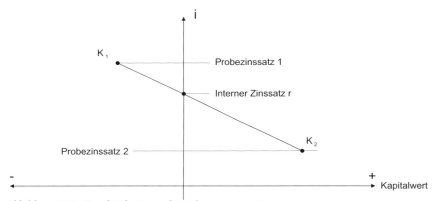

Abbildung 205: Graphische Ermittlung des internen Zinssatzes

Entscheidungsregel:
- Ist der interne Zinssatz > i ist die Investition vorteilhaft,
- bei mehreren Investitionsalternativen sollte sich der Investor für die Alternative mit dem höchsten internen Zinssatz entscheiden.

(3) *Die Annuitätenmethode:* Sie kann als Variante der Kapitalwertmethode angesehen werden. Die Annuität als Maßstab für die Vorteilhaftigkeit einer Investition ist dabei definiert als der durchschnittlich jährliche Rückfluss der Investition. Die Berechnung der Annuität baut auf dem Ergebnis der Kapitalwertberechnung auf. Der ermittelte Kapitalwert wird mit dem sogenannten Wiedergewinnungsfaktor – *Wöhe* bezeichnet ihn als Annuitätenfaktor (vgl. *Wöhe*, 2002, 623) –, der sich ergibt aus

$$\text{ANF} = \frac{(1+i)^n \cdot i}{(1+i)^n - 1}$$

ANF ... Annuitätenfaktor
n   ... Laufzeit der Investition
i   ... Kalkulationszinssatz
multipliziert. Das Ergebnis ist die Annuität einer Investition.

$$\text{Annuität} = \text{Kapitalwert} \times \text{Annuitätenfaktor}$$

Entscheidungsregel: Ein Investitionsprojekt erweist sich dann als vorteilhaft, wenn seine Annuität größer 0 ist.

Abschließend zu den dynamischen Verfahren ist festzuhalten, dass sie gegenüber den statischen Verfahren deshalb von Vorteil sind, weil sie den gesamten zeitlichen Ablauf eines Investitionsobjektes mitberücksichtigen und damit realitätsnäher sind. Nachteilig zu sehen ist

- der Prognosecharakter der Zahlungsströme,
- die Problematik der Zurechnung von Einnahmen und Ausgaben (analog zu den statischen Verfahren),
- die Problematik der Differenzinvestition,
- der Kalkulationszinssatz mit seinen subjektiven Komponenten.

Diese Vorbehalte gegenüber den dynamischen Verfahren und auch gegenüber den statischen waren auch mitausschlaggebend für die Entwicklung eines neuen Verfahrens der Investitionsrechnung, das praktikabel und theoretisch haltbar sein sollte (vgl *Luger, Geisbusch, Neumann*, 1999, 289). Dieses Verfahren – als MAPI-Methode bezeichnet – ist fokussiert auf die Bearbeitung eines häufigen Problems im Zusammenhang mit Investitionen, der Ersatzinvestition: Mit Hilfe der Investitionsrechnung nach der MAPI-Methode wird festgestellt, ob eine bestehende Anlage sofort oder erst nach Ablauf einer bestimmten Periode ersetzt werden soll. Maßstab für die Entscheidung für oder gegen einen Anlagenersatz ist die MAPI-Rentabilität – auch MAPI-Dringlichkeitsziffer genannt.

(b) *Methoden und Modelle der Finanzplanung und des -managements:* Die Darstellung/Abhandlung von Methoden und Modellen der Finanzplanung und des -managements hat zwei Schwerpunktsetzungen:
- Die Methodik der Finanzplanung,
- weitere Methoden und Modelle des betrieblichen Finanzmanagements.

(1) *Zur Methodik der Finanzplanung:* Geht man vom obersten Ziel des Finanzmanagements, der Sicherstellung des finanziellen Gleichgewichtes aus, so kommt der Finanzplanung als Instrument der Liquiditätssteuerung besondere Bedeutung zu (vgl dazu auch Pkt B.3 dieses Abschnittes).

Primäre Aufgabe eines Finanzplanes ist aber nicht nur die Liquiditätssicherung, sondern darüber hinaus (vgl *Wöhe*, 2002, 668)

○ zur Realisierung eines „optimalen" Liquiditätspolsters unter Berücksichtigung der Risikobereitschaft der Unternehmung und der Kapitalkosten bei Zinsentgang – Überliquiditäten – und
○ den Finanzierungserfordernissen bei Engpässen – sogenannten Unterliquiditäten – rechtzeitig und durch die Wahl der günstigsten Finanzierungsalternative zu entsprechen.

Die Finanzplanung erfolgt modellhaft in drei Teilphasen, wobei jede der Teilphasen wiederum die Voraussetzung für die nächste Teilphase darstellt.

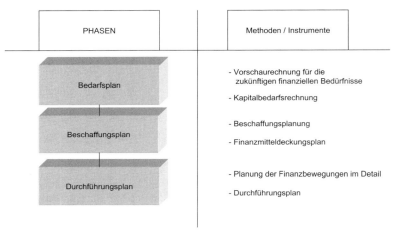

Abbildung 206: Phasen der Finanzplanung

Planungsgrundlage sind die Planungen der funktionalen Teilbereiche der Unternehmung – Einkaufs-, Produktions- und Absatzpläne, Investitions- und Personalpläne – auf Basis derer *die Vorschaurechnung* hinsichtlich der Finanzierungsbedürfnisse durchgeführt wird *(Kapitalbedarfsrechnung)*. Daran anschließend erfolgt die Beschaffungsplanung der finanziellen Mittel, wobei sowohl die Möglichkeiten der Innen- und auch der Außenfinanzierung *im Finanzmitteldeckungsplan* auszuschöpfen sind.

Ein unterstützendes Instrument der Finanzplanung und des Finanzmanagements ist auch *der* sogenannte *Kapitalbindungsplan*. Er macht die Zusammenhänge zwischen geplanten Investitionen und Desinvestitionen sichtbar und er gibt Auskunft über geplante Maßnahmen der Finanzierung und des Kapitalentzuges.

B. Bereich der Finanzwirtschaft

Kapitalbindungsplan 1. 1.–31. 12. 20..	
Kapitalverwendung	Kapitalherkunft
I. Investition im Anlage- und Umlaufvermögen (Kapitalbindung)	I. Finanzierung (Erhöhung des Fremd- und Eigenkapitals sowie Gewinn)
II. Rückzahlungen von Fremd- und Eigenkapital sowie Ausschüttung und Versteuerung von Gewinn	II. Desinvestition (Abschreibungen und andere Verminderungen des Anlage- und Umlaufvermögens)

Abbildung 207: Bsp. für Kapitalbindungsplan (in Anlehnung an Lechner, Egger, Schauer, 2005, 282)

Die Basis für den Kapitalbindungsplan liefert das Finanzbudget (operativer Finanzplan).

Finanzplan 1. 1.–31. 12. 20..					
Alle Angaben in 10.000	Jän.	Feb.	März	April	usw
I. Zahlungsmittelbestand am Monatsanfang (bzw Fehlbetrag)	4	3	1	–5	–4
II. Einnahmen (gegliedert nach Einnahmearten) aus	25	22	35	30	
Umsatzbereich	20	0	10	5	
(reiner) Finanzbereich	5	22	25	25	
III. Ausgaben (gegliedert nach Ausgabearten)	26	35	46	29	
Personalausgaben	9	9	9	9	
Materialausgaben	4	5	4	5	
Steuerausgaben	2	5	4	2	
Ausgaben für Fremdleistungen	3	5	4	6	
Ausgaben des reinen Finanzbereiches	3	1	5	2	
Ausgaben für Anlageinvestitionen	5	10	20	5	
IV. Vorläufiger Überschuss bzw Fehlbetrag (I + II – III)	3	–10	–10	–4	
V. Zusätzliche Ausnützung von Kreditreserven	–	11 (25/30)	5 (30/30)	0 (30/30)	
VI. Überschuss/Fehlbetrag	3	1	–5	–4	

Abbildung 208: Modell für ein Finanzbudget (in Anlehnung an Lechner, Egger, Schauer, 2005, 28)

Ein so gestaltetes Finanzbudget hilft Finanzierungsengpässe frühzeitig sichtbar zu machen und ist derart das Steuerungsinstrument für die finanzielle Gebarung in einer Unternehmung.

Nachstehende Abbildung zeigt abschließend noch Anpassungsmaßnahmen zur Optimierung von Zahlungsmittelbeständen, die auf Basis des Finanzbudgets (-planung) zur Vermeidung von Über- und Unterliquiditäten in Frage kommen.

geplanter ZMB gleich gewünschter ZMB	geplanter ZMB größer gewünschter ZMB	geplanter ZMB kleiner gewünschter ZMB
Idealliquidität	**Überliquidität**	**Unterliquidität**
Anpassungsmaßnahmen: keine	Anpassungsmaßnahmen: - zusätzliche Sachinvestitionen - zusätzliche Finanzinvestitionen - Kapitalrückzahlung	Anpassungsmaßnahmen: - Streichungen von geplanten Investitionen - Auflösungen vorhandener Investitionen - Kapitalzuführung

Abbildung 209: Anpassungsmaßnahmen zur Optimierung der Liquidität (in Anlehnung an Wöhe, 2002, 669)

(2) *Weitere Methoden und Modelle des betrieblichen Finanzmanagements:* Will man im Rahmen eines Methodenüberblickes neben dem Instrumentarium der Finanzplanung noch weitere Methoden und Modelle anführen, dann sind in erster Linie die
- Kapitalflussrechnung,
- Erfolgs- und Finanzanalyse

zu nennen. Auch die sogenannten Finanzierungsregeln sollen Erwähnung finden.

Die Kapitalflussrechnung ist ein Instrument, das Auskunft über die Mittelherkunft und -verwendung gibt. Ziel ist es die Gründe für Veränderungen in den Vermögens- und Kapitalbereichen aufzuzeigen. Auch die Entwicklung der Liquidität wird dadurch transparent.

Erfolgs- und Finanzanalysen helfen die finanzwirtschaftlichen Stärken und Schwächen herauszuarbeiten, sie unterstützen derart die Finanzkontrolle und leisten einen Beitrag zur effektiveren Erfolgs- und Finanzsteuerung.

B. Bereich der Finanzwirtschaft

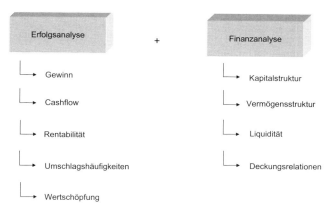

Abbildung 210: Teilbereiche der Erfolgs- und Finanzanalyse

Abschließend seien auch noch *die Finanzierungsregeln* als Instrumente des Finanzmanagements erwähnt. Sie beinhalten vor allem Leitlinien für das Finanzmanagement hinsichtlich der
- vertikalen Bilanz- und der
- horizontalen Vermögens- und Kapitalstruktur.

Im Rahmen der vertikalen Bilanzstruktur ist demnach zu berücksichtigen:
- Anlage- zu Umlaufvermögen–1 : 1 (Vermögensstruktur),
- Eigenkapital zu Fremdkapital–1 : 1 (Kapitalstruktur).

Bezüglich der horizontalen Vermögens- und Kapitalstruktur ist zu berücksichtigen:

- Die Goldene Bankregel: $\dfrac{\text{Eigenkapital}}{\text{Anlagevermögen}} = \dfrac{1}{1}$

- die Goldene Bilanzregel: $\dfrac{\text{Eigenkapital + langfristiges Fremdkapital}}{\text{Anlagevermögen}} = \dfrac{1}{1}$

Bedeutsam sind die Finanzierungsregeln insbesondere bei Bonitätsprüfungen, bei der Prüfung von Finanzierungsmöglichkeiten und bei Zielkonflikten zwischen Liquidität und Rentabilität. Aber: Branchenspezifische Modifikationen müssen berücksichtigt werden.

Zu beachten ist auch, dass diese Finanzierungsregeln in erster Linie zur Schaffung und Erhaltung einer stabilen Eigenkapitalbasis für die Unternehmung beitragen. Unter Bezugnahme auf die Risiken bei instabilen Markt- und Wettbewerbsbedingungen ist dies sicher von Vorteil und wichtig für die Existenzsicherung der Unternehmung. Trotzdem sei hier noch auf den „*Leverage Effekt*" hingewiesen, der beinhaltet, dass die Finanzierung mit

Fremdkapital solange sinnvoll ist, solange die Gesamtkapitalrentabilität höher als die Fremdkapitalzinsen sind. Der Einsatz von Fremdkapital bis zu dieser Grenze ist daher aus Gründen der Steigerung der Rentabilität des eingesetzten Eigenkapitals positiv.

C. Bereich der Personalwirtschaft

1. Problem- und Aufgabenfelder

Schon im Rahmen der Darstellung der betrieblichen Produktionsfaktoren (vgl Abschnitt II., Pkt A.) und der Kernkompetenzen der Führung (vgl Abschnitt III., Pkt D.) wurde der Stellenwert des Mitarbeiters als wichtiger Produktionsfaktor und Erbringer von Umsetzungsleistungen herausgearbeitet. Führungsstil, Führungsverhalten und Führungskultur sind essenziell für die Leistungsbereitschaft und Leistungserbringung der Mitarbeiter. Neben den „soft facts" der Führung ist jedoch auch die ökonomische Komponente der Leistungserbringung mit zu berücksichtigen: Die Relation zwischen Personalaufwand und den Leistungsbeiträgen der Mitarbeiter ist zu optimieren. Dies ist die vordringliche Problem- und Aufgabenstellung der Personalwirtschaft. Personalwirtschaft im modernen Sinn der *„Human-Relation-Bewegung"*, die das mechanistische Menschenbild – der Mensch als billiger Produktionsfaktor bzw als Kostenfaktor – ersetzt durch die *Human-Resource-Konzeption*, bei der die Mitarbeiterorientierung der Führung, Mitarbeiterzufriedenheit, Mitarbeiterentwicklung und die Förderung der Mitarbeiter zentrale Aspekte darstellen, sieht das Problem- und Aufgabenfeld stark erweitert.

Im HWB – Handwörterbuch des Personalwesens – sind insgesamt neun Aufgabenfelder angeführt, die im Bereich der Führungsverantwortung des Managements liegen (vgl *Gaugler,* 1993, Sp. 3146 ff):

- Die Personalpolitik,
- die Personalplanung,
- die Personalbeschaffung,
- der Personaleinsatz,
- die Personalführung,
- die Personalentlohnung,
- die Personalentwicklung,
- die Personalverwaltung,
- das Personalcontrolling.

(a) *Die Personalpolitik:* Die Entwicklung personalpolitischer Leitlinien ist Aufgabe der obersten Führungsgremien der Unternehmung. Sie hat im Rahmen der Festlegung der Unternehmungspolitik gesamt zu erfolgen und ist im Leitbild der Unternehmung formal zum Ausdruck zu bringen. Neben generellen Leitlinien zur
  ○ Mitarbeiterführung,
  ○ Arbeitsproduktivität,

- Grundeinstellung gegenüber Mitarbeitern,
- Grundwerten und Grundverhalten,
- Arbeitsplatzsicherung
- uÄm

sind auch Leitlinien für die Ausgestaltung der Teilbereiche des Personalwesens bzw der Personalwirtschaft vorzugeben bzw gemeinsam mit den Führungsverantwortlichen im Personalbereich auszuarbeiten. Hier geht es insbesondere um die Formulierung personalpolitischer Ziele und Richt- und Leitlinien für die oben genannten Bereiche der Personalplanung, -beschaffung, des Personaleinsatzes bis zu Richtlinien für das Personal-Controlling.

(b) *Die Personalplanung:* Sie beinhaltet zum ersten die Konkretisierung der personalpolitischen Zielsetzungen durch die Entwicklung von strategischen und operativen Zielen, Strategien und Maßnahmen für den gesamten Personalbereich. Sie beinhaltet weiters
- die Feststellung des quantitativen und qualitativen Personalbedarfes (lang- und kurzfristig),
- die Planung der Personalbeschaffung, der Aus- und Weiterbildung der Mitarbeiter/des Führungskaders und des Personaleinsatzes.

Immer wichtiger werden zwei weitere Personalplanungsbereiche:
- Die Planung der Personalkosten, sie werden immer öfter zu einem strategischen Wettbewerbsfaktor und damit oft im Zusammenhang stehend
- die Planung des Personalabbaus bzw der Freisetzung von Mitarbeitern.

(c) *Die Personalbeschaffung:* In vielen Unternehmungen ist nicht die Planung des Personalbereiches die Problemstellung, die es in erster Linie zu bewältigen gilt, sondern die Beschaffungsproblematik. Jeder Arbeitsplatz, jede Stelle ist bestmöglich mit den Mitarbeitern zu besetzen, die dem Anforderungsprofil Rechnung tragen. Immer öfter sind es jedoch neben der fachlichen Qualifikation auch Kostengesichtspunkte, die die Beschaffung determinieren. Eine zentrale Rolle spielt dabei die Frage:
- Beschaffung intern,
- Beschaffung extern.

Die Vorteile der internen Beschaffung – Kosteneinsparungen durch Wegfallen der Stellenausschreibungs- und Einstellungskosten, geringeres Risiko von Fehlbesetzungen, wenig bis gar keine Eingliederungsschwierigkeiten, vor allem aber der Vorteil der Ermöglichung von Aufstiegsmöglichkeiten in der eigenen Unternehmung und das damit verbundene Anreiz- und Attraktivitätspotenzial – müssen den Vorteilen der externen Beschaffung gegenübergestellt werden. Die Vorteile der Beschaffung von außen sind:
- Die Einbringung zusätzlicher Qualifikationen,
- keine Betriebsblindheit, neue Ideen,
- keine Bevorzugung eines internen gegenüber anderen internen.

Allerdings sind auch *die Nachteile* der externen Beschaffung zB höhere Beschaffungskosten, Demotivation von internen Mitarbeitern etc und die

Nachteile der internen Beschaffung – keine zusätzliche Qualifikation, keine „neuen" Ideen etc – mit in der Entscheidung externe/interne Beschaffung zu berücksichtigen.
Besonderes Augenmerk zu legen ist im Rahmen des Beschaffungsvorganges auf
- eine den Anforderungen entsprechende Stellenausschreibung,
- die Akquisition von Bewerbungen, die Bewerbersuche bzw die Personalwerbung,
- vor allem die Auswahl des geeigneten Bewerbers und
- die Personaleinstellung.

(d) *Der Personaleinsatz:* Ziel dieser Teilaufgabe der Personalwirtschaft muss es sein, einen der Eignung aller Mitarbeiter entsprechenden Einsatz unter Berücksichtigung der für die Zielerreichung der Unternehmung zu erfüllenden Aufgaben zu erreichen. Nach *Thommen* sind vor allem folgende Teilaufgaben des Personaleinsatzes wichtig (vgl *Thommen*, 1991, 609):
- Die Personaleinführung und -einarbeitung,
- die Zuordnung der Arbeitskräfte zu den Arbeitsplätzen,
- die Anpassung der Arbeit und der Arbeitsbedingungen an den Menschen/Mitarbeiter.

Die Personaleinführung beinhaltet hierbei die soziale und organisatorische Integration neuer Mitarbeiter. Der Schwerpunkt bei *der Personaleinarbeitung* liegt auf der arbeitstechnischen Qualifizierung.
Im Rahmen *der Zuordnung der Arbeitskräfte* zu den vorhandenen Arbeitsplätzen geht es um eine Optimierung in mehrfacher Hinsicht:
- Der Erfüllung der Unternehmungsaufgabe,
- der optimalen Abstimmung der Fähigkeiten des Mitarbeiters mit den Anforderungen,
- der Erreichung einer optimalen Arbeitszufriedenheit und Motivation des Mitarbeiters.

Die Anpassung der Arbeit und der Arbeitsbedingungen an den Menschen umfasst neben der Arbeitsaufteilung – sie ist eine Aufgabe, die im Rahmen der Unternehmungsorganisation zu absolvieren ist – die Aufgabenfelder der
- Arbeitsplatz- und
- der Arbeitszeitgestaltung.

Die Arbeitsplatzgestaltung ist wichtig für die Schaffung optimaler Leistungsbedingungen, *mit der Arbeitszeitgestaltung* verbunden ist die Möglichkeit, neben den gesetzlichen, arbeitsrechtlichen Bestimmungen Freiräume für den Mitarbeiter zu schaffen, die sich auf die Motivation und damit die Leistung positiv auswirken können.

(e) *Die Personalführung:* Dieses Aufgaben- und Problemfeld, auf das im Wesentlichen schon eingegangen wurde (vgl Abschnitt III., Pkt D.) ist eng verknüpft zu sehen mit dem Personaleinsatz. Durch die Führungsorganisation wird der Rahmen dafür geschaffen, in dem Aufgaben, Kompetenzen und

Verantwortlichkeiten, Über- und Unterordnungen klar definiert werden. Entscheidend für die Qualität der Personalführung ist aber der Führungsstil und das Führungsverhalten der dem Mitarbeiter übergeordneten Führungsebenen.

(f) *Die Personalentlohnung:* Im Zusammenhang mit diesem Problem- und Aufgabenfeld geht es nicht nur um die Schaffung monetärer Anreize, um Lohnformen, sondern auch um die Schaffung von nicht-monetären Anreizen und auch um die Berücksichtigung von motivationstheoretischen Ansätzen. Ziel muss es sein,
  o leistungsgerecht zu entlohnen,
  o zur Mitarbeiterzufriedenheit beizutragen,
  o zusätzliche Motivation zu schaffen.

(g) *Die Personalentwicklung:* Die Personalentwicklung umfasst alle Maßnahmen, die eine Unternehmung trifft und die geeignet sind, um die Mitarbeiter in Bezug auf ihren fachlichen und psychologischen Reifegrad weiterzuentwickeln. Sie beinhaltet im Wesentlichen:
  o Aufgaben der Aus- und Weiterbildung,
  o die Laufbahnförderung und Karriereplanung.
  Ziel der Personalentwicklung ist ein zweifaches:
  o Ein unternehmungsbezogenes: Weiterentwicklung der Mitarbeiter adäquat der Markt- und Wettbewerbsdynamik als Beitrag zu Existenzsicherung,
  o ein personenbezogenes: Wahrnehmung der Führungsverantwortung und dazu gehört eine positive Weiterentwicklung der Mitarbeiter.

(h) *Die Personalverwaltung:* Zu den Führungsaufgaben den Personalbereich – die Personalwirtschaft – betreffend zählen auch die Aufgaben der
  o Personalbestandsführung,
  o Lohn- und Gehaltsabrechnung und -auszahlung,
  o Administration aller Vorgänge im Bereich der Personalwirtschaft inklusive der Organisation von Versetzungen, Freisetzungen etc

(i) *Das Personal-Controlling:* Die effiziente Bewältigung dieses Aufgaben- und Problemfeldes wird, wie im Rahmen der Personalplanung bereits erwähnt, im Zusammenhang mit einer wertschöpfungs- und wettbewerbsorientierten Unternehmungsführung immer wichtiger. Es gilt durch die laufende Überprüfung der Effektivität und Effizienz der Personalwirtschaft unter Bezugnahme auf sowohl die Personalstrategie als auch das Personalbudget, die notwendigen Steuerungsinformationen zu generieren und umzusetzen.

Sämtliche Problem- und Aufgabenfelder der Personalwirtschaft sind für viele Unternehmungen von zunehmend auch strategischer Bedeutung. Insbesondere in Wirtschaftssektoren, die eine hohe Personalintensität aufweisen und die Personalkosten einen hohen Anteil an den Gesamtkosten ausmachen, ist den Problem- und Aufgabenfeldern erhöhtes Augenmerk zu schenken.

Verstärkt wird diese Forderung durch
- die Globalisierung der Wirtschaft und damit auch der Personalwirtschaft,
- die Notwendigkeit der Qualifizierung der Mitarbeiter als Wettbewerbsfaktor.

Nicht zu vergessen, dass mit der professionellen Wahrnehmung der Aufgaben der Personalwirtschaft auch ein Beitrag in Richtung „Human-Resource-Management" – ausgerichtet vor allem auch auf die Befriedigung der Mitarbeiterbedürfnisse – leistbar wird.

2. Methoden und Modelle der Personalwirtschaft

Von den Methoden und Modellen, die die Planung, die Organisation, die Umsetzung und Kontrolle der Aufgabenbereiche der Personalwirtschaft unterstützen, sind in erster Linie die Methoden und Modelle
- der Ermittlung des Personalbedarfes im Rahmen der Personalplanung,
- der Personalauswahl im Rahmen der Personalbeschaffung,
- der „Anreicherung" der Arbeit im Rahmen des Personaleinsatzes,
- der Leistungsförderung im Rahmen der Personalentlohnung/-führung
- und des Personal-Controllings

zu nennen.

(a) *Zur Ermittlung des Personalbedarfes:* Bei der Ermittlung des Personalbedarfes ist zwischen Brutto- und Nettobedarf zu unterscheiden. Zu unterscheiden ist auch zwischen dem quantitativen und qualitativen Personalbedarf. Beim Bruttobedarf quantitativ geht es um den gesamten, für die Erfüllung der unternehmerischen Aufgaben erforderlichen Personalbedarf, beim Nettobedarf um die zusätzlich notwendige Anzahl von Mitarbeitern zum gegebenen Personalstand.

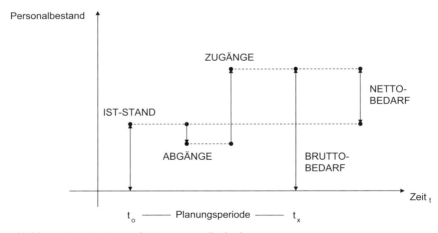

Abbildung 211: Brutto- und Nettopersonalbedarf

Rechnerisch ergibt sich der Nettopersonalbedarf zu einem bestimmten Planungszeitpunkt wie folgt:

+	Ermittlung des Bruttobedarfes zum Planungszeitpunkt$_x$
–	abzüglich des Bestandes zum gegebenen Zeitpunkt t_0
–	abzüglich der Abgänge (Pensionierungen, Kündigungen etc.)
+	zuzüglich der Zugänge (geplant, geschätzt)
=	Nettobedarf

Die qualitative Personalbedarfsplanung wird unterstützt durch die auch im Bereich der Führungsorganisation relevanten Methoden der
- Arbeits-/Tätigkeitsanalyse,
- Stellenbeschreibung,
- Anforderungsprofile.

(b) *Zur Personalauswahl:* Diese wichtige Führungsentscheidung kann durch das folgende, die Entscheidung vorbereitende Vorgehen unterstützt werden:
- Auswertung der aufgrund der Personalwerbung eingegangenen Bewerbungen bzw Bewerbungsunterlagen,
- Grobselektion mit Unterstützung von Muss- und Wunschkriterien,
- Durchführung von Interviewrunden mit weiteren Selektionen,
- Absolvierung von Tests, Untersuchungen einschließlich Assessment-Center,
- Finale Interviews,
- Einstellung/Ablehnung.

Wesentlich für einen professionellen Auswahlprozess bzw Prozess der Entscheidungsvorbereitung sind klar und eindeutig definierte Personalbeurteilungs- und Auswahlkriterien. *Wöhe* unterscheidet hier zwischen (vgl *Wöhe*, 2002, 251)
- fachlichen,
- physischen,
- psychischen
- sozialpsychologischen

Kriterien. In erster Linie sind jedoch die Beurteilungskriterien aus den Positionsanforderungen abzuleiten. Die Feststellung des Übereinstimmungsgrades zwischen den Anforderungen der zu besetzenden Stelle und den Fähigkeiten des Bewerbers muss im Vordergrund stehen (siehe Abb 212).

(c) *Zur „Anreicherung" der Arbeit:* Motivatoren für die Leistungsbereitschaft im Rahmen des Personaleinsatzes können auch Ansätze und Modelle sein, die einer auf Spezialisierung hin ausgerichteten Organisation und der damit verbundenen weitgehenden Zergliederung der unternehmerischen

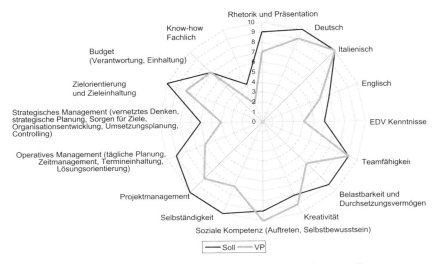

Abbildung 212: Methodik der Miterarbeiterbewertung – „Bewerberspinne"

Aufgaben in Teilaufgaben entgegenwirken können. Zu nennen sind hier die Ansätze und Modelle
- des Job enlargement (Arbeitsausweitung),
- des Job enrichment (Arbeitsanreicherung),
- der Job rotation (Arbeitsplatzwechsel),
- der teilautonomen Gruppen.

Letztere übernehmen für eine relativ umfassende Aufgabe die Führungs- und Ausführungsverantwortung.

(d) *Zur Leistungsförderung/Entgelte:* Im Rahmen der Personalentlohnung/ -führung ist grundsätzlich zwischen Modellen der
- monetären Entlohnung,
- nicht-monetären Anreize

zu unterscheiden. *Monetäre Entlohnungssysteme* lassen sich wiederum gliedern in
- Zeitlohnsystem (Gehalt),
- Leistungslohnsystem,
- Ergebnisbeteiligungen,
- Freiwillige Sozialleistungen.

Beim Zeitlohn ist die Bemessungsgrundlage für die Festlegung der Entlohnung die vom Mitarbeiter aufgewendete Zeit im Dienste der Unternehmung. *Der Leistungslohn* steht hingegen in unmittelbarer Relation zur erbrachten Leistung. *Ergebnisbeteiligungen* – zB am Umsatz, Gewinn – sind als leistungslohnnahe Systeme zu bezeichnen. Eine Sonderform der Ergebnisbeteiligung stellt *die unternehmungsorientierte Entlohnung* dar. Es han-

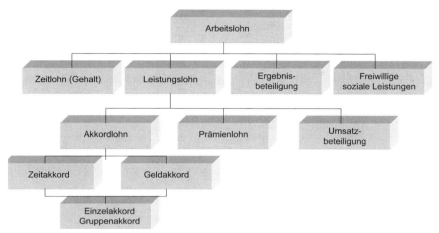

Abbildung 213: Formen der Personalentlohnung (in Anlehnung an Lechner, Egger, Schauer, 2005, 141)

delt sich dabei um Mitarbeiterbeteiligungsmodelle, die in Form von zB Belegschaftsaktien und Aktienoptionen vor allem für Führungskräfte interessante Attraktionen sind. *Freiwillige Sozialleistungen* sind monetäre zusätzliche Beiträge der Unternehmung, zB die Vergütung von Fahrtspesen, Essensvergütungen etc aber auch die Nutzung von betrieblichen Infrastrukturen wie zB Sport- und Erholungsanlagen der Unternehmung.

Wesentlich im Zusammenhang mit der Entlohnung ist die Lohngerechtigkeit. *Methoden der Arbeits-* und der *Leistungsbewertung* können die Erreichung von mehr Lohngerechtigkeit unterstützen.

Von den Methoden und Modellen, die leistungsfördernde nicht-monetäre Anreize der „Entlohnung" schaffen, sind

o Aus- und Weiterbildungsmöglichkeiten,
o Aufstiegs-/Karrieremöglichkeiten,
o Arbeitszeit- bzw Erholungs- und Urlaubsregelungen

zu nennen. Motivationstheoretische Grundlagen – wie die

o Theorie von *Maslow* (die Bedürfnispyramide) oder
o die Theorie von *Herzberg* (Einflussfaktoren auf die Arbeitszufriedenheit)

enthalten ebenfalls Ansätze, die zur Sensibilisierung von Führungspersonen in Bezug auf ihr Führungsverhalten positiv und zur Leistungsförderung beitragen können.

(e) *Zum Personal-Controlling*: Zur effizienten Abwicklung der Aufgaben des Personal-Controlling stehen

o Modelle der Personalkostenrechnung und -budgetierung (inputorientierte Modelle),

- Personal-Wirkungsanalysen (outputorientierte Modelle),
- Personalwirtschaftlichkeitsrechnungen im Sinn von Kosten-/Nutzen-Analysen (input-/output-Modelle)

zur Verfügung.

D. Bereich des betrieblichen Rechnungswesens

1. Problem- und Aufgabenfelder generell

Das betriebliche Rechnungswesen ist in erster Linie als ein Informationssystem zu bezeichnen, das Informationen, die das betriebliche Geschehen – Geld- und Leistungsströme – vor allem zahlenmäßig, widerspiegelt. Die Informationen werden
- erfasst,
- verarbeitet,
- dokumentiert,
- gespeichert,
- weitergegeben.

Es geht dabei sowohl um vergangenheits- als auch um zukunftsbezogene Informationen, die entweder unternehmungsintern, an die Führung der Unternehmung, oder an externe Personen oder Institutionen wie zB Kreditinstitute, Aktionäre bzw Gesellschafter, Finanzbehörden etc weitergegeben werden.

Diese einleitende Charakterisierung des betrieblichen Rechnungswesens beinhaltet zwei wesentliche Unterscheidungen, die in Bezug auf das System des betrieblichen Rechnungswesens zu treffen sind: Die Unterscheidung in
- das interne und externe Rechnungswesen (siehe Abb 214),
- vergangenheits-/abrechnungsorientierte Verfahren bzw zukunfts-/entscheidungsorientierte Verfahren des betrieblichen Rechnungswesens.

Bei der Differenzierung zwischen *abrechnungs- und entscheidungsorientierten Verfahren* ist aber auch der Zusammenhang dieser beiden herauszustellen (siehe Abb 215).

Zum besseren Verständnis des Zusammenhangs zwischen abrechnungs- und entscheidungsorientierten Verfahren ist noch auf die Kategorisierung des betrieblichen Rechnungswesens nach *Kosiol* hinzuweisen (vgl *Kosiol*, 1964, 15 f). Er unterscheidet zwischen der
- pagatorischen und
- kalkulatorischen Rechnung

des betrieblichen Rechnungswesens. *Das pagatorische* beinhaltet dabei (vgl dazu Abschnitt II. Pkt D.) die finanziellen Vorgänge des Nominalgüterumlaufes, die sich im buchhalterischen Rechnungskreis als Aufwendungen und Erträge in der Gewinn- und Verlustrechnung niederschlagen, *die kalkulatorische Rechnung* hingegen die Bewegungen des Realgüterumlaufes, die als Kosten und Leistungen (Erlöse) vor allem in der Kostenrechnung zum Ausdruck gebracht werden.

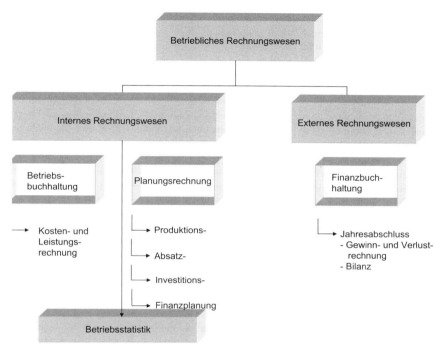

Abbildung 214: Bereiche des betrieblichen Rechnungswesens

2. Externes Rechnungswesen

Aus obenstehender Abbildung ersichtlich sind die wesentlichen Elemente und Aufgabenbereiche des externen Rechnungswesens (vgl *Wöhe*, 2002, 825):
- Die Finanzbuchhaltung, die für die Dokumentation aller Geschäftsvorfälle verantwortlich zeichnet. Mit ihr erfolgt die lückenlose Aufzeichnung aller Geschäftsvorfälle einer Abrechnungsperiode in chronologischer und auch in sachlicher Folge. Sie schafft die Basis auch für das interne Rechnungswesen, vor allem die Betriebsbuchhaltung, die auf den Zahlen der Finanzbuchhaltung aufbaut.
- Die Bilanz, die als ein Ergebnis der Finanzbuchhaltung steht und die über Kapital und Vermögen der Unternehmung und auch den Erfolg einer Periode Auskunft gibt (siehe Abb 216).
Bei der Bilanz ist zwischen verschiedenen Bilanzarten zu unterscheiden:
- Die Gewinn- und Verlustrechnung, die – als ein weiteres Ergebnis der Finanzbuchhaltung – über Aufwendungen und Erträge und Gewinn oder Verlust der Unternehmung in der betrachteten Periode informiert.

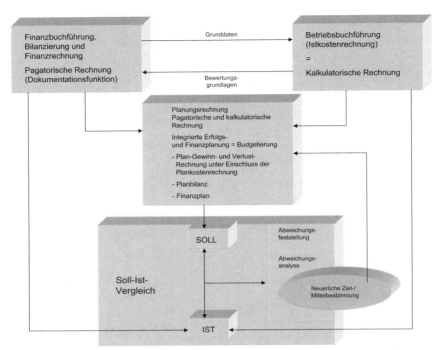

Abbildung 215: Zusammenhang des abrechnungs- und entscheidungsorientierten Rechnungswesens (in Anlehnung an Lechner, Egger, Schauer, 2005, 588)

Gewinn- und Verlustrechnung und Bilanz gemeinsam ergeben den sogenannten *Jahresabschluss*, der darüber hinaus noch den Lagebericht und bei Kapitalgesellschaften einen Anhang beinhaltet.

Das externe Rechnungswesen wird weitgehend determiniert durch die Abhängigkeit vom gesetzlichen Bedingungsrahmen – von handels- und steuerrechtlichen Vorschriften –, die die Aussagekraft der Ergebnisse der Finanzbuchhaltung mitbestimmen.

Im Mittelpunkt des externen Rechnungswesens stehen vergangenheits-/abrechnungsorientierte Verfahren, die einen „*true and fair view*" der Unternehmungssituation zu geben verpflichtet sind. Nach dieser Generalnorm der Rechnungslegung ist eine Unternehmung aufgerufen, dem externen Informationsadressaten ein möglichst getreues Bild der Vermögens-, Finanz- und Ertragslage zu geben.

3. Internes Rechnungswesen

Das interne Rechnungswesen setzt an der durch den gesetzlichen Bedingungsrahmen determinierten beschränkten Aussagefähigkeit für interne be-

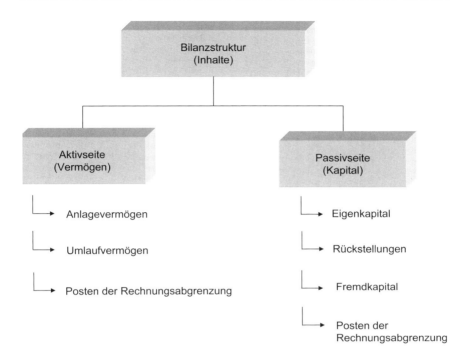

Abbildung 216: Bilanzstruktur – grob

triebliche Entscheidungen an. Es orientiert sich daher nicht an den Vorschriften des Gesetzgebers, sondern an den Informationsbedürfnissen der Entscheidungsträger der Unternehmung. Neben vergangenheits-/abrechnungsorientierten Verfahren werden daher beim internen Rechnungswesen auch zukunfts-/entscheidungsorientierte Verfahren eingesetzt.

Elemente des internen Rechnungswesens sind
- die auf die Ergebnisse der Finanzbuchhaltung aufbauende Kosten- und Leistungsrechnung,
- die Planungsrechnung.

a) Kosten- und Leistungsrechnung

Aufgabe der Kosten- und Leistungsrechnung ist einmal die kontrollierende Vergangenheitsrechnung und zum zweiten die entscheidungsorientierte Zukunftsrechnung. Nach *Wöhe* erfüllt sie damit zwei wesentliche Führungsfunktionen (vgl *Wöhe*, 2002, 825): Die
- Kontrollfunktion und
- Entscheidungsfunktion.

Die Kontrollfunktion verlangt den Vergleich der tatsächlich angefallenen Kosten mit den geplanten Kosten, um Abweichungen feststellen zu können und

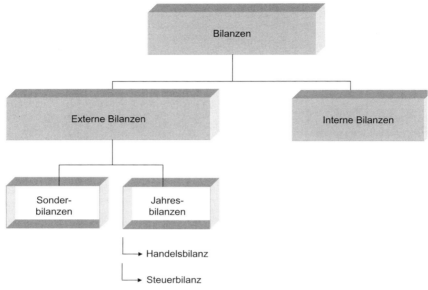

Abbildung 217: Bilanzarten

durch eine Ursachenanalyse die Gründe für die Abweichungen herauszuarbeiten. *Die Entscheidungsfunktion* beinhaltet die Prognose bzw Planung und Budgetierung der Kosten als Grundlage für die operative Steuerung der Unternehmung.

Voraussetzung für die Erfüllung dieser Funktionen ist eine Kosten- und Leistungsrechnung, die folgende Elemente beinhaltet: Die
- Kostenartenrechnung,
- Kostenstellenrechnung,
- Kostenträgerrechnung,
- kurzfristige Erfolgsrechnung.

(a) Die *Kostenartenrechnung*: Sie ist Ausgangspunkt der Kosten- und Leistungsrechnung und ihre Aufgabe besteht darin, die während einer Abrechnungsperiode – im Rahmen des Betriebsüberleitungsbogens (BÜB) – aus den Aufwendungen der Finanzbuchhaltung übergeleiteten Kosten (Ist-Kosten) zu erfassen und anzugeben, wie die einzelnen Kosten – als Einzelkosten/direkt zurechenbare Kosten oder als Gemeinkosten/indirekt über Kostenschlüssel zuzurechnen – im Rahmen der Kostenstellenrechnung weiter zu berücksichtigen sind.

Nachstehende Abbildung gibt einen Überblick über mögliche Kostenarten, die in einer Kostenartenrechnung Berücksichtigung finden können.

(b) Die *Kostenstellenrechnung*: Aufbauend auf die Ergebnisse der Kostenartenrechnung erfolgt im Rahmen der Kostenstellenrechnung die Zuordnung

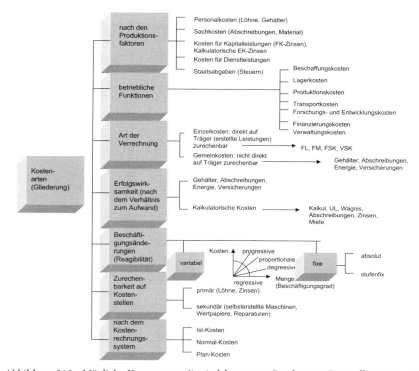

Abbildung 218: Mögliche Kostenarten (in Anlehnung an Beschorner, Peemöller, 2006, 305)

der Kosten zu den Betriebsbereichen, in denen sie angefallen sind. Man nennt diese Bereiche „Kostenstellen", definiert als die Orte bzw Bereiche der Kostenentstehung. Die Bildung von Kostenstellen kann dabei nach
- räumlichen Gesichtspunkten, zB Lager, Werkstatt etc,
- betrieblichen Funktionen, zB Einkauf, Produktion, Verkauf etc,
- Verantwortungsbereichen, zB Verwaltung, Geschäftsführung etc,
- abrechnungstechnischen Gesichtspunkten in Haupt- und Hilfskostenstellen (Hauptkostenstellen stehen in einer direkten Beziehung zum Kostenträger, Hilfskostenstellen nur in einer indirekten)

erfolgen.

Mit der Aufteilung der Kostenarten auf die Kostenstellen einer Unternehmung wird ein zweifaches Ziel verfolgt (vgl *Wöhe*, 2002, 1001):
- *Die genauere Zurechnung der sogenannten Gemeinkosten auf die Kostenträger.* Gemeinkosten sind dabei jene Kosten, die sich nicht direkt auf die Leistung – den Kostenträger – zurechnen lassen, da sie für mehrere oder alle Leistungen der Kostenbereiche entstanden sind im Ge-

gensatz zu den Einzelkosten, die ohne vorherige Verrechnung über Kostenstellen dem Kostenträger direkt zugerechnet werden können.
○ *Die Kontrolle und Überwachung der Wirtschaftlichkeit* an den Stellen durchzuführen, an denen die Kosten zu verantworten und zu beeinflussen sind.

Die Aufgaben der Kostenstellenrechnung finden abrechnungstechnisch auf dem Wege der kostenmäßigen Verbuchung oder in der statistisch-tabellarischen Form des „Betriebsabrechnungsbogens" (BAB) Unterstützung.

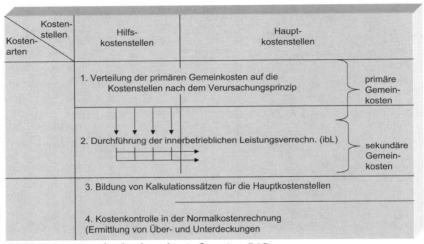

Abbildung 219: Bsp. für den formalen Aufbau eines BAB

(c) *Die Kostenträgerrechnung:* Mit der Kostenträgerrechnung werden die im Rahmen der Kostenartenrechnung erfassten Kosten entweder direkt – als unmittelbar zuordenbare Einzelkosten – oder indirekt über die Kostenstellenrechnung auf die Kostenträger verteilt.

Als Kostenträger werden dabei die betrieblichen Leistungen – es können Absatzleistungen wie zB Produkte oder Dienstleistungen oder auch innerbetriebliche Leistungen sein – bezeichnet, die die verursachten Kosten „tragen" müssen.

Ziel der Kostenträgerrechnung ist es, die Herstell- oder Selbstkosten der Kostenträger zu ermitteln, dies also nicht als Selbstzweck, sondern um (vgl *Haberstock*, 1982, 100)
○ die Bewertung der Bestände an Halb- und Fertigfabrikaten sowie der selbsterstellten Anlagen in der Handels- und Steuerbilanz und in der kurzfristigen Erfolgsrechnung zu ermöglichen,
○ Unterlagen für preispolitische Entscheidungen zB Festlegung von Angebotspreisen, zur Bestimmung der Preisuntergrenze etc, bzw

D. Bereich des betrieblichen Rechnungswesens

○ Ausgangsdaten für die Problemstellungen der Planungsrechnung zu gewinnen.

Für die Verteilung bzw Verrechnung der Kosten auf die einzelnen Kostenträger sind zwei Kalkulationsverfahren zu unterscheiden, die
○ Divisionskalkulation,
○ Zuschlagskalkulation.

Bei der Divisionskalkulation – man geht dabei von einer mehr oder minder gegebenen Einheitlichkeit der Produkte aus – werden die Selbstkosten einer Leistungseinheit durch Division der gesamten Kosten einer Periode durch die Ausbringungsmenge ermittelt. *Bei der Zuschlagskalkulation* hingegen bilden die direkt zurechenbaren Einzelkosten die Basis, die übrigen Kosten werden in Form von Zuschlagssätzen – wobei natürlich Bezug zu nehmen ist auf Erfahrungen der Vergangenheit (BAB) – dazu addiert.

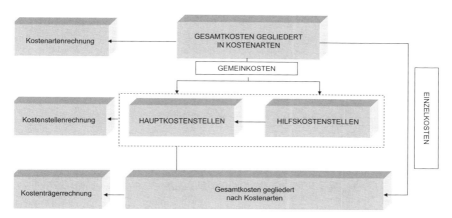

Abbildung 220: Zusammenhang zwischen Kostenarten-, Kostenstellen- und Kostenträgerrechnung

(d) *Die kurzfristige Erfolgsrechnung:* Sie gehört zu den wichtigsten Aufgaben der Kosten- und Leistungsrechnung. Mit ihrer Hilfe lässt sich der Erfolg des wirtschaftlichen Handelns – das Betriebsergebnis – feststellen. Sie wird deshalb oft auch als Betriebsergebnisrechnung, die in bestimmten Abrechnungszeiträumen – in der Regel quartals- oder monatsmäßig – erfolgt, bezeichnet. Durchgeführt werden kann die kurzfristige Erfolgsrechnung nach dem
○ *Gesamtkostenverfahren:* Das Betriebsergebnis wird dabei auf Basis der produzierten Menge ermittelt, die Gliederung der Kosten erfolgt nach den verbrauchten Produktionsfaktoren,

○ *Umsatzkostenverfahren:* Die Ermittlung des Betriebsergebnisses erfolgt dabei unter Bezugnahme auf die Herstellkosten des Umsatzes, die Gliederung der Kosten nach den betrieblichen Funktionsbereichen.

Beide Verfahren können sowohl auf Voll- wie auch auf Teilkostenbasis angewendet werden (vgl *Beschorner, Peemöller,* 2006, 316).

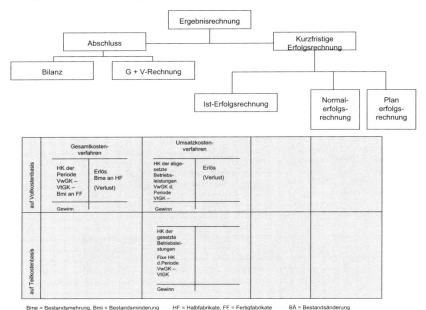

Abbildung 221: Die kurzfristige Erfolgsrechnung (in Anlehnung an Beschorner, Peemöller, 2006, 317)

Neben der Ermittlung des Betriebsergebnisses/-erfolges zählt auch die Erfolgsanalyse und -kontrolle zu den Aufgaben der kurzfristigen Erfolgsrechnung und sie ist deshalb zu den wichtigsten Führungsinstrumenten der Unternehmungsleitung zu zählen, indem sie zur Entscheidungsvorbereitung essenziell beiträgt (zB für Preisentscheidungen, Beschäftigungsplanungen, Zusammensetzung von Sortimenten etc).

b) Planungsrechnung

Die bisher abgehandelten Verfahren der Kosten- und Leistungsrechnung sind vorwiegend ausgerichtet auf die Berücksichtigung der tatsächlich angefallenen Kosten einer Periode, der sogenannten Ist-Kosten. Ihr Beitrag zur Unternehmungssteuerung ist daher nur beschränkt, weil die Steuerungsmöglichkeit nur bei Vorliegen von Plankosten als Voraussetzung für den Soll-Ist-Vergleich gegeben ist.

D. Bereich des betrieblichen Rechnungswesens

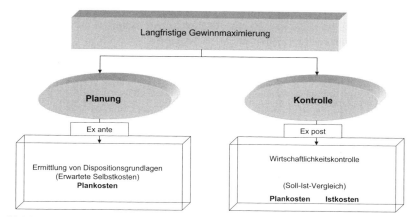

Abbildung 222: Aufgabenbereiche der Plankostenrechnung (in Anlehnung an Wöhe, 2002, 1139)

Unter Plankosten versteht man dabei die Kosten, bei denen die Mengen und Preise der für die geplante Ausbringung (Beschäftigung) benötigten Produktionsfaktoren ebenfalls geplante Größen sind (vgl *Haberstock*, 1982, 115).

Die Führungspraxis kennt verschiedene Systeme der Plankostenrechnung.

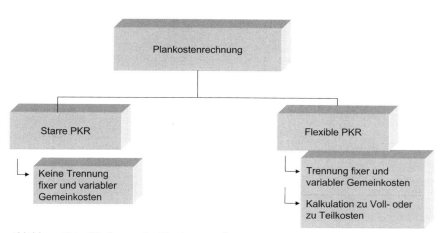

Abbildung 223: Gliederung der Plankostenrechnung

Bei der starren Plankostenrechnung (PKR) wird bei der Ermittlung der Plankosten jeder Kostenstelle von der Planbeschäftigung ausgegangen, *bei der flexiblen PKR* von mehreren Beschäftigungsgraden.

Die Vorteile der starren PKR sind vor allem die einfache und schnelle Handhabung und auch Einblicke – wenn auch nur in beschränktem Maße – in Betriebsprozesse und Wirtschaftlichkeit. Der gravierende Nachteil ist die fehlende Anpassungsmöglichkeit dieses Steuerungsinstrumentes an wechselnde Beschäftigungsgrade. Gerade hier liegen die Vorteile der flexiblen PKR.

c) Betriebsstatistik

Die Betriebsstatistik erfüllt die Aufgabe auch jene Bereiche der Unternehmung zahlenmäßig zu erfassen, die im Rahmen der Finanz- und Betriebsbuchhaltung nicht oder nur unzureichend erfasst werden. Statistiken können als Wert- und Mengendarstellungen erstellt werden.

Als Hauptbereiche, die in einer Unternehmung sinnvoll statistisch zu erfassen sind, gelten die
– Beschaffungsstatistik,
– Produktionsstatistik,
– Absatzstatistik,
– Personalstatistik.

Aussagefähig werden Statistiken erst durch Kennzahlen, die Kontrollen – Soll-Ist-Vergleiche oder auch ein „Benchmarking" – ermöglichen. Mit der Nutzung der Möglichkeiten der EDV werden Statistiken zu einem wertvollen, die anderen Informations- und Kontrollsysteme ergänzenden Instrument der Unternehmungsführung.

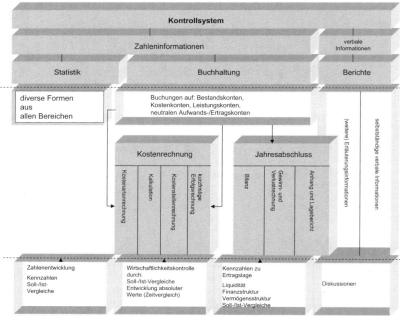

Abbildung 224: Informations- und Kontrollsystem der Unternehmung (in Anlehnung an Luger, 1998, 248)

4. Neue Entwicklungen im betrieblichen Rechnungswesen

Neue Entwicklungen des betrieblichen Rechnungswesens berücksichtigen vor allem die veränderten Rahmenbedingungen, die als sowohl unternehmungsexterne Veränderungen – hier zu nennen vor allem den Wettbewerbs- und Kostendruck – als auch unternehmungsinterne Veränderungsnotwendigkeiten – wie zB die Prozessoptimierungen – auch neue Anforderungen an Systeme und Verfahren des betrieblichen Rechnungswesens stellen. Auf zwei dieser Entwicklungen sei hier noch kurz und überblicksmäßig eingegangen:
- Die Prozesskostenrechnung,
- das Target-Costing.

Die Prozesskostenrechnung ist dabei nicht als ein völlig neues System des betrieblichen Rechnungswesens zu verstehen, sondern als ein Ansatz, dessen Aufgabe darin besteht, kostenstellenübergreifend die Prozesse zu identifizieren, die zur Wertschöpfung beitragen und die potenziell die Wettbewerbsfähigkeit der Unternehmung beeinflussen. Diese Bezugsgrößen nennt man „Cost-Driver".

Die Prozesskostenrechnung ist als Vollkostenrechnung konzipiert, wobei der Fokus in den indirekt-produktiven Leistungsbereichen – den Gemeinkosten verursachenden Bereichen – liegt.

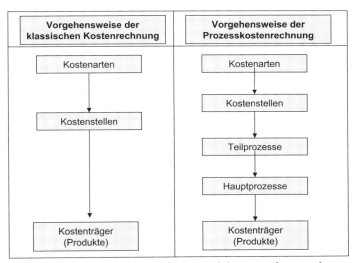

Abbildung 225: Vorgehensweise der klassischen und der Prozesskostenrechnung

Das Target-Costing: Beim Target-Costing handelt es sich um einen umfassenden Kostenplanungs-, Steuerungs- und Kontrollprozess, der im Rahmen eines Produktentwicklungsprozesses stattfindet. Target-Costing wird oft auch als Zielkostenmanagement bezeichnet. Die Zielkosten sind dabei die Differenz zwi-

schen den sogenannten „Drifting Costs" und den „Allowable Costs". Sie gilt es stufenweise zu realisieren, um (vgl *Beschorner, Peemöller,* 2006, 319)
- über die Konzentration auf die kostenoptimale Gestaltung und Herstellung der einzelnen Produkte die gesamte Unternehmung auf den Markt auszurichten,
- Produktrentabilitäten auch bei steigenden Wettbewerbsintensitäten zu erhalten und zu steigern.

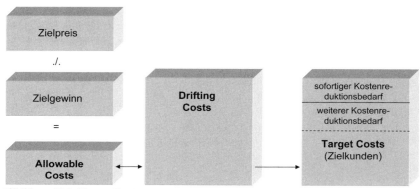

Abbildung 226: Target Costing

Abschließend sei auch noch auf „umweltorientierte Verfahren" im Rechnungswesen, die
- umweltorientierte Untergliederung der Bilanz,
- Öko-Bilanzen,
- umweltorientierte Kostenarten, -stellen und -trägerrechnung

hingewiesen, die Informationen und damit Kontroll- und Steuerungshilfen zu generieren imstande sind, die auch gesellschaftsbezogene und ökologische Aspekte in der Führung von Unternehmungen zu berücksichtigen beitragen.

V. Strategische Unternehmungsführung – ein zeitgemäßer Führungsansatz

A. Zur Historie der strategischen Unternehmungsführung

Die Darstellung der „Strategischen Unternehmungsführung" als zeitgemäßer Führungsansatz, der beiträgt, die Führung von Unternehmungen in der Bewältigung der aktuellen Führungssituation zu unterstützen, setzt voraus, dass man sich auch mit der historischen Entwicklung der Führungsanforderungen und der Führungsmodelle – der Genese – auseinandersetzt.

„The reasons for the emergence of strategic management and the problems of implanting it in the firm can be best understood within a historical perspective" (*Ansoff*, 1984, 3).

Nach *Ansoff*, der als einer der Begründer der strategischen Unternehmungsführung gilt, lassen sich vier charakteristische Phasen hier herausstellen (vgl *Hammer*, 1998, 27 ff):
- The Industrial Revolution   1820–1900
- The Mass Production Era   1900–1930
- The Mass-Marketing Era   1930–1955
- The Post-Industrial Era   1955–

Die Phase der „Industrial Revolution" (Industrielle Revolution) war geprägt durch eine außerordentliche gesellschaftliche, wirtschaftliche und industrielle Dynamik. Trotzdem konzentrierten sich die Kräfte der Unternehmungsführung eher nach innen, auf die Entwicklung der Produktions-Technologie und der für einen reibungslosen Produktionsablauf erforderlichen Rahmenbedingungen. Der Marktanteil, der erreicht werden sollte, wurde von der Unternehmungsführung bestimmt, wettbewerbstheoretische Überlegungen spielten bei dieser Entscheidung keine Rolle, Wettbewerb im Sinne der Wettbewerbstheorie entstand erst nach 1880. Dementsprechend gestaltete sich auch das strategische Verhalten gegenüber Mitbewerbern. Ort des Wettbewerbs war nicht der Markt, und das Konzept zielte darauf ab, den Mitbewerber zu dominieren oder zu absorbieren. Marketing im Sinne von marktorientiertem Denken bzw das absatzpolitische Instrumentarium gehörten nicht zu den Problem- und Aufgabenbereichen der Führung. Charakteristisch für die „Industrielle Revolution" waren die Ergebnisse: Unausgereifte, wenig perfektionierte bzw wenig organisierte Unternehmungen.

In der Phase der „Mass Production Era" (Ära der Massenproduktion) erfolgte eine erste notwendige Konsolidierung der Industrie- und Unternehmungsstrukturen. In dieser Phase ging es darum, sich auf Massen-Produktionen einzustellen und den „Mechanismus" der Massen-Produktion zu erproben, weiterzuentwickeln und zu perfektionieren. Große Produktionsmengen zu bewältigen und rationell und kostengünstig zu fertigen stand im Mittelpunkt der Bemühungen der Führung. Hauptproblem war die Effizienz und Inganghaltung der Produktionsprozesse. Charakteristisch für diese Phase: Die ausschließliche Produktions-Neutralität. Das praktizierte „Marketing" gestaltete sich einfach: Entwurf, Produktion und Verkauf von Standardprodukten zum niedrigsten Preis. Der Anreiz zu diversifizieren bestand so gut wie überhaupt nicht. Auch in dieser Phase zeigte sich im Sinne der modernen Wettbewerbstheorie/-definition noch kein Wettbewerb, auch gab es, und das hat auch Gültigkeit für die Phase der „Industriellen Revolution", keine spürbare Beeinflussung von Seiten der Politik und der Gesellschaft.

Erst *in der Phase der „Mass-Marketing Era"* (Marketing Ära) ergaben sich vollkommen neue Aufgabenstellungen für die Unternehmungsführung. Die Grundbedürfnisse waren saturiert, der Markt forderte Differenzierung, forderte Zusatzleistungen. Die Produktionsorientierung musste durch ein marktorientiertes Denken ergänzt werden. Eine ausschließlich introvertierte Führung war obsolet. Neue Anforderungen entstanden, und es galt, neue Problemlösungsverfahren, neue Strukturen und Systeme zu entwickeln, die diesen neuen Erfordernissen Rechnung trugen. Das absatzpolitische Instrumentarium im Sinne *Gutenbergs* oder *von Mellerowicz* – Verkaufsförderung, Produkt- und Sortimentsgestaltung, Werbung und Verkauf – erhielt einen bedeutsamen Stellenwert im Instrumentarium des Managements. Die Diffusion des Marketing-Denkens verlief in den verschiedenen Industriezweigen unterschiedlich. Nicht jede Branche war in der selben Phase des Lebenszyklus, nicht jede Branche verspürte daher die selben Anforderungen, ihre Leistungen und auch ihre Managementfähigkeiten neu zu strukturieren. Dazu kam der Änderungswiderstand von Führungskräften, für die diese Neuorientierung nicht durchschaubar und daher auch „nicht notwendig" war. Relativ schnell erfolgte die Diffusion in der Konsumgüterindustrie und in der technologieintensiven Industrie. Hier war die Dominanz des Marketing über das Produktions-Denken zuerst spürbar. Hier galt es auch als erstes den Konflikt zwischen einer „effizienten Produktion" und einem „kostenverursachenden Marketing" zu bearbeiten.

Die „Mass-Marketing Era" zeigte auch einige Auswüchse in Form von unausgewogenen Beeinflussungen der Unternehmungsumwelt. Einige unternehmerische Initiativen in dieser Zeit, forciert von besonders aggressiven Unternehmungen, führten zu unvorhergesehenen Konsequenzen, mit einem für kurze Zeiträume „loss of control". Dieses „außer Kontrolle geraten" wurde aber zugunsten sonstigen Wettbewerbsfriedens toleriert und als Ausnahmeerscheinung in einer ansonsten von Überraschungen freien Welt angesehen.

Ab Mitte der 50er Jahre begann *die Phase der „Post-Industrial Era"*. Neue bestimmende Kräfte des wirtschaftlich-industriellen Geschehens waren spürbar. Dominierendes Wesensmerkmal: Die Dynamik der Veränderung. Sie erfasste vor allem Märkte, Technologien und Strukturen. Unternehmungen sahen sich verstärkt unerwarteten Herausforderungen gegenüber. Für den wirtschaftlichen Beobachter schienen die Probleme der Industrie im Vergleich zur Dynamik und

Turbulenz der Unternehmungsumwelt relativ einfach lösbar. Für die Führung der Unternehmungen waren sie komplex und herausfordernd. Es war ein permanenter Kampf um Marktanteile, es galt, die Verbraucherbedürfnisse vorauszusehen, zeitgerecht zu liefern, gute Produkte zu haben um einen Preis bzw zu Kosten, die wettbewerbsfähig waren etc. Unternehmungsintern war alles zu unternehmen, um
- die Produktivität zu steigern,
- besser zu planen,
- besser zu organisieren,
- zu automatisieren.

Kontinuierlich mussten Forderungen der Gewerkschaften diskutiert und berücksichtigt werden – bei gleichzeitiger Aufrechterhaltung der Produktivität. Es galt, den Marktanteil zumindest zu halten, Dividende zu zahlen und den Gewinn zu erwirtschaften, den die Unternehmungen für ihre Investitionen benötigten.

Die Entwicklung in der „Post-Industrial Era" brachte vor allem drei Problembereiche verstärkt in die Diskussion:
- Die Wachstumsphilosophie,
- die Großunternehmungen,
- das „Profit-Streben".

Diese Problembereiche, die die „Post-Industrial Era" charakterisieren und die initialzündende Wirkung für eine strategische Unternehmungsführung ausübten, determinieren auch den strategischen Handlungsspielraum der Unternehmung. Zu ergänzen wäre, dass zu diesen Problembereichen ab Anfang der 70er Jahre noch eine Intensivierung dieser Determinanten feststellbar ist, die sich durch
- verstärkte Einflussnahmen der Gesellschaft und der Politik (Konsumerismus, Gesetze, Kontrollen etc),
- Internationalisierung des Wettbewerbs,
- Verknappung der Ressourcen und Verteuerung von Energie und Rohstoffen,
- noch komplexere Produktions- und Verteilungsprogramme,

um nur die Wesentlichen zu nennen, auszeichnen. Dazu kommt noch das gesteigerte Selbstwertgefühl der Gesellschaft, das den Unternehmungen mehr gesellschaftspolitische und soziale Verantwortung zuordnet.

Betrachtet man diesen „Vier-Phasen-Ansatz" von *Ansoff* als einen Erklärungsansatz für strategisches Denken und damit als Initialzündung für die strategische Unternehmungsführung, so ist ergänzend dazu auch noch auf die Beiträge von *Chandler* und *Andrews* und einen weiteren Beitrag von *Ansoff* hinzuweisen (vgl *Hungenberg*, 2004, 57 f).
- *Chandler* (1962) kommt der Verdienst zu, den Strategiebegriff explizit in die Unternehmungsführung eingebracht zu haben. Seine empirischen Untersuchungen belegen darüber hinaus den Zusammenhang zwischen den

betrieblichen Strukturen und der Unternehmungsstrategie. Legendär ist seine Feststellung „structure follows strategy" (vgl *Chandler*, 1962).
- *Andrews* (1971) Beiträge nehmen vor allem Bezug auf die Notwendigkeit Strategie auf Basis einer umfassenden Analyse des unternehmerischen Umfeldes und der Unternehmung zu entwickeln.
- *Ansoff* (1965) entwickelte auch ein umfassendes Modell zur strategischen Analyse der Ausgangssituation von Unternehmungen und auch zur Strategieentwicklung.

Für die unternehmerische Praxis begann der Diffusionsprozess des Gedankengutes der strategischen Unternehmungsführung mit der Konferenz zum „Strategischen Management" in Pittsburgh (1977). Die Beiträge in der Konferenz wurden von *Hofer/Schendel* (1978) publiziert und waren Anstoß für die rasche und weite Verbreitung des Ansatzes der strategischen Unternehmungsführung in der Unternehmungspraxis, die bis heute andauert.

Folgende die Entwicklung charakterisierende Stadien lassen sich darstellen:
- Finanzplanung (1950–1960),
- Langfristplanung (1960–1979),
- Strategische Planung (1970–1980),
- Strategische Unternehmungsführung (ab 1980).

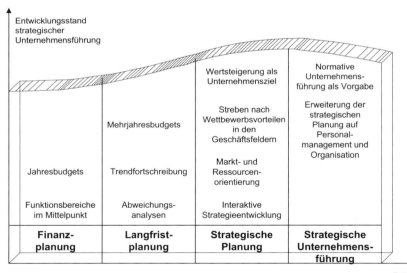

Abbildung 227: Evolutionsstadien der strategischen Unternehmungsführung (in Anlehnung an Welge, Al-Laham, 2003, 10)

A. Zur Historie der strategischen Unternehmungsführung

Ähnlich sieht es auch die Lehre der Unternehmungsführung (vgl *Hinterhuber*, 2004, 33 f):

- Nach dem 2. Weltkrieg galt es in erster Linie die Nachfrage nach Gütern zu befriedigen. Das Problem war der Mengenausstoß und die Kostentransparenz.
- Mitte der 50er Jahre wurde verstärkt das Problem der Steuerung sichtbar, auch die Erfordernisse der Spezialisierung mussten berücksichtigt werden.
- In den 60er Jahren führten erste Nachfrageprobleme zu einer Mehrbetonung der Marktorientierung der Unternehmungen.
- Die 70er Jahre verdeutlichten die Unzulänglichkeiten der bisherigen Planungen, die vor allem durch Extrapolationen charakterisiert waren.
- Mit den neuen Systemen der Unternehmungsplanung – der strategischen Planung – war nicht immer die Umsetzung gleichermaßen mitgarantiert. Mit der strategischen Unternehmungsführung – ab 1980 – erfolgte eine Schwerpunktsetzung in Richtung Umsetzung.
- Ende der 80er Jahre entstand wiederum eine Steuerungsproblematik – die Steuerung diversifizierter Unternehmungen und auch die Steuerung der Wertschöpfung –, die im Mittelpunkt der Bemühungen der Unternehmungsführung seit den 90er Jahren steht.
- Die aktuelle Rollen- und Aufgabenstellung der Führung von Unternehmungen besteht in der Globalisierung, im Wertemanagement und einer immer stärkeren Erfordernis der Stakeholder-Orientierung, insbesondere der Orientierung am Kunden, den Mitarbeitern und den Mitbewerbern.

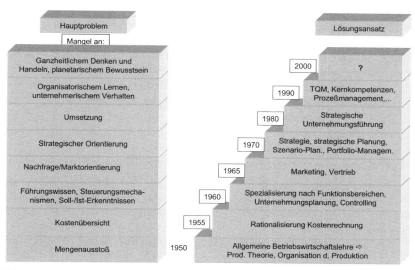

Abbildung 228: Die Entwicklungsstadien der Lehre der Unternehmungsführung (in Anlehnung an Hinterhuber, 2004, 35)

Daraus ableitbar ist, dass die Entwicklungen der strategischen Unternehmungsführung auch weiterhin zu forcieren sind, um auch den zukünftigen Anforderungen der Unternehmungsführung zu entsprechen.

B. Ansatz der strategischen Unternehmungsführung

1. Wesen und Charakteristik der strategischen Unternehmungsführung

Strategische Unternehmungsführung ist mehr als strategische Planung. Sie setzt an den „Schwachstellen der strategischen Unternehmungsplanung" an und schafft einen „Mehrwert" für die Führung von Unternehmungen, indem sie den Fokus auf
– Direktiven für die Umsetzung der Strategie für die funktionalen Unternehmungsbereiche,
– die organisatorischen Erfordernisse der Umsetzung der Strategie in aufbau- und ablauforganisatorischer Hinsicht,
– die budgetären Erfordernisse und die weiteren Erfordernisse der Umsetzung der Strategie insbesondere der humanen Ressourcen, des Personalmanagements,
– Kontrolle und Controlling in strategischer und operativer Hinsicht
legt.

Strategische Unternehmungsführung zielt aber nicht nur ab auf eine zukunftsorientierte Ausrichtung der Unternehmung und eine erfolgreiche Umsetzung der Strategien, sondern ihr Bestreben liegt auch in der Weiterentwicklung der Unternehmungskultur und ihrer gesellschaftlichen Verantwortung.

Begrifflich lassen sich diese Charakteristika und Wesensmerkmale nur schwer abbilden. Hingewiesen sei aber auf die Definition der strategischen Unternehmungsführung – des strategischen Managements – nach *Ansoff* (vgl *Ansoff*, 1984, 35): Er versteht sie als umfassende Führungskonstruktion zur langfristigen konzeptionellen Ausrichtung einer Unternehmung „to position and to rebate the firm to its environment in a way which will assure its continued success and make it secure from surprises".

2. Konzepte der strategischen Unternehmungsführung

Mittlerweile kennt man in der Betriebswirtschafts- und Managementlehre eine Vielzahl von Ansätzen und Modellen der strategischen Unternehmungsführung. Auf drei dieser Ansätze soll hier kurz Bezug genommen werden (vgl *Dillerup, Stoi*, 2006, 118 f):
– Das Konzept der Harvard Business School stellvertretend für die Ansätze der angloamerikanischen Managementtheorie und -lehre,
– das St. Gallener Management-Modell für das die Systemtheorie wertvolle Bausteine liefert,

- das Modell der prozessorientierten strategischen Unternehmungsführung der „Innsbrucker-Schule".

Das Konzept der Harvard Business School stellt die Strategieumsetzung auf dieselbe Ebene wie die Strategieentwicklung. Im Rahmen der Strategieentwicklung ist Bezug zu nehmen auf sowohl Chancen und Risiken des unternehmerischen Umfeldes als auch auf Ressourcen, Werte und Normen und die gesellschaftliche Verantwortung der Unternehmung. Die Umsetzung hat strukturellen Erfordernissen, Prozess und Verhaltenserfordernissen und personellen Erfordernissen Rechnung zu tragen.

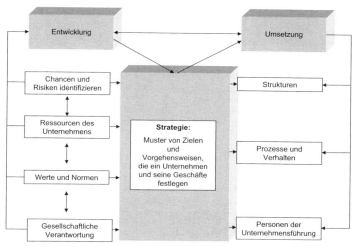

Abbildung 229: Konzept der strategischen Unternehmensführung (in Anlehnung an Andrews, 1987, 21)

Die Besonderheit *des Modells der St. Gallener Schule* ist, dass es nicht wie andere Modelle, die im deutschsprachigen Raum entstanden sind, zu sehr an der Grundlogik des Harvard-Modells anlehnte, sondern ein Konzept des „integrierten Managements" entwickelte, dessen Kernidee die horizontale und vertikale Koordination von Strukturen, Prozessen und Verhalten der Unternehmung darstellt.

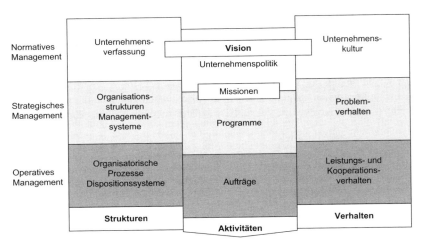

Abbildung 230: Konzept des integrierten Managements

	Normativ	**Strategisch**	**Operativ**
Aufgabe	Legitimität	Effektivität	Effizient
Zielgrößen	Überlebens- und Entwicklungsfähigkeit	Erfolgspotenziale, Wettbewerbsvorteile	Wirtschaftlichkeit, Gewinn, Rentabilität
Inhalt	Ziele, Grundsätze und Werte	Strategien, Strukturen und Mitarbeiter	Potenzialausschöpfung
Informationen	Grob und unsicher		Fein und relativ sicher
Detailliertheit	Global (Problemfelder)		Detailliert (Einzelprobleme)
Probleme	Schlecht strukturiert		Klar strukturiert
Fristigkeit	Dauerhaft angelegt	Generell langfristig	Generell kurzfristig
Aggregation	Sehr hoch (Grundsatz-Entscheidungen)	Hochachtungsvoll (grundsätzliche Richtungsentscheidungen)	Gering (konkrete Einzelentscheidungen

Abbildung 231: St. Gallener Modell der strategischen Unternehmungsführung (in Anlehnung an Bleicher, 2004, 83)

B. Ansatz der strategischen Unternehmungsführung 341

	Normativ	Strategisch	Operativ
Hierarchie-Ebene	Oberste Leitung (Top-Management)	Obere und mittlere Führungsebene	Mittlere und untere Führungsebene
Entscheidungsfreiheit	Unbegrenzt	Hoch	gering
Tragweite	Gesamtunternehmen	Unternehmensbereiche	Unternehmensteile bzw Aktivitäten

Abbildung 231: St. Gallener Modell der strategischen Unternehmungsführung (in Anlehnung an Bleicher, 2004, 83)

Ein Modell, das sich durch hohe Praxisrelevanz – weil nicht nur die Elemente, sondern auch den Prozess der strategischen Unternehmungsführung explizit charakterisierend – auszeichnet, ist das Modell der prozessorientierten strategischen Unternehmungsführung von *Hinterhuber*.

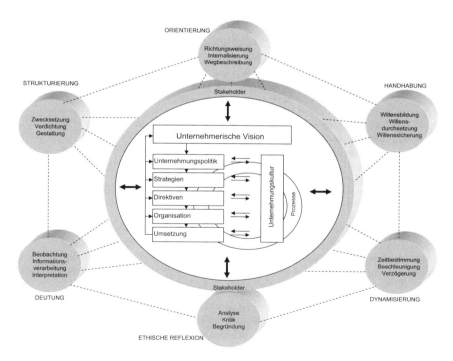

Abbildung 232: Das Modell der strategischen Unternehmungsführung (in Anlehnung an Hinterhuber, 2004, 40)

Zentrales Element sind die Phasen der strategischen Unternehmungsführung, die zum Ausdruck bringen sollen, dass eine strategisch geführte Unternehmung
- die Diskussion der Vision der Unternehmungsführung an den Beginn des Führungsprozesses stellt,
- eine Unternehmungspolitik verfolgt, die visionskonform im Leitbild der Unternehmung ihren Niederschlag findet,
- sich durch eine klare Positionierung und wohlüberlegte strategische Verhaltensweisen auszeichnet,
- die Umsetzungsorientierung in klaren Direktiven für die betrieblichen Funktionsbereiche durch eine strategiekonforme Organisation und eine erfolgreiche Umsetzung sichtbar macht,
- ein strategisches und operatives Controlling einsetzt, um die bestmögliche Steuerungsunterstützung zu gewährleisten,
- auch die Weiterentwicklung der Kultur zum Anliegen der Unternehmungsführung macht.

Ethische Reflexion, Dynamisierung, Handhabung, Strukturierung, Orientierung und Deutung sind weitere Verhaltensvariablen des Modelles.

C. Aktuelle Trends der strategischen Unternehmungsführung

Eine Diskussion über Trends in der strategischen Unternehmungsführung hat zwar von sich derzeit abzeichnenden intensivierten Bemühungen einer verstärkten
- Werteorientierung,
- Ressourcen- und Umweltorientierung,
- Globalisierung,
- Kunden- und Marktorientierung,
- Mitarbeiter- und Stakeholder-Orientierung

in den Systemen der strategischen Unternehmungsführung auszugehen, sie muss aber vor allem versuchen, eine Antwort auf führungsrelevante Trends in den unternehmerischen Umfeldern zu finden.

Nach *Grant/Nippa* (vgl *Grant, Nippa*, 2006, 640 f) muss vor allem über folgende Problem- und Aufgabenstellungen nachgedacht werden:
- Was kommt nach der „New Economy" bzw nach der die New-Economy wesentlich beeinflussten Wissenswirtschaft, in der die Software die primäre Quelle der Wertschöpfung darstellt,
- wie können wir das nach wie vor große Potenzial, das uns in Form der modernen Informations- und Kommunikationstechnologien zur Verfügung steht, zur positiven Weiterentwicklung und Veränderung der administrativen und auch der Entscheidungsprozesse in und zwischen Unternehmungen verstärkt nutzen,
- gibt es Wettbewerbsstrategien, die den „up and downs" des immer globaleren, weltweiten Wettbewerbs stabilisierend entgegenwirken können,

C. Aktuelle Trends der strategischen Unternehmungsführung

- wie können wir die Unternehmungsstrategie noch mehr in Einklang mit dem unternehmungsrelevanten Markt- und Wettbewerbsumfeld bringen und sie noch besser mit unseren Ressourcen und Fähigkeiten abstimmen,
- gibt es noch weitere Möglichkeiten für eine gewinnorientierte Unternehmung auch das soziale Umfeld zu berücksichtigen und eine höhere Vereinbarkeit der Interessen der Unternehmung mit den Interessen der Gesellschaft zu erreichen.

Die Bearbeitung dieser und weiterer Problem- und Aufgabenstellungen der strategischen Unternehmungsführung ist nur möglich, wenn wir

- ganz neue Denkrichtungen jenseits von Downsizing und Shareholder Value verstärkt verfolgen,
- mehr zurück zu den Ursprüngen des Kerngeschäftes und der Kernkompetenzen gehen,
- uns verstärkt auf die Suche nach komplexeren Vorteilsmöglichkeiten begeben,
- die Suche nach einem neuen Modell für Kapitalgesellschaften forcieren,
- die Neugestaltung der Organisation in Richtung fähigkeitsbasierte, team- und prozessorientierte Strukturen nicht nur andiskutieren, sondern in Angriff nehmen,
- die Anpassungsfähigkeit der Organisation der Unternehmung im Sinne einer Organisation, die einen „Quick Response" ermöglicht, vorantreiben.

Eine ständige Weiterentwicklung der strategischen Unternehmungsführung in Richtung Früherkennung und in Richtung rascher Aktions- und Reaktionsfähigkeit scheint dafür die globale Strategie.

Verzeichnis der Abbildungen

Abb 1:	Teilbereiche der Wirtschaft	23
Abb 2:	Einzelwirtschaftliche Organisationseinheiten (in Anlehnung an *Schierenbeck*, 2000, 23)	24
Abb 3:	Bestimmungsfaktoren des Betriebes (in Anlehnung an *Schierenbeck*, 2000, 25)	25
Abb 4:	Gliederung der Einzelwirtschaften	26
Abb 5:	Definition von Unternehmungskategorien	27
Abb 6:	Polaritätsprofil zur Abgrenzung nationaler, internationaler und multinationaler Unternehmungen (in Anlehnung an *Schierenbeck*, 2000, 44)	28
Abb 7:	Gliederung in Allgemeine und Besondere Betriebswirtschaftslehren (in Anlehnung an *Schierenbeck*, 2000, 10)	29
Abb 8:	Zusammenhang der Geschäftsfelder bzw. Gliederungsbereiche der Betriebswirtschaftslehre (in Anlehnung an *Luger*, 1998, 28)	30
Abb 9:	Teilbereiche der Wirtschaft	31
Abb 10:	Die betrieblichen Güter- und Finanzbewegungen (in Anlehnung an *Wöhe*, 2002, 11)	32
Abb 11:	Einfache Anpassung eines Regelsystems durch Anpassungsentscheide eines zielsetzenden Systems	37
Abb 12:	Bezugs- bzw Anspruchsgruppen (Stakeholders) (in Anlehnung an *Freeman*, 1984, 37)	40
Abb 13:	Interessen interner und externer Koalitionspartner (in Anlehnung an *Macharzina*, 1998, 8)	41
Abb 14:	Schnittstellen der Wirtschaftswissenschaften zu anderen Wissenschaftsdisziplinen	44
Abb 15:	Das System der betrieblichen Produktionsfaktoren nach *Gutenberg*	47
Abb 16:	Das System der betrieblichen Produktionsfaktoren (in Anlehnung an *Lechner/Egger/Schauer*, 2005, 63)	48
Abb 17:	Der Führungs- bzw Management-Kreislauf (in Anlehnung an *Hammer/Kindermann*, 2002, 27)	51
Abb 18:	Eine Typologie betriebswirtschaftlicher Entscheidungen (in Anlehnung an *Heinen*, 1991, 37)	52
Abb 19:	Entscheidungsweg über den Gegenstand der betrieblichen Tätigkeit (in Anlehnung an *Luger*, 1998, 97)	56
Abb 20:	Systematik der Rechtsformen	57
Abb 21:	Kapitalgesellschaften und Personengesellschaften im Vergleich (in Anlehnung an *Luger*, 1998, 122 und 136)	59
Abb 22:	Zu den Haftungsverhältnissen	61
Abb 23:	Handelsrechtlichen Geschäftsführungs- & Vertretungsrechte	62
Abb 24:	Zu den Gewinnansprüchen	62
Abb 25:	Finanzierungserfordernisse & -möglichkeiten	63
Abb 26:	Publizitätsvorschriften	63

Abb 27:	Beispiel einer GmbH & Co KG-Konstellation (in Anlehnung an *Luger*, 1998, 165)	64
Abb 28:	Relevanz der einzelnen Rechtsformen – Statistik der WKO März 2006	64
Abb 29:	Standortfaktorenschema nach *Behrens* (in Anlehnung an *Heinen*, 1991, 128)	66
Abb 30:	Standortfaktoren (in Anlehnung an *Thommen*, 1991, 82)	67
Abb 31:	Nutzwertanalyseunterstützte Standortbewertung	68
Abb 32:	Unternehmungsverbindungen nach der Bindungsintensität (in Anlehnung an *Wöhe*, 2002, 302)	71
Abb 33:	Systematik der Kartelle (in Anlehnung an *Luger*, 1998, 180)	73
Abb 34:	Beteiligungsarten und -quoten	74
Abb 35:	Organisationsformen eines Konzerns	75
Abb 36:	Die Bedingungen für den Austausch von Ressourcen zwischen Unternehmung und Umwelt (in Anlehnung an *Hinterhuber*, 2002, 3)	78
Abb 37:	Zur Zielbestimmung in der Unternehmung	81
Abb 38:	Der güter- und finanzwirtschaftliche Umsatzprozess (in Anlehnung an *Luger*, 1998, 35)	83
Abb 39:	Umweltschutz als Unternehmungsziel (in Anlehnung an *Dyllick*, 1990, 25)	84
Abb 40:	Formen der Wirtschaftlichkeit (in Anlehnung an *Luger, 1998, 58)*	*85*
Abb 41:	Unterschiedliche Gewinndefinitionen (in Anlehnung an *Thommen*, 1998, 95)	86
Abb 42:	Unterschiedliche Rentabilitätsformen (in Anlehnung an *Thommen*, 1991, 95)	87
Abb 43:	Bsp. für die Ableitung von Zwischen- und Unterzielen (in Anlehnung an *Wöhe*, 2002, 218)	89
Abb 44:	Das Du Pont´sche Zielsystem (in Anlehnung an *Mandl, Bertl*, 1981, 163)	90
Abb 45:	Abgrenzung von Aufwendungen und Kosten (in Anlehnung an *Möller, Zimmermann, Hüfner*, 2005, 73)	92
Abb 46:	Aufgliederung des Ertrages (in Anlehnung an *Möller, Zimmermann, Hüfner*, 2005, 71)	92
Abb 47:	Stromgrößen (in Anlehnung an *Haberstock*, 1998, 17)	93
Abb 48:	Differenzierung des Managementbegriffes (in Anlehnung an *Dillerup, Stoi*, 2006, 7)	96
Abb 49:	Ausgewählte Tätigkeitsschwerpunkte des Managements auf verschiedenen Managementebenen (in Anlehnung an *Schierenbeck*, 2000, 85)	96
Abb 50:	Management als Querschnittsfunktion (in Anlehnung an *Steinmann, Schreyögg*, 2005, 7)	97
Abb 51:	Der Management-Prozess (in Anlehnung an *Mackenzie*, 1969, 81 f)	99

Abb 52:	Primat der Planung (in Anlehnung an *Weihrich, Koontz*, 1993, 119)	100
Abb 53:	Der Führungs-Kreislauf unter Berücksichtigung von Korrektiv- und Steuerungsfunktion	101
Abb 54:	Der Planungs- und Kontrollzyklus (in Anlehnung an *Dillerup, Stoi*, 2006, 323)	102
Abb 55:	Planung als Tätigkeit bzw Ergebnis (in Anlehnung an *Hammer*, 1998, 14)	104
Abb 56:	Beispiele für Planinhalte (in Anlehnung an *Dillerup, Stoi*, 2006, 325)	105
Abb 57:	Ausprägungen der Planung nach der Fristigkeit	109
Abb 58:	Rollende Planung für Pläne unterschiedlicher Fristigkeit	110
Abb 59:	Zusammenhänge und Elemente des Planungs- und Kontrollsystems (in Anlehnung an *Dillerup, Stoi*, 2006, 340)	113
Abb 60:	Träger von Planungsaufgaben	114
Abb 61:	Der Planungsprozess im Managementzyklus (in Anlehnung an *Schierenbeck*, 2000, 87)	114
Abb 62:	Hierarchische Struktur von Planungs- und Kontrollsystemen (in Anlehnung an *Bamberger, Wrona*, 2004, 231)	116
Abb 63:	Prinzipieller Aufbau eines Planungs- und Kontrollsystems (in Anlehnung an *Hahn, Hungenberg*, 2001, 5)	117
Abb 64:	Planungsarten nach entscheidungsrelevanten Gliederungskriterien	118
Abb 65:	Unterscheidung zwischen strategischer und operativer Planung (in Anlehnung an *Schierenbeck*, 2000, 118f)	118
Abb 66:	Charakterisierung der Strategie (in Anlehnung an *Hinterhuber, Krauthammer*, 2002, 86)	120
Abb 67:	Positionierungsmöglichkeiten im Wettbewerb (in Anlehnung an *Porter*, 1980, 39)	121
Abb 68:	Die optimale Abstimmung der verfügbaren Ressourcen (nach *McKinsey*)	122
Abb 69:	Das Modell der strategischen Planung (in Anlehnung an *Gälweiler*, 1979, 86)	123
Abb 70:	Prozess der strategischen Planung und Kontrolle (in Anlehnung an *Welge/Al-Laham*, 2003, 98)	124
Abb 71:	Strategieformulierung und -auswahl	125
Abb 72:	Grundstruktur der strategischen Unternehmungsplanung (in Anlehnung an *Beschorner, Peemöller*, 2004, 80)	126
Abb 73:	Der strategische Planungsprozess	127
Abb 74:	Geplante, emergente und realisierte Strategien	128
Abb 75:	Umsatz und Gewinn im Lebenszyklus (in Anlehnung an *Hammer*, 1988, 157)	130
Abb 76:	Prozess der Produktentstehung und Produkt-Markt-Lebenszyklus	132
Abb 77:	Merkmale und Grundverhaltensweisen im Lebenszyklus	133

Abb 78:	Der Technologie-Lebenszyklus (in Anlehnung an *Wheelen, Hunger*, 2006, 122)	134
Abb 79:	Zusammenhang von verschiedenen Lebenszykluskonzepten (in Anlehnung an *Dillerup, Stoi*, 2006, 174)	134
Abb 80:	Die Erfahrungskurve im normal geteilten Ordinatensystem (Fig. A) und im doppelt logarithmischen System (Fig. B)	135
Abb 81:	Der Wert des Wachstums (in Anlehnung an *Hinterhuber*, 1980, 171)	138
Abb 82:	Der Wert des Marktanteils (in Anlehnung an *Hinterhuber*, 1980, 171)	138
Abb 83:	Die PIMS-Datenbank (in Anlehnung an *Hahn, Taylor*, 1980, 138)	141
Abb 84:	Marktanteil und ROI (in Anlehnung an *Schoeffler*, 1974, 137)	142
Abb 85:	Methoden der Analyse der Ausgangssituation	144
Abb 86:	Elemente und Zusammenhänge der marktorientierten Unternehmungsführung (in Anlehnung an *Dillerup, Stoi*, 2006, 179)	145
Abb 87:	Die Produkt-Marktmatrix	145
Abb 88:	Investitionsrechnungs- und Bewertungsverfahren	146
Abb 89:	Grundschema des Stärken-Schwächen-Profils	147
Abb 90:	Teilperspektiven der Stärken/Schwächen-Analyse (in Anlehnung an *Day, Wensley*, 1988, 20)	147
Abb 91:	Chancen-Gefahren-Analyse (in Anlehnung an *Pümpin*, 1980, 29)	148
Abb 92:	SWOT-Matrix (in Anlehnung an *Wheelen, Hunger*, 2006, 144)	149
Abb 93:	Das Modell der Business Idea (in Anlehnung an *Drucker*, 1986, 58 ff)	150
Abb 94:	Leitlinie für die Ausgestaltung der Business Idea (in Anlehnung an *Drucker*, 1986, 59	151
Abb 95:	Portfolio-Anwendungen und Portfolio-Grundtypen (in Anlehnung an *Hammer*, 1998, 183)	152
Abb 96:	Das Marktwachstums-Marktanteils-Portfolio nach BCG	152
Abb 97:	Die Cashflow-Dynamik im Portfolio (in Anlehnung an *Hammer*, 1998, 190)	154
Abb 98:	Grundschema der Marktattraktivitäts-Wettbewerbsvorteils-Matrix nach *McKinsey* (in Anlehnung an *Hinterhuber*, 2004, 148)	156
Abb 99:	Die generischen Wettbewerbsstrategien nach *Porter* (vgl *Porter*, 1980, 40)	157
Abb 100:	Die zwei generischen Wettbewerbsstrategien (in Anlehnung an *Grant, Nippa*, 2006, 311)	157
Abb 101:	Erforderliche Verhaltensweisen und Fähigkeiten bei unterschiedlichen strategischen Konzeptionen (in Anlehnung an *Hammer*, 1998, 93)	158
Abb 102:	Das Wertekettenmodell nach *Porter* (vgl *Porter*, 2000, 78)	159

Abb 103: Wertschöpfungskette als Instrument der Differenzierung und der Feststellung von Kernkompetenzen (in Anlehnung an *Hinterhuber,* 2004, 183) 160
Abb 104: Die Wettbewerbsdeterminanten (in Anlehnung an *Schreyögg, Steinmann,* 1999, 168) 161
Abb 105: Zur Ursache-Wirkungskette in der Balanced Scorecard (in Anlehnung an *Bamberger, Wrona,* 2004, 247) 163
Abb 106: Die vier Perspektiven der Balanced Scorecard (in Anlehnung an *Kaplan, Norton,* 1997, 9) 163
Abb 107: Gliederungsschema für den strategischen Plan der Unternehmung (in Anlehnung an *Hinterhuber,* 2004, 191) 165
Abb 108: Inhalte eines Business-Planes (in Anlehnung an *Zeis, Naumann,* 2006, 8 ff) 166
Abb 109: Zusammenhänge im Rahmen der operativen Planung (in Anlehnung an *Weber,* 2002, 372) 169
Abb 110: Die operativen Teilpläne im Zusammenhang (in Anlehnung an *Hahn,* 1985, 122) 173
Abb 111: Ablauflogik eines operativen betrieblichen Planungssystems 173
Abb 112: Ablauf und Zeitschema der jährlichen Planungsarbeiten (in Anlehnung an *Hammer,* 1998, 71) 174
Abb 113: Interative Budgetabstimmung (in Anlehnung an *Schilling, Law,* 1982, 229) 176
Abb 114: Beispielhafter Aufbau eines Budgetsystems (in Anlehnung an *Dambrowski,* 1986, 34) 176
Abb 115: Beispielhafter Ablauf und Trägereinbindung in die Budgetierung (in Anlehnung an *Goronzy,* 1975, 24) 177
Abb 116: Verantwortungsbereiche und Budgetplanungsinstrumente (in Anlehnung an *Dillerup, Stoi,* 2006, 390) 178
Abb 117: Planungsmethoden 183
Abb 118: Der optimale Organisations- bzw Regelungsgrad (in Anlehnung an *Kieser,* 1981, 72) 186
Abb 119: Das Substitutionsprinzip der Organisation (in Anlehnung an *Kieser,* 1981, 71) 186
Abb 120: Problemlösungsablauf (in Anlehnung an *Brauchlin,* 1981, 35) 189
Abb 121: Einflussgrößen im Strukturbildungsprozess 190
Abb 122: Verbindungswege zwischen Stellen (in Anlehnung an *Hill, Fehlbaum, Ulrich,* 1981, 138) 194
Abb 123: Grundkonzept der deutschen Organisationslehre (in Anlehnung an *Steinmann, Schreyögg,* 2005, 444) 195
Abb 124: Das Einliniensystem 196
Abb 125: Das Mehrlinien-System 197
Abb 126: Die Stab-Linien-Organisation 198
Abb 127: Horizontale Strukturierung nach Funktionsbereichen 199
Abb 128: Gliederung der Unternehmung in Produktbereiche, Sparten bzw Divisionen 201
Abb 129: Gliederung nach Marktbereichen/Regionen 202

Abb 130: Die Matrixorganisation 203
Abb 131: Formen der Leitungsspanne (in Anlehnung an *Schertler*, 1997, 45) 205
Abb 132: Ausprägungsformen des Organigramms (in Anlehnung an *Thommen*, 1991, 682) 207
Abb 133: Beispiel für die Mindestinhalte einer Stellenbeschreibung 208
Abb 134: Aufbau eines Funktionendiagramms 208
Abb 135: Determinanten des Prozessmanagements 210
Abb 136: Die Prozessorganisation (in Anlehnung an *Müller-Stewens, Lechner*, 2001, 339) 211
Abb 137: Beispiel für ein Flussdiagramm „Finanzierungsantrag" 213
Abb 138: Einfaches Balkendiagramm 214
Abb 139: Vernetztes Balkendiagramm (Beispiel) 214
Abb 140: Beispiel eines Graphen/Netzplanes 215
Abb 141: Die Ebenen der sozialen Kompetenz der Manager (in Anlehnung an *Steinmann, Schreyögg*, 2005, 20) 218
Abb 142: Formen der Führungsautorität (in Anlehnung an *Thommen*, 1991, 753) 219
Abb 143: Führungsstile und Führungsverhalten 220
Abb 144: Führungssysteme (in Anlehnung an *Luger*, 1998, 204) 221
Abb 145: Führung durch Befehl (in Anlehnung an *Luger*, 1998, 204) 221
Abb 146: Führung durch Kooperation 222
Abb 147: Hauptführungsstile (in Anlehnung an *Hersey, Blanchard*, 1982, 95) 223
Abb 148: Das Modell des situativen Führungsstils (in Anlehnung an *Hersey, Blanchard*, 1982, 96) 224
Abb 149: Management by Ansätze (in Anlehnung an *Wöhe*, 2002, 162 f) .. 227
Abb 150: Kontroll-, Überwachungs-, Lern- und Entwicklungskreislauf 230
Abb 151: Revision und Kontrolle (in Anlehnung an *Zünd*, 1982, 382) 232
Abb 152: Strategische Planung und Kontrolle (in Anlehnung an *Steinmann, Schreyögg*, 2005, 234) 233
Abb 153: Arten/Subsysteme der strategischen Kontrolle (in Anlehnung an *Hammer*, 1997, 144) 234
Abb 154: Arten und Merkmale der strategischen Kontrolle (in Anlehnung an *Hammer*, 1997, 145) 235
Abb 155: Vergleichsarten zur Gewinnung von operativen Kontrollinformationen (in Anlehnung an *Peemöller*, 2005, 331) 237
Abb 156: Regelkreis der operativen Kontrolle (in Anlehnung an *Schreyögg, Steinmann*, 2005, 359) 238
Abb 157: Allgemeine Abweichungsursachen (in Anlehnung an *Peemöller*, 2005, 339) 239
Abb 158: Kontrollen auf Funktionsbereichsebene 240
Abb 159: Einordnung des Controlling (in Anlehnung an *Wöhe*, 2002, 206) 242
Abb 160: Controlling-Aufgaben (in Anlehnung an *Käser*, 1981, 30) 243

Abb 161: Controlling in funktionaler Hinsicht (in Anlehnung an
Horvath, 2001, 105) 244
Abb 162: Controlling-Aufgabenfelder (in Anlehnung an *Lechner, Egger,
Schauer*, 2005, 107) 245
Abb 163: Vernetzung von operativem und strategischem Controlling (in
Anlehnung an *Mayer*, 2001, 10) 246
Abb 164: Instrumentelle Ausstattung des Controlling (in Anlehnung an
Lechner, Egger, Schauer, 2005, 107) 248
Abb 165: Koordinationsinstrumente des Controlling (in Anlehnung an
Wöhe, 2002, 211) 249
Abb 166: Budgetierungssystem – übergeordnete Budgets und Bereichs-
budgets (in Anlehnung an *Wöhe*, 2002, 212) 250
Abb 167: Betriebliche Kennzahlen 251
Abb 168: Beispiele für Controlling-Kennzahlen (in Anlehnung an
Reichmann, 2001, 51 ff) 253
Abb 169: Klassifizierung von Kennzahlensystemen (in Anlehnung an
Weber, Sandt, 2001, 181) 256
Abb 170: db = Deckungsbeitrag (Preis – Kosten variabel/Stk) 257
Abb 171: Das Break-Even-Diagramm 258
Abb 172: Kernbereiche der Betriebswirtschaft 261
Abb 173: Teilfunktionen und Aufgaben der Materialwirtschaft (in
Anlehnung an *Beschorner, Peemöller*, 2006, 362) 263
Abb 174: Die ABC-Analyse 266
Abb 175: Die optimale Bestellmenge 267
Abb 176: Das Bestellpunktmodell (in Anlehnung an *Beschorner, +
Peemöller*, 2006, 381) 268
Abb 177: Grundstruktur für ein Scoringmodell zur Lieferantenauswahl 269
Abb 178: Strategische Ansätze der Materialwirtschaft (in Anlehnung an
Beschorner, Peemöller, 2006, 366 f) 270
Abb 179: Grobstruktur der Problem- und Aufgabenfelder der
Produktionswirtschaft 272
Abb 180: Formen der Standardisierung (in Anlehnung an *Beschorner,
Peemöller*, 2006, 408) 273
Abb 181: Lang-, mittel- und kurzfristige Programmplanung 274
Abb 182: Bereiche des Begriffes „Fertigungsverfahren" (in Anlehnung an
Luger, Geisbusch, Neumann, 1999, 121) 275
Abb 183: Das CIM-Konzept 277
Abb 184: Computerunterstützung bei der Sachmitteleinrichtung (in
Anlehnung an *Beschorner, Peemöller*, 2006, 428) 277
Abb 185: Die betrieblichen Hauptfunktionen (in Anlehnung an *Wöhe*,
2002, 329) 278
Abb 186: Informationsbedarf im Absatzbereich 279
Abb 187: Verhaltensforschung als Teilaspekt der Marktforschung ... 280
Abb 188: Zielhierarchie im Rahmen der Absatzplanung (in Anlehnung
an *Wöhe*, 2002, 470) 281
Abb 189: Beispiel einer Marktsegmentierung 282

Abb 190: Absatzpolitische Instrumente und Absatzplanung 282
Abb 191: Der Marketing-Mix (in Anlehnung an *Kotler*, 1980, 329 ff) 283
Abb 192: Methoden und Ansätze der Marktforschung und Informations-
gewinnung 284
Abb 193: Beispiel für die formale Ausgestaltung eines Absatzplanes (in
Anlehnung an *Bidlingmaier*, 2001, 28) 285
Abb 194: Modell eines parallelen Segmentierungsansatzes (in Anlehnung
an *Bailom, Tschermenjak*, 1988, 12) 287
Abb 195: Das Kano-Modell der Kundenzufriedenheit (in Anlehnung an
Bailom, Tschermenjak, 1998, 9) 288
Abb 196: Überblick über distributionspolitische Entscheidungen (in
Anlehnung an *Thommen*, 1991, 215) 289
Abb 197: Kommunikationsinstrumente (in Anlehnung an *Schmalen,
Pechtl*, 2006, 292) 290
Abb 198: Zusammenhänge zwischen Kapital, Vermögen, Finanzierung
und Investition (in Anlehnung an *Thommen*, 1991, 434) 291
Abb 199: Inhaltliche Gliederung von Investitionen 293
Abb 200: Prozess der Investitionsplanung 294
Abb 201: Finanzierungsformen (in Anlehnung an *Lechner, Egger,
Schauer*, 2005, 227) 296
Abb 202: Das System der Finanzplanung (in Anlehnung an *Lechner,
Egger, Schauer*, 2005, 281) 298
Abb 203: Überblick über die Verfahren der Investitionsrechnung 300
Abb 204: Schema der Kostenvergleichsrechnung (in Anlehnung an
Wöhe, 2002, 612) 302
Abb 205: Kritische Ausbringungsmenge 303
Abb 206: Graphische Ermittlung des internen Zinssatzes 306
Abb 207: Phasen der Finanzplanung 308
Abb 208: Bsp. für Kapitalbindungsplan (in Anlehnung an *Lechner,
Egger, Schauer*, 2005, 282) 309
Abb 209: Modell für ein Finanzbudget (in Anlehnung an *Lechner,
Egger, Schauer*, 2005, 28) 309
Abb 210: Anpassungsmaßnahmen zur Optimierung der Liquidität (in
Anlehnung an *Wöhe*, 2002, 669) 310
Abb 211: Teilbereiche der Erfolgs- und Finanzanalyse 311
Abb 212: Brutto- und Nettopersonalbedarf 316
Abb 213: Methodik der Miterarbeiterbewertung – „Bewerberspinne" 318
Abb 214: Formen der Personalentlohnung (in Anlehnung an *Lechner,
Egger, Schauer*, 2005, 141) 319
Abb 215: Bereiche des betrieblichen Rechnungswesens 321
Abb 216: Zusammenhang des abrechnungs- und entscheidungs-
orientierten Rechnungswesens (in Anlehnung an *Lechner,
Egger, Schauer*, 2005, 588) 322
Abb 217: Bilanzstruktur – grob 323
Abb 218: Bilanzarten 324

Abb 219: Mögliche Kostenarten (in Anlehnung an *Beschorner, Peemöller,* 2006, 305) 325
Abb 220: Bsp. für den formalen Aufbau eines BAB 326
Abb 221: Zusammenhang zwischen Kostenarten-, Kostenstellen- und Kostenträgerrechnung 327
Abb 222: Die kurzfristige Erfolgsrechnung (in Anlehnung an *Beschorner, Peemöller,* 2006, 317) 328
Abb 223: Aufgabenbereiche der Plankostenrechnung (in Anlehnung an *Wöhe,* 2002, 1139) 329
Abb 224: Gliederung der Plankostenrechnung 329
Abb 225: Informations- und Kontrollsystem der Unternehmung (in Anlehnung an *Luger,* 1998, 248) 330
Abb 226: Vorgehensweise der klassischen und der Prozesskostenrechnung 331
Abb 227: Target Costing 332
Abb 228: Evolutionsstadien der strategischen Unternehmungsführung (in Anlehnung an *Welge, Al-Laham,* 2003, 10) 336
Abb 229: Die Entwicklungsstadien der Lehre der Unternehmungsführung (in Anlehnung an *Hinterhuber,* 2004, 35) 337
Abb 230: Konzept der strategischen Unternehmungsführung (in Anlehnung an *Andrews,* 1987, 21) 339
Abb 231: Konzept des integrierten Managements 340
Abb 232: St. Gallener Modell der strategischen Unternehmungsführung (in Anlehnung an *Bleicher,* 2004, 83) 340
Abb 233: Das Modell der strategischen Unternehmungsführung (in Anlehnung an *Hinterhuber,* 2004, 40) 341

Sachregister

A

ABC-Analyse 265
Ablaufdiagramme 212
Ablauforganisation 210
Absatz- und Vertriebsplan 170
Absatzkartelle 72
Absatzpolitisches Instrumentarium 279
Aided Manufacturing (CAD/CAM) 277
Aktiengesellschaft 60
Amortisationsrechnung 399
Analyse
– strategische 124
– Umweltanalyse 124
Annuitätenmethode 300
Ansatz
– entscheidungsorientierter 35
– funktionaler 95
– institutioneller 95
– produktivitätsorientierter 35
– situativer 35
– systemorientierter 35
– verhaltenswissenschaftlicher 35
Arbeits- und Sozialrecht 44
Aufbauorganisation 194
Aufgaben und Aktivitäten 191
Ausgleichsgesetz der Planung 109
Außenfinanzierung 296
Autokratischer Führungsstil 219
Autonomieprinzip 24

Bestellpunktmodell 268
Bestellzeitpunkte 266
Beteiligung 73
Betrieb 23
Betriebliche Rechenkreise 91
– buchhalterischer 91
– kalkulatorischer 91
– pagatorischer 91
Betriebliches Entscheidungsfeld 52
Betriebsabrechnungsbogen (BAB) 326
Betriebsbuchhaltung 321
Betriebsmittel 48
Betriebsstatistik 321, 330
Betriebsüberleitungsbogen (BÜB) 324
Betriebswirtschaft 20
Bilanz- und Steuerrecht 44
Bilanzarten 324
– Handelsbilanz 324
– Steuerbilanz 324
Bilanzstruktur 323
Branch and Bound-Verfahren 68
Break-Even-Analyse 257
Break-Even-Diagramm 258
Buchhalterischer Rechenkreis 91
Budget 174
Budgetierung 174
Budgetierungssysteme 249
Bürokratischer Führungsstil 219
Business Process Reengineering 210
business strategy 125
Business-Plan 134, 167

B

Balanced Score Card 144, 146
Balkendiagramm 212
Baukastenprinzip 273
Benchmark („best practice") 148
Benchmark-Ergebnisse 124
Beschaffungskartelle 72
Beschaffungsplan 170
Bestellmengen 266
– optimale 266, 267

C

Cashflow, EGT 124
Chancen-/Risiko-Profil 148
Charismatischer Führungsstil 219
Computer Aided Design (CAD) 277
Computer Aided Design/Computer 277
Computer Aided Manufacturing (CAM) 277
Computer Aided Planning (CAP) 277

Computer Aided Quality Assurance (CAQ) 277
Controlling 241
– Aufgaben 243
– in funktionaler Hinsicht 244
Corporate Governance 75
corporate identity 202
corporate strategy 125
Customer Relationship-Management 280

D
DBU 257
Deckungsbeitrag 258
Denken
– operatives 120
– strategisches 120
Dispositiver Faktor 47, 50
Distributionspolitische Entscheidungen 289
Divisionale oder Spartenorganisation 199
Divisionskalkulation 327
Du Pont´sches Zielsystem 89

E
Eigenfinanzierung 295
Einliniensysteme 195
Einzahlungen und Auszahlungen 90
Einzelfertigung 275
Einzelunternehmungen 57
Electronic Procurement 271
Elementarfaktoren 47, 48
Entscheidungen
– distributionspolitische 289
– unter Risiko
– unter Sicherheit
– unter Unsicherheit
– konstitutive betriebliche 54
Entscheidungsfeld, betriebliches 52
Entscheidungskonsequenz 52
Entscheidungsobjekt 52
Entscheidungsorientierter Ansatz 35
Entscheidungsprozess 52
Entscheidungsträger 52

Erfahrungskurve 129
Erfolgs- und Finanzanalyse 310
Erfolgsrechnung, kurzfristige 328
Ergebnisbeteiligungen 318
Ergebniskontrolle 236
Erlöse/Leistungen aus Kosten 90
Erträge und Aufwendungen 91
Executive Summary 164

F
Factoring 297
Faktor, dispositiver 47
Fertigungstyp 274
Fertigungsverfahren 275
– Einzelfertigung 275
– Serienfertigung 275
– Massenfertigung 275
Finanzbuchhaltung 321
Finanzielles Gleichgewicht 81
Finanzierung 291, 295
– Außenfinanzierung 296
– Eigenfinanzierung 295
– Fremdfinanzierung 295
– Innenfinanzierung 296
Finanzmanagement 297
Finanzmitteldeckungsplan 308
Finanzplan 171
Finanzplanung 297, 298
Finanzrecht 44
Finanzverfassung 75
Flussdiagramme 212
Formalziele 82
– Gewinn und Rentabilität 82
– Produktivität 82
– Wirtschaftlichkeit 82
Forschungs- und Entwicklungsplan 170
Freiwillige Sozialleistungen 318
Fremdfinanzierung 295
Fristigkeit der Pläne 108
Führung
– durch Befehl 220
– durch Kooperation 220
– durch Motivation 220
Führungsdiagramm 206

Führungsgrundsätze 218
Führungskreislauf 95
Führungsprinzipien 226
Führungsstil 80, 218
- autokratisch 219
- bürokratisch 219
- charismatisch 219
- kooperativ 219
- patriarchalisch 219
- situativ 224
Führungsverhalten 80, 218
functional area strategies 125
Functional Manager 203
Funktionale Organisation 199
Funktionaler Ansatz 95
Fusion 74

G

Gantt-Pläne 212
Generische Wettbewerbsstrategien 157
Genossenschaft 60
Gesellschaft bürgerlichen Rechts 58
Gesellschaft mit beschränkter Haftung 60
Gesellschaftsrecht 44
Gewinn 82
Gewinnmaximierung 77
Gewinnvergleich 300
Gleichgewicht, finanzielles 82
Global Sourcing 270
Goldene Bankregel 311
Goldene Bilanzregel 311

H

Handelsbilanz 324
Handelsrecht 44
Harzburger Modell 228
Holdinggesellschaft 74
homo oeconomicus 43
Human-Relation-Bewegung 312
Human-Resource-Konzeption 312

I

Innenfinanzierung 296
Institutioneller Ansatz 95
Interne Zinsfußmethode 300
Interner Zinssatz 306
Internes Kontrollsystem 232
Investition 291, 292
- Arten 292
- Planung 294
Investitionsplan 171
Investitionsplanung 294

J

Jahresabschluss 322
Job enlargement 318
Job enrichment 318
Job rotation 318
Joint Ventures 72
Just-in-Time 270

K

Kalkulationsverfahren
- Divisionskalkulation 327
- Zuschlagskalkulation 327
Kalkulationszinssatz 305
kalkulatorischer Rechenkreis 91
Kano-Modell der Kundenzufriedenheit 288
Kapazitätsplanung 273
Kapital 291
Kapitalbedarfsrechnung 308
Kapitalbindungsplan 308
Kapitalflussrechnung 310
Kapitalgesellschaften 57
- Aktiengesellschaft 60
- Genossenschaft 60
- Gesellschaft mit beschränkter Haftung 60
- Stiftung 60
- Verein 60
Kapitalumschlag 89
Kapitalwertmethode 300
Kartelle 72, 73
- Absatzkartelle 72
- Beschaffungskartelle 72

- Konditionenkartelle 72
- Preiskartelle 72
- Produktionskartelle 72
Kartellrecht 44
Kennzahlen 251, betriebliche
Kennzahlen(Ziel)-Systeme 251
Kernkompetenzen 124
Kernprozesse 211
Kommanditgesellschaft 58
Kommunikations-Mix 288
Kompetenz, soziale 218
Kompetenzen und Verantwortlichkeiten 192
Konditionenkartelle 72
Konkurrenzanalyse 280
Konstitutive betriebliche Entscheidungen 54
Konsumationswirtschaft 23
Kontrolle 51, 229
- der Durchführung 234
- Ergebniskontrolle 236
- operative 236
- Planfortschrittskontrolle 236
- strategische 233
Konzentration auf eine Marktnische 158
Kooperativer Führungsstil 219
Kosten- und Leistungsrechnung 323
Kostenartenrechnung 324
Kostendegression 136
Kostenführerschaft 158
Kostenplan 171
Kostenstellenrechnung 324
Kostenträgerrechnung 324
Kostenvergleich 300
Kreativitätstechniken 144
Kreuzpreiselastizität 161
Kurzfristige Erfolgsrechnung 324, 328
Kurzfristige Planung 109

L

Lagebericht 322
Langfristige Planung 108
LAWS of the MARKET 140
Lean-Management 209

Lean-Organisation 209
Leasing 297
Lebenszyklusmodell 129
Leistungslohnsystem 318
Leitbild der Unternehmung 164
Leverage Effekt 311
Liquidität 87

M

Make or Buy 273
Management by Ansätze 227
Management
- by Decision Rules 227
- by Delegation 227
- by Exception 226
- by Objectives 228
- by Results 228
- strategisches 338
Managementtechniken 226
Manager
- Functional Manager 203
- Product Manager 202
- Project Manager 203
- Regional Manager 203
market based view 129
Marketing-Mix 133
Marketingplan 171
Marktanteils-Marktwachstums-Portfolio 151
Marktattraktivitäts-Wettbewerbsvorteils-Portfolio von Mc Kinsey 155
Marktforschung 283
- Primärforschung 284
- Sekundärforschung 284
Marktsegmentierung 279, 281
Marktverfassung 75
Massenfertigung 275
Matrixorganisation 199, 203
Medizinwissenschaften 43
Mehrliniensysteme 195
Menschliche Arbeitsleistung 48
Mind Mapping 144
Mischkonzern 74
Mittelfristige Planung 109

Modell der Wettbewerbsdeterminanten 146

N

Netzplantechnik 212
Normung 273
Nutzwertanalyse 68

O

Offene Gesellschaft 58
Ökonomisches Prinzip 21
Operative Kontrolle
Operatives Denken 120
Opportunitätskosten 292
Optimale Leistungsspanne 204
Optimale Losgröße 276
Optimaler Organisations- bzw Regelungsgrad 186
Optimum Strategy Report 142
Organigramm 206
Organisation 51
Organisation
– funktionale 199
– divisionale oder Spartenorganisation 199
– Matrixorganisation 199, 203
– Projektorganisation 199
Organisationsgrundsätze und -prinzipien 193
Organisationstyp der Fertigung 274
Organisationsverfassung 75
Organprinzip 25
Outsourcing 270

P

pagatorischer Rechenkreis 91
PAR-Report 142
Partialmodelle 69
Patriarchalischer Führungsstil 219
Personalbedarf 316
Personalbeschaffung 313
Personal-Controlling 315, 319
Personaleinsatz 314
Personalentlohnung 315

Personalentwicklung 315
Personalführung 314
Personalplan 171
Personalplanung 313
Personalpolitik 312
Personalverwaltung 315
Personalwirtschaft 316
Personengesellschaften 57
– Gesellschaft bürgerlichen Rechts 58
– Kommanditgesellschaft 58
– Offene Gesellschaft 58
– Stille Gesellschaft 58
PIMS-Studie 129
Plan
– Absatz- und Vertriebsplan 170
– Beschaffungsplan 170
– Finanzplan 171
– Forschungs- und Entwicklungsplan 170
– Investitionsplan 171
– Kostenplan 171
– Marketingplan 171
– Personalplan 171
– Produktionsplan 170
Planfortschrittskontrolle 236
Planung 51
– Ausgleichsgesetz der 109
– kurzfristige 109
– langfristige 108
– mittelfristige 109
– operative 115
– rollierende 109
– strategische 115
– taktische 115
– Zero-based 110
Planungsrechnung 321, 328
– flexible 329
– starre 329
Portfolio-Methode 146
Prämissen-Auditing 244
Prämissenkontrolle 234
Preiskartelle 72
Primärforschung 284
Primat der Planung 100
Product Manager 202
Produktdifferenzierung 158

Produktionsfaktoren 47
Produktionskartelle 72
Produktionsplan 170
Produktionsplanung und -steuerung (PPS) 277
Produktionswirtschaft 23
Produktivität 82
Produktivitätsorientierter Ansatz 35
Produkt-Markt-Matrix von Ansoff 144
Programmplanung 273
Project Manager 203
Projektorganisation 199
Projektpläne 169
Property Rights Theory 76
Prozesskostenrechnung 215, 331
Prozessmanagement 210
Prüfung 232

Q
Qualitätsmanagement/-sicherung 276

R
Rationalprinzip 21
Rechenkreise, betriebliche 91
Rechnungswesen
- externes 321
- internes 321
Rechtsformen nach dem öffentlichen Recht 57
Rechtswissenschaften 43
Regional Manager 203
Rentabilität 82
Rentabilitätsvergleich 300
Return on Investment 89
Revision 232
Rollierende Planung 109

S
Sachziele 82
Sekundärforschung 284
Serienfertigung 275
Shareholder-Value-Orientierung 38
Single Sourcing 270
Situativer Ansatz 35

Soll-Ist-Vergleich 230
Soziale Kompetenz 218
Sozialwissenschaften 43
Stab-Linien-Systeme 195
Stakeholder-Orientierung 38
Standortanalyse 65
Standortfaktoren 66
Standortfrage 65
Standortpläne 169
Stärken-/Schwächen-Profil 146
Stellen und Instanzen 192
Stellenbeschreibungen 206
Steuerbilanz 324
Stiftung 60
Stille Gesellschaft 58
strategic choice 125
strategic issue analysis 236
Strategie 119
- emergente 128
- geplante 128
- realisierte 128
Strategieformulierung
Strategische Analyse 124
Strategische Geschäftsfelder 122
Strategische Grundkonzeptionen 144, 146
- Konzentration auf eine Marktnische 158
- Kostenführerschaft 158
- Produktdifferenzierung 158
Strategische Kontrolle 233
- Kontrolle der Durchführung 234
- Prämissenkontrolle 234
- strategische Überwachung 234
Strategische Überwachung 234
Strategische Unternehmungsführung 333
Strategischer Plan 164
Strategisches Denken 120
Strategisches Management 338
Strategy Analysis 142
Strategy follows structure 185
Structure follows strategy 185
Substitutionsprinzip der Organisation 185
Substitutionsprodukt 161

Sachregister

Supply Chain Management (SCM) 271
SWOT-Analyse 144, 146
Systemorientierter Ansatz 35

T

Target-Costing 331
Target-Pricing-Konzept 288
Technikwissenschaften 43
Technologie-Lebenszyklus 134
Teilautonome Gruppen 318
Teilefamilienbildung 273
Total Quality Management (TQM) 271, 276
Totalmodelle 69
TQM 276
true and fair view 322
Typung 273

U

Über- und Unterorganisation 185
Überwachung 229
Umsatzrentabilität 89
Umsetzung 51
Umweltanalyse 124
Unternehmen 24
Unternehmensplanung
– Bottom-Up 112
– im Gegenwartsverfahren 112
– Top-down 111
Unternehmensverbindungen 71
Unternehmensverfassung 75
Unternehmungsanalyse 123
Unternehmungsführung, strategische 333
Unternehmungskonzentrationen 69
Unternehmungskooperationen 69
Unternehmungskultur 100

V

value based management 79
Verbindungswege zwischen den Stellen 193
Verein 60

Verfahren der Investitionsrechnung
– dynamische 299
– – Annuitätenmethode 300
– – interne Zinsfußmethode 300
– – Kapitalwertmethode 300
– statistische 299
– – Amortisationsrechnung 399
– – Gewinnvergleich 300
– – Kostenvergleich 300
– – Rentabilitätsvergleich 300
Verhaltenswissenschaftlicher Ansatz 35
Vermögen 291
Vertikaler Konzern 74
Vertragsrecht 44
Wertpapierrecht 44
Volkswirtschaft 22

W

Wenn-/Dann-Pläne 164
Werkstoffe 48
Wertneutralität 21
Wertpapierrecht 44
Wettbewerbsanalyse 280
Wettbewerbsdeterminanten 159
Wettbewerbsrecht 44
Wettbewerbsstrategie 119
Wiederholteileverwendung 273
Wirtschaftlichkeit 82, 85
Wirtschaftlichkeitsrechnung 289
Wirtschaftsgüter 20
Wirtschaftswissenschaften 20
Wirtschaftszweig 26

X

XYZ-Analyse 265

Z

Zeitlohnsystem 318
Zero-based-budgeting 110
Zero-based-Planung 110
Zielpyramide 89
Zuschlagskalkulation 327

Investitions- und Finanzmanagement

2007. XII, 254 Seiten. Br. EUR 41,–
ISBN 978-3-214-08916-0
**Mit Hörerschein für Studierende
EUR 32,80**

Urnik/Schuschnig
Investitionsmanagement
Finanzmanagement
Bilanzanalyse

Dieses Werk eignet sich insbesondere als Lehrbuch für fächerübergreifende Studiengänge (zB Wirtschaft und Recht).
Sein großes Plus: Nicht nur betriebswirtschaftliche Aspekte, sondern auch der jeweils **rechtliche Rahmen** werden berücksichtigt.
Zahlreiche grafische Darstellungen und einprägsame Beispielrechnungen garantieren einen leichten Zugang zur Materie. Dem praktischen Anwender dient dieses Buch als wertvolles Nachschlagewerk. Inhaltliche Schwerpunkte liegen – entscheidend für die Bewertung eines Unternehmens im Rahmen der Bilanzanalyse – im **Management der Vermögensstruktur** und der **Finanzierungsstruktur.**